U0466177

世界大事看重点100件大事

刘乐土◎编著

华夏出版社

图书在版编目（CIP）数据

世界大事看重点——100件大事/刘乐土编著. －北京：华夏出版社，2012.1
（完美人生读书计划）
ISBN 978-7-5080-6533-5

Ⅰ.①世… Ⅱ.①刘… Ⅲ.①世界史－历史事件 Ⅳ.① K105

中国版本图书馆 CIP 数据核字（2011）第 111337 号

世界大事看重点——100件大事

编　　著：刘乐土
策　　划：景　立　浩典图书
责任编辑：赵　楠　刘晓冰　李春燕
责任印制：刘　洋
装帧设计：浩　典／道·光
出版发行：华夏出版社
社　　址：北京市东直门外香河园北里4号
邮政编码：100028
经　　销：新华书店
印　　刷：三河市李旗庄少明印装厂
装　　订：三河市李旗庄少明印装厂
开　　本：720×1030　1/16开
印　　张：27.25
字　　数：485千字
版　　次：2012年1月北京第1版
印　　次：2012年1月北京第1次印刷
书　　号：ISBN 978-7-5080-6533-5
定　　价：35.00元

本版图书凡印刷、装订错误，可及时向我社发行部调换

目录 CONTENTS

- 前言 /1
- 第一个奴隶制国家古埃及王国统一 /2
- 古印度的种姓制度 /6
- 汉谟拉比法典的创立 /10
- 埃赫那吞一神论的诞生 /14
- 古代奥林匹克运动会 /18
- 罗马帝国的肇始 /22
- 古希腊城邦的兴起 /27
- 普度众生的佛教 /32
- 奠基西方哲学的古希腊哲学 /36
- 中华儒家学派的创立 /41
- 希波战争 /46
- 征服亚、非、欧的亚历山大东征 /50
- 秦始皇统一中国 /55
- 古代丝绸之路的开通 /60
- 传奇大帝国罗马的创立 /64
- 基督教的起源与形成 /68
- 西罗马帝国的灭亡 /73
- 以文明的名义诞生的《查士丁尼法典》/77
- 中国科举制度的产生 /81
- 四大发明之火药的发明 /85
- 使日本走向转折的大化革新 /89
- 查理大帝创建政教合一制度 /93
- 催生新贵霸王的诺曼征服 /98
- 披上宗教外衣的十字军东征 /103
- 大学的创建 /108

公元前3100年

传承文明的活版印刷术 / 111
一代天骄成吉思汗的帝国霸业 / 114
英国颁布《大宪章》/ 119
莫斯科公国的崛起 / 122
英法百年战争 / 126
黑死病吞噬3000万人 / 131
君士坦丁堡的陷落 / 136
欧洲文艺复兴 / 141
哥伦布发现新大陆 / 145
达·伽马开辟新航线 / 149
血腥的非洲奴隶贸易 / 153
哥白尼冲破神学樊篱创立日心说 / 158
马丁·路德改革宗教制度 / 162
尼德兰革命 / 166
"五月花号"抵达美洲 / 170

公元1215年

公元1776年

英西争夺"海上霸主" / 174
三十年战争初定国际格局 / 178
英国颁布《权利法案》/ 184
彼得一世改革 / 188
法国启蒙运动 / 193
引领社会生产力腾飞的工业革命 / 198
库克船长发现澳洲大陆 / 202
美国颁布《独立宣言》/ 206
法国大革命灭亡封建统治 / 210
拿破仑建立法兰西第一帝国 / 215
滑铁卢战役 / 219

南美洲独立 /224

法拉第发现电磁感应 /228

叩开中国大门的鸦片战争 /232

1848年欧洲革命 /236

达尔文提出进化论 /241

俄国废除农奴制 /244

摧毁美国奴隶制的南北战争 /248

马克思主义诞生 /252

为军国主义扩张奠基的明治维新 /256

意大利的统一 /260

巴黎公社和国际共产主义运动 /264

"铁血宰相"统一德国 /268

贝尔发明电话 /272

芝加哥工人大罢工 /276

精神分析理论的形成 /280

拷问生命的起源 /284

日俄在中国领土上的争夺战 /288

莱特兄弟发明飞机 /293

爱因斯坦提出相对论 /297

大陆漂移学说的诞生 /302

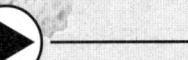

公元1815年　　公元1859年　　公元1886年

终结中国封建帝制的辛亥革命 / 306
萨拉热窝事件 / 310
第一次世界大战 / 314
列强商讨瓜分世界的巴黎和会 / 320
第一个社会主义国家的诞生 / 324
以和平为武器的非暴力不合作运动 / 329
意大利法西斯的兴起 / 333
弗莱明发现青霉素 / 338
席卷全球的经济大萧条 / 342
日本"二·二六事件" / 346
希特勒建立纳粹政权 / 350
法国存在主义的兴盛 / 356
德国闪击波兰 / 360
斯大林格勒会战 / 364
日本偷袭珍珠港 / 368
美国核击日本 / 372
和平堡垒联合国诞生 / 376
电脑带来的信息时代 / 380
控制论的创立 / 384
大爆炸宇宙假说的形成 / 386
遏制苏联的马歇尔计划 / 390
美军从朝鲜全面溃败 / 394
"求同存异"的万隆会议 / 400
石油联盟欧佩克成立 / 404
阿波罗登月计划 / 410
未来学说的产生 / 414
欧盟的成立与扩张 / 418
新南非终结种族隔离制度 / 422
完美复制的克隆羊多利 / 426

公元1911年

公元1945年

前言

安静的阅读能带来头脑的充实、心境的平和以及性格的完美，但在现代社会匆忙的生活节奏中，你每天可以有多少时间去阅读？很少？甚至没有？让我们在匆忙的物质生活中抬起头来，去精神的世界里遨游一番。阅读能带来心灵的洗涤和精神的震撼，用知识装满头脑，你的人生才能够逐步完美。去安静地阅读吧！你获得的将不只是知识，还有受益匪浅的完美人生！

在悠悠的历史长河中，我们的先辈给我们留下了丰厚的文化遗产。在历史进程中，数以万计的灵魂人物涌现出来。他们是历史这辆火车的轨道铺路人，也是这辆火车的操纵者。可能这些在厚重的历史面前只能算沧海一粟，但我们却可以借助它们去了解历史，了解世界。卷帙浩繁，完美人生的阅读从何处开始呢？

《完美人生读书计划》丛书将人类历史中最具有代表性的名书、名人、名址、名文、建筑、学说、大事、战争一一分类收录，各自成册，方便读者阅读。本套丛书内容丰富，种类齐全，使读者可以全面而精简得当地了解完备的知识，进而完成完美人生的读书计划。

亚历山大大帝去远征前把自己的财富都分给部下和战友。别人不解，问他："陛下，你把财产都给别人了，你自己还有什么？"亚历山大豪迈地回答："希望！我把希望留给自己，有希望，就会有财富。"

是的，有希望，就会有财富。那些过去的人物造就的历史，穿越时光，投影到我们今天的种种现实。《世界大事看重点——100件大事》，纵览影响世界历史的100个重大事件——读知历史，收获财富和希望！

发生地点	发生时间	推荐理由
古埃及	公元前3100年前后	形成了世界上最早和最辉煌的文明，古埃及成为人类历史上最早的奴隶制国家。

第一个奴隶制国家古埃及王国统一

事件介绍

埃及地处东北非洲，尼罗河由南向北流贯全境。大约在一两万年前，由于地球气候的重大变化，非洲北部的大部分地区几乎都成了不毛之地。于是，早期的人类就集聚在尼罗河沿岸和下游三角洲，过着渔猎采集的生活。因此，古代的埃及人在公元前4000年左右到公元前3500年左右，就分别在上埃及（尼罗河河谷）与下埃及（尼罗河三角洲）建立相当有规模的聚落。

尼罗河的定期泛滥，不仅灌溉了农田，还给人类带来了上游丰富的水源和沃土。但是由于尼罗河的灌溉疏通工程绝非一人一户能够胜任，因此古埃及人学会了联合。这种联合包括：若干个氏族联合为"公社"，若干个"公社"又联合成更大的单位"州"。考古学家从目前出土的文物推断，在公元前4000年，整个古埃及可能包括40个左右的"州"。

这些"州"有各自的名称、语言、自然崇拜、行政组织以及军队，因此这些"州"也是一个独立的小王国。"州"的首脑叫作"阿塔兹"，兼具军事首脑、审判官和最高祭司的职能。

大约在公元前6000年到公元前4000年前后,古埃及地区进入了新石器和铜石并用的时代,生产力也因此有了很大的提高。根据王冠图案以及王衔称号等考古资料,考古学家认定,当时的"州"已经出现了"贫富之分",由此发展成奴隶和奴隶主的对立。"州"首脑、部落首领逐步占有公用财产,拥有较多的财富,并可以剥削"州"的其他成员。因此,古代埃及从原始社会向阶级社会过渡的最初阶段,"州"其实就是最早的国家。这些"州"在埃及境内组成了低级的中央集权奴隶制王国。

各个"州"之间为了争夺土地、水源、财富以及信仰的冲突,就会不断进行战争。经过长期的战争和兼并,到公元前3400年前后,在上埃及和下埃及分别形成了两个独立的王国。上埃及王国的国王头戴白色王冠,白冠象征着鹰神荷鲁斯保护着王权;下埃及王国的国王头戴红色王冠,红冠象征着蛇神保护着王权,是最为古老、最受崇拜的王冠。

考古与历史学家们推算出早期的古埃及王国,大概自公元前3100年的时候,可划分成第一王朝至第三王朝时期。

公元前3100年左右,上埃及国王美尼斯率领军队攻打下埃及,两军在尼罗河三角洲激战几天。美尼斯的家族是位于上埃及最南端的城市内肯——内科布的统治者。作为埃及南部边境的守护者,他们可能是在与南方蛮族的冲突中掌握了作战的技巧,后来在统一埃及的内战中最终显示出了这种本领。最后,下埃及军队失败,其国王被迫脱下红色王冠,将其献给美尼斯。因此,美尼斯从此可以同时戴两个王冠,此举意味着古埃及统一王国的建立。从此,美尼斯就成了统一或者正在完成统一过程的第一王朝第一个法老纳尔迈(也就是美尼斯)。

古代埃及的文化艺术作品都极为出色。很多古代的埃及文物都让后人叹为观止。图为埃及神庙内的石雕。

　　从目前所有的考古文物来看，考古学家对这场战争的详细过程还不了解。考古学家们只是从纳尔迈石板的浮雕中获得一些信息。直观来看，征服三角洲的战争场面相当残暴。

　　石板正面手持权杖的很可能就是美尼斯本人，他抓住战败者的头发，手持权杖击杀一个跪在他面前的俘虏。这个俘虏显然具有下埃及尼罗河三角洲首领的特征，他的旗帜就是一把渔叉。在美尼斯的正前方，有一只鹰站在象征下埃及（三角洲地区）的一束纸草植物之上，一只尖爪抓着一根绳子，套着一个下埃及奴隶的头颅。这只鹰就是埃及的主神之一荷鲁斯，象征国王，它用绳索牵着的椭圆形上有胡须的人头代表其征服的土地；鹰爪踏6根植物的枝条，表示6000俘虏；下面的鱼叉和内有波浪线的方块可能表示被征服的国家濒海。

　　在石板正面的最上部分写着纳尔迈的名字，最下部分雕刻着两个仓皇逃跑的人，从中我们可以推测这两个人是战败者。这组图画表达的意思很可能是，在鹰神的保护下，美尼斯打败了下埃及的国家，从而统一了古埃及。

　　在古埃及第三王朝开始之前，无论王公大臣还是老百姓，死后都要被葬入一种叫"马斯塔巴"的坟墓。后来，有个叫伊姆荷太普的年轻人在给古埃及法老左塞王设计坟墓时，用山上采下的呈方形的石块来代替泥砖，最终建成一个六级的梯形金字塔。这种高大的角锥体建筑物，底座呈四方形，每个侧面是三角形，样子就像汉字的"金"字，所以我们叫它"金字塔"。

古代埃及的法老们为什么要将坟墓修成角锥体的形式呢？原来，在最早的时候，古埃及的法老是准备将"马斯塔巴"作为死后的永久性住所的。后来，大约在第二至第三王朝的时候，埃及人产生了"国王死后要成为神，其灵魂要升天"的观念，而金字塔就是这样的天梯。另外，金字塔形式又表示对太阳神的崇拜，当你从金字塔棱线的角度上向西方看去，可以看到金字塔像撒向大地的太阳光芒。

当美尼斯统一上埃及和下埃及的时候，他头上戴的皇冠就双冠合一，象征上下埃及。统一王冠前的眼镜蛇及秃鹰的标志也就是"双冠王"，代表向天下宣示武功与权力。在政治稳定的情况下，古埃及人民配合尼罗河定期泛滥所带来的恩赐，开始在尼罗河河畔落地生根，发展历法与象形文字，灿烂的文明花朵沿河开放。

由于尼罗河的泛滥经常淹没农田，古埃及人每年必须重新丈量、分配土地。因此，埃及很早就有了成熟的几何学和政治体系。尼罗河的定期泛滥也提供了肥沃的土壤，使埃及的农业生产相当发达。为了发展农业，新王国还发明了极具巧思的"沙杜夫"。这种机械包括一根平衡的长杆，长杆一端系着一只水桶，另一端系着重物平衡。使用的时候将水桶浸入水中，利用平衡的原理，将河水从低处的灌渠提到高处的灌渠。政府根据尼罗河的水位规定当年的总税收额：水位高表示这一年可耕作面积较大。农民的税收以粮食作物的形式交给国家。

此外，古埃及人已经能够用尼罗河的黏土制造日常生活所需的陶器和建筑用的砖块。同时，古埃及的农产品除了供应本身的需要，还有剩余可以输出到黎巴嫩交换杉木（供贵族制造棺木），和巴勒斯坦交易橄榄油，或是从更远的地方进口金青石、绿松石等矿物。这就形成了人类较早的贸易形式。

这片富饶的土地不仅培育丰饶的农作物，并且种植造纸的原料纸莎草，使得文字得以兴起。文字为一切文明的基础，再加上因尼罗河定期泛滥而特别发达的数学跟天文历法，古代埃及人能够精确地计算税收，丈量田土，测出距离、时间，发展出比其他同时期国家要先进许多的文明，所以尼罗河被称为古埃及经济、宗教跟文明的源头是当之无愧的。

发生地点	发生时间	推荐理由
古印度	公元前2000年前后	种姓制度一直延续到近现代的印度，成为社会、经济发展的主要障碍。

古印度的种姓制度

事件介绍

古印度是人类文明的发祥地之一，它和古中国、古埃及、古巴比伦并列为东方的四大古国。勤劳、勇敢的印度人民，曾经创造了灿烂的古代文明，为人类作出了自己的贡献。但是，几千年来，印度社会的发展一直比较迟缓。这与印度存在着一个森严的等级制度——种姓制度有着一定的关系。

公元前2000年中叶，属于印欧语系的许多部落，从中亚细亚经由印度西北方的山口，陆续涌入印度河中游的旁遮普一带，征服了当地的土著居民达罗毗荼人。入侵者是白种人，自称"雅利安"（意为高贵者），以区别于皮肤黝黑的达罗毗荼人。经过几个世纪的武力扩张，雅利安人逐步征服了整个北印度。

雅利安人早先过着原始的游牧生活。入侵印度后，雅利安人吸收了达罗毗荼人的先进文化，由游牧转为定居的农业生活，并逐渐向奴隶社会过渡。

征服达罗毗荼人后，雅利安人对他们实行奴役。他们认为，肤色白的雅利安人是品质高贵的种姓，深色皮肤的达罗毗荼族和其他土著民族是品质低贱的种姓，雅利安人天生高贵于达罗毗荼人，因此不许自己的子女与达罗毗荼人通婚，这就是最初的种姓制度，当时泰姬陵一景。

只限于用来划分雅利安人和非雅利安人的种姓差别。

后来，随着生产和职业的分化和发展，随着雅利安人内部贫富分化，这种制度进一步得到发展，在雅利安社会内部也有了区别和分化，逐渐形成了一个森严的等级制度，这就是种姓制度。

"种姓"这个词是从梵语翻译过来的，它原来的字义是"颜色"或"品质"。在种姓制度下，古代印度人被分为四个种姓：婆罗门、刹帝利、吠舍和首陀罗。

第一种姓婆罗门，是掌握祭祀、文教的僧侣阶级、祭司贵族，他们主要掌握神权，占卜祸福，报道农时季节，垄断文化，在社会中地位是最高的。

其次是刹帝利，是掌握军政的武士阶级，包括国王以下的各级官吏，掌握国家中除神权之外的一切权力。

吠舍，是商人、手工业者，也有从事农耕的农民阶级，是雅利安人的中下阶层，他们必须向国家缴纳赋税。

最下层的种姓是首陀罗，指那些失去土地的自由民和被征服的达罗毗荼人，包括农人、牧人、仆役和奴隶，实际上处于奴隶的地位。四个等级的种姓制度中，前三者是雅利安人，后者是非雅利安人。

当时的社会洋溢着浓郁的宗教气氛，宗教的领导者（祭司）被人们仰视如神，称为"婆罗门"。"婆罗门"这个字源自于"波拉乎曼"，原意是"祈祷"或"增大的东西"。祈祷的语言具有咒力，咒力增大可以使善人得福、恶人受罚，因此祈祷的祭官被称为"婆罗门"，婆罗门因为掌握着人与神沟通的渠道，所以占据了社会上最崇高的地位。雅利安人相信，借着苦修、祭祀、奉献，这一生就可以得到神明的保佑和赐福。

因其职责所具有的神圣性质，婆罗门享有很多特权和豁免权。婆罗门可以免交各种捐税，因为人们认为，婆罗门已经以自己的虔诚行为清偿了这种债务。他们不得被判处死刑或任何类型的肉刑，因为婆罗门是神圣不可侵犯的。而向婆罗门赠送礼物的人则得到保证，他们将在今生和来世获得一定的报答。最受欢迎的礼物当然是土地，它可以"解除赠送者的一切罪孽"。因此，婆罗门会得到大量的地产，包括整座的村庄。

婆罗门之外占据较高社会地位的是刹帝利。婆罗门和刹帝利这两个高级种姓，占有了古代印度社会中的大部分财富，是社会中的统治阶级。而吠舍和首陀罗两个低级种姓，虽然享有更少的权利，却要承担更多的义务。

婆罗门僧侣宣扬：凡是循规蹈矩，安分守己的人，来世才能升为较高种姓，否则，来

世要降为较低种姓。按照婆罗门教中因果报应的说法,一个人在现世中的地位是由其前世的行为决定的。因此,人们因他们过去的罪孽而对他们现在的苦难负责。改善在来世中的地位是不满意现世地位的人的唯一的希望,而这只有通过恭敬地履行现世中的责任和义务来实现。所以低种姓的人应该逆来顺受,放弃斗争和争取,遵守制定的"法",以免加重来生的灾难。法律有宗教撑腰,就加上了强势的神权和王权的力量,成为种姓制度的强力维护工具。

种姓制度对印度的历史、社会的影响是深远的,印度自古代至近代,经历了几种社会形态,但是种姓制度一直延续下来。种姓制度是印度社会发展迟缓的重要原因之一。

从佛陀到圣雄甘地,印度历史上许多政治、宗教领袖都想改变或改造这一古老而残酷的制度。1947年印度独立后,采取了一系列否定种姓制度的法律、政治和行政手段。在今天,印度人的身份记录里不再有任何关于种姓的记载。

但法律规定归法律规定,在现实生活中,种姓制度仍然根深蒂固地存在于印度教社会里,因为它的依据就是出自印度教教义。虽然它现已受到改革者们的攻击,并由于现代工业社会的种种急迫需要而遭到破坏,但它实际上仍在印度3/4人口居住的农村地区发挥作用。近年来,由于种姓问题引发的社会问题常见报端。

发生地点	发生时间	推荐理由
古巴比伦	公元前18世纪	目前所发现的最早的、成文的完整法律条文，是一切法律典章的始祖。

汉谟拉比法典的创立

事件介绍

1901年12月，一支由法国人和伊朗人组成的考古队，在伊朗西南部苏撒古城旧址上，发掘出了一块黑色玄武石，几天以后又发现了两块同样的岩石。这三块拼凑起来后，恰好是一个椭圆形的石柱。经过考古专家的鉴定，这石柱就是公元前18世纪时汉谟拉比国王树立在大神殿中的《汉谟拉比法典》石柱。这是世界上最早的一部比较系统的成文法典。

因此，考古队欣喜若狂地将它带到了法国。直到现在，这根《汉谟拉比法典》石柱还放在法国巴黎的卢浮宫。

《汉谟拉比法典》的发现，把我们带到了近4000年前的古巴比伦王国。

古巴比伦王国位于幼发拉底河和底格里斯河流域，大体位置在今天的伊拉克。最初，巴比伦不过是幼发拉底河河边的一个不知名的小城市。在公元前2200年左右，来自叙利亚草原的一群闪族阿摩利人攻占了这座小城，并在此建立了国家。骁勇善战、争强尚武的阿摩利人以此为中心，南征北讨，四处征战，最终建立了一个强大的巴比伦帝国，历史上称之为"古巴比伦王国"。

古巴比伦人继承了苏美尔人和阿卡德人的文明成果，并发扬光大，把美索不达米亚文汉谟拉比法典石柱出土前，人们一直只是听说关于汉谟拉比法典的故事，不能确信其真实性。图为汉谟拉比法典石刻。

明发展到了顶峰。现在的人们喜欢用"巴比伦"来概括古代两河流域文明，足以表明巴比伦文明所创造的辉煌业绩和对世人所产生的影响。

公元前1894年开始，古巴比伦王国日趋繁盛，到第六代帝王汉谟拉比统治时期，已占有了两河流域的整个中下游地区，强盛的国势一直保持到约公元前1600年。根据泥版文献记载，汉谟拉比（约公元前1792—前1750年在位）是一个聪明绝顶、精明强干的人，颇具军事天才和治国才能，是巴比伦历届国王中最出类拔萃的一个。

汉谟拉比登上王位后，就开始进行统一两河流域的战争。他采取了比较灵活的外交政策，首先与拉尔撒结盟，共同打败了附近的伊新；接着又与马里联合，征服了拉尔撒；拉尔撒灭亡后，他又率兵直逼马里城下，迫使马里俯首称臣。汉谟拉比整整花了35年的时间，基本上统一了两河流域（除北部的亚述还没有被征服之外），最后定都巴比伦。

从汉谟拉比即位后的第二年，他就开始着手制定这部法典。在编撰的过程中，汉谟拉比和他的大臣们参考了苏美尔人和阿卡德人的各类法典，并结合了自己部落的习惯。在他即位后的第35年，法典终于全部完成。汉谟拉比命令工匠将法典刻在一块黑色玄武岩的石柱上，然后树立在马尔都克大神殿内。

这就是1901年法国考古队出土的那块"汉谟拉比法典"石柱。它高2.25米，底部圆周长1.9米，顶部圆周长为1.65米。石柱上半段是一幅精致的浮雕，在浮雕中，古巴比伦人崇拜的太阳神沙马什端坐在宝座上，正在将一把象征帝王权力标志的权标授予在他面前恭敬地站着的国王汉谟拉比。太阳神形体高大，胡须编成整齐的须鬈，头戴螺旋形宝冠，右肩袒露，身披长袍，正襟危坐；汉谟拉比头戴传统的王冠，神情肃穆，举手宣誓。石柱的下半段刻着"汉谟拉比法典"，由楔形文字书写。

《汉谟拉比法典》由序、正文、跋三部分组成。全文共280条，刻在圆柱上共52栏、4000行、约8000字。法典对民事、刑事、贸易、婚姻、继承、审判制度等都做了详细的规定。

汉谟拉比非常强调对奴隶主利益的维护，保护他们的私有财产。当时，奴隶是奴隶主的私有财产之一，因此法典对奴隶逃跑或者帮助奴隶逃跑的行为做了严格的规定。有一个条款规定，如果理发师在没有征得奴隶主同意的情况下，剃去奴隶的奴隶标志，那么该理发师的手指应该被砍掉；帮助奴隶逃跑或藏匿逃亡奴隶的自由民，最严厉的要处以死刑。

奴隶主、奴隶和自由民在社会上有不同的权利。如果奴隶主弄瞎了一个自由民的眼睛，只要拿出钱来赔偿就行了；但是如果被弄瞎眼睛的是奴隶，奴隶主就不用提供任何赔偿。如果奴隶不承认他的主人，而他的主人又拿出证据来证明他是自己的奴隶，这个奴隶就要被"割耳"。如果一个奴隶打了自由民的嘴巴，这个奴隶也要被"割耳"。如果自由民医生给奴隶主治病，而将其治死了，则这个自由民就要被剁掉双手。

在民事方面，《汉谟拉比法典》显然带有"同态复仇"、"以牙还牙，以眼还眼"的特征。例如：如果一个自由民打瞎了另外一个自由民的一只眼睛，那么他就要同样被打瞎一只眼睛作为赔偿；如果一个自由民被别人打掉牙齿，他就有敲掉对方牙齿的权力；"自由民打自由民之女而使其死亡，则打人者之女应该被杀死"；如果房屋倒塌而压死了房主的儿子，则建造这所房屋的人的儿子也必须被打死以抵命。

由于当时的社会处于原始社会向奴隶社会转变的过渡时期，因此法典的很多内容反映了原始社会的一些特征。例如，法典中有明显的"神明判决"原则。例如，当一个人被怀疑有罪，但是又找不到证据时，当地官员有权将其扔入河中。如果此人没有被淹死，那么他就是无罪的，因而可以得到宽恕；如果被淹死了，表明他罪有应得。

当时巴比伦拥有土地的人分为四种：法典规定国王是全国土地的最高所有者，但是并不是所有土地都受其支配；祭司等一些为宫廷服务的人，会得到国王不同面积的土地作为他为王室服务的报酬，这些土地可以自由买卖；担负兵役义务的人，也可以领取土地作为服役的报酬；第四种人是"纳贡人"，他们领取土地，但是同时必须向地主和国王缴纳地租。耕地的地租为收成的三分之一到二分之一，园地的地租为收成的三分之二。"假若一个人租了地主的田耕种，但因为遭到天灾，以致农作物失收，他当年不用交纳田租……假若租用田地的人不勤力耕种，以致收成减少，他必须按照大多数田地的收成量向地主做出补偿。"

《汉谟拉比法典》的某些条文在现在看来，显得非常幼稚、可笑。但是在当时，这个法典却是人人都必须遵守的。从现在来看，这些条文构成的国家制度比同时代的其他各国要先进得多。

发生地点	发生时间	推荐理由
古埃及	约公元前15世纪末—前14世纪初	世界上最早的宗教改革，有史以来第一次实现了一神论。

埃赫那吞一神论的诞生

事件介绍

埃赫那吞原名阿蒙霍特普四世，是法老阿蒙霍特普三世（约公元前1417—前1379年在位）的小儿子。阿蒙霍特普四世从小便博览群书，心怀治国之策，但性子倔强。在即位做法老之前，他就对阿蒙神庙僧侣们的做法非常不满，对僧侣们在地方上的骄横也早有所闻，因此便决心改变现状、削减阿蒙神庙的僧侣势力。

由于他父亲年迈体弱，阿蒙霍特普四世提前即位。即位后，阿蒙霍特普四世起用了一批新的大臣，又从下层官吏中提拔了一些资历较浅的新官吏。这些官吏都是支持阿蒙霍特普四世进行宗教改革的，所以成为改革中的中坚力量。

起初，阿蒙霍特普四世打算用比较缓和的宗教改革方法。于是，他恢复对古老"拉神"的崇拜，宣布自己是"拉神"的最高僧侣。但是这一举动遭到阿蒙神庙僧侣们的强烈反对。

阿蒙僧侣集团的举动使阿蒙霍特普四世非常恼怒，他决心与阿蒙僧侣们彻底决裂。他认识到，如果要取消阿蒙神在王国的影响，首先必须创造一个新的神。不久，阿蒙霍特普四世宣称另一个太阳神"阿吞"为全国唯一应该崇拜的神，命令全体子民一律供奉新神。为此，他将自己的名字改成埃赫那吞，意即"阿吞的光辉"，并自称是阿吞神的儿子。

同时，埃赫那吞宣布废除对阿蒙神和其他任何神的崇拜，关闭阿蒙神庙和各地方的阿蒙庙宇，将庙中的僧侣赶走，一切公共建筑物、纪念物甚至私家坟地上的阿蒙的名字必须彻底清除。已没收的其他神庙的土地划归阿吞神庙。为了防止重蹈覆辙，埃赫那吞禁止阿吞神庙的僧侣们参政。

为了配合改革，埃赫那吞鼓励当时的埃及文学家、艺术家们创造歌颂阿吞神和他自己文治武功的作品。

埃赫那吞激进的宗教改革措施，使其感觉到自己不能再在底比斯城待下去了。于是，他在离底比斯城300多公里之外的阿玛尔那建立了新城，这是一块崇山峻岭环抱的盆地，因此不会有阿蒙神的僧侣们来骚扰。不久，他把首都迁到了那里。新城的名字为埃赫塔吞，意为"阿吞光辉照耀之地"。在这里，埃赫那吞兴修了大规模的建筑，包括王宫、宫邸、阿吞神庙、国家机关等。

埃赫那吞的宗教改革，遭到阿蒙神庙僧侣和世袭旧贵族的强烈反对。底比斯的僧侣们有时候仍然集结，举行向阿蒙神的献祭活动。他们的势力还相当强大，利用旧的宗教观念，煽动一些人反对宗教改革，并企图恢复固有的地位。广大群众和地方小官吏一下子也无法马上改变传统的宗教信仰，对阿蒙神依然信奉。而原来那些支持埃赫那吞改革的中小奴隶主贵族，原先希望通过支持埃赫那吞完成宗教改革，之后就发动对外战争以掠夺财富，但是埃赫那吞和他的代理者们始终致力于内部斗争，并没有发动对亚洲的军事战争。所以这些人的要求也没能得到满足，由此引起他们的不满。

对于底比斯城阿蒙神僧侣们的活动和地方老百姓的信仰，各个城市的地方官吏起初还加以严办，但久禁不止之后也就索性睁一眼闭一眼了。这些老百姓和地方小官吏们，不仅没有从宗教改革中得到任何好处，反而因为建造新首都和新神庙增加了负担。特别是老百姓，他们受到租税和劳役的双重压迫，牢骚满腹。

　　此时的古埃及第十八王朝已经充满了危机，但埃赫那吞却脱离现实。在迁入新宫后，埃赫那吞无心管理朝政，整天陶醉在宗教生活和宫廷生活中。他继续认为自己是阿吞神同人间联系的唯一使者，每日上午带着妻子和子女们去阿吞神庙祷告、献祭，下午便吃喝玩乐。对于政事和军事，他一概不管，而将之都托付给了他身边的大臣。于是，王国的统治日益废弛，国家虽然还能够照常运转，但是已经危机四伏。

　　因为改革而失去了原来利益的阿蒙神庙的僧侣们，此时却一直在找机会刺杀埃赫那吞。

一天，当埃赫那吞坐车去阿吞庙祭神时，一个年轻人拦住了车队。前面的护卫们传话过来，说是这个人有冤上告。埃赫那吞让那青年到自己车边来，并叫他递上状纸。当时，这个人跪在埃赫那吞所坐的马车轮下。正当埃赫那吞俯身去接状纸时，这个青年人一跃而起，从纸卷中抽出一把短刀向车上的法老猛刺过去。就在这千钧一发之际，车右侧的卫士横转过青铜矛，捅向刺客的后背。矛头破腔而入，刺客倒了下去，其手中握着的那把刀几乎碰到了埃赫那吞的鼻子。

那次遇刺事件给埃赫那吞的打击很大，此后他便很少出皇宫的大门。由于王后在皇宫中不停地劝埃赫那吞放弃宗教改革，他将王后斥责了一通。伤心的王后不久就回到了底比斯。直到埃赫那吞去世，他和王后二人也没有再见一面。

公元前1362年，埃赫那吞在众叛亲离中带着失望去世。刚刚9岁的图坦哈吞（公元前1361—前1352年在位）即位。

在大臣们和新旧贵族们的一致要求下，图坦哈吞将首都迁回底比斯城。在阿蒙神庙集团和贵族们的压力之下，新国王图坦哈吞不久颁布命令，恢复王国对阿蒙神的崇拜，为阿蒙神庙僧侣彻底平反，归还阿蒙神庙的土地和财产，王国对那些被处死的僧侣的家属和致残的僧侣进行赔偿。不久，图坦哈吞（意为"阿吞神的鲜活形象"）将名字改为图坦卡蒙（意为"阿蒙神的鲜活形象"）。埃赫那吞的宗教改革彻底失败。

图坦卡蒙在他18岁时突然死了，由此王国发生了暴乱。不久，一个与阿蒙僧侣集团有密切联系的军事将领哈列姆黑布取得王位，他完全恢复了对阿蒙神的崇拜，将所有"阿吞"字样一律消除，就像当初埃赫那吞对待"阿蒙"字样一样；埃赫那吞建造的埃赫塔吞城被宣布为"邪恶的地方"，后来渐渐变成了一堆废墟。

古埃及陵墓内的壁画。

发生地点	发生时间	推荐理由
古希腊	公元前776—公元394年	为古希腊各国间的和平与友谊做出了贡献，也成为现代奥运会的根源。

古代奥林匹克运动会

事件介绍

在人类历史发展的长河中，除了宗教这一古老的社会文化现象外，奥林匹克运动可以称得上是一个历史最为悠久的社会文化现象。在希腊首都雅典西南约300公里的地方，有一块丘陵地带，它就是驰名世界的古奥运会发源地奥林匹亚。这里曾是古希腊的宗教圣地，瑰丽的宙斯庙、赫拉庙，世界七大珍奇之一的宙斯雕像，以及宏伟的体育竞技场都诞生在这里。

奥林匹克运动的起源有文字记载的历史可以追溯到公元前776年。很多历史学家认为，古奥运会的真正起源可能是战争。古希腊由很多城邦组成，并没有统一的君主，各城邦各自为政。因此，各城邦之间、古希腊城邦和其他国家之间，经常发生相互争夺、并吞领地的战争。因此，各个城邦积极发展军事，积极发掘兵源。

有历史可考的古代奥运会起源，则是伊利斯城邦与斯巴达订立的神圣条约。公元前884年，伊利斯城邦发生了一场灾难性的瘟疫，致使往日繁荣、欢乐的奥林匹亚出现了哀鸿遍野、满目疮痍的景象。当时，斯巴达城邦是伊利斯城邦的克星，斯巴达人看到伊利斯城邦的情况之后，决定乘人之危——向它发动侵略战争，以争夺奥林匹亚。

古希腊地区青年拳手斗拳壁画。

斯巴达人原以为战争很快就能获得胜利，没想到却遭到了伊利斯人的顽强抵抗。双方处于僵持阶段。在其他城邦的调解下，斯巴达只好放弃了原先的计划，和伊利斯城邦订立了神圣条约，规定以后两个城邦在奥林匹亚定期举行庆典。奥林匹亚是神圣不可侵犯的和平圣地，任何人都不得携带武器进入该圣地，否则就意味着对神圣条约的背叛，各城邦都有权对背叛者进行制裁。

按照竞技会的规定，比赛前后一段时间，整个希腊境内要实行"神圣休战"。任何人都不得动用军队或以其他任何理由挑起战事，违者将受到严厉的惩罚。在竞赛活动中，人们促进了彼此之间的了解，增强了团结和友谊，各城邦之间的紧张关系也得到缓解。所以，古奥运会逐渐形成了精神支柱，即"团结和友谊"。

运动会最初出现时，并不是统一组织的，而是分散在科林斯、雅典、奥林匹亚等几个地方进行，其中以奥林匹亚地方举行的运动会规模最大。

首届古代奥运会于公元前776年在奥林匹亚召开，后来每隔1417天（即4年）在夏天举行一次。最初的奥运会比赛场地是奥林匹亚的阿尔齐斯神域内，后来在神域的东北角修建了一块长方形运动场。

最早的竞赛项目只是短跑，后来逐渐增多，有摔跤、掷铁饼、投标枪、赛马和赛车等。

参加运动会的运动员仅限希腊的男性自由人，奴隶、外国人、妇女均无权参与。希腊人认为，运动会

是一种祭祀活动，妇女出席，有渎于神明。古奥运会明文规定：凡妇女私自参观运动会或参与圣典者，处极刑。参加比赛的运动员大都赤身露体，一丝不挂，全身涂以橄榄油，因此赤身运动曾风靡一时，并成为古奥运会的一个特色。

在第96届古奥运会上，一名寡妇女扮男装，以教练员的身份带着自己的儿子参加拳击比赛。后来，一个裁判员发现了此事，她依律被判处死刑。但由于后来寡妇的父兄和儿子都获得了比赛冠军，才得到了特赦。这是古奥运会平民妇女因偷着观看比赛得以生还的唯一例外。

后来，希腊妇女以祭奠宙斯之妻赫拉为由，举办了希腊女子运动会，曾先后在奥林匹亚、雅典、希俄斯、德洛斯等地举行过，比赛在奥运会后举行，会期为一天。不过到目前为止，历史学家还没有弄清楚运动会始于何时、规模怎样、举办了几届等。

运动会竞技的优胜者要戴上用月桂编成的王冠（也就是人们常说的"桂冠"），在全希腊深受人们尊敬和崇拜。在古希腊人心目中，冠军是宙斯神最喜爱的勇士，是全希腊最优秀的公民。因此，最著名的诗人会向他们奉献赞美诗，第一流的艺术家会为他们在奥林匹亚建造纪念雕像。当这些人返回家乡时，会受到隆重的欢迎，有的城市还故意把城墙打开一个缺口，让他们像征服者那样进城。

古代奥运会从公元前776年起至公元394年止，历时1169年，共举办了293届。人们按起源、发展和衰落将其大致分成3个时期。

第一个时期，从公元前776年开始到公元前338年。这段时间是古奥运会起源和发展的黄金时间，希腊兴建了许多奥运会设施，使奥运会处于极盛时期。

第二个时期，从公元前338年到公元前146年。公元前5世纪末，伯罗奔尼撒战争使希腊奴隶制开始走向衰败，战争使经济萧条，社会风气低下，运动竞技失去了原来的意义，逐渐成为追求财富的手段。运动会上出现了营私舞弊、损人利己的不良倾向，奥运会的崇高理想受到扭曲。虽然如此，马其顿征服希腊后，还是保留了奥运会。随后的亚历山大大帝也积极支持奥运会，并视奥运会为古希腊的最高体育活动形式。

第三个时期，从公元前146年到公元394年。公元2世纪后，罗马征服了希腊，基督教教皇反对体育运动，使得奥运会名存实亡。公元394年，罗马皇帝狄奥多西一世宣布基督教为希腊国教，把祭祀宙斯神的古代奥运会当作是异教活动，下令废止奥林匹克运动会。公元436年，狄奥多西二世烧毁了奥林匹亚的大部分建筑物。后来经过两次地震，奥林匹亚的运动设施遭到彻底破坏。

从此，奥林匹克运动会中断了近1500年。后来经过法国人顾拜旦的倡议和努力，公元1896年，现代第一届奥运会在雅典召开。早在1894年，顾拜旦就在巴黎召开了国际体育会议，商议成立了由12个成员国组成的国际奥林匹克委员会，并选出了希腊诗人泽·维凯拉斯为委员会主席，顾拜旦为秘书长。

国际奥委会决定，奥运会仍然是四年一次，分别在不同的国家举行，而且参加者也不再限定为希腊人。它的主要宗旨是使体育运动为人类的和谐发展服务，以提高人类尊严；以友谊、团结、公平竞争的精神，使不同国家、不同民族、不同肤色、不同信仰的青年聚在一起，相互交流，加强了解，增进友谊，从而有助于建立一个美好和平的世界。

如今，奥运会已经成为全世界瞩目的体育盛会。比赛项目更多，参赛的选手更多。每届奥运会，来自世界各国的运动员们都会向着"更高、更快、更强"的目标竞争拼搏，继续着古代奥运会的目的——和平和友谊。

发生地点	发生时间	推荐理由
古罗马	公元前753年	古罗马控制了欧洲、非洲和近东的大量地区，建国后它的风俗习惯、法律和拉丁语给这些地区带来了极大的影响。

罗马帝国的肇始

事件介绍

历史学家认为，罗马这个词实际上来自伊达拉里亚语，由伊达拉里亚的氏族名称转变而来。罗马人的祖先是在"民族大迁徙"（约公元前1100—前700年）时期进入意大利半岛的部落之一。当原始社会解体，向奴隶社会过渡时，他们的后代拉丁人创建了罗马奴隶制城邦。罗马城是以意大利半岛中部台伯河畔拉丁穆境内7座山丘间的村落为基地发展而来。因此罗马有"七丘之城"之称。古罗马每年12月11日有个"七丘节"，就是为庆祝七丘联盟而设立的。

罗马城市建立初期，人口稀少，为了发展生产，急需增长人口。但是附近部落有正当职业的人都不愿意迁居，罗马城接纳的都是一些逃亡者、流浪汉，甚至流氓、小偷。这些迁移者多为男子，由于罗马城声名狼藉，周围部落的人都不愿意把女儿嫁到这里来，造成严重的男多女少的状况。

罗慕洛便和元老们商量，派使者到邻近的部落要求联姻，但是遭到这些部落的拒绝。这可怎么办？聪明的罗慕洛想出了一个好办法。有一天，罗马城向邻近的萨宾人发出邀请，说罗马要举行盛大的竞技会表演，欢迎他们前来观赏。不明真相的萨宾人男男女女、老老少少来了不少，前来观看的还有当时的凯尼纳人、安提姆内人等。正当他们观看得如痴如醉的时候，罗慕洛一声令下，埋伏在周围的罗马青年一哄而上，将萨宾和其他各族的少女尽数拿下。

包括萨宾族在内的各个民族都觉得受到了极大的侮辱，他们当然不会饶恕罗马人，发誓要报仇雪恨，血洗罗马。他们推举萨宾族的国王为首领，组成联军讨伐罗马人。由于凯尼纳族和安提姆内族的军队比较性急，还没等备战完毕就向罗马发动了进攻，结果被罗马军队打得落花流水。罗慕洛占领了这些部族的土地，并邀请当地的居民迁到罗马城居住。

一年之后，尚武的萨宾人准备停当，向罗马进攻。萨宾人的进攻遭到了罗马人的抵抗，双方由于备战比较充分，很难在一段时间内分出胜负来。战争一拖就是3年。

一次，异常残酷的血战在某个峡谷中展开。正在危急时刻，突然从山上冲下来一群当年被罗马人抢去成亲的萨宾妇女，她们个个披头散发，泪流满面，有的还抱着孩子。她们跪在地上苦苦哀求自己的丈夫和父兄们停止残杀。因为对她们来说，不管输赢如何，她们都是受害者，失去的不是丈夫就是娘家亲人。哀求和哭泣深深感动了罗马战士和萨宾战士，他们放下武器，双方和解，从此，这两个部落合二为一，世世代代居住在罗马城。这个事件在历史上被称为"萨宾之诱拐"。

古代史学家把公元前753年罗马建城到公元前510年称为古罗马的"王政时代"，所谓"王政时代"，即军事民主制。罗马在王政时代从1个部落发展为3个部落，有300个父系氏族。10个氏族组成1个胞族（库里亚），10个胞族组成部落，3个这样的部落就构成了"罗马社会"整体，只有这3个部落里的成员，才能享有罗马公社的所有权利。公社内有元老院、人民大会（库里亚大会）和"国王"（勒克斯）3种公共权力机关。

元老院由300个氏族首长组成，他们是"国王"的顾问，在"国王"的参与下，可以批准和否决库里亚大会的决议案。元老院是实际上的最高权力机构。

"国王"（勒克斯）由库里亚大会选举，他是

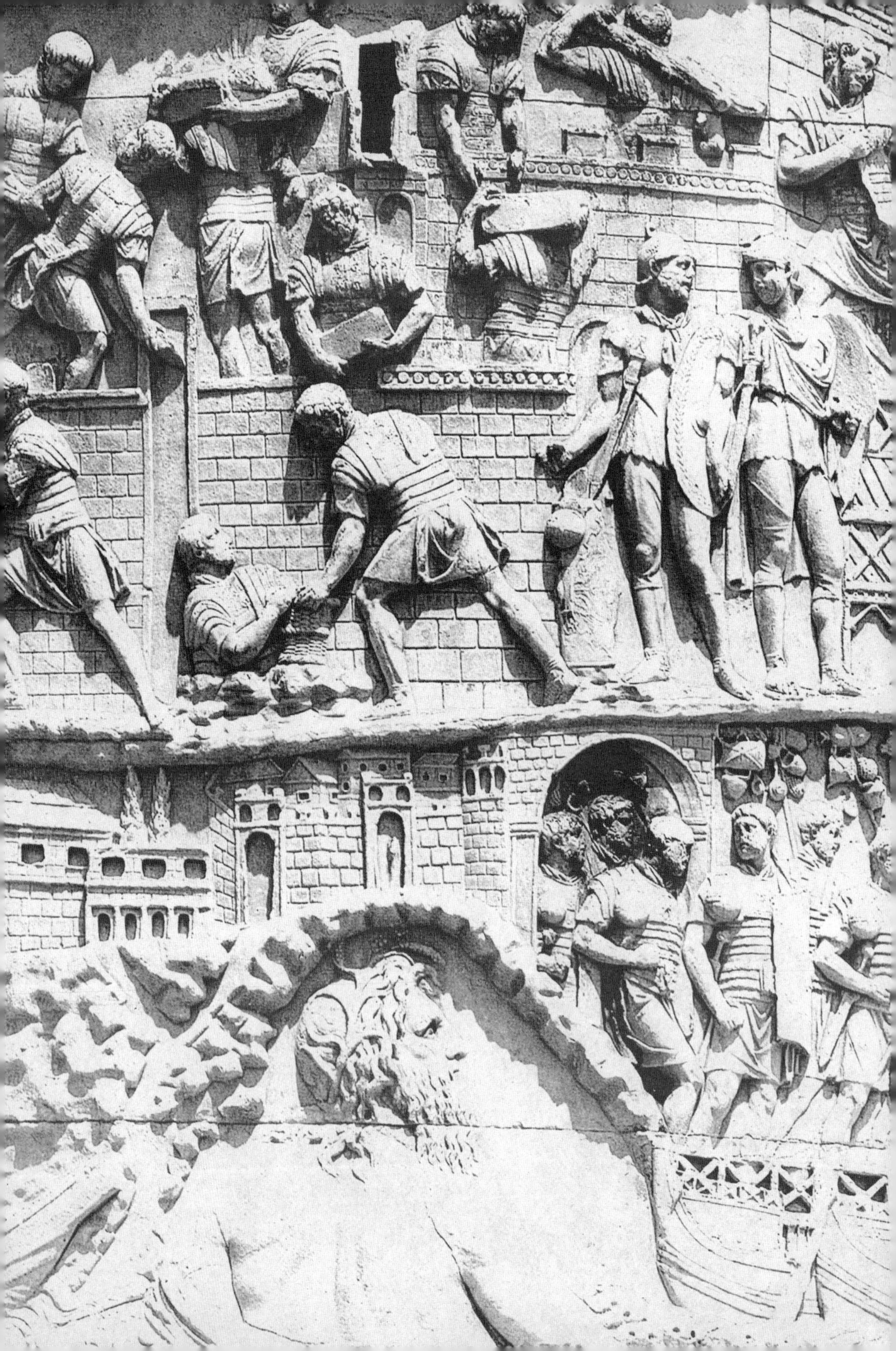

古罗马雕刻中的人物多高大俊美。图为古罗马浮雕。

所有氏族的军事首长、最高祭司和审判官,但是没有行政权和民政权,而且不能世袭,可以被罢免。

库里亚大会,凡成年男子都可以参加。负责处理罗马公社的重要问题,如祭祀、选举包括"国王"在内的一切公职人员、宣战等。

因此,这时罗马实行的是无阶级的民主制,"国王"是终身制的,但是并不能世袭,而是由人民大会选举产生。所以,罗慕洛建立的罗马制度,在一开始就注入了民主因素。

王政时代后期,随着铁器工具的普遍使用,社会生产力的发展,氏族内部的平等关系逐渐发生变化,罗马社会初步形成贵族和平民两大集团。贵族由担任氏族首长的家族转化而来,他们有机会被选为元老,利用特权,霸占土地和财产,凌驾于普通罗马百姓之上。平民是被征服者和其他部落移民。平民身份自由,可以有财产,从事手工业和商业活动,但是他们没有公民权,不属于地道的罗马人,不能参加氏族会议,不能担任官职,不能与贵族通婚,要向贵族纳税。

奴隶制也在这个地方发展起来了,奴隶的主要来源是战俘和买来的奴隶,但是数量不多。

平民在经济上基本是中小私有者,其中一部分因经营商业而发财致富,因而强烈要求取得和贵族同等的权利。平民和贵族的尖锐矛盾终于导致"塞尔维·图里阿改革"的出现。

塞尔维·图里阿是王政时代的第六个"国王",他仿效雅典梭伦改革,实施了以下措施:

第一,罗马人按财产多寡分为五个等级,每个等级按规定建立军事百人团。第一级80个步兵百人团,18个骑士百人团;第二、三、四级分别为22个步兵百人团;第五级30个轻装步兵百人团;无产者象征性地建立一个步兵百人团,服役者必备所需武装。军事百人团实际上取代了原来的库里亚会议,行使审批国家重要议案的职权。表决时以百人团为单位,每团有一票表决权,因此富人(第一级)掌握会议的多数控制权。

第二,原来的3个血缘部落,按地区划分为4个城市部落,居民按住所登记财产和户口,从此区域组织代替了原来的血缘组织。

这次改革沉重打击了氏族制度和氏族贵族。血缘原则被地域原则所代替，新的登记制度是以财产差别而不按家世出身为基础，这就是塞尔维改革的重大历史意义。至此，罗马真正的国家制度产生了。

塞尔维·图里阿死后，塔克文即位。塔克文为政残暴，无视元老院和百人团会议的存在，激起了罗马人民的不满。约公元前510年，罗马发生了反暴政起义，将塔克文赶出罗马，废除了王政制度。然后由百人团会议从贵族中选出两个权力相当的执政官治理国家，任期为一年。

在遇到战争时，由元老院从执政官中推选一人为独裁官，统帅军队，处理一切国家大事，任期为半年。执政官有扈从12人（独裁官的扈从是24人），每人手里拿着一束称为"法西斯"的苔棒（现代法西斯一词源于此），苔棒是执政官和独裁官权力的象征。元老院行使国家最高权力，有权决定对内对外政策，批准或否决百人团会议的决议，监督执政官等。从此，罗马进入早期共和国时期。

发生地点	发生时间	推荐理由
古希腊	公元前8—前7世纪	欧洲最早的奴隶制国家，奠定了欧洲的民主政治基础，被广泛誉为欧洲文明的摇篮。

古希腊城邦的兴起

事件介绍

古代希腊的地理范围，包括希腊半岛、爱琴海和爱奥尼亚海中的诸岛屿以及小亚细亚的西部沿海地区，其中希腊半岛是主要部分。

古希腊是人类的发祥地之一。这里最早的居民，是来自西亚的皮拉斯基人。大约在公元前3000年，他们以爱琴海中的克里特岛为中心，创造了欧洲最早的青铜文明，即爱琴文明。根据德国考古学家施力曼和英国考古学家伊文思的发现，爱琴文明主要分布于爱琴海的各个岛屿和半岛的南部，其中以克里特岛和迈锡尼遗址最为典型，因此爱琴文明又叫克里特·迈锡尼文明。

克里特文明在公元前1450年左右突然消失，原因不详。此后，爱琴文明的中心转移到迈锡尼。在迈锡尼文明的后期，迈锡尼的国王率领希腊联军，发动了对小亚细亚地区的特洛伊城战争。这场战争持续了10年，最后希腊人才用著名的"木马计"攻下了特洛伊城。

在迈锡尼文明时期，东方的印欧人分批进入了希腊半岛。到公元前12世纪，大批的印欧人由北南下进入半岛各地，并由此引起了长期的移民浪潮。这些印欧人根据语言的

不同分成伊奥莉亚人、爱奥尼亚人和多利亚人。

旷日持久的战争使迈锡尼元气大伤，国内矛盾尖锐，外族也开始入侵。约公元前12世纪的时候，印欧人中的多利亚人南下摧毁了迈锡尼文明。此后，古希腊进入著名的荷马时代（从公元前11世纪开始到前9世纪结束）。

荷马时代来源于《荷马史诗》。相传《荷马史诗》是由盲诗人荷马编撰的，包括《伊利亚特》和《奥德赛》两部。

荷马时代处于从原始社会的氏族部落管理向奴隶制度转变的时期。当时的社会，实行军事民主制，管理机构有3个，即军事首领、氏族长老会议和民众大会。军事首领在和平时期的权力不大，但是战时却可以统帅整个军队，个人权力很大。氏族长老会议是个常设的管理机构，在讨论部落的重大问题后，转交给民众大会来表决。民众大会由全体成年男子组成，是名义上的最高权力机构，对战争、讲和、迁徙等方面的问题具有讨论和决定的权力。但是随着荷马时代的来临，军事首领和氏族贵族的个人权力越来越大。

在荷马时代后期，私有制和阶级分化开始出现，古希腊开始向奴隶制迈进。由于自然条件的差异，古希腊并没有形成庞大、统一的奴隶制国家。因此到公元前8世纪到公元前6世纪，古希腊进入了城邦文明时期。

城邦的形成，大致有以下几种不同的方式。

第一类是大殖民运动中建立的城邦。

第二类城邦是在原迈锡尼文明遭到毁灭后，在其基础上重新形成的。斯巴达就是这种城邦的典型。

第三类城邦是在迈锡尼文明尚未形成、国家还没有遭到外族入侵的时候在自身氏族制度基础上形成的，例如雅典就是这种城邦的典型。

由于城邦基本上由原来的氏族公社转化而来，因此在城邦形成的初期，各个城邦的行政大权都落入了原先的氏族贵族手中，一切权力则集中到了由原始民众大会转化而来的贵族会议那里。

在政体上，这些城邦则分别采取了贵族共和、贵族寡头和君主专制等形式。在实行共和制的城邦中，往往会从贵族会议中推选出几名执政官。在国家遇到战争时，贵族议会会从这些执政官中推选出一人为总裁官。

如果城邦和贵族之间发生了斗争，还可能会出现某些人依靠武力而获得政权以建立个人统治的"僭主政治"。在雅典，平民反抗贵族的斗争获得了胜利，所以贵族政治为"僭主政治"所代替，最后变成了奴隶主的民主政治。在科林斯，经过政治斗争后，原先的贵族议会经过"僭主政治"而转变为后来的贵族寡头政治。斯巴达则始终保持着贵族政治的形式。

雅典和斯巴达是当时最为强大也是最为重要的城邦，并在相当长的一段时间内成为希腊的霸主。

雅典原是希腊阿提卡半岛上的一个城市。阿提卡共分为4个部落、12个胞族和360多个氏族。在荷马时代后期，这些氏族开始分化。到公元前8世纪的时候，雅典私有制和商品经济开始出现，社会和经济也开始出现分化，随之阶级分化也开始出现。

古希腊地区的早期文化都与神话有关。这些神话流传下来,促使很多神话题材的艺术作品产生。图为杰克林多作品《太阳的诞生》。

斯巴达国家位于伯罗奔尼撒半岛的南部。在斯巴达人进入半岛时,当地已经有3个部落。在战争中,很多战俘和被征服的土著居民沦为斯巴达人的"希洛人",即奴隶。还有一些没有完全丧失自由的居民,成为斯巴达国的个体小生产者。这些人没有国家的公民权,不过对国家却负有纳税和服兵役的义务。斯巴达国家的全部成年男子拥有国家的决策权,享有经济、政治特权,是国家的统治阶级。

斯巴达是当时希腊典型的农业奴隶制城邦。整个国家的土地被分成几千块,分给几千户斯巴达公民使用。不过斯巴达人并不亲自耕种,而是将土地交给"希洛人"耕种。希洛人被固定在斯巴达人的土地上,居住在斯巴达人的庄外。每年收获之后,希洛人都要向主人交纳谷物和乳酪。

在政治上,斯巴达国家是典型的贵族寡头政治。国家设有两个国王,分别在两个世袭王族中产生。

在形式上,公民大会享有选举国王、长老会其他成员的权力,但是实际上无权提出自己的议案,只是一个简单的表决机关。

在军事上,由于斯巴达人不参加农业劳作,因此实行全民皆兵的军事制度。斯巴达人的婴儿刚刚出生时,就被送到长老会检查,身体健康的继续留养;如果婴儿病弱或者畸形,就要被扔入山谷。男孩从小开始就接受军事训练,崇尚军事和武力。

依靠经济和军事的强大力量,斯巴达国家成为古希腊贵族寡头势力的典型,并在当时200多个城邦中称霸。

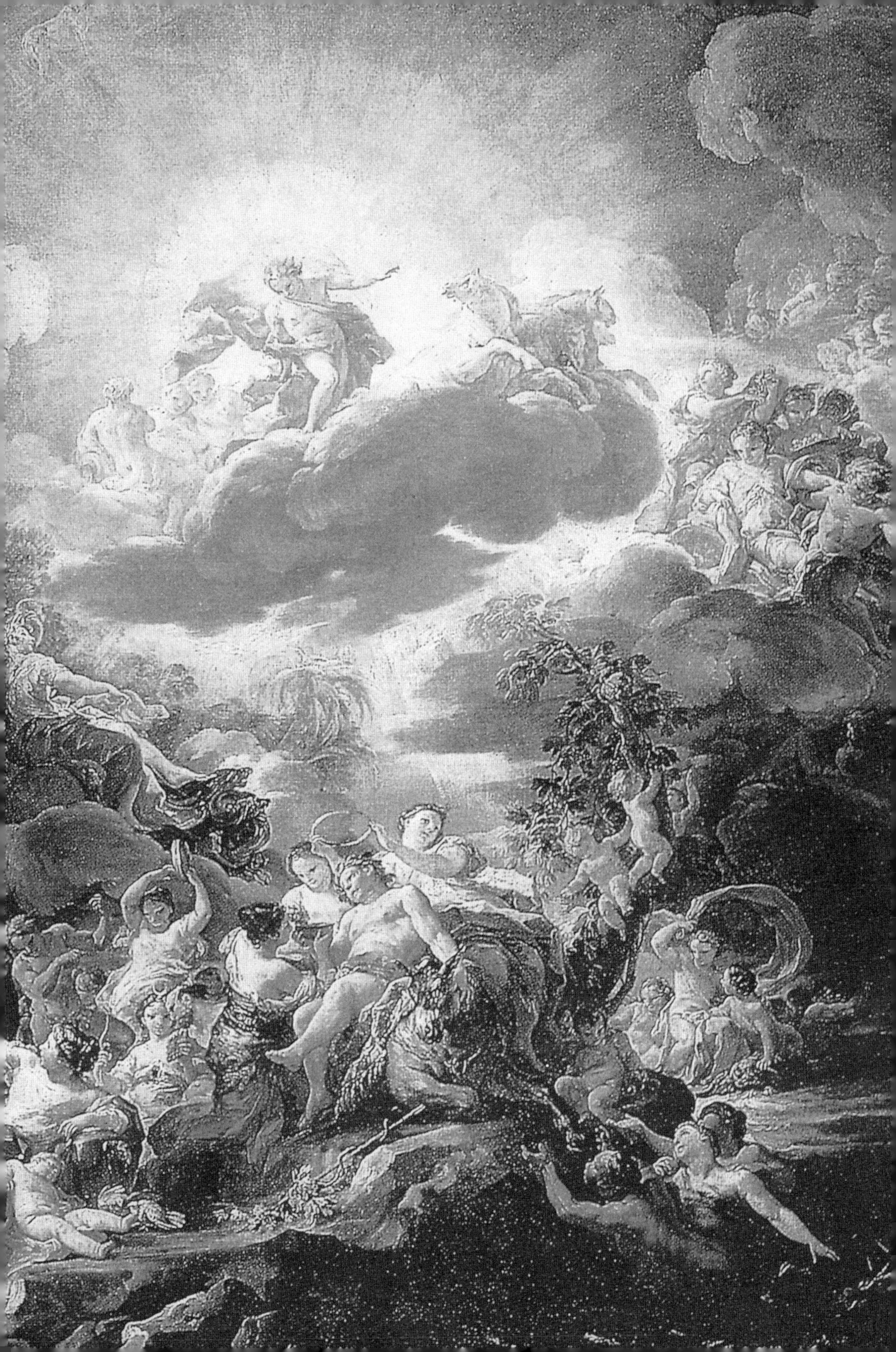

发生地点	发生时间	推荐理由
古印度	公元前6世纪	世界三大宗教之一，对亚洲各国的文化思想有着巨大的影响。

普度众生的佛教

事件介绍

佛教的创立者是释迦牟尼。根据佛教的传说，公元前6世纪，在喜马拉雅山山脉和恒河之间有一个由释迦族统治的迦毗罗卫城（位于今尼泊尔境内），国王净饭王是刹帝利种姓。公元前565年，净饭王的王妃玛耶怀上了孩子。按照当时的风俗，女人在十月胎满之时要回娘家生产。当途经迦毗罗卫城附近的一个花园时，王妃被花园中的奇花异草吸引，于是她便下车游园洗浴。洗浴完毕上岸后，手扶树枝，生下了一个儿子。

净饭王甚是疼爱这个儿子，给他取名叫乔达摩（姓）·悉达多（名）。其母玛耶夫人早死，乔达摩·悉达多由姨母养大。他天资聪慧，少年时代接受婆罗门教的传统教育，学习吠陀经典和五明。作为王位的继承人，悉达多受到了良好的文化教育和严格的武艺训练，接受了当时印度的最高学问。

在一次漫游中，乔达摩·悉达多遇到了数论派先驱阿逻逻·迦罗摩和郁陀迦·罗摩子，在和他们的交谈中，他悟到：人的一切苦难，都源于生命的降临。人自出生那一天，就无法摆脱生、老、病、死所带来的不幸。为了解除人类的苦难，乔达摩·悉达多决定离家修道。在他28岁的一天晚上，他悄悄地告别了酣睡中的妻子和出生不久的儿子，带着一个随从，跨上骏马，告别了红尘中的家庭。

两人走了很远，来到一个森林的尽头，乔达摩·悉达多在一条河边举起宝剑削去了一头黑发，然后强行命令随同的马夫回去，自己则在孤寂的山林中踽踽独行。走了不久，乔达摩·恶达多遇到了一个衣衫褴褛的乞丐。他毫不犹豫地脱下身上的华服，赠与乞丐，然后换上乞丐的破旧衣裳。此刻他终于明白自己要追求什么了。他认为现世一切痛苦都源于人有太多的爱欲与妄念，如果人们能够抛弃情欲和妄想，就可卸下痛苦的重担，从生死的问题中得到解脱。然而，究竟怎样才能摒弃欲念的羁绊呢？

为了寻找答案，乔达摩·恶达多访遍了当时的能人贤士。他跟随别人学习禅定，数月之后，觉得不满足，他不否认禅定的作用，但认为禅定不是目的。当时印度流行"苦行"，就是尝试通过严格的修炼，比如不吃不睡，来发现真理，寻求解脱。因为当时有一种说法：摩擦湿木不能生火，摩擦干木才能取火；人身亦需经过苦行，清除体液，才能悟出真理。于是他逐渐减少饮食，直到每天只吃一粒米，后来又变成7天进一餐。他穿鹿皮、树皮，睡在鹿粪、牛粪上，有时卧于荆棘上。6年后，乔达摩·悉达多身体消瘦，形同枯木，精神和身体几乎衰竭，却依然一无所得，没有探索到他想要的真理。

有一天，乔达摩·悉达多终于意识到，自己历经千辛万苦，用消耗殆尽的生命所换取的，只是一个毫无希望的幻影。因为这种苦行能克制生理上的欲望，却不能驾驭人的思想和心灵，只有身强力壮才能探索真理。他放弃苦行，开始净身进食。他来到一条小河边，想把出家6年积在身上的污垢洗掉，用清水来振作自己的精神。但由于营养不良和体力的过度消耗，最后晕倒在河边。一位途经此地的善良的牧羊女给了他一杯牛奶，使他恢复了元气。

然后他继续前进，渡过尼连禅河，向距离婆罗捺斯不远的迦耶方向走去。在那里他看到一棵菩提树，他在树下的地上铺上吉祥草，面向东方盘膝而坐。乔达摩·悉达多双手合十，对天发誓："我若不能大彻大悟，

宁可粉身碎骨，也不从这个座位上起来！"他自此闭目沉思49天（一说7天）。一个晚上，他看到天边一颗明星滑过，心里豁然开朗，终于大彻大悟，得到"正觉"（就是明白了人生痛苦的根源，找到了解脱的方法）。

此后，乔达摩·悉达多游历恒河流域，到处传教，招收信徒，在人间传播他的教义。当时，印度有一个传统迷信，认为每隔一段相当长的时间，就有一个通晓世界真谛的觉悟者，即"佛陀"（简称"佛"）降生，把智慧带到人间。于是他的信徒们就称他为"佛"，把他所创立的教义称为佛教。因为乔达摩·悉达多出生释迦族，人们又称他为释迦牟尼，"释迦"是族名，"牟尼"的意思是"圣者"、"圣哲"，释迦牟尼就是"释迦族的圣者"的意思。

释迦牟尼的传教生涯长达45年，他的精神和学说感动了许多人，许多婆罗门和刹帝利种姓的人也皈依了他。

公元前486年2月15日，释迦牟尼在希拉尼耶伐底河边的婆罗林给弟子讲道，讲完后在河里沐浴。沐浴完毕，释迦牟尼侧身而卧，右手支颐，对弟子们说：我老了，马上要归天。我死后你们要继续弘扬佛法，拯救世人。说完，他就圆寂了。

释迦牟尼的遗体火化后，骨灰结成许多五光十色的颗粒，佛教把这种颗粒叫作"舍利"。后来，有8个国王分取舍利，把它们珍藏在高塔中，以表示对释迦牟尼的敬仰。珍藏舍利的宝塔由金银、玛瑙、珍珠等七种宝物装饰，人称"宝塔"。人们为了纪念释迦牟尼的教诲，在庙里塑造了释迦牟尼的卧像，并把他诞生的那天（农历4月8日）称为"浴佛节"，把他修道的那天（农历12月8日）称为腊八节。

佛教否认婆罗门教的权威，反对婆罗门在种姓制度中的特权地位，主张"众生平等"。在种姓制度下，4个种姓职业世袭，有严格的界限，不能通婚。较高种姓的人世世代代享受特权，最低种姓的人永远只能干最低贱的活。而佛教宣扬，只要今世行善，来世必有好报；今世做了坏事，来世就有恶报。这在一定程度上反映了下层人士的要求，所以为下层人士所乐意接受。但是，佛教把一切荣辱看成无常和皆空，要人们不计较现实

全世界佛教徒向往的地方——印度摩诃菩提寺。

的得失和不平等，灭除欲望，以修来世。这就在一定程度上麻痹了人们的思想，瓦解了他们反抗贵族压迫的斗志，维护了奴隶主的利益，因此佛教也为统治者所欢迎。

释迦牟尼圆寂后，他的众多弟子秉承佛嘱，云游各地，专心传法。但是由于释迦牟尼生前对弟子传教都是心授口传，所以没有文本。为了保证教义在流传中不失原意，后世的弟子们在一起进行"结集"，将释迦牟尼的教化、理论、思想整理成书。

南亚次大陆上，越来越多的人信仰佛教，古印度孔雀王朝的阿育王也皈依了佛教，并使佛教得到空前发展。在众多信徒的传播下，佛教不仅在印度本土日益发展，而且很快从印度、锡兰（今斯里兰卡）、经由缅甸、西藏传到中国、日本以至整个亚洲，深刻影响着这些地区的民族文化思想。如今，佛教已成为世界三大宗教之一，在全世界的信徒已经超过了两亿。

发生地点	发生时间	推荐理由
古希腊	公元前5—前4世纪	奠定西方文化的哲学基础，成为影响西方最为重要的思想理念。

奠基西方哲学的古希腊哲学

事件介绍

　　古希腊哲学的重要性，在于它提出系统的世界观，并在世界观问题上展开了唯物论和唯心论、辩证法和形而上学的斗争。在这些哲学思想家中，苏格拉底、柏拉图和亚里士多德的贡献最大。

　　苏格拉底（公元前469—前399年），生于雅典。相传其父为雕刻匠，其母为助产婆。苏格拉底早年随父学雕刻，后专事伦理哲学探索。青少年时代，苏格拉底熟读《荷马史诗》及其他作品，靠自学成了一名很有学问的人。

　　30多岁时，苏格拉底以传授知识为生，做了一名不取报酬也不设馆的社会道德教师。所以在当时的雅典街头，常常可以看见一个有着狮子鼻和锐利眼神的人，态度谦和地和街头的人们探讨着各种问题，他就是苏格拉底。他和人们探讨的问题非常广，包括战争、政治、友谊、艺术、伦理道德等。

　　苏格拉底经常和别人辩论，以此提高自己的辩论水平和思想高度。经过长期的辩论，他从个别事物中抽象出普遍的东西，形成了辩论的"讥讽、助产术、归纳、定义"4个步骤。"讥讽"，就是通过不断追问使对方自相矛盾，迫使其承认自己对此问题毫无所知；"助产术",就是帮助对方抛弃谬见,找到正确、普遍的东西;"归纳",就是通过对个别问题的分析、比较来寻找一般规律;"定义",就是把单一的概念归到一般中去,形成一个概括性的陈述。

在政治上,苏格拉底主张专家治国论,认为国家的管理者不是那些握有权柄、仗势欺人的人,也不是那些由民众选举的人,而应该是那些懂得怎样管理的人。他经常这样打比方:"一条船应该由熟悉航海的人驾驶;纺羊毛时,妇女应管理男子,因为她们精于此道,而男子则不懂。"

当时雅典的统治者无法理解苏格拉底的思想,他们认为苏格拉底是反对民主政治,用邪说毒害青年。于是,苏格拉底被捕入狱。不久,雅典当局以"不敬国家所奉的神,宣扬其他的新神,毒害青年"的罪名将苏格拉底交付当地法庭审判。

按照雅典的法律,被告有权提出一种不同于原告所要求的刑罚,以便法庭选择。苏格拉底在法庭上自称无罪,而且认为自己的言论是有利于社会进步的。他在法庭上慷慨陈词,锋芒毕露。他或自辩无罪,或反诘原告,或抨击当局,或直抒人生哲学。结果,他被

▼ 德国安泽尔姆·费尔巴哈作品《柏拉图的宴会》。

判了死刑。

在监狱关押期间,苏格拉底的弟子和朋友们拼命劝他逃走,并已经制定了越狱计划,但越狱计划遭到苏格拉底拒绝。在他生命的最后几个小时内,苏格拉底还一如既往地和人们辩论,发表自己的思想和看法。最后,他从狱卒手中接过毒汁,一饮而尽。

柏拉图(公元前427—前347年),原名阿里斯托克利,出生在雅典一个贵族家庭。18岁时,柏拉图应征入伍,参加伯罗奔尼撒战争。两年后拜苏格拉底为师,并深受苏格拉底思想的影响。在苏格拉底因为反对民主政治被判处死刑后,柏拉图精神上受到沉重打击,匆匆离开了雅典。

公元前386年,柏拉图回到雅典,在城郊开办了一所学园,一边从事教学,一边著书立说,力图按照自己的政治哲学来培养人才。这个学园成为古希腊重要的哲学研究机构,学园共开设4门课程:数学、天文、音乐、哲学。由于该学园培养了大量从政的官员,所以后来有人说这个学园好像是一个"政治训练班"。

在哲学上,柏拉图认为现实世界之上,还有超经验的"理念世界",这个理念世界是先现实而存在的,我们通常见到的、听到的现实世界是不真实的,也是不可能认识的。按照他自己的说法,"这个变动不定的现实世界没有任何东西是真的"。只有理念世界才是永恒的、真实的客观存在。他还把这个理念世界称为"艾地亚"(Idea),认为任何现实世界的事物都派生自"艾地亚"。例如,先有凳子的"艾地亚",才能有实实在在的凳子。所以,要想真正获得知识,就不能去认识具体的事物,而应该首先寻找它们的"艾地亚"。这是典型的客观唯心主义思想。

柏拉图的哲学思想遭到了他的得意门生亚里士多德的反对。他认为,世界是客观存在的,人们可以看得到、听得见、摸得着的。人的一切知识都是从客观世界获得的。因此,亚里士多德在向弟子传授知识时,总是带领他们在浓荫覆盖的大道上漫步。他踱着方步,边走边讲;弟子们也踱着方步,亦步亦趋,静静地听讲,默默地沉思。所以,后人就称亚里士多德学派为"逍遥学派"。

亚里士多德(公元前384—前322年),出生于爱琴海北岸的斯塔吉

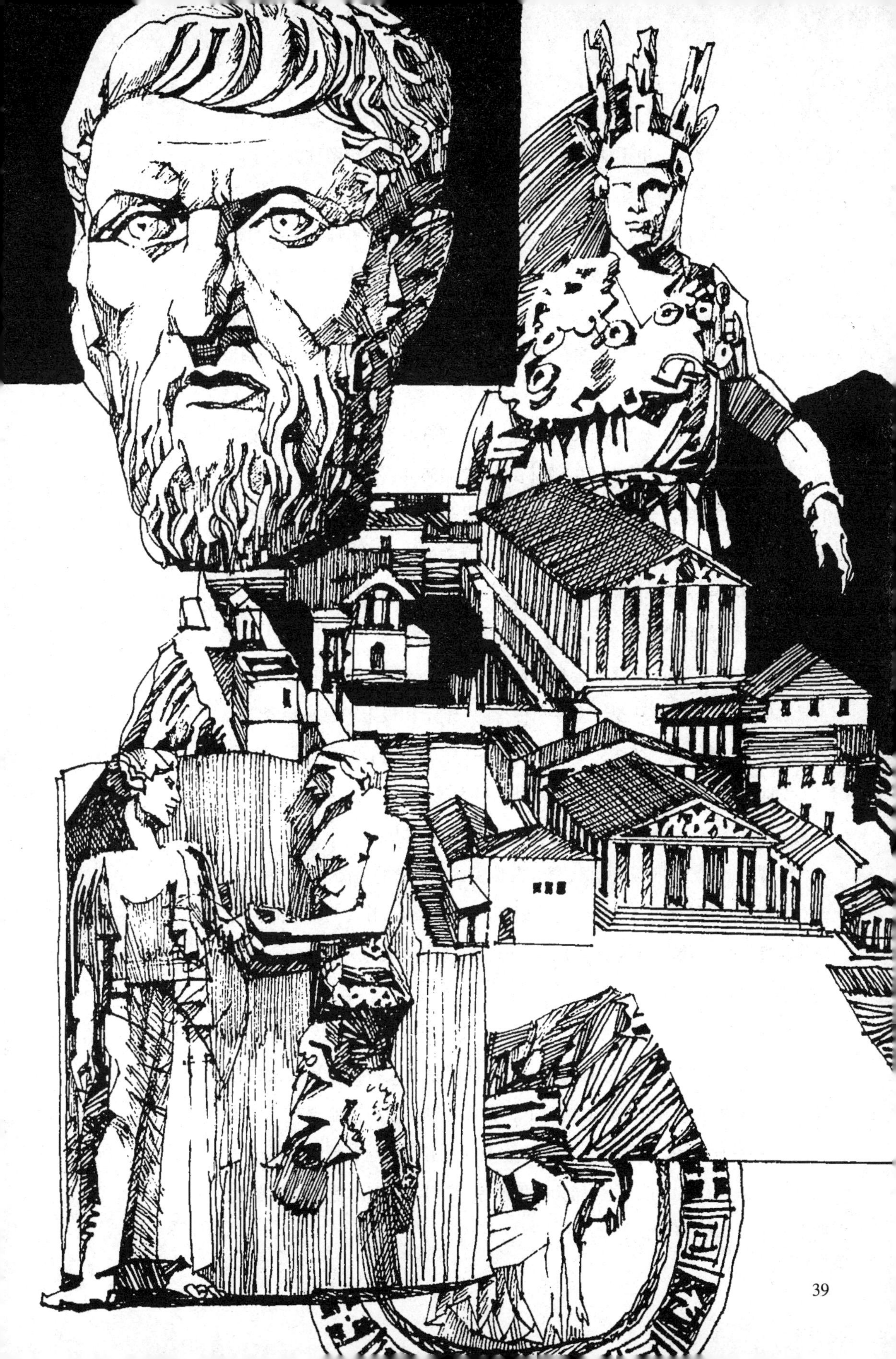

罗斯,其父为马其顿王国的御医。17岁时,他就读于柏拉图的学园,钻研各科知识达20年。由于他刻苦学习、思维敏捷,被柏拉图称为"学园之精英"。

亚里士多德非常尊重老师柏拉图,但是不同意柏拉图唯心主义的思想。他曾说:"吾爱吾师,吾更爱真理。"在柏拉图的课堂上,亚里士多德经常和他的老师辩论。他曾向柏拉图提出这样的问题:"树就是树,由种子长成,结出果实。离开实实在在的树,仅仅是头脑中的树的概念又有什么意义呢?"

柏拉图死后,亚里士多德离开学园。公元前343年,亚里士多德接受马其顿国王的聘请,担任王子的教师。公元前335年,他回到雅典,和他的老师柏拉图一样,一边教书,一边著作。亚里士多德首先提出了对学生必须进行"智育、德育、体育"三方面的教育的思想,并且对他的学生划分年级。他将弟子分作两班,上午教高级班的哲学、物理学和辩证术,下午教低级班的修辞学和政治学。

在哲学世界观方面,亚里士多德是二元论者,摇摆于唯物主义与唯心主义之间。在政治上,亚里士多德和柏拉图一样,积极维护奴隶制度,认为社会上有一部分人做奴隶、一部分人做主人,是"自然而合理"的。

同时,亚里士多德被认为是古典世界最为博学的人。他是形式逻辑的奠基者,而且研究了辩证思维的最基本的形式,对物理学、动物学、植物学、生理学、医学都有贡献,代表了古希腊自然科学的最高水平。另外,他对历史学、政治学、文艺理论都有研究,并且都有著作传世。他的主要著作包括:《工具篇》、《逻辑学》、《物理学》、《政治学》、《修辞学》、《形而上学》、《诗学》等。

公元前323年,亚里士多德的学生——马其顿国王亚历山大逝世。由于马其顿王国对雅典实行敌对政策,所以此时雅典人将对马其顿人的怒气,一齐发泄到了亚里士多德的头上。雅典的贵族们控告他犯有"渎神罪",准备将他逮捕。亚里士多德的学生及时得到了消息,帮助亚里士多德逃出了雅典。第二年,这位伟大的思想家、哲学家、科学家在凄凉的境遇中死去,享年63岁。

发生地点	发生时间	推荐理由
中国	公元前6世纪末	中国和东亚各国文化的主要内容，控制着人们的意识形态，影响中国长达几千年。

中华儒家学派的创立

事件介绍

作为四大文明古国之一，中国在几千年的时间里取得了令人瞩目的成绩。在这些硕果中，源远流长的中国文化是世界上唯一一个从未中断、延续时间最长的文化系统。在中国乃至整个东亚，孔子及其创立的儒家学派，是整个中华文明的核心部分。在漫长的历史中，它对东方的政治、思想和生活习俗都产生了巨大影响，并将继续产生着影响。

孔子，名丘，字仲尼，生于鲁襄公二十二年的鲁国陬邑昌平乡（今山东曲阜城东南）。据《谷梁传》记载，"十月庚子孔子生"，因此孔子的出生日期为公元前551年9月8日。孔子的祖先原为宋国的一位大夫，做过大司马，但是后来在宫廷内乱中被杀。为了躲避追杀，孔子整个家族从宋国逃到了鲁国的陬邑，从此在该地定居。

孔子的父亲叫叔梁纥，是鲁国当时有名的武士，为鲁国建立过两次战功，曾任陬邑大夫。叔梁纥年轻时已经娶妻施氏，并生下9个女儿，但是没有儿子。于是，叔梁纥又娶了孔子的母亲颜征在。当时，叔梁纥已经66岁了，而颜征在还不到20岁。

孔子3岁时，他的父亲叔梁纥就死了，孔家成为施氏的天下。由于施氏心术不正而且

有话说"天不生仲尼，万古长如夜"，以形容孔子对儒家文化的巨大作用。图为孔子画像。

恶毒，孔子母子不得不移居曲阜阙里，生活艰难。年轻时，孔子曾做过丧事的吹鼓手、"委吏"（仓廪管理员）和"乘田"（看管牛羊的小官吏）。

当时的鲁国，为周公旦之子伯禽的封地。鲁国对周代文物典籍保存完好，素有"礼乐之邦"之称。因此，当时鲁国文化的传统与当时学术下移的形势对孔子思想的形成有很大影响。虽然早年生活贫苦，孔子15岁就"志于学"。为了学习知识，相传孔子曾"问礼于老聃，学乐于苌弘，学琴于师襄"。善于向别人学习的孔子，在年轻时就已经成为非常博学的人。

30多岁时，孔子开始收徒讲学。这一阶段他的门徒还不太多，但是办学有成效，在社会上已经有了较大的名声。在这一时期，孔子的学生中有比他小6岁的颜路，有比他小9岁的子路。子路几乎是终生陪伴着孔子。后来，连鲁国大夫孟僖子、其子孟懿子和南宫敬叔也来学礼，可见孔子办学已闻名遐迩。

自鲁宣公以后的鲁国，实际政权已经落在以季氏为首的三桓（季孙氏、叔孙氏、孟孙氏三家世卿，因为是鲁桓公的3个孙子，故称三桓，当时的鲁国政权实际掌握在他们手中，而三桓的一些家臣又在不同程度上控制着三桓）手中。孔子曾对季氏等人的这种僭越行为表示愤慨。

鲁昭公二十年，齐景公出访鲁国时召见了孔子，孔子由此结识了齐景公。鲁昭公二十六年（公元前516年），鲁国发生内乱，鲁昭公被迫逃往齐国，孔子也随之离开鲁国而前往齐国。齐景公非常赏识孔子，甚至曾准备把尼溪一带的田地封给孔子，但被大夫晏婴阻止。鲁昭公二十八年，齐国的大夫想加害孔子，在不得已的情况下，孔子只好仓皇逃回鲁国。

从齐国回来后，孔子开始整理诗、书、礼、乐，并扩大招收弟子的范围。由于孔子的名气越来越大，他招收的学徒越来越多，除了鲁国的学生之外，他的学生中还有来自齐、楚、卫、晋、秦、陈、吴、宋等国的求学者。他的一些有名的弟子，如颜回、子贡、冉求、仲弓等，大都是这一时期进入孔门的。这些弟子中的一部分人后来跟随他周游了列国，一部分从了政。

当时鲁国的政权仍然操纵在大夫手中，孔子对这种"政不在君而在大夫"，"陪臣执国命"的状况非常不满。因此，虽然他有过两次从政的机会，但他都放弃了。直到鲁定公九年（公元前501年），原来操纵朝政的人被驱逐出鲁国，孔子才愿意出任朝廷官员，并被任命为"中都宰"，当时孔子51岁。

从此到其后的4年间，孔子的政绩卓越，因此职务提升非常快，升为司空和大司寇。鲁定公十年，孔子采用兵礼并用的外交手段，成功收回了被齐国侵占的郓、灌及龟阴等土地。鲁定公十二年（公元前498年），孔子为加强君主的权力，决定摧毁季孙氏、叔孙氏、孟孙氏3家的都邑，但是遭到孟孙氏的武力对抗，孔子的计划失败。

对于孔子在鲁国采取的措施以及鲁国的逐渐强大的形势，齐国非常担忧。为了削弱鲁国，齐国于鲁定公十三年，向鲁国送去了80名美女。季桓氏接受了女乐，君臣整日迷恋歌舞，"三日不理朝政"。孔子对鲁国君臣的表现非常失望。不得已，孔子辞去官职，并离开了鲁国，希望能到外国去寻找出路，开始了周游列国的旅程，这一年他55岁。陪同他一起周游列国的，还有他的弟子颜回、子路、子贡、冉求等人。

孔子和他的弟子们首先到了卫国，卫灵公起先很尊重孔子，给孔子按照鲁国的标准发放俸粟6万，但并没有让孔子参与政事。孔子在卫国住了约10个月后，带领弟子离开卫国，打算去陈国。但在路过匡城时，因误会被人围困了5日。在逃离匡城而到了蒲地时，又碰上卫国贵族发动叛乱，孔子师徒再次被围。逃脱后，孔子只好返回卫国。此后孔子几次离开卫国，又几次回到卫国。

在其59岁时，孔子离开卫国，向曹、宋、郑、陈等国进发。首先，他在陈国住了3年，但由于吴国率兵攻打陈国，他不得不带领弟子离开。楚国君主听说孔子到了陈、蔡交界处，于是派人去迎接孔子，但由于陈国、蔡国的大夫们怕孔子到了楚国被重用，对他们不利，于是派人将孔子师徒围困在半道，使他们绝粮7日，最后还是子贡找到楚国人，才使得他们免于一死。

68岁时，孔子在结束了长达14年的周游列国的旅程之后，在其弟子冉求的努力下回到鲁国。孔子虽然有大夫的身份，鲁哀公和季康子也经常向孔子问政，但仍是被"敬而不用"。

孔子晚年致力于教育，整理《诗经》、《尚书》、《礼经》、《易经》、《乐经》等古代典籍，并删修了鲁国史官所记的《春秋》，使其成为中国第一部编年体史书。这些典籍中，除了《乐经》后来失传之外，其他的"五经"成为中国古代学者必读的书籍，并且成为科举考试的必考书目。

鲁哀公十六年，孔子因病不愈而亡，时年73岁。孔子死后，被葬于曲阜城北的泗水岸边，弟子们以对父亲之礼仪对待孔子，为其服丧3年。子贡在孔子的坟前盖了一间小屋，为孔子守坟6年。孔子没有留下任何著作，在他逝世后，他的弟子们将其思想言行汇集在一起，写成了《论语》一书。同"五经"一样，《论语》成为中国历代知识分子必读的经典著作。

孔子思想中的核心内容就是"仁"，他提出了"己所不欲，勿施于人"的宽恕之道。他自己也是一个很善良的人，富有同情心，乐于助人，待人真诚、宽厚。同时，他提出孝悌为"仁"之本，认为"礼"是执行"仁"的规范，提出"克己复礼为仁"的想法。

在政治上，孔子指出"德治"和"仁政"是统治者应该采取的措施，要反对苛政，同时下面的臣民们应该忠君尊王。

在世界观上，孔子继承了传统的天命鬼神观，认为天主宰着人的人格和意志，认为天命主宰着人的生死，也决定着社会的治乱。但同时他又否定周时盛行的占卜活动，提出"天何言哉，四时行焉，五谷生焉"，认为天命就蕴含在自然事物的运行之中，因此重视人的主观能动性，以积极的态度面对天命。

在孔子心目中，行义是人生的最高价值，在贫富与道义发生矛盾时，他宁可受穷也不会放弃道义。但他的安贫乐道并不能看作是不求富贵,只求维护道,这并不符合历史事实。但是孔子的这一教条成为中国历代知识分子对待人生的主要态度。刘禹锡的《陋室铭》就是以孔子所谓"君子居之,何陋之有"为中心思想编了一个君子居陋室美不胜言的神话。这些知识分子们坚信物质生活的贫困不算什么,只要自认为是"君子",就可以对此漠不关心。一切只要自认为是"君子"而不是"饮食之徒"、"盗跖之徒"的人,都应该安于目前的贫困,一心扑在自我修养上。

在认识论上,孔子提倡不偏不倚的中庸之道,认为无过无不及。但同时,他又反对墨守成规。

因此,"仁义"、"道德"、"中庸"、"王道"、注重自我修养和道德教育构成了儒学的核心思想和基本内容。在古代,"儒"是从"巫"分化出来,专门为豪门贵族祭祀、办理丧事的知识分子。

自汉武帝废黜百家而独尊儒术后,儒家思想逐渐成为中国封建社会的思想文化主流。当然,随着历史的发展,儒家思想也不断得到发展和补充。

▼ 山东孔府大成殿。

发生地点	发生时间	推荐理由
古希腊	公元前492—前449年	人类历史上第一次亚、欧两洲之间的大规模战争，世界文明发展的格局此后逐渐形成东西方并立共存之势。

希波战争

事件介绍

公元前6世纪，古希腊正处于城邦文明时期，当时古希腊全国分成200多个大小城邦。就在此时，东方的波斯帝国开始向西进行军事扩张。

公元前500年，早先被波斯帝国军事占领的小亚细亚西部希腊城邦米利都爆发了反波斯起义。这次起义得到了其他希腊城邦的支持，其他一些被波斯占领的城邦也发生了类似的起义。由于波斯帝国的军事镇压，米利都向雅典等城邦求援。雅典和埃雷特里亚城邦迅速做出反应，派25艘战船支援起义军。

波斯王大流士一世对雅典等城邦的做法十分不满，但是由于暂时也没有能力对付整个希腊城邦，因此决定先忍让，但发誓要向雅典人报仇。公元前494年，大流士集结众兵，最终镇压了起义，并攻占了米利都。米利都这个曾经繁华一时的都市，顷刻之间变成一片焦土，城中的大部分居民遭到屠杀，其余的居民被强迫迁移到了遥远的底格里斯河畔。

波斯人的暴行激起了其他希腊城邦的愤怒。而早有西侵野心的波斯国王大流士一世以雅典和埃雷特里亚曾援助米利都起义为借口，出兵远征希腊本土。历史上著名的希波战争

就此爆发。

不过波斯人的这次进攻很不顺利。开始的时候，大流士命令海军渡过赫勒斯滂海峡（今达达尼尔海峡）而进攻希腊半岛，但是在途中遇到大风暴，300多艘战船撞毁，两万余人葬身鱼腹。同时，进攻色雷斯的陆军也遭到色雷斯人的袭击，而不得不退回小亚细亚。波斯帝国的第一次远征失败。

第二年，波斯向许多希腊城邦派出使者，向它们索要"土和水"，要求它们无条件投降。有些小城邦迫于波斯人的势力，表示愿意屈从。不过斯巴达和雅典这两个大城邦根本不理大流士的要求，并处死了波斯使者。

大流士对雅典和斯巴达的做法非常愤怒，决定第二次远征希腊。公元前490年夏天，波斯舰队载着士兵从小亚细亚横渡爱琴海，很快攻占了爱勒特利亚，并在距雅典城东北40多公里的马拉松平原登陆。

在这场马拉松战役中，希腊军歼敌6400人，缴获一批舰船，自身损失不足200人。雅

波斯国力强大的时候，其宫廷生活极为奢华。图为波斯宫廷华丽的金质角状杯。

典军首战大捷，欣喜若狂，立即派裴里庇底斯从马拉松奔回雅典去报喜。这位还带着满身的创伤和血迹的战士，一下子跑了42.195公里，到达了雅典中央广场。已经精疲力竭的他，只喊了声"高兴吧，我们胜利了！"就倒地而死了。为了纪念马拉松战役和裴里庇底斯的功绩，人们就在奥运会上设置了马拉松赛跑，长度刚好为42195米。

马拉松战役之后，波斯军队不得不退回到小亚细亚。但是波斯并没有完全放弃对希腊的攻击，因此在国内征集大量兵员物资，建造大批舰船。取得了胜利的雅典人，认识到波斯人还会再次攻打希腊，也积极备战，建造了100多艘3层桨座的战舰。同时动员希腊的其他城邦，建立了以斯巴达为首的反波斯同盟，建立了希腊联军。

公元前480年，大流士一世的儿子薛西斯一世亲自率领约50万人、1000余艘战船进攻希腊。希腊联军以斯巴达的陆军为主，海军则以雅典海军为主，不过总兵力只有11万左右，大大少于波斯军队的总兵力。

波斯军队渡过赫勒斯滂海峡后，迅速占领了北希腊，并南下逼近温泉关。温泉关是通往中希腊的隘口，关前有两个硫磺温泉，所以叫"温泉关"。关口极狭窄，仅能通过一辆战车，过关后约3000米，山势突然升高，形成千米高的悬崖峭壁，悬崖下面是波涛汹涌的大海。这是从希腊北部南下的唯一通道。

当波斯人到达温泉关时，希腊人正在举行奥林匹克运动会。在当时的希腊，奥林匹克高于一切，运动会期间是禁止打仗的。因此，当时温泉关的希腊人只有几千人。当波斯人临近的时候，希腊联军统帅、斯巴达国王列奥尼达仅带了300人来增援。列奥尼达把6000名官兵配置于狭窄通道一线，令1000名官兵把守温泉关山后的小道，以防波斯军从后面偷袭。

8月中旬，波斯军向温泉关发起猛攻，不过波斯军虽人数众多，但在狭窄的通道上这反倒成了劣势，士兵的战斗力施展不开。波斯军一连几次的进攻都被希腊守军击退，士兵之间互相践踏，致使波斯军损失惨重。

正当薛西斯一世一筹莫展时，当地一个希腊人跑来告诉他有一条通往温泉关背后的小路。薛西斯一世喜出望外，马上命令这位希腊人带领自己的精锐部队从温泉关背后包抄过去。

守在这里的希腊部队以为波斯人根本不会知道这条小道，疏于戒备。待到波斯人开始从背后进攻时，希腊人已经不能组织正常的进攻了。列奥尼达在腹背受敌的情况下，命令希腊军队的主力撤退以保存实力，自己率领300名士兵留下来拼死抵抗。列奥尼达奋不顾身，勇猛杀敌，最后不幸阵亡。最后，这300名斯巴达士兵在波斯军的前后夹击之下全部壮烈牺牲。

温泉关失守之后，波斯军队长驱直入，很快攻占并焚烧了雅典。不过，雅典人为了保存自己的实力，在波斯人进入雅典城之前就将老弱妇孺转移到了附近的特里津城、萨拉米斯岛等地，然后将全部成年的男子都编入了海军，准备和波斯军队决一死战。

9月下旬的一天，萨拉米海战开始。萨拉米海战，是希波战争中最为关键的一次战役，在这次战役中，雅典海军取得了胜利，消灭了波斯海军的主力，从根本上扭转了战局。此后，不可一世的薛西斯一世带着残兵退回到了亚洲，只在希腊半岛留下一支陆军。不过，这支陆军在比奥提亚战役中被希腊联军彻底击败。至此，希腊联军收复了全部希腊半岛的土地。

同时，在小亚细亚的米卡尔海角，希腊海军又一次和残余的波斯海军遭遇，并予以重创。在这次战役中，波斯海军全军覆没，所有舰船要么被希腊海军俘虏，要么被摧毁。

希腊联军的胜利鼓舞了原先被波斯占领的希腊小城邦，它们纷纷趁此机会宣告独立。所以，希腊反波斯同盟的力量得到了进一步发展，不过没有海外利益的斯巴达此时退出了联军，战争完全由雅典来领导。由于同盟的会址和金库都设在提洛岛，因此又称"提洛同盟"，入盟城邦已经增加到了200多个，几乎遍布整个希腊。不过由于雅典当时军事力量和经济势力强大，雅典实际上已经控制了整个同盟。从公元前454年开始，提洛同盟的金库和会址被迁到了雅典，各个加盟城邦逐渐成为雅典的附属国。

公元前449年，由于国内叛乱不断，波斯已经无力再战。因此，波斯派使团和雅典签订了《卡里阿斯和约》，波斯放弃对小亚细亚希腊各城邦的占领，承认它们的独立，同时放弃对爱琴海和黑海一带的霸权。

至此，希波战争全部结束。

发生地点	发生时间	推荐理由
马其顿王国	公元前334年	亚历山大是世界上战功最显赫的征服者之一，东征促进了东西方文明的融合。

征服亚、非、欧的亚历山大东征

事件介绍

公元前336年，马其顿国王腓力二世在女儿的婚宴上被刺杀身亡，从此，他的儿子，20岁的亚历山大开始登上历史舞台。

亚历山大从小胸怀大志，熟读《荷马史诗》，被里面的英雄故事深深吸引。他的老师亚里士多德给他灌输了先进的希腊文明，教授他科学、哲学、医学等各方面的知识，使他从小受到希腊文化的熏陶和启迪。亚历山大还显示出非凡的机智和勇敢，16岁即随父出征，在卡罗尼亚战争中，18岁的亚历山大曾指挥马其顿军队的左翼取得辉煌的战绩。

腓力二世去世后，被征服的希腊城邦认为这是摆脱马其顿统治和奴役的绝好机会，不少城邦纷纷起义。亚历山大即位后，迅速平定了内部的骚动和希腊反马其顿的起义。他摧毁了反对他的希腊城邦底比斯，并将底比斯人民变卖为奴，以此来告诫其他蠢蠢欲动的希腊城邦。

平息骚动后，亚历山大将目光投向幅员辽阔、资源丰富的东方波斯国，开始实现自己征服世界的野心。公元前334年，亚历山大开始东征。征伐需要理由，亚历山大以波斯人曾经蹂躏过希腊的圣地,并参与刺杀其父腓力二世为借口,宣布对波斯帝国作战。

出征前,亚历山大命令把自己的财富、地产、奴隶和牲畜都分给部下和战友。别人不解,问他:"陛下,你把财产都给别人了,你自己还有什么?"亚历山大豪迈地回答:"希望!我把希望留给自己,有希望,就会有财富。"

公元前334年春天,亚历山大率领3万步兵、5000骑兵和160艘战舰,渡过赫勒斯滂海峡,向东方挺进。第一次战争开始于当年5月,地点是在小亚细亚的格拉尼库斯河附近。亚历山大负轻伤,波斯国王大流士三世之子死于战役。

此战的胜利为亚历山大军队打开了通往小亚细亚各港口的通道,亚历山大决定沿着小亚细亚海岸行进,以夺取波斯舰队及其在小亚细亚沿岸的基地。不久,他不战而得整个吕底亚和弗里吉亚。

公元前333年,亚历山大来到西里西亚的伊苏斯地方,和波斯军队展开伊苏斯会战。

▼ 意大利画家塞巴斯蒂安·康卡作品《亚历山大大帝在耶路撒冷神殿》。

波斯军队人数虽然远远超过马其顿,但国王大流士三世临阵脱逃,致使波斯军人心大乱,惨遭败局。大流士三世的母亲、妻女皆被俘,马其顿军队还缴获了波斯人大批的武器和粮饷。

亚历山大并没有直接追赶东逃的大流士三世,而选择了从叙利亚北部沿地中海东边南下,这样可以一方面巩固后方,把波斯的陆军和他的海军隔开,另一方面可开赴古老的金字塔之国埃及。

公元前332年冬季,亚历山大开进了埃及,他受到了埃及僧侣和贵族们的欢迎。为了笼络埃及的人心,他向埃及诸神贡献祭品,为埃及人民举行体育和文艺表演。亚历山大还专程到利比亚沙漠中的西瓦绿洲去朝拜太阳神的神庙。受宠若惊的埃及僧侣宣布亚历山大为"太阳神的儿子",亚历山大成了埃及新的法老。

马其顿军队在埃及休整、补充装备之后,亚历山大认为追击大流士三世的时机到了。公元前331年,亚历山大再度向东方进军。大流士三世试图议和,许诺把已被亚历山大占领的领土给予亚历山大,并把已被亚历山大俘房的女儿斯塔提拉嫁给亚历山大,给亚历山大1万塔兰特白银,以赎取家人并签订停战和约。但亚历山大要的是整个波斯国的国土,并要大流士三世承认他为亚洲之王。大流士三世不能接受屈辱,决定背水一战。

10月初,双方在底格里斯河上游以东的高加米拉村展开激战。大流士三世狼狈逃往巴克特里亚,后被其部下巴克特里亚总督比索斯刺杀身亡。

高加米拉战役后,亚历山大长驱直入波斯本土,相继攻占波斯帝国的4个首都:巴比伦、苏萨、埃克巴坦纳和波赛波里斯。马其顿军队洗劫、焚烧波斯的古城和王宫,大肆掠夺财富。仅在波赛波里斯王宫中就掠夺了12万塔兰特金银,需要用1000对骡马和3000头骆驼才能运输这些巨额财宝。高加米拉战役敲响了波斯帝国的丧钟,亚历山大成为波斯帝国新的统治者。

公元前327年,亚历山大率军离开中亚进入印度,利用印度各邦首领之间的矛盾,占领了印度西北地区。正当亚历山大踌躇满志之时,军队士兵的士气却开始低落。常年在外连续作战,士兵们疲惫不堪,强烈

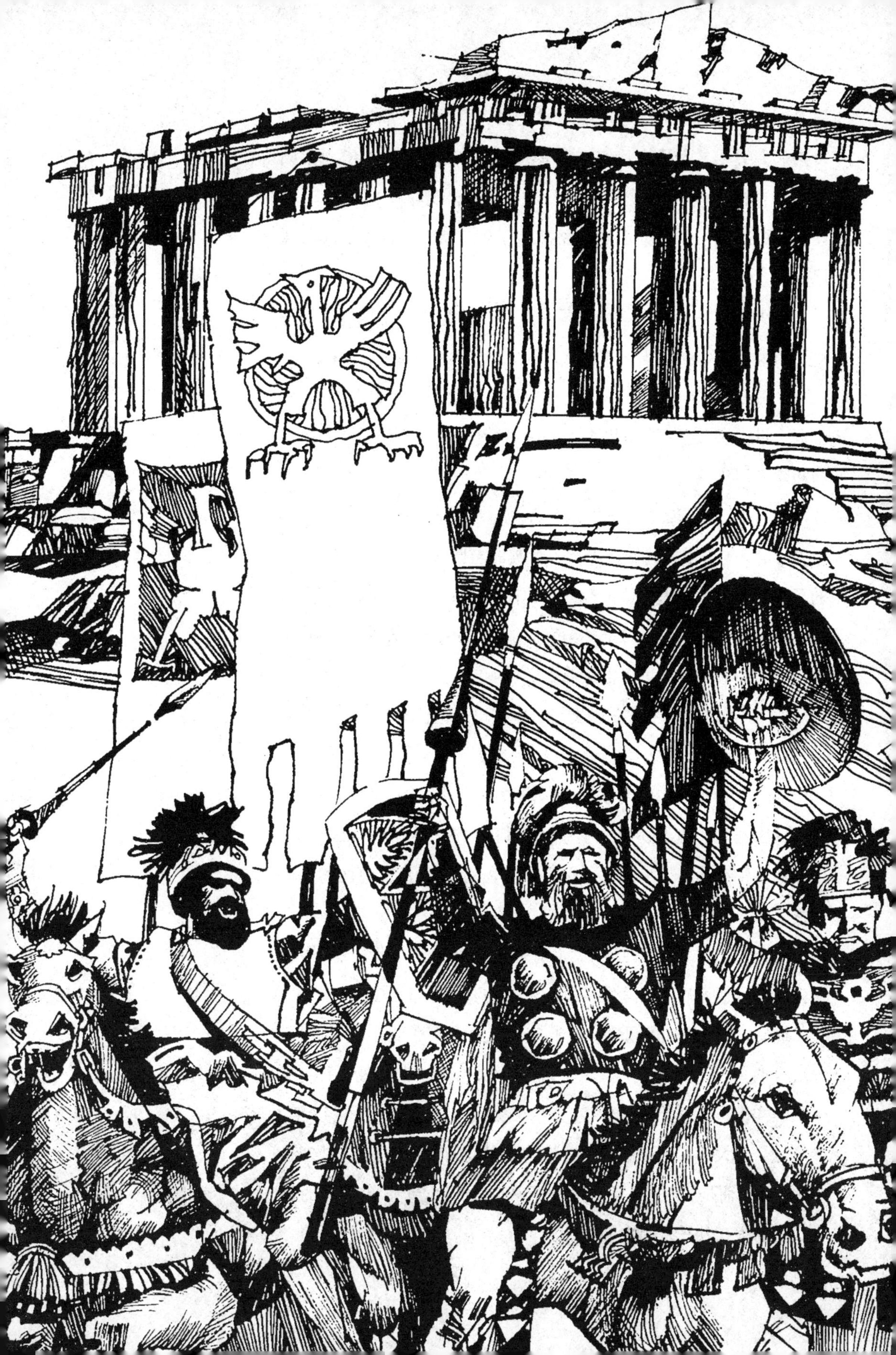

思念家乡和亲人。加上印度的气候炎热多雨，受到酷暑、暴雨和传染病的袭击，大量士兵伤亡，军队无心作战。无论亚历山大如何以利相诱，军队都不愿意继续行进，甚至出现哗变。公元前324年春，亚历山大率队分水陆两路撤出印度，踏上归程，回归新都巴比伦。

亚历山大10年东征，消灭了波斯帝国，建立起了地域辽阔的亚历山大帝国，横跨亚、非、欧，其版图比当年的波斯帝国更大，人口更多：它东到印度河，南达尼罗河，西至巴尔干，北抵里海、中亚一带，囊括了古代世界4个文明发源地：希腊、埃及、两河流域和印度河流域。

亚历山大的东征，促进了东西方文化的交流。入侵后，大量希腊人移居东方，东方的城市出现了优美的希腊式雕塑和建筑，东方的天文学和数学知识也传入西方。他还促进了东西方贸易的发展。他在东方建立的城市好多都逐渐发展成为各地的政治中心、商业中心。亚历山大被称为世界上最伟大的征服者之一。

亚历山大的征服欲望并未停止，他在巴比伦整编了一支庞大的军队，准备再次远征。

他计划入侵阿拉伯与波斯帝国北面的土地，还想再次进入印度，征服罗马、迦太基和地中海西岸地区。谁知公元前323年夏，他在巴比伦突然染上疟疾，无医可治，发病10天后就匆匆离开了人世，年仅33岁。

由于发病太突然，亚历山大生前来不及确定王位继承人便撒手而去，导致他死后国内爆发了争夺王权的激烈斗争。

最后，亚历山大的母亲、妻子与儿女都死于争斗之中。将领们纷纷自拥为王，横跨亚、非、欧的亚历山大帝国和它征服过的波斯帝国一样，分裂为若干个国家。亚历山大帝国只存在了短短13年。

这个庞大的帝国必然是不牢固的。它们没有自己的经济基础和文化基础，而是暂时的、不巩固的军事行政的联合。没有有力的领导，它的灭亡几乎是历史的宿命。

发生地点	发生时间	推荐理由
中国	公元前221年	建立了中国第一个中央集权国家，经济、文化获得了空前发展，中华民族进入崭新的发展时期。

秦始皇统一中国

事件介绍

公元前247年，秦庄襄王死去，年仅13岁的儿子嬴政即位为秦王。秦王政登基初始，因年龄太小，国政大权为相国吕不韦所把持。吕不韦号称秦王仲父，嬴政做许多事情都受到吕不韦的限制。随着秦王政年龄的一天天增长，他对吕不韦的专权也愈加不满，于是二者的争权斗争也日益激烈。

公元前238年，22岁的秦王政举行了加冕典礼，开始亲政，这年，嫪毐发动宫廷政变。秦王派昌平君、昌文君率兵围剿长信侯嫪毐，并悬赏说："有生的毐，赐钱百万；杀之，五十万。"（《史记·秦始皇本纪》）把叛乱者一网打尽后的第二年，嬴政又借嫪毐事件，免去"仲父"吕不韦的相国职务，把朝政大权收回到自己手中，还令其迁蜀，迫使吕不韦无奈自杀。至此，秦国大权真正掌握在了嬴政手中。

秦王政大权独揽之后，就开始实施他吞并六国、统一天下的雄伟战略。他广泛搜罗人才，重用客卿，甚至包括从敌营中来的人或曾讥讽过自己的人，使秦国一时人才济济。如重用韩国间谍郑国兴修郑国渠，使关中4万多顷盐碱地变成旱涝保收的肥沃良田，为秦统一天下创造了足够的物质条件。

中国历史上第一个皇帝秦始皇。

　　秦王礼待军事理论家尉缭,采纳其贿赂各国权臣以破坏六国合纵的建议,军事上受益匪浅。又接受法家代表人物韩非的法、术、势思想,加强他的政权统驭能力。听从李斯建议,保持吸收和使用外来客卿的传统,定下金帛利诱与武力打击相结合的方略,使秦王政身边形成一个智囊团,在统一中国的过程中发挥了重要作用。而且秦王政性格坚毅,有坚韧不拔、百折不挠的意志,这也是他成功的重要因素。

　　公元前236年,秦王政乘赵攻燕、国内空虚之际,分兵两路大举攻赵,拉开了统一战争的帷幕。秦国数年连续攻赵,夺去了赵国大片土地,极大地削弱了赵国实力,但在当时的六国中,赵国是最为强劲的一个,拥有很多善于用兵的大将,先是有廉颇,后有李牧、庞煖。秦国一时无力灭掉赵国,于是转攻韩国。

　　从秦王政十七年,即公元前230年,灭韩开始,至此秦王政开始了他正式的统一中国的战争。

　　同年,秦内史滕率军北上,攻占韩国都城阳翟(今河南禹州市),俘虏韩王安,在韩地设置颍川郡,韩国灭亡。韩国虽已灭亡,但韩国贵族的反抗并没有停止。韩王安被迁于岐山,公元前226年曾发动叛乱,不久被镇压下去,这才彻底解决了韩的问题。

　　第二个被灭亡的是赵国。秦国几次兴兵伐赵,都没有讨得多少便宜。公元前229年,秦大举攻打赵国,名将王翦率军由上党(今山西长治市)出井陉(今河北井陉县),杨端和率兵由河内进攻赵国都城邯郸。赵大将李牧、司马尚坚持抵抗达一年之久。后来赵王宠臣郭开接受秦人贿赂,向赵王诬告李牧、司马尚。

赵王开始对李牧、司马尚心生疑虑,但是李牧在大敌当前的形势下拒绝交出兵权。赵王深感不安,便派人暗地逮捕李牧并处死,同时杀掉司马尚。李牧一死,秦军如入无人之境,公元前228年,王翦向赵国发起总攻,秦军很快攻占了邯郸,俘虏赵王,此时赵国已名存实亡,秦将赵国设为秦国的邯郸郡。

赵国灭亡后,公子嘉逃往代郡,自封为王,继续抗秦。代地赵军与燕军联合驻上谷易水(今河北怀来西北),企图阻止秦军继续北进。秦王政二十年(公元前227年)又被秦军击败。至秦王政二十五年(公元前222年),秦国王贲率军攻灭燕赵残余势力后,调转马头攻打代郡,俘获代王嘉,赵从此彻底灭亡。

灭掉赵国以后,秦兵临易水,威胁燕国。燕国太子丹曾被秦国掳为人质,一直想复仇。当秦兵压境之际,燕国君臣惶惶不可终日。燕国国小势衰,在实力上根本不是秦国的对手,于是燕太子丹决意刺杀秦王政。

公元前227年,燕太子丹派勇士荆轲携带燕国督亢的地图和秦国逃将樊于期的人头作为觐见礼,去刺杀秦王,以挽救燕国。荆轲临行前,太子丹及宾客送其至易水之上。荆轲慷慨悲歌"风萧萧兮易水寒,壮士一去兮不复还",表明为国牺牲义无反顾。

到达秦国后,秦王在朝堂接见荆轲,荆轲上朝觐见,假装献图。图穷匕首现,荆轲抓起匕首刺向秦王。嬴政环柱逃避,后在臣下的提醒下,才拔出佩剑,将荆轲刺倒。秦王怒不可遏,将荆轲肢解,并增兵向燕国大举进攻,秦王政二十一年(公元前226年)攻下燕都蓟,燕王喜及太子丹率公室卫军逃往辽东(今辽宁辽阳)。秦将李信带兵乘胜追击,来到衍水(今辽宁浑河),再败太子丹军,消灭了燕军主力。

燕王无奈,杀太子丹向秦求和,秦国不为所动。但鉴于燕、赵的残余势力已不足为患,为集中兵力攻魏、楚,所以暂停进攻。秦王政二十五年(公元前222年),在灭楚、魏之后,秦王派王贲率军进攻辽东,俘虏燕王喜,燕国灭亡。秦王在燕地设渔阳郡、右北平郡、辽西郡及辽东郡等。

地处中原的魏国在秦的打击下,早已奄奄一息,孤立无援。秦王政二十二年(公元前225年),秦国大将王贲率兵包围魏国都大梁,魏军依托城防工事,拼死防守。秦军强攻无效,心生一计,掘开黄河堤,水淹大梁。3个月后城市被毁,魏王投降,魏国灭亡,秦在魏东部地区设置砀郡。

大秦国的军队曾经所向披靡,他们是秦始皇的骄傲,以至于秦始皇去世后也要用陶制成一支壮观的军队为他守卫陵墓。图为秦始皇陵兵马俑。

魏国被灭后，秦国把下一个目标指向楚国，但因楚国地域广阔，实力不弱，所以颇费了一番周折。秦王政二十一年（公元前226年），楚国内部发生叛乱，楚将项燕将秦国叛将昌文君拥立为荆王，秦以镇压荆王为名，举兵攻楚。楚国当时虽然开始败落，但实力尚在。当秦破三晋之后，就全力攻楚。秦将李信自恃年少壮勇，在秦王面前夸下海口：以20万兵力就可以横扫楚国。秦王又问老将王翦，但是王翦回答说至少需要60万军队。秦王认为王翦怯弱而李信勇猛，于秦王政二十二年（公元前225年）派李信率20万兵众攻打楚国。李信轻敌惨败，和另一大将蒙武在楚地被楚将项燕重创，秦军退出楚境。

嬴政遭到挫折后，亲赴王翦家，向王翦赔礼，请其率兵出征。秦王政二十四年（公元前223年），秦国倾全国兵力60万人，在王翦的率领下大举伐楚。楚国以全部兵力予以抵抗，无奈对方攻势强劲，大将项燕战死，楚军大败，秦军俘虏楚王负刍，攻占楚都郢（今湖北荆州市），楚国灭亡。而后，秦军又向江南广大楚地及降服于楚的越地进攻。不久越君也投降秦王，至此，楚国全部覆灭。

五国相继被灭，只剩下一个孤零零的齐国。它的相国后胜，长期受贿于秦，既不备战，更不援助其他五国抗秦。齐王建昏庸无能，听信于相国。公元前222年，秦王以齐国拒绝秦国使者访齐为由，命令王贲率军直逼齐国。齐军士气本来就不高，见秦军突然从北攻来，更是措手不及。齐王建慌忙在西线集结军队，准备抵抗。秦王政二十六年（公元前221年），秦军避开西线齐军主力，从北面直插齐国都城临淄（今山东淄博市）。在秦国大兵压境的形势下，齐国迅速土崩瓦解。齐王不战而降，齐国灭亡。秦王在齐设置齐郡和琅玡郡。

秦国能以破竹之势在10年之内瓦解六国，和秦国在战争中战略战术运用得当有重大关系。在战术上，秦国根据各国实际情况，执行了由近及远，先弱后强的方针。首先灭掉了毗邻的弱国韩赵，然后中央突破，攻燕灭魏，解除了北方的后顾之忧。最后消灭两翼的强敌齐楚。

从公元前230年到公元前221年的10年间，秦国完成了统一大业。结束了西周末年以来诸侯长期纷争的局面，建立了中国历史上第一个高度中央集权的封建国家——秦王朝。战国历史至此结束，中国历史翻开了新的一页。

发生地点	发生时间	推荐理由
欧亚大陆	公元前2世纪	促进东西方的对话与交流，西方的宗教、东方的四大发明都是通过丝绸之路传送的。

古代丝绸之路的开通

事件介绍

1910年，德国历史学家赫尔曼在《中国和叙利亚之间的古代丝绸之路》一书中，根据当时发现的文物考古资料，进一步把丝绸之路延伸到地中海西岸和小亚细亚。并且指出，丝绸之路是中国古代经由中亚通往南亚、西亚以及欧洲、北非的陆上贸易交往的通道，因为大量的中国丝和丝织品经由此路西传，故此称作"丝绸之路"。

我国西汉时期，人们习惯于把玉门关和阳关以西、葱岭以东的所有地区（包括巴尔喀什湖和新疆）都称为西域。还有些人把葱岭以西的中亚和西亚以及东欧和北非地区也称为西域。

公元前2世纪左右，北方的匈奴势力逐渐强大，控制了当时中国的北部、西北部和东北部大部分地区，并且还不时派兵骚扰南方的西汉国。在西汉建国之初，由于国力刚刚恢复，不足以抵挡匈奴的侵略，因此西汉初期基本上对之采取"和亲"的策略。汉武帝即位之后，经过励精图治，国内经济渐渐恢复并得到了大力发展，中央集权大大加强，因此消除匈奴威胁的时机已经成熟。

为了能够彻底打败匈奴，汉朝派出张骞出使西域。张骞的两次西行，打破了中亚、西亚地区的游牧民族对丝路贸易的垄断，使中国和中亚、南亚、西亚诸王国之间建立了直接的贸易往来关系。另外，张骞等人带回的报告，也是中国人对外部世界的首次真知灼见，从此结束了我国古代对西方神话般的印象。

张骞西行，最后也完成了最初出使的目标，即打败匈奴。根据张骞得来的经济和军事情报以及在西域各国的帮助下，汉朝不仅在河西走廊建立了武威、张掖、酒泉、敦煌4个郡，还进而派兵远征大宛，获得汉武帝梦寐以求的汗血宝马。到了公元前60年，汉朝在西域设立了西域都护，控制了塔里木盆地。

从此，汉朝和西域各国正式建立了关系，各国之间的关系开始改善，商业、文化等交往日益密切。商人们就是通过当时的丝绸之路运送各种商品的。

西汉的丝绸之路，东面的起点是西汉的首都长安（今西安），经过陇西或固原到达今天的兰州，然后通过河西走廊的武威、张掖、酒泉、敦煌，出玉门关或阳关，穿过白龙堆到罗布泊地区的楼兰。在楼兰，丝绸之路分为南北两道：第一条是沿着昆仑北麓到达安息

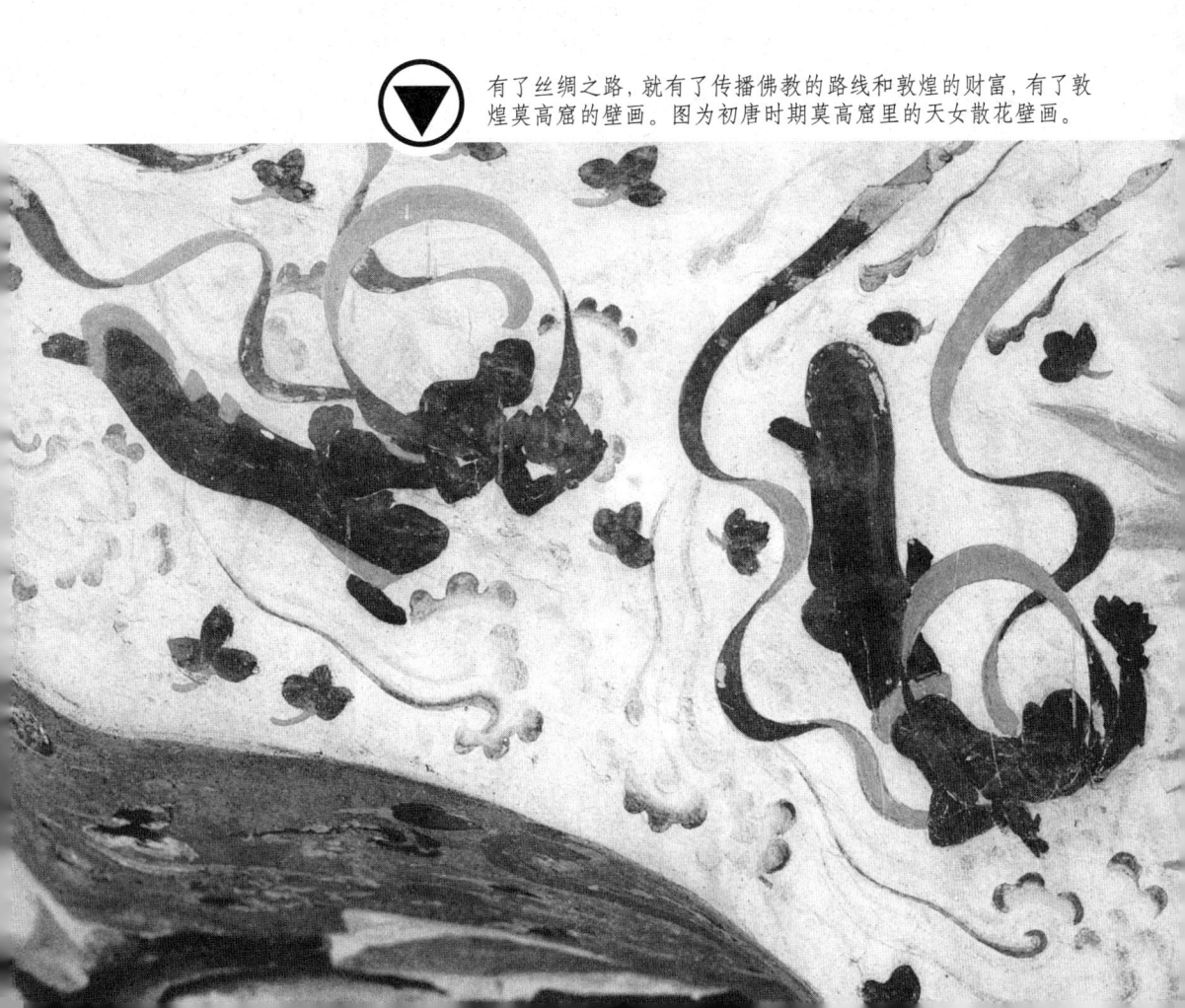

▼ 有了丝绸之路，就有了传播佛教的路线和敦煌的财富，有了敦煌莫高窟的壁画。图为初唐时期莫高窟里的天女散花壁画。

▲ 如今，敦煌鸣沙山的月牙泉仍在，当年的商旅却不复存在。

（今伊朗），直至印度洋，称为南道；第二条顺天山南侧行走，越过帕米尔高原，到达中亚和波斯湾等地，称为北道。

公元8年，王莽新政之后，中国曾一度停止了通过丝绸之路和西域各国的交往。东汉建立后，于公元73年又派班超率36人出使西域，他的副使甘英曾到达大秦（古罗马）和波斯湾（阿拉伯湾），保障了丝绸之路的畅通并进一步拓展了丝绸之路。

汉以后的魏晋南北朝时期，我国数百年战乱频仍，民族关系与社会关系格局错综变幻，对中西交通有一定影响。不过，中西经济文化的交流并没有中断，相反有不少大族和有文化的士人纷纷迁居河西以避战乱，促使中西交往的驿站河西走廊的文化得到前所未有的提高。

通往西域的丝绸之路在这一动荡时期发展为3条。南北两道与两汉时期比较，路线没有什么变更，只不过原来的北道，此时改称中道。新增的北道，是从玉门关西北绕过白龙堆沙漠，经过高昌，到达龟兹，再经过疏勒、大宛，抵达波斯、东罗马帝国，最后到达西海（今地中海）。

隋朝建立之后，隋炀帝曾派黄门侍郎裴矩往来于张掖、敦煌之间，通过西域的商人，联络各国的首领。

到了唐代，陆上丝绸之路的繁荣程度到达巅峰。据唐太宗贞观年间的宰相贾耽考证，隋唐时期又开辟了两条新的路线：一路由龟兹经姑墨、温宿、勃达岭（今别迭里山口）、热海（今伊塞克湖）南岸，到碎叶；另一路经过青海军城（在今沙湾县）、黑水守捉（今乌苏）、弓月城（今霍城），到碎叶和怛逻斯。这两条道路在怛逻斯相汇，如果再向西行，就可以到达西海，如果向南走，则经过石国（塔什干）和康国（撒马尔罕），到达波斯和大食（阿拉伯）等地区。

唐代是我国封建历史上经济发达、疆域广阔、中外文化交流频繁的一个辉煌时期。从唐太宗到武则天，唐朝不仅直接牢固控制了塔里木盆地的西域诸王国，而且成为天山以北、葱岭以西各个王国的宗主国，中西往来更加畅通无阻，当时的文化交流也呈现出令人眼花缭乱的景象。除了西方的黄金、珠宝、玻璃器皿纷纷传到中国，这些国家的穿着、饮食等生活方式，音乐、舞蹈、绘画等文化形式也都源源不断地进入中原。虽然唐朝对佛教特别崇拜，但是此时国外的祆教、摩尼教、景教以及新兴的伊斯兰教都在此时正式传入中国内地。在吸收外来文化的同时，借助唐朝强大的政治力量，中国文明也大量传入西方，对当地的文化产生重要影响。

1222年至1223年，中国元代诗人耶律楚材和道教教主长春真人丘处机，沿着丝绸之路巡游西域，做诗撰文，对中国北疆及中亚地区的风物做了形象生动的描述。更为有名的是，意大利旅行家马可·波罗沿着丝绸之路于公元1275年到达元朝的大都（今北京），在其游记中详实地记述了帕米尔高原、喀什、莎车、和田一带的景物和物产，给后来的欧洲人寻找新航线提供了动力。

发生地点	发生时间	推荐理由
古罗马	公元前1世纪	加速了共和制的灭亡，导致军事独裁政权的建立，罗马进入帝国时期。

传奇大帝国罗马的创立

事件介绍

公元前3世纪，罗马统一意大利并建立共和政体后，开始凭借强大的军事力量，进行对外侵略扩张。

在连年不断的对外扩张中，手握兵权的将士们一个个都野心勃勃，妄想夺取国家大权。其中影响最大、力量最强的是凯撒、庞培和克拉苏3人。

克拉苏（公元前115—前53年）出身贵族，是罗马政坛上显赫一时的人物。公元前83年，他出兵意大利，崭露头角，随后又在残酷镇压斯巴达克起义中立下了"显赫战功"。同时他又经营高利贷业，投资商业，成为罗马首富。

庞培（公元前106—前48年）在镇压苏拉的运动中权势开始抬头，后来又通过清剿地中海海盗和远征东方进一步掌握军政大权。他原是贵族派的代表，后来看到民主派实力不断壮大，便见风使舵，倒向民主派。

凯撒（公元前100—前44年）出身没落贵族家庭，是著名的奴隶主政治家、军事家和演讲家，虽然他在权势上远不如庞培，在资财上远不如克拉苏，但他为人机警，有雄才大略，以改革创新、慷慨大方的作风以及赫赫战功而赢得平民和一部分上层人士的信任。

克拉苏、庞培和凯撒都企图垄断罗马政权,但是任何一个人都无力单独对抗当时尚且掌握实权的元老院,只有联合起来,才能与元老院抗衡。公元前60年,凯撒施展政治手腕,与庞培、克拉苏两人结成了一个相互支持的秘密政治同盟——"三人同盟",史称"前三头政治",成为罗马事实上的统治者。三头政治是罗马从共和制向帝制转变的过渡形式。

公元前53年,好大喜功的克拉苏在担任叙利亚总督时远征帕提亚,军队被打得一败涂地,克拉苏本人也战死沙场。从此,"三头"只剩下"两头",凯撒和庞培两雄对峙,矛盾日益突出,最后的较量成为必然。

为了加强实力和凯撒争雄,庞培倒向元老贵族派。在元老院的支持下,他担任了执政官并镇压民主派。元老院还授权庞培招募军队,宣布凯撒为公敌。凯撒乘机以"保卫人民夙有权力"为名,于公元前49年1月10日,率军越过意大利和山南高卢行省之间的卢比孔界河,以迅雷不及掩耳之势向罗马突进,进攻庞培。庞培大吃一惊,他还没有做好迎战准备,只好带着一批元老院贵族仓皇出逃希腊,使凯撒不费吹灰之力就占领了罗马都城。

一年后,凯撒和庞培在希腊北部的法萨正面交战,彻底击溃了庞培的军队,夺取了罗马政权。庞培出逃埃及,后来被人杀死。公元前45年,凯撒又镇压了庞培的儿子在西班牙的反抗,结束了内战。在三头的角逐中,凯撒夺取了最后的胜利。至此,"前三头政治"结束。

公元前44年,凯撒被推举为终身独裁官,集军事、行政、司法、宗教权力于一身,实行独裁统治,破坏了共和制,使罗马共和国名存实亡。凯撒的所作所为引起了一些强烈拥护共和制的元老贵族们的仇恨和敌视。公元前44年3月15日,在罗马元老院的议事厅里,元老贵族们围坐在凯撒周围,正在商议政事。突然,人群中最前面的一个元老,乘其不备,猛地从宽大的袖袍中掏出早就准备好的匕首,狠狠刺向坐在中间的凯撒。这是一场元老贵族们预谋已久的刺杀。

凯撒死后,他的部属为争夺继承权一度展开纷争,但元老院派势力的抬头使他们不得不重新团结,一致对敌。最后,凯撒党人安东尼和雷比达掌握了罗马实权,但凯撒在遗嘱中指定他的外甥及养子屋大维为自己的继承人。屋大维当时正在希腊北部,闻讯后悄悄从希腊渡海回到意大利。安东尼本来就有掌握独裁大权的野心,屋大维的归来对他形成了威胁,于是他利用手中的权力,对屋大维百般阻挠。势单力薄的屋大维不得不佯装支持共和制,和元老派接近,借助他们对独裁帝制的痛恨来壮大自己的力量。

公元前43年,屋大维要求元老院把执政官的位置让给他,却遭到了拒绝,于是他率领大军直逼罗马,迫使元老院屈从。屋大维和元老院的关系开始恶化,但是这却促使了他和安东尼、雷比达的结合。事后,3人在意大利北部伯罗尼亚附近会晤结盟,确立了3人对罗马的联合统治。后三头彼此间划分了军政势力范围:安东尼管辖东方行省;屋大维管辖西方行省;雷比达管辖非洲,史称"后三头同盟"。

与秘密结盟的前三头政治不同的是,后三头政治具有公开的性质。三者结成同盟后,以"安定国家的三雄政治"之名为掩饰,建立了集体无限权力的军事独裁制度。

屋大维逐渐在三头政治中占据首要地位,积聚了个人独裁的军事和政治资本后,他开始向昔日的盟友开刀。公元前36年,屋大维与雷比达联合消灭庞培的儿子在西西里一带的势力后,马上排挤雷比达,只让他保留大祭司的荣誉职位,确立了自己在西方的权势。屋大维的势力慢慢抬头的时候,他最主要的对手——安东尼的声望却在不断下降。他先是出征安息,遭到失败。之后又违反罗马习俗,和埃及女王克娄巴特拉七世(公元前69年—前30年)正式宣告结婚,并把罗马东部领地赠给克娄巴特拉七世的子女。罗马人对此极其愤慨,屋大维乘机利用这种情绪来反对安东尼。

屋大维先是通过公民大会剥夺了安东尼的一切权力。公元前31年9月,又率领了陆海军与安东尼、克娄巴特拉女王的联军在希腊西部海岸的亚克兴展开决战。屋大维的舰艇先进灵活,装备有投掷器和接舷战锚,不断发动进攻,双方激烈交战,死伤无数。正当双方胜负未分时,联军中的埃及女王克娄巴特拉认为胜利无望,竟带着60艘埃及战舰撤出战场,逃往埃及。安东尼见女王撤退,也指挥自己的军队向埃及方向逃去。屋大维取得了亚克兴海战的胜利，几天之后，安东尼的陆军部队也向屋大维投降。第二年夏天，屋大维进军埃及，安东尼见大势已去，和女王克娄巴特拉双双自杀。

屋大维凯旋罗马，成为最后的胜利者。公元前30年，屋大维宣布成为罗马唯一的统治者，但他并没有仿效凯撒，公开实行军事独裁制度，而是尽量把自己的政权用合法的外衣掩盖起来。公元前27年，他宣布恢复共和国，但同时又装作迫于元老院和公民的请求，接受与共和制完全背道而驰的绝对权力，建立了元首制，自称"元首"，并获得"奥古斯都"（神圣、庄严的意思）和"祖国之父"的尊号。

屋大维总揽行政、军事、司法和宗教等大权，元首制实际上是披着共和国外衣的帝制和军事独裁。

在屋大维的元首政治下，元老院虽然仍然存在，但是只有名义上的立法权，实质是元首的工具。公民大会也仍然存在，但只按指定的候选人选举官员和组织节庆活动，在政治上已没有实际作用。

前后三头同盟最终使罗马完成了从共和政体向帝国政体的转变，从此罗马正式进入了帝国时期。

发生地点	发生时间	推荐理由
耶路撒冷	公元1世纪	世界三大宗教之一，影响了整个中世纪、近代和现代历史。

基督教的起源与形成

事件介绍

耶稣是基督教的创始人，也是基督教徒信奉的救世主。关于耶稣的诞生，《新约福音书》中有记载。传说耶稣的母亲叫玛利亚，年轻时和一个叫约瑟的年轻木匠订了婚。在她结婚的前一天，一位天使出现在玛利亚面前，告诉她她将受神灵感应而怀孕。玛利亚未婚先孕，这给约瑟带来了极大的苦恼，他想解除婚约。一天晚上，他在梦中看见一位天使从天上飘然而下，对他说："约瑟，你放心娶玛利亚吧，是圣神授她怀孕的。她怀的是上帝的儿子，叫耶稣。他会把人类从罪恶的痛苦中解脱出来，让他来拯救世界。"

到了年底，玛利亚的产期将至时，罗马政府要普查人口，命令人们都回原籍登记。约瑟的原籍在耶路撒冷以南的小城伯利恒，于是他便带着玛利亚踏上回乡的路。他们来到伯利恒时正是深夜，客店里已经住满了人，他们找不到合适的住宿地，只好借住在一个马棚里。这天夜里，玛利亚就在马棚的马槽里生下一个男孩，约瑟给他取名耶稣。那天夜晚，伯利恒近郊的牧人正欢快地躺在山丘的草地上休息，只听天乐飘飘，天上有颗明亮的星星落到耶路撒冷。三位一直跟随星星指引的东方博士看到星星降落后，高兴地叫道："救世主基督降生到人间来了。"

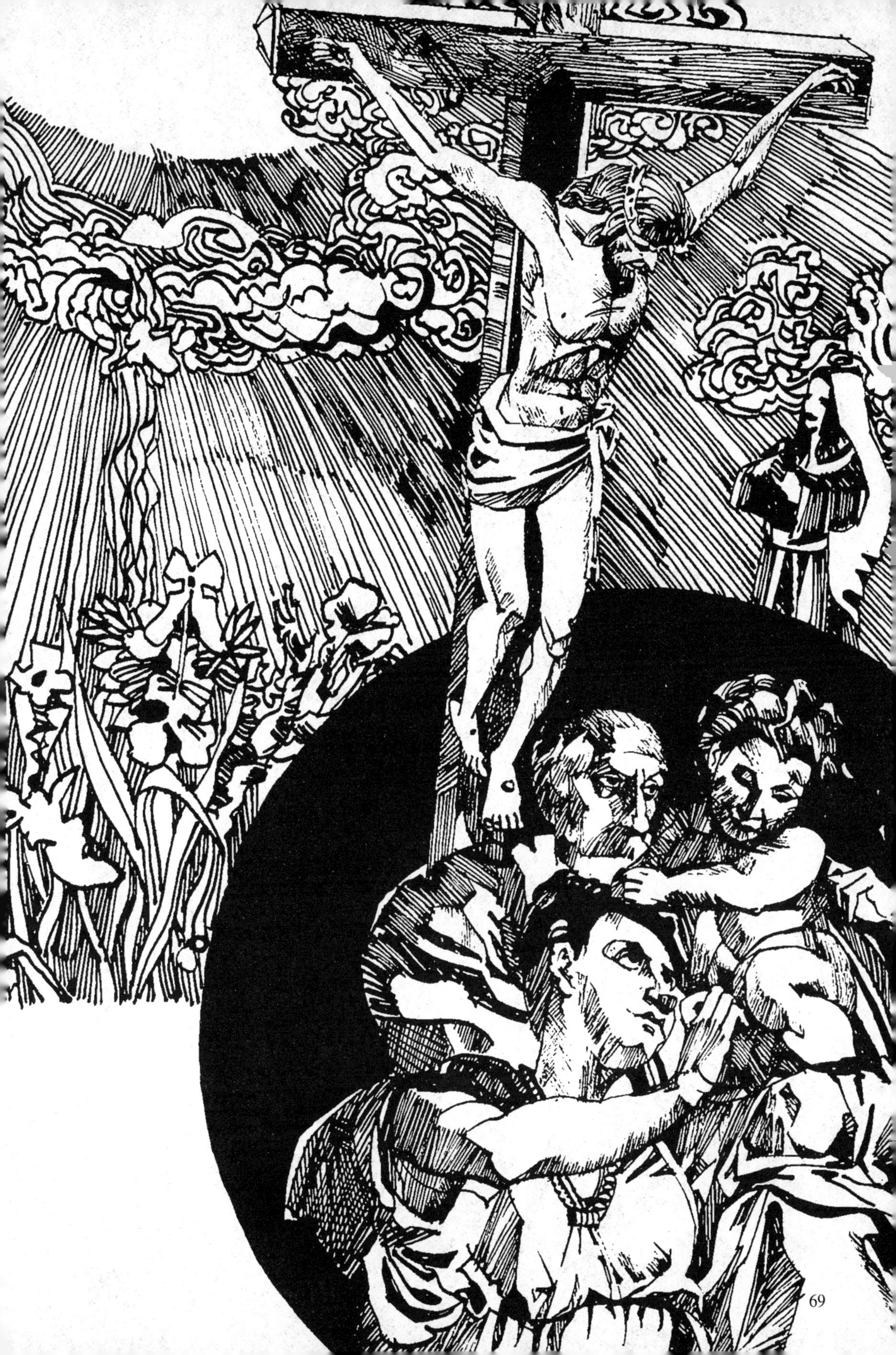

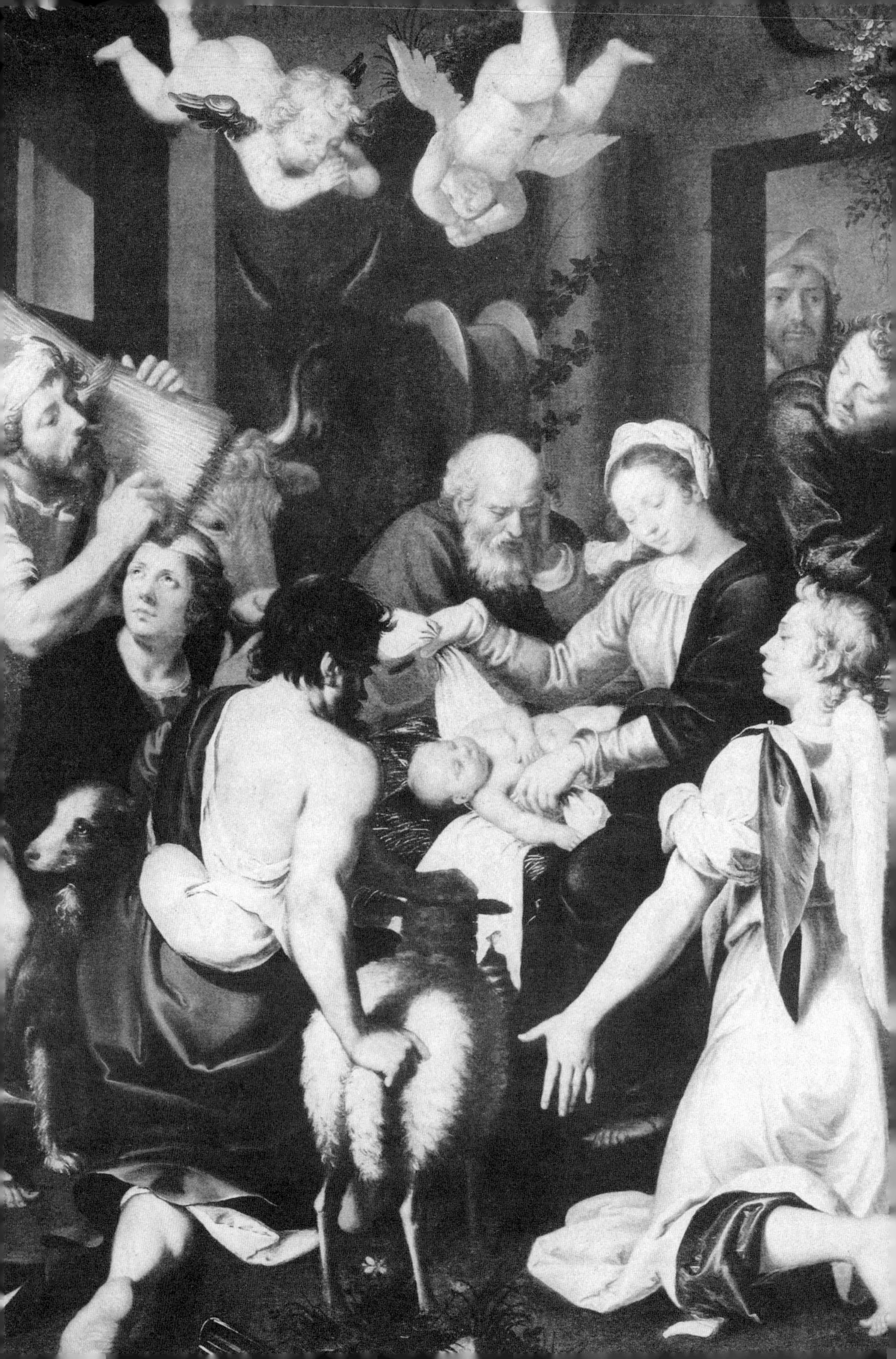

◀ 基督是西方众多艺术家描绘的对象,图为让·布歇1610年的作品《基督诞生》。

传说耶稣12岁时,曾随他的母亲到神殿去。他在神殿里流连忘返,他母亲来找他,他反问道:"为什么找我?你们不知道我应在我父亲的家里吗?"年轻的耶稣已经意识到自己是为了完成特殊使命,被神派遣到人间的。但是在这以后的18年的岁月里,耶稣过着与平常人一样的生活,并未有特殊之处。

耶稣的表兄约翰作为预言家,曾经在犹太人中宣布了同5世纪前的先知艾赛亚同样的预言:救世主就要出现。耶稣30岁时,突然有一天醒悟过来,在约旦河边请表兄约翰为他洗礼。据说受了洗礼就是接受了上帝的圣灵。

此后,耶稣走遍了中东各地,四处传教。传教的同时,耶稣不断地为人民做好事,免费为百姓治病,驱逐魔邪。一次,一个瞎子在路旁要饭。耶稣问他:"你要我帮助你什么呢?"瞎子说:"主啊,我想见到东西!"耶稣摸了一下他的眼睛,说:"好了,你的信仰使你得救了。你可以看见东西了。"瞎子的眼睛果然明亮了,耶稣的义举赢得了人们的信任。

耶稣是位意志坚定的信仰者,他坚信万能、仁慈的上帝一定存在,为了表示对上帝的尊重,不能怀疑上帝的存在。据《福音书》记载,耶稣曾在旷野中禁食修道40个昼夜,抵御了魔鬼撒旦的诱惑。撒旦从三方面试探他。第一是用食物。耶稣禁食40天,已是饥肠辘辘。撒旦对他说:"你若是神的儿子,可以吩咐这些石头变成食物。"耶稣回答撒旦的试探说:"经上记载,人活着,不是单靠食物,乃是靠神口里所说出的一切话。"就是说,人生不是单靠生理上的满足,心灵上的饥渴比生理上的饥渴更加重要。

接着,魔鬼把他带到圣城,叫他站在殿顶上,对他说:"你若是神的儿子,可以跳下去,因为经上记着说:主要为你吩咐他的使者,用手托着你,免得你的脚碰在石头上。"因为有神的相助,无论他跳得成功与否,他都会成功。但是耶稣告诉他:"经上说,不可试探你的神。"

魔鬼又带他上了一座最高的山,将世上的辽阔疆域与荣华富贵指给他看,对他说:"你若俯伏拜我归顺我,我就把这一切都赐给你。"耶稣说:"撒旦退去罢。因为经上记着说,当拜你主神,单要侍奉他。"也就是说,只可以敬拜上帝这一位神,不可以敬拜其他权势。魔鬼败退,离开了耶稣。

基督教的教义可归纳为两个字——"博爱"。耶稣教导人们,上帝是满怀慈爱和宽容的。在耶稣眼里,博爱分为两个方面:爱上帝和爱别人。耶稣曾经说过:"你要尽心、尽性、尽意地爱你的上帝,这是诫命中的第一,且是最大的。其次就是要爱人如己。这两条诫命是律法和先知所说的一切道理的总纲。"

在基督教的教义中,爱上帝是指在宗教生活方面要全心全意地侍奉上帝。基督教是严格的神教,只承认上帝耶和华是最高的神,反对多神崇拜和偶像崇拜。"爱人如己"是基督徒日常生活的基本准则,它的要求是:人应该自我完善,应该严于律己,宽以待人,应该忍耐、宽恕,爱任何人,包括爱仇敌,并反对暴力反抗。耶稣还告诉他的门徒:"恨你们的,你们要待他好!诅咒你们的,你们要为他祝福!""有人打你的右脸,你把左脸送给他打。"耶稣认为,只有做到上述要求,才能达到博爱的最高境界——爱人如己。

基督教的主流教义不主张人们进行现实的斗争,而要人们学会容忍和宽恕,死后进入天堂寻求幸福。这一点有利于统治者的统治。富人入教后更是把不利于统治阶级的思想都抹杀了,代之以对他们有利的说教,比如《新约全书》说:"在上有权柄的,人人应该顺服他,因为没有权柄不是出于神的。凡掌权的都是神所命的,所以抵抗掌权的,就是抗拒神的命,抗拒的必自取刑罚。"随着社会的发展,统治者开始逐渐接受基督教。

公元313年,罗马皇帝颁布敕令,结束对基督教的迫害。同年,君士坦丁大帝颁布《米兰敕令》,正式承认基督教的合法地位。公元325年,君士坦丁在小亚细亚的尼西亚城召集了历史上第一次宗教会议,确立了基督教的正宗教义和教会组织,来自罗马各地的约300名主教出席了会议。到4世纪末,罗马统治者正式把基督教奉为国教。今天,基督教已经成为和佛教、伊斯兰教并列的三大世界性宗教之一,也是当今世界上传播最广、信徒人数最多的宗教。

发生地点	发生时间	推荐理由
古代罗马	公元476年	标志着欧洲历史上希腊、罗马的古典时代终结，奴隶制在西欧彻底结束，欧洲进入了漫长的中世纪黑暗时代。

西罗马帝国的灭亡

事件介绍

从公元235年之后，罗马帝国更是陷入了长期的混战之中。例如，在公元238年这一年中，罗马就出现了4个皇帝，但是他们都在几个月后的战斗中被杀。在公元238年以后的15年中，罗马竟然换了10个皇帝。

塞维鲁王朝覆灭后，政局陷入混乱，出现了所谓"三十僭主"的局面。在西方，形成了包括高卢、西班牙和不列颠在内的高卢帝国，在东方则产生了地处叙利亚和美索不达米亚之间的帕尔米拉帝国。这些"帝国"分别拥有自己的军队和行政机构，并且还可能拥有独立的经济体系，例如独自发行货币等。

自由民和城市的中下等阶层也在不稳定的政局中日益贫困，甚至沦为隶农，处境与地位和奴隶几乎一样。不满的人民群众不断爆发起义，在北非、西西里和高卢等地都发生了人民起义。

在公元3世纪中叶爆发的"巴高达"运动是当时最大的起义。起义者包括奴隶、隶农和城市贫民，他们占领了高卢的大部分农村地区，并且贡献了很多城市，建立了一支强大的军队。罗马政府于公元273年暂时平息了这次起义，但是在此后的150多年间，巴高达运动始终在进行。

罗马国内政局的混乱导致边疆防守的放松，因此边疆的驻军根本无力抵抗外族的入侵。来自多瑙河和莱茵河地区的日耳曼民族的部落如潮水般涌入高卢地区和意大利北部，到公元3世纪70年代时，他们已经进入意大利的中部，直接威胁到罗马。在东部，东哥特人不断侵入小亚细亚和希腊半岛，波斯萨珊王朝也不断向西侵犯，并在罗马皇帝瓦勒里安出征时俘虏了他。

公元284年，戴克里先除掉了一个月内杀害了两个罗马皇帝的军官，登上了罗马的帝位。此后，戴克里先采取各种措施加强王权。

首先，他把元首的称号正式改为"君主"，规定君主的权力不受任何限制。这种君主制成了后期罗马帝国相袭的一种统治形式。

其次，戴克里先还意识到他一个人不可能对付国内的奴隶起义及外族入侵，于是把罗马分成两个部分，由东部各省组成东罗马帝国，西部各省组成西罗马帝国。东、西罗马帝国分别设立皇帝，并享有同样的统治权。戴克里先自己统治东罗马帝国，而将西罗马帝国委托给好友马克西米治理。后来，他们又各自把统治区域分成两个区。从此，戴克里先和他的3个助手共4个人分别治理帝国的一部分，历史上称为"四帝共治制"。

最后，戴克里先还将雇佣兵制改成征兵制。当然，戴克里先还在货币、税收等方面也进行了改革。

戴克里先退位后，君士坦丁（公元306—337年在位）于公元306年登上罗马帝位。

但是此时罗马帝国东部的李西尼却一反戴克里先原先的愿望,和君士坦丁争夺罗马帝国的统治权长达数年之久。

公元324年,君士坦丁废除了"四帝共治"制度,独揽军政大权,重新统一了罗马帝国。君士坦丁在许多方面继续执行戴克里先的政策,改组国家机构,扩充官僚体系;颁布一系列法律,竭力维护奴隶制度,使得奴隶和隶农的境遇更加恶化;加强对奴隶的奴役和镇压,明确指出奴隶主有权处死奴隶,宣布贫民出卖子女为合法。

戴克里先和君士坦丁的改革,并不能挽救趋于瓦解的罗马帝国。公元337年,君士坦丁病逝,罗马内部争夺帝位的斗争重新开始。君士坦丁的3个儿子将罗马帝国一分为三。不久,三兄弟之间又开始了争夺领土和权力的战争。

公元379年,狄奥多西一世(公元379—395年在位)当政,并一度恢复了罗马的统一。但在他死后,罗马帝国就分裂为两部分:西罗马帝国以罗马城为首都,东罗马帝国以君士坦丁堡为首都。罗马帝国从此彻底分裂为东西两个帝国。西罗马帝国的统治者依然推行各种反动的措施,企图加强奴隶制在帝国的统治。

公元374年,亚洲北部的匈奴人进入欧洲,征服了那里的阿兰人和东哥特人,并向黑海北岸的西哥特人进攻。西哥特人在匈奴的进攻下,不得不渡过多瑙河,向巴尔干半岛迁移。他们向罗马帝国提出了进入罗马帝国的要求,经过和罗马皇帝的谈判后,罗马帝国同意这些罗马的"世敌"进入罗马,但是这些西哥特人有为罗马帝国御边的责任。

但是皇帝原先允诺的粮食并没有运到西哥特人守卫的地区,这些地区的罗马官吏则任意欺侮这些西哥特人,甚至任意抓人充当罗马奴隶主的奴隶。公元378年,不堪忍受的西哥特人举行武装起义,当地的奴隶和隶农纷纷加入起义队伍。起义军占领了墨埃西亚和色雷斯,罗马军队毫无招架之力。西罗马皇帝瓦伦斯急忙调集守卫在东罗马边界上的军队。不久,两军在阿得里亚堡展开决战,起义军歼灭了三分之二的罗马军队,瓦伦斯也被哥特人围在一所房屋里烧死。

公元401年,西哥特人在首领阿拉里克领导下,从巴尔干半岛侵入意大利,西罗马新皇帝一度要求向阿拉里克上贡大量财物而让阿拉里克暂时放弃对罗马的围攻。但是阿拉里克拒绝了西罗马帝国的请求,继续向罗马城挺进,沿路的奴隶和隶农纷纷加入这支西哥特人的队伍。在4万奴隶和数万"蛮族"出身的罗马士兵的配合下,终于在当年攻占了被称为"永恒之城"的罗马城。

西哥特人冲进了罗马城，经过三天三夜的洗劫后，罗马城到处是燃烧的大火，巍峨的殿宇和壮丽的宫殿化为一片焦木。

公元419年，西哥特人在高卢南部和西班牙地区建立了第一个得到罗马帝国承认的"蛮族"王国——西哥特王国。到公元5世纪中叶，西罗马帝国的境内已经出现好几个日耳曼人建立的王朝。

继西哥特王国之后，汪达尔人也经过高卢进入西班牙，后来由于西哥特人的威胁，他们横渡直布罗陀海峡而占领了北非首府迦太基城，建立了汪达尔王国。在奴隶和隶农的支持下，汪达尔人迅速占领整个北非，罗马帝国的贵族大部分被屠杀或逃亡到东方各行省。公元455年，汪达尔人渡过海峡而攻占了罗马城，劫掠了大批奴隶和金银财物。

罗马城遭到汪达尔人洗劫后，西罗马帝国从此一蹶不振。罗马城经过几次蹂躏，从原先的几十万人口一下子变成了7000余人。瓦伦斯之后的西罗马帝国的皇帝们为了避免帝国灭亡的命运，都做了极大的努力，但是仍然不能摆脱亡国的命运。帝国的皇帝们已经不住在罗马城，而是龟缩在沼泽围绕的拉温纳。他们得不到帝国军队的保护，反而成为傀儡。

此后，西哥特人再次侵入意大利，法兰克人和阿勒曼尼人侵占了莱茵河地区，西哥特人一部和汪达尔人一部共同占领了西班牙。

公元476年，西罗马帝国最后一个皇帝罗穆勒·奥古斯都被日耳曼雇佣兵首领奥多亚克废黜，西罗马帝国至此正式宣告灭亡。就这样，这个曾称霸地中海、历时12世纪的奴隶制大帝国，终于在国内奴隶起义和外族入侵的情况下覆灭了。

▼ 法国画家柯罗1826年作品《古罗马广场》。

发生地点	发生时间	推荐理由
东罗马	公元529年	其基本思想和原则融入西方乃至世界各国的法律中，很多国家的法律制定都受其影响。

以文明的名义诞生的《查士丁尼法典》

事件介绍

查士丁尼于公元483年出身于托莱索（前南斯拉夫境内）的一个农民家庭。他的叔叔原先是一个目不识丁的色雷斯农民，但是靠军队发迹，登上了东罗马帝国皇帝的宝座，称查士丁尼一世。查士丁尼自幼跟随叔叔，天资聪颖，接受了良好的教育。查士丁尼一世对这个侄子疼爱有加，寄予厚望，从公元518年开始，就让他协助自己掌理政务。公元527年，查士丁尼继承王位，正式成为东罗马皇帝。

查士丁尼雄心勃勃，从即位那天开始，就立下志向一定要恢复罗马帝国的昔日雄风。查士丁尼在外交和内政、军事和经济方面都有所建树。在军事方面，他依靠大将贝利撒留，东征西讨，前后花了大约20年时间，打败了波斯帝国，把北非的汪达尔王国夷为平地。公元535年又挥师意大利，矛头直指东哥特王国和西哥特王国，成功收复了意大利、北非和西班牙的一部分；地中海再次成为罗马帝国的内湖。同时，查士丁尼成功镇压了国内的"尼卡起义"，依靠刀剑保住了王位。

在内政上，查士丁尼同样颇有建树。他鼓励发展商业、工业，提倡发展经济、文化。实行改革以缓和尖锐的阶级矛盾。明令禁止卖官鬻爵，惩治贪污，限制贵族特权，实行长

77

子继承制，撤销执政官制度，提高行政效率。

为总结古罗马的统治经验，借鉴昔日皇帝的执政方法为自己所用，公元526年，查士丁尼颁布一项敕令，特任命法学家特里波尼安成立罗马法编纂委员会，委员会成员是10名法学家，主席由前司法长官约翰担任。委员会的任务就是审订自哈德良皇帝（公元117—138年）以来400多年间罗马历代元老院的决议和皇帝诏令，删除其中已失效和互相矛盾的部分，然后标上发布皇帝的名号，以及施行的对象、施行时间，再按内容分类，按时间顺序先后排列。公元529年，《敕法汇集》终于编撰完毕并颁布施行，内容共分10卷。

这仅仅是查士丁尼立法的第一步。公元531年，查士丁尼发布"有关敕法汇编编纂的诏令"，指定特里波尼安编撰《旧敕法汇集》，特里波尼安召集了16名博学、有声望的法学家组成新的编委会，立即着手开始工作。

《旧敕法汇集》除了运用《敕法汇集》的法律资料内容和分类模式外，博采所有法学家的著作，把内容扩充到50卷。在编纂过程中，编委会力求客观、公正，对前人发布的2000多卷敕令，经过仔细的筛选和分析后，留下15万条。编委会对声名显赫的法学家和默默无闻的人物一视同仁，对他们的著作中不同的观点做全面的探讨，把其中的矛盾与漏洞一一消除。两年后，《旧敕法汇集》宣告完成，内容包括已公布敕令的告示书、法律注释和法学家们对这些内容的意见、质疑和解答。这是东罗马帝国用拉丁文著述的最后一本法学著作。

公元534年，查士丁尼又命令特里波尼安进行改版订正工作，补充他颁布的50条修正法。同年11月，《新敕法汇集》，也就是《查士丁尼法典》颁布实施。《查士丁尼法典》共12卷。第一卷是教会关系法和公法，第二至第八卷为私法，第九卷为刑法和诉讼法，最后三卷是行政法和政府机构组织法。

查士丁尼很重视法律教育。公元530年，他命令成立新的编委会，把历代法学家解释法律的论文进行汇总和整理。编委会花费3年时间，于公元533年编成《学说汇纂》，共50卷。同年又颁布《法理概要》，又称《法学家指南》，共4卷，简明扼要地阐明了法学原理，是学习罗马法的教材。

最后，公元565年，法学家们又将查士丁尼在公元534年以后陆续颁布的168条敕令汇编成《新法典》（又译作《新律》），作为《查士丁尼法典》的续编。内容主要是行政法规，也有关于婚姻、遗产继承方面的法规。

上述所有法律文献统称"查士丁尼民法大全"。由于《查士丁尼法典》是这部"民法大

全"的核心部分,所以就以《查士丁尼法典》作为《查士丁尼民法大全》的代称。它不仅是东罗马帝国的第一部法典,更是欧洲历史上第一部系统完备的法律文献。法典的颁布实施,在一定程度上稳固了查士丁尼的统治。

威严、奢华的罗马帝国曾经何其辉煌浩大,但是总有灭亡的一天。当其灭亡后,斗兽场和罗马大道便成为废墟。而罗马人的法律却在中世纪后期和近代依然统治和影响着欧洲的制度和观念。

西方最早采用《查士丁尼法典》的是意大利。正当查士丁尼的立法事业趋向完成之时,与哥特人经过20年之久的交战也取得了成功,意大利北部并入罗马帝国的版图。于是,该法典在全意大利颁布施行。后来,维基留斯教宗虽然一再要求在意大利境内普及新法,但是由于新法无法适应当时的意大利社会,《查士丁尼法典》便在此扎根。

公元12世纪至15世纪,罗马法在欧洲复兴,许多国家和地区相继采用《查士丁尼法典》。中世纪时期，皇帝和罗马教皇之间为了争夺最高统治权，斗争激烈。在查士丁尼制定的法典中，皇帝们找到了他们需要的东西——皇帝对教会拥有统治地位。从此法典成为帝王们斗争的有力保障。

直到近代，欧洲资产阶级革命后建立的新政权，都从罗马法中吸取营养，并以之为蓝本，制定民法典。如1804年的《法国民法典》、1900年的《德国民法典》，并进而影响到亚、非、拉许多国家的民法，形成了一个庞大的以罗马法为源头的民法法系。

在法国，罗马法一开始曾遭遇严令禁止，但随着经济、政治的发展，从16世纪开始，法官断案均视罗马法为权威性的准则。作为大陆法系中民法典的经典之作的《法国民法典》，也是建立在罗马法的基础之上的。

在德国，15世纪的法庭上，法官的组成中必须要有8名精通罗马法的法学博士，另外8名则是因为罗马法而拥有特权、从而对罗马法有强烈好感的贵族。罗马法在德国一直应用到19世纪末期。但是重新制定的《德国民法典》依然摆脱不了罗马法的影响。

古罗马艺术欣赏——图拉真记功柱上的浮雕。

发生地点	发生时间	推荐理由
中国	公元6世纪末—20世纪初	延续时间最长的制度，为中国古代的兴盛奠定了基础。

中国科举制度的产生

事件介绍

隋朝开始的科举制度，规定"投牒自进"（即自由报考），并以"一切以程文为去留"（即以考试优劣为取舍）为主要依据，考试的大权集中在中央政府的吏部，采取自下而上逐级淘汰的差额考试为主要筛选办法，以加强皇权为宗旨，广泛地向地主阶级各阶层打开了入仕的途径。

由于隋朝是中国科举制度的开始，所以在隋统治的30余年里，通过科举考试选拔上来的人才十分有限。此时的科举制无论在考试科目的确定、考试内容的选择，以及考试的方法选择等方面都不完善。

科举制度的完善与发展主要是在唐朝。推翻隋朝的统治后，唐王朝的统治者承袭了隋朝传下来的科举制度，并做了进一步完善。科举制在唐太宗和唐高宗间（公元627—655年）的20余年里发展成为一套较为完善的考试制度，以后各个朝代的科举制度，只是在此基础上的修补。

公元618年，唐朝建国。不久，唐高祖李渊就在总结历史的基础上，认为"致安之本，惟在得人"。只有"任官惟贤才"，才能加强封建政权的基础。公元622年，李渊下

81

图为隋文帝。隋文帝时开始用分科考试的方法来选拔官员。

诏，举行科举考试。此诏令标志着以面向社会、自由报考、公开竞争为特点的科举制度正式建立。

在唐代，考试的科目分常科和制科两类。每年分期举行的称常科，由皇帝下诏临时举行的考试称制科。考生来源主要有三类：一是"生徒"，即从京师及州县学馆出身的人，他们直接被送往尚书省应试；二是"乡贡"，即已经通过地方选拔考试而选送到尚书省应试的人，这些人通常称为举人；三是"制举"，是皇帝亲自选中的考生。大多数考生来源于前两者，即"生徒"和"乡贡"。

据《新唐书·选举》载，常科的考试科目包括："有秀才，有明经，有俊士，有明法，有明书，有明算，有一史，有三史，有开元礼，有道举，有童子。而明经之别，有五经，有三经，有二经，有学穷一经，有三礼，有三传，有史科。"这些科目中，明法、明算、明字等科目，从一开始就不为人所重视。秀才一科，在唐朝科举刚开始的时候，要求很高，后来逐渐废止。因此，明经、进士这两个科目就成为常科的主要科目。一般人很难通过进士科的考试，所以当时流传有"三十老明经，五十少进士"的说法。

唐代科举考试的科目虽多，但方法却只有5种，即"口试"、"帖经"、"墨义"、"策论"、"诗赋"，其中最主要的是"帖经"、"墨义"和"诗赋"。所谓"帖经"，就是任意撕取考试指定书目的经书中的一页，然后把这页的左右两边内容蒙上，中间只留一行，再用纸帖盖住这一行中的3个字，考生要做的就是填充这3个字。所谓"墨义"，就是对经文的字句做简单的笔试，也是考察对经书的掌握程度。"诗赋"，就是写一篇文章，这需要考生具有一定的文学才能。

进士考试通过后，还要经过吏部的考试。通过吏部考试的人，才能授予正式的官职。

如果落选，只能到节度使（地方官吏）那儿去当幕僚，然后争取得到国家正式委任的官职。

宋代的科举，大体同唐代一样。只不过，宋代常科的科目比唐代大为减少。

元朝和后来的明朝，都继承了科举制度。进入明朝之后，科举制也进入了它的鼎盛时期。在明朝初期，由于通过科举选拔上来的官吏基本上为年少的青年后生，缺乏实际的任事能力，所以朱元璋于洪武六年（1373年）下诏暂停科举。此后一段时间，明朝主要通过举荐和学校培养的方法来获取官吏，但是这两种方法并没有消除原先的弊端，而且还增加了腐败行为，因此经过反复比较权衡，又决定恢复科举制。

考试的教材为《四书五经大全》，考试所用文是"八股文"。所谓"八股文"，就是文章具有严格的格式，由8个部分组成。

考试程序大体分为四步：

第一步是"童试"，是科举考试的预备考试。考生不论年龄长幼都叫"童生"或"儒童"。童生通过预考以后称为"生员"或"秀才"。

第二步是"乡试"，是省一级的考试，凡本省科举生员与监生均可应考。每三年举行一次，考期一般在农历8月。考试分3场，分别于8月9日、12日和15日进行。乡试考中的称举人，第一名叫"解元"，第二名叫"亚元"，第三、第四、第五名叫"经魁"，第六名叫"亚魁"，其他称"文魁"。

第三步是"会试"，是由礼部主持的全国性考试。考试时间是在乡试后第二年春天的二月份举行，所以又叫"春闱"。参加会试的必须是乡试中试的举人。会试分3场进行，分别在二月份的初九、十二、十五进行。考中的称"贡士"，俗称出贡，第一名称"会元"。

第四步为"殿试"，由皇帝亲自主持，取士用人的大权掌握在皇帝手里。不过，殿试一般只是一种形式，表示朝廷对人才的重视，这级考试没有去留，只有名次的升降。殿试考中的人统称为进士，分为一、二、三甲。一甲3人，称为状元、榜眼和探花，统称"赐进士及第"，放榜后即刻授予官职，状元为翰林院修撰，榜眼和探花为翰林院编修。二甲若干人，为"赐进士出身"。三甲若干人，为"赐同进士出身"。如果一个考生在乡试、会试和殿试中都为第一名，称为"连中三元"，是人生的最高荣誉。

清朝基本上继承了明朝的科举制度，只不过对某些考试内容做了严格的规定。如，清顺治时规定每篇文章为550字，康熙时为650字，乾隆时为700字，违者不录。另外，旗人在考试时享有种种特权，做官不必经过科举途径。在雍正前，科举分满汉两榜取士，旗人在乡试、会试中享有特殊的待遇,只考翻译一篇,称翻译科。雍正后虽然改为满汉同试,但参加考试的仍以汉人为最多。

八股文的格式呆板,内容空泛,歌功颂德,套话连篇,加上考场舞弊等多种因素,科举考试在清朝弊窦丛生,通过科举制度录取的官员并没有多大能力。这些现象引起了广泛的社会批评,特别是维新变法之后,废科举、兴学堂已成大势所趋。

中国最后一次科举1904年举行。当年7月4日,慈禧太后钦定了中国历史上最后一名状元、榜眼和探花,他们分别是刘春霖、朱汝珍和高衍鎏。1905年9月2日,迫于民族危机和社会矛盾的压力,慈禧不得不下诏宣布:"自丙午(即1906年)为始,所有乡、会试一律停止。"至此,在中国延续了1300多年的科举制度结束。

▼ 图为北京贡院旧照。贡院是开科取士的考场,"贡"就是通过考试选拔人才贡献给皇帝或国家的意思。

发生地点	发生时间	推荐理由
中国	公元7—8世纪	推动了人类文明的发展，也彻底改变了战争的方式，使欧洲迅速崛起而开始对外扩张。

四大发明之火药的发明

事件介绍

作为中国四大发明之一的火药，对人类历史的发展产生了重大影响。此后，火药被广泛用于军事和民用事业。可是很多人不知道的是，这个足可以影响世界历史的发明，却起源于中国古代的炼丹术。

据保存下来的史料显示，唐朝初期的炼丹家们对火药性质已有相当程度的认识。炼丹家称之为"伏火法"。不过当时这些做法纯粹只是为了炼制仙丹，其目的只在改变硫磺的特性。因此，虽然唐朝初期的炼丹家已经熟知火药的配方，但是炼丹家们仍然只是用来制作药物，对于火药配方的使用大体仍限于改变硫磺与硝石的性质而已，他们并不关心火药爆炸产生的破坏力。

在《朱家神品丹法》卷五中，就载有唐初医药兼炼丹家孙思邈的"伏硫磺法"。由此可见，那时孙思邈已掌握了硝、硫、炭混合点火会发生剧烈反应的特点，因而注意采取措施，将容器埋入地下，并控制反应速度，防止爆炸。

唐朝末年，天下大乱，兵烽四起，许多原先寄食于豪门贵族家中的炼丹家流离失所，很多开始投身军旅。当他们将火药配方介绍给当时的军事家时，军事家们觉得火药能够制成威力强大的武器。于是，就有了火药武器的出现。

在火药发明之前，古代军事家常用火攻这一战术克敌制胜。在火攻中常使用的"火箭"，就是在箭头上附着易燃烧的油脂、松香、硫磺等，点燃后射向敌军。但由于这种武器的火力小，容易扑灭，杀伤力也很有限。

军事专家不断探索和研究，使火药的配比更趋于科学化，同时迅速应用于战争，所以此时他们就用火药代替上述易燃物，发现这样可以给敌军造成比原先大得多的杀伤力。据宋朝《九国志》记载，公元904年左右，唐哀帝的部属郑璠在攻打今天的江西南昌时，就是用了"发机飞火"，烧了龙沙门。据历史学家介绍，这种"发机飞火"是一种类似于火炮的武器。可见，火药在唐朝末年就开始应用于战争了。

但这些都只是利用火药的燃烧性能，随着火药武器的发展，火药的爆炸性能马上得到了应用。北宋建国后，朝廷非常

萨尔浒大战的遗物——明朝军队使用的铁炮。

重视武器的发展。自太祖即位初，就在东京开封（今河南省开封市）设立了"广备攻城作"，这是一个专门生产军用物资的大型兵工厂，其中便有"火药作"，专门研究制造有关火药的武器。据《宋史》上说，宋太祖开宝三年（公元970年），有个叫冯继升的人，向宋朝政府献上了做火箭的方法，宋朝政府还赐了他一些东西作为奖励。宋真宗咸平三年（公元1000年），将军唐福也向宋朝政府进献火箭。

为了大力推动兵器的制作与改良工作，宋神宗又成立了专责机构"军器监"，负责所有有关兵器的制作、改良事宜。此外，朝廷还全力鼓励全民参与军器的研究和改良，对被采纳的军器，朝廷给予重赏。在政府的推动下，北宋的兵器制作技术有了大幅度的进步。

南宋时，火器技术有了进一步发展，出现了喷气式火箭和管形火器。此时，火药中已

经增加了硝石和木炭的配入量,其形状也从膏状变成了固态,同时将火药团装入铁质火药罐,并使用了引信。这些火药武器已经具有了相当的爆炸力,其原理是利用空气对火药燃烧后产生的气体的反作用力和火药的爆炸力来达到杀伤敌方的目的。

宋朝火药的发明,被迅速用于战场。在采石矶战役中,宋朝大将虞允文利用火药火球(又名"霹雳炮")大败金兵;在景德元年(1004年)的对辽之役中,"宋师天雄军被辽大军围困时,幸赖宋将孙全照所训练的弓弩手以能射穿铁甲的火箭破敌而使天雄军不致全军覆没";宋神宗元丰六年(1083年),西夏的军队进攻兰州,北宋的军队为了抵抗,曾经一次领用了火箭25万支。

除了在军事上的应用之外,宋代和元朝的人都已经开始将火药应用到了民间。例如,每当节庆日,总会用火药制作的焰火来欢庆。此外,火药还被应用于开山、修路以及采矿等处,给古代经济的发展做出了重大贡献。

12世纪到13世纪,蒙古人在和宋朝的交战中学会了制造火药和火器。元代初期,在西征中亚、波斯的交战中,阿拉伯人也知道了包括火箭、毒火罐、火炮、震天雷在内的火药武器,进而掌握了火药的制造和使用方法。当时,阿拉伯人把火药称作"中国雪",用火药制造的火器称为"中国箭"。

14世纪,在西班牙、意大利和地中海的各岛上,阿拉伯国家和欧洲国家发生过好几次战争。1325年,阿拉伯国家攻打西班牙的一个城市,曾经用抛石机向城中发射"火球",给西班牙军队以致命破坏;1453年,奥斯曼帝国用火炮摧毁了拜占庭帝国首都君士坦丁堡的城墙。至此,欧洲国家在战争中知道了火药武器的厉害,便加紧学习制造火药武器的方法。到了15世纪,欧洲国家也造出了用火药发射的大炮。

传说欧洲第一个成功研制具有爆破力火药的人是著名的文艺复兴学者罗杰尔·培根,不过也有人认为是晚于培根100多年的德国人贝鲁特尔德·修未兹。

在火药从中国向欧洲传播的同时,火药的配制成份也发生了很大变化,其制造过程也日趋复杂和工艺化。但是直到15世纪,人们才能够完全控制火药的威力和爆炸的时间。在此之前,人们对火药怀有非常大的恐惧心理,当时欧洲人称火药为"黑魔术"。

相传在詹姆斯一世时,曾发生了一个军官将火药藏在议会地下室企图炸死国王的事件，不过并没有杀死詹姆斯一世。此事引起了英国朝廷上下的震动，因此后来每年在召开议会之前，总是要对地下室做一番详细的检查。

真正使得火药具有巨大威力的，是19世纪的瑞典化学家诺贝尔。1863年，诺贝尔发明了用雷管引爆炸药的安全装置。4年后，诺贝尔把硝化甘油（一种经撞击后能够爆炸的化学物质）和木浆、硝酸钠等物质混合后，首次制成了烈性炸药。1875年，他又制成了胶制炸药。

此后，法国化学家发明了无烟火药，这使得炸药的爆炸速度得以减慢。不久，诺贝尔又制成了威力巨大的TNT炸药。至此，炸药成为战争中主要使用的、威力巨大的武器。

▼ 火药的发明引发了战争武器的变革，枪、炮的出现和不断改进让战争更加残酷。

发生地点	发生时间	推荐理由
日本	公元645年	日本完成了从奴隶制社会向封建社会的转变，为以后的发展打下了基础。

使日本走向转折的大化革新

事件介绍

公元1世纪以后，日本进入奴隶制时期。公元3世纪，日本本州地区出现了一个较大的政权——大和国家。大和国家原来局限于本州中部的大和地区。在不断扩张中，大和国家逐渐占领邻近地区，领土范围逐渐扩大。到公元5世纪时，大和国家已经统一了日本除北海道外的大部分地区。

大和国家在基本上统一了全国之后，失去了继续向外扩张的地理环境，开始了内部争夺。奴隶主统治阶级内部，不断发生争地、争民、争权、争利的斗争。为了独自控制中央政权，从中获得更大的利益，大贵族物部氏和苏我氏之间不断发生火并。公元6世纪之前，物部氏控制朝政。公元6世纪后期，新兴的苏我氏得到中央豪族的支持，逐渐强大起来，打败了物部氏，夺得了中央的控制权，扶植有利于自己的天皇。

苏我氏专政期间，大和国的社会矛盾异常尖锐复杂。苏我氏家族不可一世，下面的中小贵族也在疯狂地强占、兼并土地，大肆兴修宫殿，随意驱使奴役部民，许多自由民的土地也被剥夺，沦为部民。同时，贵族之间争权夺利，混战不休，整个社会政局混乱，政令不行。在这种情况下，奴隶、部民和平民的处境日益恶化，到灾荒年头，更是天下大饥，饿殍满街。他们不堪剥削，有的抗税逃亡，有的发生暴动，社会更加骚乱不安。不改革，国家难以为继。

正当大和国家动荡不安之际，邻国中国和朝鲜半岛的新罗国家却日益强盛，这使得统治集团内部一些有识之士产生了强烈的危机感。于是在日本出现了向中国学习的潮流，其中苏我稻目是革新派的主推人物。他曾任两朝天皇的大臣，在朝廷中掌管财政。他本人与中国的来日人员交往很多，与大陆的移民有着良好的关系。但是物部氏极力维护旧有的统治方式，代表人物是掌管军事的大贵族物部尾舆。引起双方直接冲突的事件是佛教信仰问题。

公元522年，朝鲜半岛的百济王献给日本佛像和佛经。在朝廷上，天皇询问群臣可否崇拜佛教。革新派苏我稻目主张改宗佛教，以佛教来统一全国的思想。保守派物部尾舆坚决反对，认为佛教会给日本带来灾难。半个世纪之后，两个对立的势力再次交锋。公元587年，天皇逝世，因皇位继承问题，稻目之子苏我马子和尾舆之子物部守屋进行了决战。最后，物部氏被打败，苏我马子控制了朝廷，在公元592年拥立自己的外甥女为推古天皇。次年，推古天皇立前任天皇的遗子厩户为太子，即圣德太子（公元574—622年）。

圣德太子对中国文化极为了解，欣赏中国的大一统国家体制。他极力主张加强皇权，并积极准备改革。

不过，顽固势力相当强大，圣德太子的改革只是一个准备，未能大力推广开来。公元622年，在圣德太子死后，苏我氏害怕进一步的改革损害其独揽朝政的局面，于是杀死了圣德太子的儿子山背大兄皇子，使刚刚开始的改革夭折。

公元645年6月12日，皇室代表中大兄皇子联合革新派首领中臣镰足等人，在接见3国使者的仪式中，突然发动袭击，刺杀了苏我氏的代表人物苏我入鹿，接着立即在奈良组织军队，严加防卫。13日，苏我入鹿的父亲走投无路，被迫自杀。14日，革新派人物组成了以改革派人物中大兄皇子、中臣镰足为核心的集团，废黜了苏我氏拥立的天皇，拥立中大兄的舅舅即位，称孝德天皇，并效仿中国的做法，建年号"大化"，迁都难波（今日本大阪）。

公元646年，也就是大化二年，在高向玄理等一些留学生的策划下，新政府以唐代律令制度为蓝本，参酌日本旧习，于这年的正月元日颁布了《改新诏书》，效仿"法制完备的上国"——中国唐朝的政治经济制度，全力在全国范围内推行变革。由于改革开始于大化年间，所以历史上称为"大化革新"。

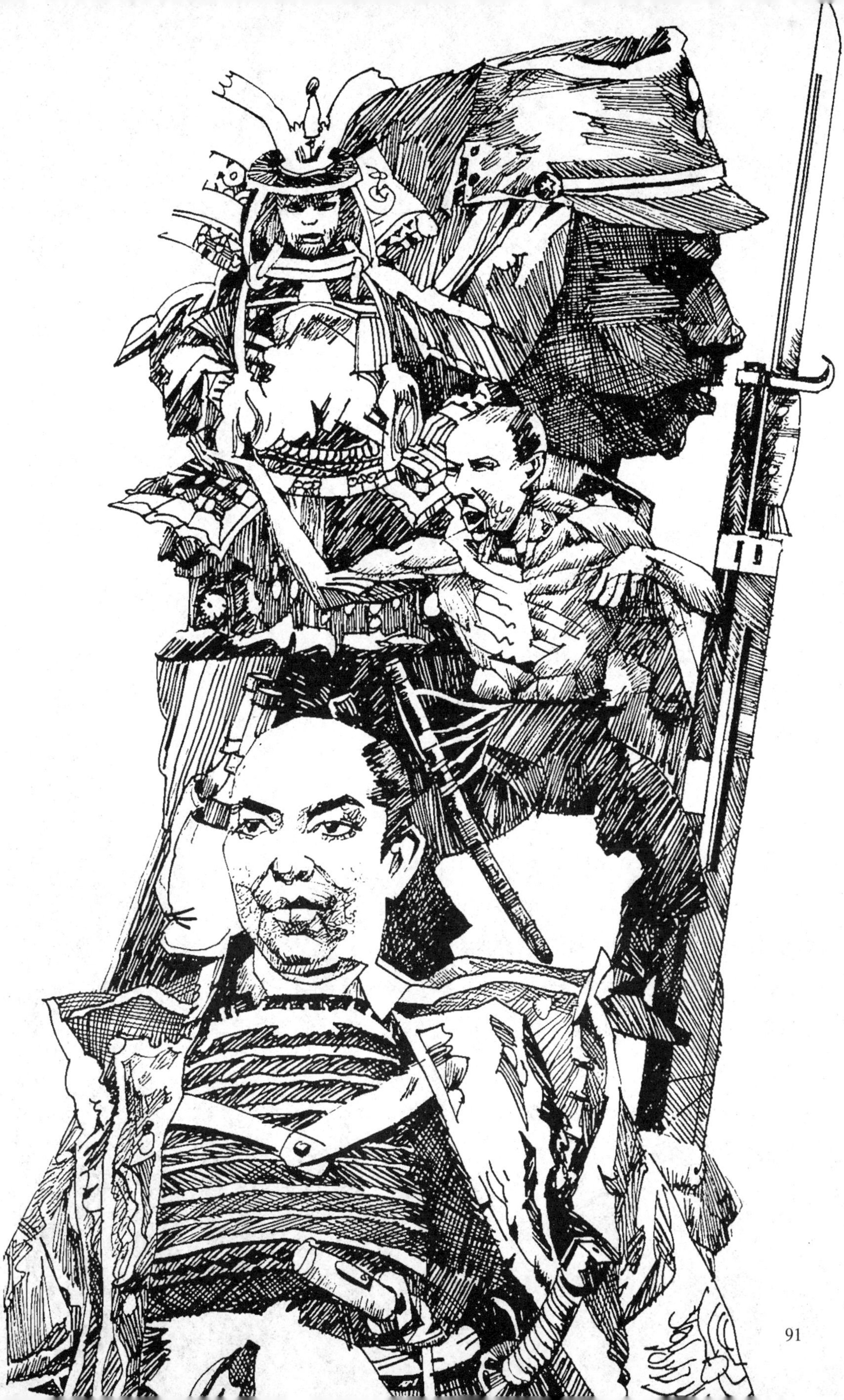

大化革新是个逐步推进的过程,大约经历了半个世纪,改革的纲领在实施中也不断完善和修改。这是一个全方位的改革,包括经济、政治、军事等方面。

在经济上,废除了旧贵族土地私有制,建立封建土地国有制,废除部民制。在政治上,改革官制,建立以皇室为首的中央集权统治。在军事上,废除贵族世袭控制军事的特权,京师设五卫府,地方设军团,所有军队一律归中央统一指挥。实行征兵制。

大化革新一直是在尖锐的阶级斗争和统治集团内部斗争中发生和发展的,并非一帆风顺。冥顽不化的保守派贵族坚决反对改革,于公元672年发动了"壬申之乱"。后来在大海人皇子的大力镇压下,才战胜了复辟派,使新制度得以进行下去。大海人皇子即位后,于公元689年制定了《飞鸟净御原律令》,以防止旧贵族的复辟。公元701年,日本又发布了《大宝律令》,以法律形式巩固了革新成果。

大化革新是日本进入封建社会的开始,它深刻地影响了日本历史。它一度抑制了旧贵族的土地兼并和部分世袭特权。由于土地和军队收归中央,使旧贵族的力量得到削弱,加强了中央集权,促进了国家的统一。

但是大化革新并不彻底,它并未从根本上铲除旧贵族的政治经济势力,奴隶制残余大量保存。部民虽然摆脱了旧贵族的奴役,但是沉重的租役与徭役同样压得他们透不过气来。而且,部民中一部分从事专业生产如裁缝、造酒、音乐的,仍然必须操守旧业,不许变更,隶属于政府或官家。公私奴婢仍然允许存在。

公元7世纪前期的日本艺术作品弥勒菩萨木雕像。

发生地点	发生时间	推荐理由
法兰克帝国	公元800年	建立了强大的封建帝国，其政教合一的统治模式逐渐成为整个中世纪欧洲的统治模式。

查理大帝创建政教合一制度

事件介绍

查理是中世纪法兰克王国加洛林王朝的第二位君主。法兰克人是日耳曼人中的一支，原来住在莱茵河入海口附近。自公元4世纪起，法兰克人跨过莱茵河，进入罗马国境内的高卢北部地区。公元481年，部落首领克洛维建立了法兰克王国，史称墨洛温王朝。公元751年，墨洛温王朝的宫相丕平在罗马教皇的支持下取代了墨洛温王朝的最后一个君主，被承认为合法的法兰克国王，从此开始了加洛林王朝。

丕平死后，公元768年其子查理即位，当时正是西欧封建制度形成时期。查理是个典型的中世纪骑士，身材魁梧，精力过人，雄心壮志。他一生的大部分时间都在战争中度过，在他长达46年的政治生涯中，他发动大小对外战争达50多次，曾经亲自参加了30次远征。通过连绵不断的征战，他建立起了强大的查理曼帝国，成为中世纪欧洲历史上一位杰出人物。

公元771年，在他的弟弟卡洛曼死后不久，查理剥夺了卡洛曼儿子的世袭继承权，将卡洛曼的妻子和儿子驱逐出境，从而吞并了卡洛曼的领土，包括现在法国东南部和中部广大地区。卡洛曼的妻子携带儿子逃往意大利半岛上的伦巴德国。

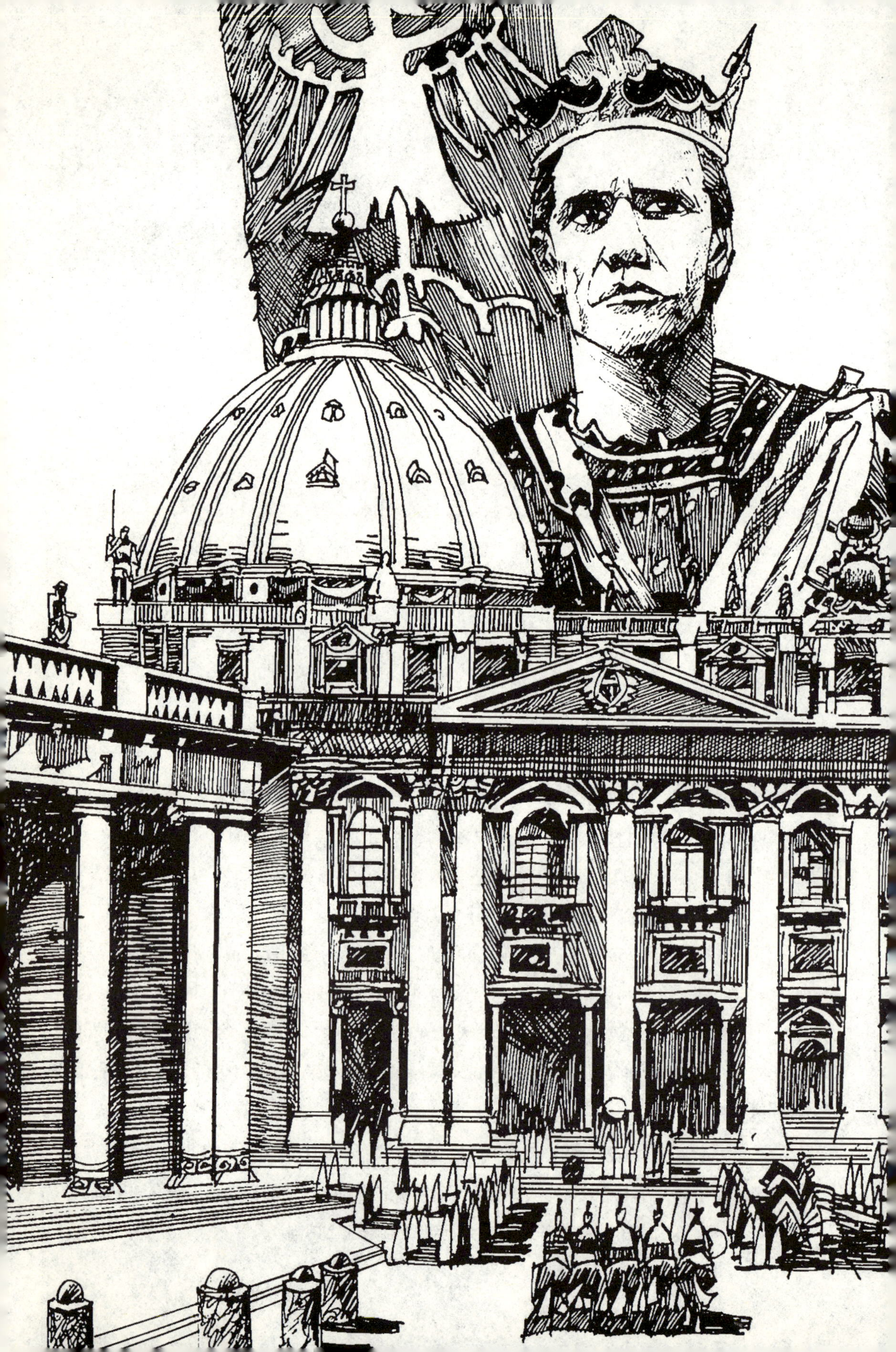

此时，意大利半岛上的伦巴德国的王位落入大公德西迪里厄斯的手中，为了削弱法兰克王国对欧洲各国的影响，德西迪里厄斯试图使意大利的罗马教皇摆脱法兰克人的控制，同时加强与周围邻国的邦交。卡洛曼妻儿的到来，为德西迪里厄斯挑衅查理找到了借口，他迫使罗马教皇宣称：卡洛曼的儿子有权继承父亲的领土和权力。罗马教皇一向与之交恶，此时断然拒绝，同时派人和查理协商，希望法兰克军队挑战德西迪里厄斯。

公元774年，当法兰克王国的军队长驱直入时，伦巴德军队由于没有做好准备，节节败退，终于在法兰克军队长达数月的围困下，向查理投降。查理成功征服了意大利的伦巴德王国。

凯旋后，查理将托斯卡纳、斯波列特和贝尼文等土地赏赐给罗马教皇，而罗马教皇则将查理封为"法兰克人与伦巴德的王"，并委任他为罗马的统治者，查理因此又被授予"罗马的外国皇帝"资格，具有管理罗马与整个意大利北部地区的行政统治权。自此，意大利并入法兰克王国的版图。

征服意大利自然是查理的最大心愿，但是当时他最急于解决的是平定萨克森人。"萨克森人"是欧洲人对阿拉伯人和其他东方民族的称呼。当时有一支阿拉伯人从北非进入西班牙，建立了哥尔多瓦王国，保持着传统的异教信仰和独立的地位。公元772年到公元804年，查理以传播基督教为借口，共发动了18次战争，才终于征服了萨克森人，占领了西班牙东北部。这是查理一生中发动侵略战争时间最长的一次，先后长达33年，最终使萨克森人成为法兰克王国的臣民。著名史诗《罗兰之歌》就是取材于其中的一次战役。

和萨克森人激战的同时，查理继续实施一连串的远征。他首先统一了整个法兰克族，镇压了雷因族的骚乱，接着向东大举扩张，吞并了东部巴伐利亚地区及阿瓦兹，征服了多瑙河中游的阿瓦尔汗国。到公元9世纪初，查理统辖的领土，已经扩大到了今天的法国、瑞士、比利时、荷兰、奥地利以及德国、意大利的大部分地区。

随着查理帝国的迅速强大，它与东罗马帝国的对立形势也日趋紧张。东罗马皇帝自基督教兴起以来,一直自认为是基督教徒的保护者,并以古罗马荣光的代表自居。查理大帝为了确保新得到的地位,使罗马皇帝之位正统化,向东罗马女皇艾琳娜请求联姻,但是遭到拒绝。于是他以武力相威胁,发兵东罗马。公元812年,东罗马皇帝米切尔不得不承认他为东罗马的同僚皇帝。

为了巩固统治,查理大帝委派伯爵、公爵、主教、大主教等在全国建立起直接或间接的统治和管理,并利用宗教信仰统一全国的思想。他推行教会法,对帝国境内各蛮族的法律进行修订,经常派以伯爵和主教两人组成的巡按使团巡行各地,对地方的行政、司法和宗教事务进行监督。

查理对基督教极为虔诚和热心。定都阿亨后,大兴土木,修建了许多金碧辉煌的教堂。教堂的大理石柱,都是从遥远的罗马等地的古代建筑上拆除下来运来的。阿亨的宫廷礼拜堂一直保存至今。随着建筑的兴盛,绘画、雕刻等艺术也有所发展。

查理是当时领袖中的佼佼者。他不仅仅是骁勇善战的武夫,而且是一个开明的统治者。他提倡学习,下令教会和寺院办学,并在宫中成立学院,广泛招聘僧侣学者前来讲学。查理还派人搜集和抄写了许多拉丁文和希腊文手稿,为后代保留了许多古典作家的著作。由于查理大帝统治的王朝叫加洛林王朝,所以后来的历史学家又把当时的文化称为"加洛林文化"。

查理曼帝国虽然一度幅员辽阔,国力强盛,但是它在根本上只是个军事联合体。通过武力侵略建立起来的帝国,是由处于各个不同发展阶段的部落和王国组成,各个地区有自己的语言、生活方式和生产条件。有的地区还保留着氏族制度,有的地区正处于封建化的开始,而有的地区封建制已经形成。各个地区没有统一的经济联系,社会发展水平也不相同,很少进行沟通往来。虽然这在一定程度上有利于中央集权统治的加强,但是也为今后的分裂提供了前提。

王室内讧更是加速了查理曼帝国的分裂。公元814年,查理大帝在阿亨因病去世后,虔诚者路易即位。路易缺乏查理大帝的魄力和统治才能。

画家塔代奥·祖卡里作品《查理曼大帝皈依》。

他在位期间，父子矛盾深重，经常为了争夺王位和权力爆发斗争。他的兄弟也觊觎王位，暗中谋反。王室的争斗助长了贵族们的不安之心，世俗贵族乘机反叛，教会修道院乘机占地，各种事端接踵而至，从未间断。

虔诚者路易死后，按照法兰克人的传统，虔诚者路易将国家平均分配给相互敌视的后裔。这个灾难性的举动带来了查理曼帝国最终的分崩离析。

查理大帝一生戎马、南征北战，建立起查理曼帝国，其强大足以震慑四方。但他的后人却没有能力维持向心力，在他去世后的短短几十年内，帝国分崩瓦解。帝国的分裂和封建割据，无疑会削弱对外防御的力量，从而为以后被外族侵扰埋下了伏笔。

发生地点	发生时间	推荐理由
英格兰	公元1066年	使英格兰在经济、社会、文化、军事等方面发生了巨大改变，并促进了其与西欧大陆的交融。

催生新贵霸王的诺曼征服

事件介绍

公元8世纪以后，居住在斯堪的纳维亚半岛和波罗的海地区的丹麦人开始向外大举扩张。公元787年，丹麦人首次侵入英国，公元800年前后侵入法国，随后又侵入爱尔兰。公元9世纪中叶，丹麦人侵占英国东北部地区，并建立了王国。

10世纪初，另一些"北方人"侵占了法国部分领土，在诺曼底建立了居留地。这些北方人就是诺曼人，早先与丹麦人属同一种族。公元911年，法兰西国王正式承认诺曼底为一个公国，为法兰西王国的一个附庸国。

1013年，丹麦征服整个英国，英格兰国王携妻儿仓皇逃往诺曼底公国。但是此后丹麦王国很快衰落，王国在英格兰建立的统治也逐渐消亡。1042年，英格兰的贵族们推举正在诺曼底流亡的爱德华王子为英格兰王国的合法继承人，并于1043年为其加冕。

登基后，爱德华国王在朝中重用诺曼人，这使得英国本土势力的利益受到很大伤害，诺曼人和英国贵族之间的矛盾激化。

1066年1月5日，国王爱德华逝世。由于爱德华没有留下子嗣，英国政治机构的核心贤人会议便选举王后的哥哥、英格兰最大的贵族哈罗德·戈德温森为英格兰国王。

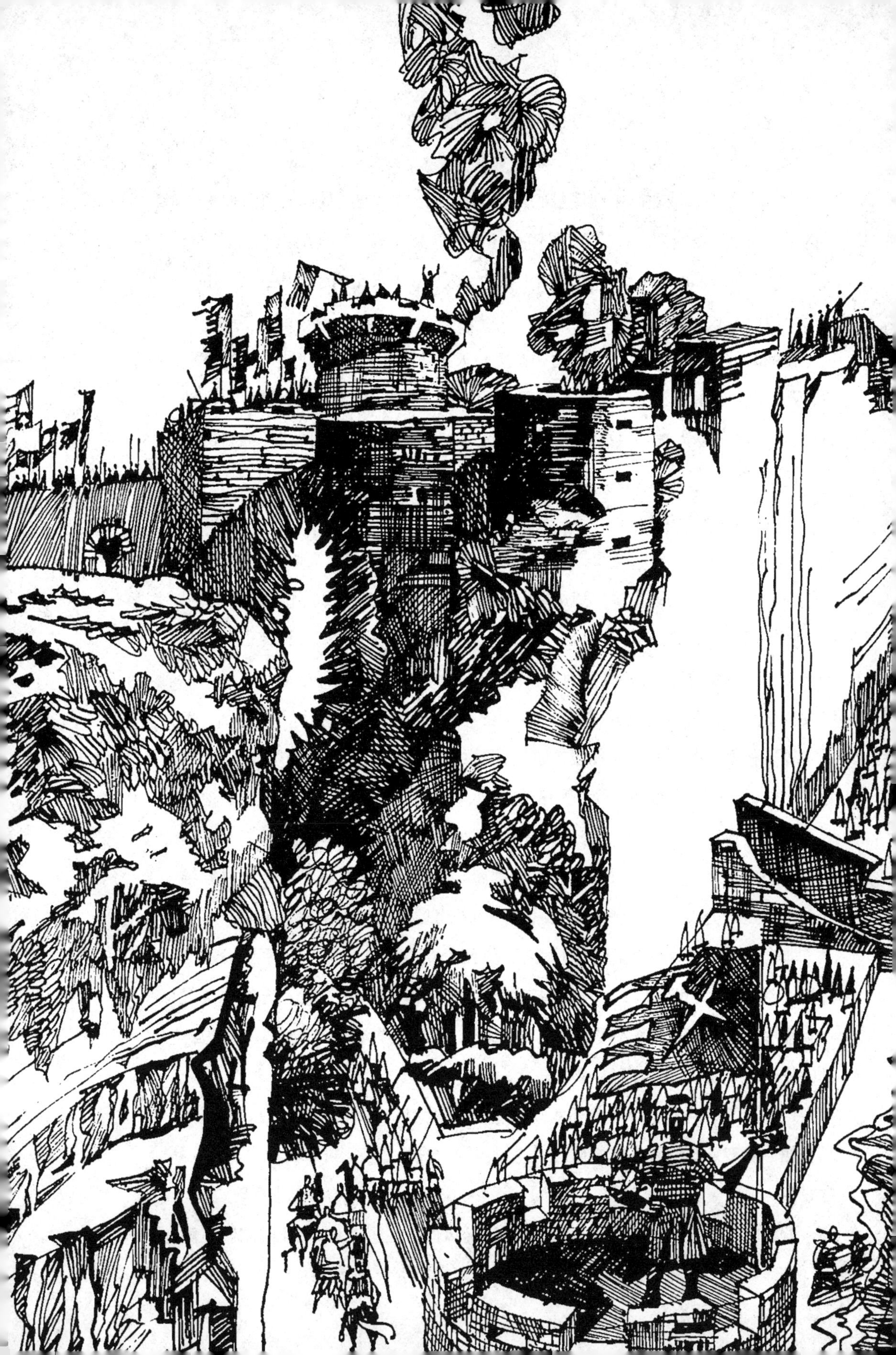

然而，爱德华的表兄弟威廉早就对此王位觊觎已久，因此他决定和哈罗德争夺王位。

1027年左右，威廉出生在诺曼底王国的法雷兹城，是诺曼底公爵罗伯特一世的私生子，又是独生子。因此，罗伯特一世早就委任威廉为他的继位人。1035年，罗伯特在去耶路撒冷朝圣的归途中丧生。因此，年仅8岁的威廉当上了诺曼底的公爵。

在威廉即位后，诺曼底王国的一些封建大封主和贵族们曾计划将他赶下王位，所以此后王国曾经出现一段比较混乱的时期。例如，威廉有3个卫兵在执勤时遭杀害，他的私人教师也遇刺身亡。不过，小威廉在法国国王亨利一世的帮助下，最终控制了局面。

不久，哈罗德在威斯敏斯特教堂加冕称王。威廉觉得自己受到了哈罗德的欺骗，这对他来说是一次沉重的打击。于是，他决定用武力征服英国，夺取王位。

为解除战争的后顾之忧，威廉与东面的弗兰德人订立了互不侵犯条约。同时，他派使节游说当时最有影响的封建领袖罗马教皇亚历山大二世和神圣罗马帝国皇帝亨利四世，控告哈罗德没有实现原先在神面前许下的诺言，是一个篡位者和发伪誓的人，是对神的不尊。

教皇和亨利四世经不住威廉的游说，同意了他攻打英格兰的要求，以帮助他夺回王位，同时还赐给他一面"圣旗"。就这样，威廉建立了一个反对哈罗德的联盟，并为自己获得了一个攻打哈罗德的正当理由。

1066年8月，威廉做好了横渡英吉利海峡的准备，军队在第费斯河口集结待命。但是天公不作美，呼啸的北风迫使他将出征日期推迟了几个星期。

非常凑巧的是，挪威国王此时发动了单独入侵英国的战争。挪威军队渡过北海后，从英格兰北部入侵，并且在约克城外大败英军。不得已，哈罗德将他布置在英格兰南部，以防威廉入侵的军队调到北部，以对付挪威的进攻。这场意想不到的战争无疑是上天对威廉的恩赐。

9月25日，哈罗德率领英格兰军队在斯坦福大桥和挪威军队会战。经过一场苦战，哈罗德终于将挪威军队几乎全部歼灭，挪威国王被杀。9月26日，挪威投降。

就在哈罗德获胜的第二天，英吉利海峡的风向发生了变化，威廉的船队在南风的吹动下驶向海峡对岸。此时,英格兰南部沿海地区门户大开,直到伦敦都无重兵防守,此时的哈罗德正在北方的约克城和刚刚获得胜利的军队庆贺胜利。

28日早上9时,威廉和他的诺曼底军队在没有遇到任何抵抗的情况下,就在英格兰南部佩文西湾登陆。哈罗德闻讯后,马上挥师南下抗击威廉的入侵。由于事发突然,哈罗德来不及大规模动员,而手下兵力在和挪威军队的战斗中损失惨重。所以哈罗德所有的兵力,只有未获充分休整的5000余人。

1066年10月13日夜,哈罗德到达黑斯廷斯附近的一处高地宿营。与此同时,威廉的军队也到达此处。所以,两军在此进行了一场决定性的战役,即"黑斯廷斯战役"。

在战斗打响前,哈罗德将自己的统帅部放到了威尔登山地的山脊上。在峰顶两侧,他部署了最忠于自己也最精锐的亲兵部队,两翼则由临时招募的民兵把守。为了阻止威廉军队的进攻,哈罗德把步兵肩靠肩、盾靠盾地排成一道长长的"人墙"和"盾墙"。

威廉将自己的军队分成左中右3路,每一路又分3个方阵:弓箭手为第一方阵,重装步兵为第二方阵,骑兵是第三方阵。在队伍的前面,是他从教皇那里获得的"圣旗"。

14日早晨,战斗打响。诺曼底军队首先沿着山坡向山上发动进攻,弓箭手开始射箭。英格兰人凭借盾牌而将箭矢挡在外面,并用长矛、战斧等武器抵挡诺曼底人的进攻。诺曼底人的箭矢大多被英格兰军队的防盾挡住,或者从他们的头顶飞过,所以诺曼底人的首轮进攻并没有给他们造成多大的威胁。

哈罗德利用居高临下的优势,命令士兵向下冲杀,并向下扔巨石、木块等,给诺曼底军队造成严重损伤。诺曼底士兵开始向山下败退,前面的败退又影响到后面骑兵战斗力的发挥。在混乱之中,威廉还从马上摔了下来,军队的士气受到很大挫伤。不过威廉马上恢复镇静,并给自己的军队打气:"我还活着!上帝会保佑我们胜利的!大家往前冲!"

最后,英军全线崩溃,"黑斯廷斯战役"以威廉的彻底胜利而告终。

1066年圣诞节,威廉在威斯敏斯特教堂加冕为英国国王。

从此,英国开始了历史上的诺曼底王朝统治时期。威廉通过诺曼征服,给英国历史带来了巨大影响。

首先,诺曼征服将法国文化带到了英国,使两国的文化互相交融在一起。一个最简单的例子就是,诺曼征服以后的三四个世纪里,英语的语法发生了很大变化,使得现代英语词典中源自法语或拉丁语的词大量出现。要不是诺曼征服,今日英语可能和

法国画家籍里柯作品《下命令的骑兵军官》。

德语以及荷兰语差不多。此后，英国开始出现一种集原先英国文化和法国文化为一体的混合文化。

此外，威廉给英国引进了一支按中世纪的标准来看是非常强大的军队。而且由于威廉将英格兰原有的经济政策和法国经济政策相结合，使英格兰的经济获得了大发展。

英格兰本是一个比较松散的国家，诺曼征服后，英格兰建立了一个统一的中央集权政府，这对经济、社会、军事等方面的改变也起到了很大的作用。此后，英国政府成为欧洲最强大、最有能力的政府之一。

还有一个更为明显的现象是，在1066年之前，英格兰总是受到外族的侵略，但是诺曼征服之后，英格兰的角色开始转变。不仅没有受到外族的侵略，相反还不断地进行海外扩展。

发生地点	发生时间	推荐理由
东地中海地区	公元11世纪下半叶	宗教外衣下的残酷战争，同时促进了东西方的经济文化交融。

披上宗教外衣的十字军东征

事件介绍

十字军东征，是罗马天主教会和西欧封建主打着从"异教"伊斯兰教手中夺回基督教"圣地"耶路撒冷的宗教旗帜，向东地中海沿岸各国发动的一场侵略战争。从1096年至1291年，战争断断续续地延续了两个世纪，一共发动了8次，严重破坏了西亚和拜占庭帝国的社会生产和文化，给东西方人民带来了深重的灾难。

11世纪，基督教教会的经济实力和宗教威信迅速上升。教会不仅仅是宗教意义上的组织，还掌握着司法、行政等世俗权力。无节制的权力必然导致腐败，一些教会贵族贪得无厌的程度绝不亚于世俗贵族，扩张的欲望经常使他们蠢蠢欲动。

与此同时，一支来自中亚的游牧民族土耳其横扫西亚。

11世纪下半叶，土耳其开始攻击信奉东正教的东罗马帝国。几次战争后，东罗马帝国全部溃败，帝国首都君士坦丁堡（拜占庭）也陷入土耳其的军队手中。东罗马皇帝无可奈何，只好向罗马教皇和神圣罗马帝国的德国救援，希望他们以基督教世界的领袖身份出面拯救"受苦受难的基督教兄弟姊妹"，并答应把东正教重新归在教皇统治下。

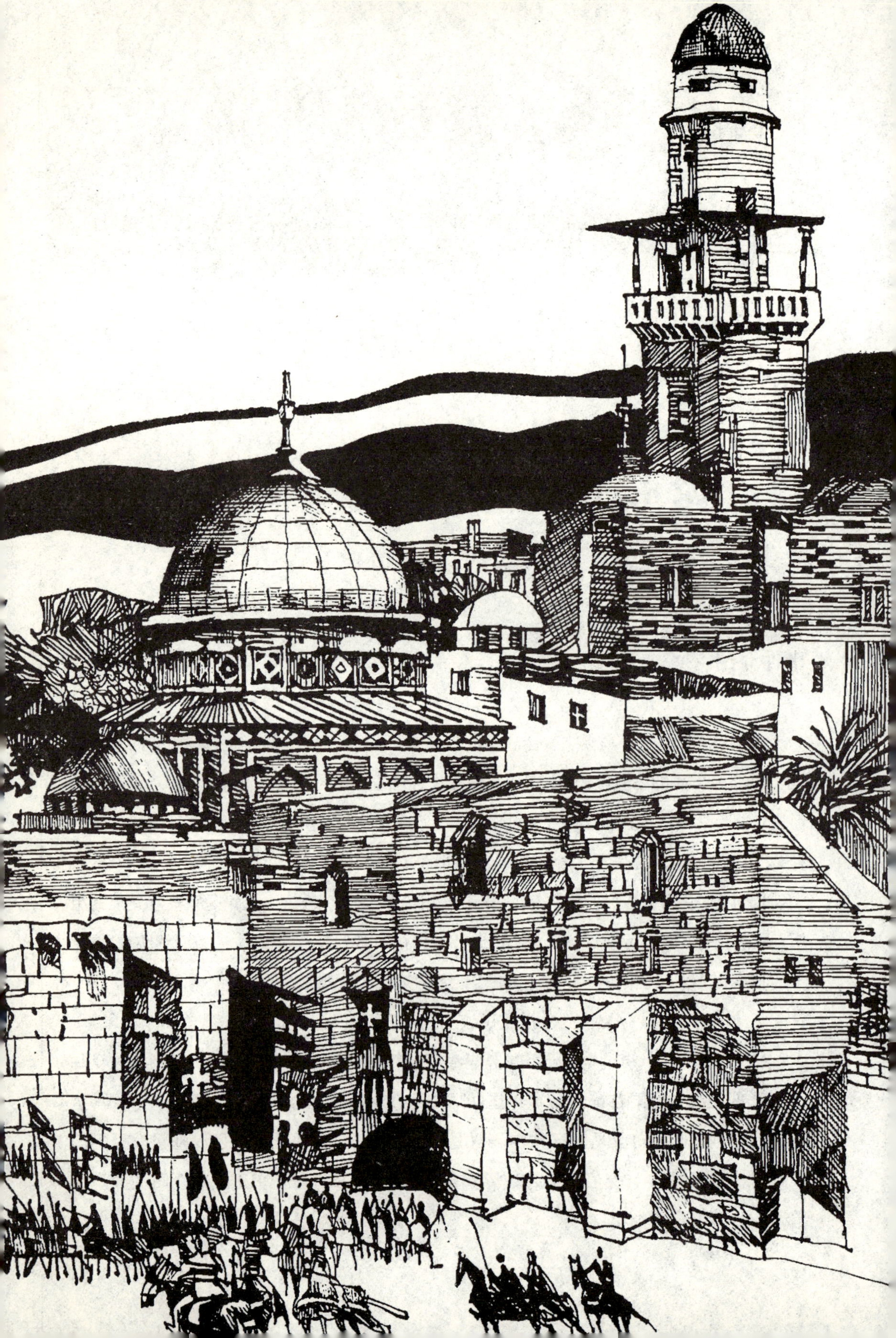

1054年，基督教教会分裂为罗马天主教会和拜占庭东正教会，东正教从罗马教皇的统治下脱离出去。罗马教皇一直希望控制东正教会，扩大自己的权势。这次东罗马帝国主动对过去的宗教争端表示歉意，并许诺重归教皇统治，罗马教皇欣然同意。

1095年，罗马教皇乌尔班二世在意大利召开宗教会议，发表鼓动东征的演讲。西欧各国的教会、封建主贵族和社会其他各阶层纷纷响应，积极参加十字军。

1096年8月15日，也就是圣母玛利亚升天的纪念日，十字军第一次东征启程。

第一次东征的十字军由法国、德国和意大利的军队组成，大约4万人，分为两批出发。首先出发的是农民十字军，由来自法国北部、中部和德国西部的穷苦农民组成。他们拖儿带女，组织涣散，而且由于给养不足，一路上杀人越货，引起东欧人的不满。东欧人狠狠打击了农民十字军，使军队在欧洲境内就损失过半。剩余部分在尼西亚一战中被土耳其军队打得几乎全军覆没，只有少数侥幸逃回。

随后，由骑士组成的十字军，开始从法国、意大利和德国西部出征。比起农民十字军来，骑士十字军队装备更加精良，组织也更加严密。他们到达东罗马首都君士坦丁堡后，没有继续前进，而是以集合为名义，滞留在城郊一带，不时对当地居民进行骚扰劫掠。后来在东罗马皇帝的一再催促下，才在1097年春继续上路，渡过博斯普鲁斯海峡，大举进攻土耳其人。

十字军在巴勒斯坦和叙利亚南部建立起了4个十字军国家，它们分别是：爱德萨伯国、安条克公国、耶路撒冷王国和特里波公国。伯国和公国在名义上附属于耶路撒冷王国，但实际上各自独立。为了加强统治，十字军还在占领区建立了一批"僧侣骑士团"，一种特殊的宗教性军事组织。"僧侣骑士团"直属教皇，负责保卫占领区和镇压反抗活动。

但是十字军在东方的统治并没有他们想象的稳固。1144年，土耳其军队猛烈进攻，攻陷爱德萨伯国，直接威胁安条克公国。为此，西欧各国又组织了第二次十字军东征，指挥官是神圣罗马帝国——德国的皇帝康拉德三世和法王路易七世。1148年，十字军围攻大马士革。大马士革总督使用各种手段，致使十字军溃散而败。德王和法王先后狼狈返回，十字军无功而返。第二次十字军东征以失败告终。

12世纪后期，东方形势又出现变化。1171年，埃及军队首领萨拉丁发动政变，夺取王位，自立为苏丹，建立阿尤布王朝。随后出师西亚，征服了两河流域和叙利亚一带，将各伊斯兰小国统一起来。1187年，萨拉丁在底比里亚湖附近的哈特丁向耶路撒冷军队宣战，并在同年10月攻下了耶路撒冷，此事震惊了整个西欧世界。1189年，十字军第三次远征。

第三次东征由德王腓特烈一世、法王腓力二世和英王狮心王查理共同率领。法王腓力二世和英王狮心王查理素来不合，在一次矛盾激发后，法王腓力二世一气之下撤军回国。而德王腓特烈一世在小亚细亚渡河时不慎摔入河中淹死，他的军队随之溃散。英王的军队孤军奋战，也没有取得什么成绩，仅仅保留住了巴勒斯坦沿海一带的狭长土地，于1192年和萨拉丁定下休战三年的和约。在回国途中，英王被奥地利公爵扣留，英国花费了10万马克的赎金，才把他赎回。第三次十字军东征也没有取得重大成果。

但是，教皇诺森三世很快又组织了第四次十字军东征。这次远征的目标本来是埃及，但是为十字军提供给养的威尼斯与埃及有密切的商贸关系，为了维护自己的利益，威尼斯商人以利益相诱，唆使十字军改变路线，转而攻打东罗马。当时东罗马正发生王室内讧，皇帝被害，皇子外逃，正是虚弱之际。这批欧洲骑士见利忘义，毫不留情地进攻和抢劫了信奉同一个"十字"的国家，早已忘记了收复"圣地"的圣谕，暴露出了他们所谓的征讨异教徒不过是侵略的借口。

1204年，十字军攻陷东罗马首都君士坦丁堡。十字军进入君士坦丁堡后，故伎重演，屠杀居民，劫掠财物，抢走了许多珍贵的文物和艺术品，无法带走的就予以毁坏，许多古典书籍化为灰烬。十字军随后又占领了东罗马的大量土地，在巴尔干建立起一个拉丁帝国。但是十字军的不义行为激起了当地人民的反抗，1261年，在当地人民的顽强打击下，拉丁帝国灭亡，东罗马复国。

第四次十字军东征之后，西欧出现了"儿童十字军"。一段时期内西欧各国盛行一种说法：以前的十字军之所以屡屡失败，是因为成年人罪孽深重，不能得到上帝的帮助。而儿童纯洁无瑕，没有罪孽，一定能得到上帝的眷顾，战胜伊斯兰教。在教皇和封建主的煽动下，"深明大义"的父母们怀着神圣的心情，纷纷将自己未成年的子女送到军队。

1212年，法国数万名儿童渡海"东征"，他们大多是农家子弟，平均年龄不超过12岁。但是还没有来到目的地，一部分儿童就因为船遇风暴，葬身海底，还有一部分在船到埃及时，被船主贩卖为奴。德国的儿童十字军也大部分因为疾病和饥饿，客死途中，剩下几千人到了意大利，又被拐卖掉不少。大约五六万天真无辜的儿童死于"儿童十字军"，充分暴露了西欧教会和封建主的愚昧与冷酷。

此后从1202年至1270年，又进行了五次十字军东征。由于将士人心涣散，无法团结在一起，每次都没有重大成果。1270年第八次东征时，法王路易九世和英国王子爱德华终

▲ 十字军给东地中海、西欧的人民带来灾难,也给他们自己带来灾难。图为圣墓里的十字军。

于意识到,想要征服埃及和巴勒斯坦不是轻而易举的事情,于是退出了东征的队伍。1291年,十字军在东方的最后一个据点阿克城被埃及军队攻破,至此,持续将近两个世纪的十字军东征以彻底失败而告终。

断断续续进行了近200年的十字军东征,不仅给遭受侵略的东地中海地区的人民带来了深重的灾难,社会生产和文化被破坏,同时也使发起侵略的西欧人民付出了巨大的生命代价。十字军东征使欧洲的骑士、封建领主和教会大发横财,却没有给劳动人民带来任何好处。许多农民被编入十字军后,一路上受冻挨饿,生病阵亡,还有不少人被抓去卖为奴隶,成千上万的农民就这样惨死他乡。

发生地点	发生时间	推荐理由
欧洲	公元11—13世纪	为中世纪末期和近代欧洲的强大奠定了基础，是中世纪人类历史进程的重要事件。

大学的创建

事件介绍

大学（University）一词来源于拉丁语Universitas，本意为"共同体、联合状态"。在诞生之初，大学无非是教师和学生的行业公会，学校由教师和学生共同管理。为了保护教师的利益，所有教师联合成特殊的组织即专业行会，称为系或教授会（faculty），后来开始把系这个名词理解为教授某部门知识的大学分部；作为和教师对立的学生，则组成了"乡友"（团体）。

于是，最早的大学诞生了。大约11世纪中后期（约1050—1060年），萨勒诺原有的医科学校发展成以医学著称的萨勒诺大学，是欧洲最为古老的大学之一，也是后来学位制度的创始者。

约1088年，意大利工商业发达的城市博隆纳原有的法律学校发展成以法学，尤其是罗马法学著称的博洛尼亚大学，后来这个学校成为世界上第一个同时创办了几个学院的综合性大学。这些学院包括数学院、医学院、法学院和文学院。到13世纪初的时候，博洛尼亚大学已经有学生5000多名。由于伟大的教育家和法学家伊尔尼迪斯（1045—1130年）曾在这里执教，所以这所学校以法律研究和新颖的教授方法而出名。博洛尼亚大学由学生自己建立的一个委员会管理，老师是这个委员会的雇员。对于玩忽职守、学生对其教学极不满意的老师，委员会可以予以解雇。博洛尼亚大学的这种管理模式后来成为意大利、法国南部和西班牙各个大学的范本。

大约在12世纪中期（1150—1170年），法国当时最为著名的高等研究机构——诺尔丹神学院已经开始讲授神学、教会学、医学以及某些自然科学和哲学等学科的课程。著名经院哲学家阿贝拉尔曾到这所神学院任教，但是后来由于他和教会不和而被解聘。于是，他接受了巴黎圣母院大主教教堂学校——圣维克托寺院的邀请，前往授课。1200年的时候，这个修道院改为巴黎大学，不久便成为欧洲最负盛名的大学，包括英国著名学者罗杰·培根在内的一大批欧洲各国学者都在这里任教。

巴黎大学免费提供各类课程的讲义，任何人都可以不受限制地来听课。该大学以文艺和经院哲学的研究而出名，欧洲最重要的神学研究中心就在这里。巴黎大学的学生按照生源地分成德意志、诺曼底、罗马和英格兰4个同乡会，教师则分成艺学、神学、医学和教会法学4个教授会。不过，巴黎大学的管理体制和博洛尼亚大学不同，前者采取的是教师自治的形式，教师团体有权力录取新的教师，决定本学科的教学规则和学生纪律，大学的重大事务都由这几个教授共同会商。而且教师团体受到教会法的管理，每个教师都享有教士等级的特权，例如他们可以不纳税。巴黎大学后来成为英国和北欧大学的范本。

▼ 法国国王路易十四与学者们。

巴黎大学鼎盛时期师生达5万多人，号称与教皇和皇帝一起并为欧洲三足鼎立的势力，因此，在当时就有"罗马有教皇，德国有皇帝，法国有知识"这种说法。

此后，欧洲其他国家也相继出现了大学。1162年，巴黎大学的一些教授回到英国，创立了牛津大学。1209年，由于当时的一名学生杀死了一名当地妇女，当地人群情激奋，到大学抓人打人，学院里的人被逼得四散而逃，牛津大学几乎解体。因此，许多学者和学生逃到剑桥，创建了剑桥大学。这两个大学基本上采取和巴黎大学相同的管理方式。

此后，欧洲还出现了多个其他大学。尽管这些大学都有它自己独特的起源和历史，但是它们都可以归入三种主要的类型。第一种是从原来的教会学校和修道院演化而来，其中以巴黎大学、牛津大学和剑桥大学最具有代表性。第二种类型是市立学校，这些学校的学生对教师以及学校的课程有很大的控制权，即以学生团体为主，例如博洛尼亚大学和帕多瓦大学。第三种类型是国立大学，是由国家统治者在教皇的认可下建立的，例如，那不勒斯大学和萨拉曼卡大学就分别是由西西里的腓特烈二世和卡斯提耳的腓特烈三世创立的。

13世纪时，欧洲一共出现了5所重要的大学，即巴黎大学、奥尔良大学、昂热大学、牛津大学和剑桥大学。不过，法国南部、意大利和西班牙还分别有两所、11所和两所一般性的大学。直到14世纪，德国才出现了大学。到15世纪，整个西欧建立了近80所大学。其中，意大利有20所，法国有18所，英国有两所，苏格兰有3所，西班牙有13所，葡萄牙有1所，德意志神圣罗马帝国境内有16所，匈牙利有3所，波兰、丹麦和瑞典各1所。

发生地点	发生时间	推荐理由
中国和德国	公元 11—15 世纪	使全人类的文明得到了保存、普及和发展，促进了近代欧洲的强大。

传承文明的活版印刷术

事件介绍

宋代是我国雕板印刷的巅峰时期，全国各地到处都刻书，浙江、四川、福建和江西都是雕板印刷的中心，尤其是浙江杭州，自宋朝迁都杭州后，杭州成为政治文化中心，仅坊名可考的印刷作坊就有 20 多家。

不过随着雕版印刷术的流行，其弊端也慢慢显示出来了。例如，雕版印刷术无法迅速地、大量地印刷书籍，有些书字数很多，常常要雕好多年才能雕好，万一这部书印了一次不再重印，那么雕刻好的木板就完全没用了。如果要印一部比较大型的书，需要雕刻几万乃至几十万块雕版，在人力、物力和时间上都造成了很大浪费。北宋初年，成都印《大藏经》，就刻了 13 万块板；北宋政府的中央教育机构国子监，在印经史方面的书籍时，刻了十多万块板。因此，极需要新的印刷技术来降低成本、扩大印书量。

到了 11 世纪中叶（宋仁宗庆历年间，1045—1048 年），民间发明家毕昇终于发明了一种更进步的印刷方法——活字印刷术，把我国的印刷技术大大提高了一步。

关于毕昇的生平事迹，以及他发明活字印刷术的经过，除了沈括在他所著的《梦溪笔谈》一书中有所记载外，找不到第二个文献资料。

◀ 平民发明家毕昇像。

沈括在书中提到，毕昇只是个平民，籍贯及生平一点都没有交代。关于毕昇的职业，以前曾有人做过各种推测，不过大部分人认为毕昇应当是一个从事雕版印刷的工匠。在长期的雕版工作中，毕昇发现了雕版印刷的上述缺点，因此如果雕制一副活字，则可排印任何书籍，活字可以反复使用。虽然制作活字的工程量大一些，但以后排印书籍则十分方便。正是在这种启示下，毕昇发明了活字版。

关于毕昇的籍贯，我们也不得而知。不过沈括提到，毕昇死后，曾将他自己制作的泥活字送给沈括的侄子收藏。由此，我们或许可以推测毕昇和沈家很可能是亲戚，或者近邻。由于沈括是杭州人，故毕昇可能也是杭州人。另外，当时杭州是中国雕版印刷较为发达的地区，活字印刷在这里发明，也是符合逻辑的。

《梦溪笔谈》记录的活字印刷术的方法如下：首先用胶泥做成四方的长柱体，并在上面刻上单字，然后拿到火上烧硬，这就成了一个一个的活字。印书时，先预备好一块和书页一样大小的铁板，并在上面涂上松香和蜡之类的物质，铁板四周围着一个铁框，在铁框内排满密密的活字。排完版之后，再用火在铁板底下烤，等里面的松香和蜡等熔化后，再用一块平板从排好的活字上面压过，目的是使这些活字能够平整。等松香等药剂冷却后，活字就固定在了铁板上，至此，一块活字版就排好了。

人们可以同雕版印刷一样，在活字版上涂墨，然后将之覆盖在干净的纸面上就可以印刷了。印刷完毕后，可以再将活字版在火上烤，等里面的药剂融化后，活字就从版面上脱落下来了。

为了提高效率，在刻字时，那些常用的字就要多刻一些，以备在印刷中遇到相同的字，据说当时最多的字准备了20多个印；碰到没有预备的冷僻生字，就临时雕刻，用火一烧就成了，非常方便。并且，毕昇准备了两块铁板，组织两个人同时工作，一块板印刷，另一块板排字；等第一块板印完，第二块板已经准备好了。

这就是毕昇最早发明的活字印刷术。这种印刷方法大大提高了印刷的速度和效率。或许用沈括在《梦溪笔谈》中的一句话最能概括毕昇的这种活字印刷术："若只印三二本，未为简易，若印数十百千本，则极为神速。"（如果只印两三本，那么这种方法未必比其他方法要简单；但是如果印刷的数量达到几十、数百甚至上千本，那么活字印刷的效率会非常高。）

遗憾的是，活字印刷虽然具有省力省时的优点，但在其发明之后的800年间未能得到迅速推广。在古代中国，活字印刷成的书籍的数量不及雕版印刷的1/10，始终未能占据统治地位。19世纪初，西方先进的近代印刷术开始传入我国，中国古代印刷术便渐渐地退出了历史舞台。

我国雕版印刷术发明后不久，就传到日本和朝鲜等国家，公元8世纪后期，日本完成了木板《陀罗尼经》的印刷。以后又传到印度、越南和阿拉伯一带。13世纪后期，雕版印刷术传到当时的波斯帝国，并被波斯统治者用来印刷该国的纸币。

从15世纪开始，印刷术逐渐传入欧洲。不过到15世纪中后期，活字印刷术也在欧洲得以大力推广，发明者是德国人谷登堡。

谷登堡成功地发明了由铅、锑、锡3种金属按科学、合理比例熔合铸成的铅活字。为了批量制造铅字，他为每个字母与每个符号都制作了钢模，只要向其中倒入溶化的合金，字母与符号的铅字就可以制造出来。1450年，谷登堡开办了自己的印刷厂。

此后，谷登堡又发明了脂肪性的印刷油墨和一台木制印刷机。通过这台印刷机和他的印刷技术印刷出来的印刷品，质量高档，字画都非常清晰，最为重要的是，印制过程简单且迅速。

在谷登堡发明的带动下，欧洲各国的印刷行业迅速发展。在文艺复兴和工业革命的推动下，欧洲开创了以机械操纵为基本特征的世界印刷史上的新纪元。从此，他的发明传遍全球各个角落，使全世界均能用这种印刷方式印刷有形的读物。

我国最初的印染技术是用在丝帛等布料上的。当我们学会在纸上印染时，文化的传承立刻前进了一大步。

发生地点	发生时间	推荐理由
欧亚大陆	公元 12—13 世纪	控制了几乎整个欧亚大陆，在使世界饱受战争灾难的同时，各种文明也因此而相互交融。

一代天骄成吉思汗的帝国霸业

事件介绍

成吉思汗生于1162年，姓孛儿只斤，名铁木真，乞颜氏。他早年丧父，在贤良、智慧而勇敢的母亲诃额伦夫人的教养下成长，和寡母以及兄弟、妹妹过着一贫如洗的艰难生活。少年时期的艰难生活，培养了铁木真坚毅勇敢的素质和百折不挠的性格。

成年后，铁木真的力量逐渐强大。他威信日高，还拥有强兵壮马，引起了札木合的嫉妒和猜疑。不久，札木合以弟弟被铁木真部下杀死为由，率领札答阑、泰赤乌等13部共3万人马攻打铁木真。铁木真将部下的3万兵力分为13支队伍，积极迎战抵抗，双方在斡难河边展开了一场大战。无奈铁木真实力不敌，终于败退，史称"十三翼之战"。

1196年，杀害铁木真父亲的塔塔尔部得罪了金国，金国邀请铁木真配合进攻塔塔尔部，铁木真欣然同意，和克烈部的脱里汗出兵助金，在斡里札河（今蒙古东方省乌勒吉河）打败塔塔尔军队。事后，金国为示谢意，封铁木真以察兀忽鲁（部长）官职，封脱里汗为王（脱里从此称王汗）。

铁木真在部落争战中善于利用矛盾，纵横捭阖，逐渐摆脱了对王汗的臣属地位。1201年到1202年，铁木真和王汗联兵，与札木合联盟（塔塔尔、乃蛮等部落联盟）大战获胜，札木合投降王汗。1202年，铁木真又消灭了塔塔尔部，占领了呼伦贝尔高原，实力猛增。

铁木真日益强盛，令王汗日夜难寐。1203年，王汗突然对铁木真发起攻击，铁木真军队没有做好迎战准备，败退到哈勒哈河以北。不久，铁木真以其人之道还治其人之身，趁王汗没有防备之时，奇袭王汗牙帐，消灭了克烈部。同年，汪古部也归附铁木真。1204年，经过周密的准备，铁木真又消灭了乃蛮太阳汗。一连串的胜利迫使蒙古地区其他各部落纷纷投诚，成吉思汗完成了统一全蒙古的大业，成为蒙古高原最大的统治者。

统一蒙古后，成吉思汗建立了新的管理机构，设立了千户、百户、十户等行政与军事合一的机构。蒙古国建立后，大批原来的部落人口被分编在不同千户中，部落的界限从此消亡，开始形成共同的蒙古民族，蒙古从一个部落联盟，变为一个统一的国家，促进了蒙古从部落制度向封建制度的转变。

战争并没有随国家的建立而停止，勃兴的蒙古贵族渴望占有大量财富，于是对外扩张、掠夺成为新的国策。1205年开始，成吉思汗开始了大规模的征服行动。

他首先征服了境外的西伯利亚南部各部族。接着从1205年开始，成吉思汗三次大举入侵西夏。西夏是党项人建立的政权，历经辽、北宋、南宋和金等四朝，不仅没有灭亡，反而顽强地扩大自己的版图，先后将河套地区以南，黄河以西的广大土地变为自己的行政区。但是蒙古军英勇善战，准备充分，三次入侵，最后迫使西夏纳贡请和。

1211年，成吉思汗率领大军南下攻打金国，借口为被金国杀害的祖先报仇，对曾压榨、屠杀蒙古各部的金国发动报复性战争。1215年，蒙古军占领金国的中都（今北京），在辽西消灭金国守军，攻占北京（在今内蒙古宁城西），曾一度使金国求和。经过7年的战争，蒙古军掠夺了大量财富，军事力量迅速增长。

1218年，成吉思汗又挥师向西，派遣勇将哲别率领精兵两万，出兵西辽。哲别利用西辽统治者屈出律政权内部的矛盾以及伊斯兰教徒的不满情绪，很快取得战争的胜利，杀死屈出律，一举消灭了位于新疆及原苏联境内的西辽。

1219年，成吉思汗又亲率20万大军西征，向中亚新兴大国花剌子模发动了侵略战争。花剌子模原来是塞尔柱突厥人的一个行省，后来独立称国，日渐强大。到13世纪，其疆域北界阿姆河上游，南临波斯湾，东起印度河，西抵两河流域的广大地区。1219年，花剌子模的讹答剌守将抢劫并杀害了蒙古商队。成吉思汗派使节前去交涉此事，使节也被杀，两国关系骤然恶化，成吉思汗趁机起兵，兴师问罪，中亚细亚战争就此爆发。

成吉思汗兵分四路进入花刺子模后，任意屠杀居民，掠夺财物。之后或纵火烧城、或引水灌城，以残酷手段震慑敌人，解除自己的后顾之忧。花刺子模统治者穆罕默德不敌成吉思汗，夺命西逃，大将哲别、速不台奉成吉思汗之命穷追不舍，穆罕默德被逼到里海的一个孤岛，因病而死。王子札阑丁率兵抵抗，虽有数次小胜，终归气数已尽，只身逃亡。从此，花刺子模灭亡，领土归蒙古统治。

　　哲别、速不台在穆罕默德死后，自里海北上，攻掠阿塞拜疆、格鲁吉亚等地，又越过高加索山，进入顿河流域。1223年与俄罗斯联军交火，打败了联军，进入俄罗斯各地。这次战争蒙古军虽然胜利，但是实力受到损伤，因此在击败伏尔加河的保加利亚人后，于1224年与成吉思汗会师东归。

　　1226年春，成吉思汗出征西夏，这是他最后一次指挥战役。成吉思汗当年带兵西征的时候，曾经要手下败将西夏发兵相助。西夏拒绝随从出征，私下还秘密与金朝议和，成吉

▲ 后人修建的成吉思汗陵。

思汗决定彻底消灭西夏。几经摧残的西夏已是苟延残喘,蒙古大军压境使之接连失利。1226年,蒙古军先取黑水城(今内蒙古额济纳旗东南),后取甘(今甘肃张掖县)、肃(今甘肃酒泉县)等州,接着占领西凉府搠罗、河罗等县、灵州(今宁夏灵武县)。蒙古军长驱直入,围攻西夏都城中兴府(今宁夏银川)。

1227年6月,成吉思汗驻军西夏境内的清水县(今甘肃清水县)西江,7月12日病死于军中,终年66岁。称雄一世的天下雄主,弥留之际念念不忘的仍是开疆拓土。残留的金国是成吉思汗的心头大患,他临终提出联宋灭金的战略。由于西夏尚未最后攻下,成吉思汗叮嘱在他死后不必为他发丧举哀,以免惊动敌人。同时,他把所征服的土地分给他的儿子术赤、察合台、窝阔台,这些分地后来发展为钦察汗国、察合台汗国、窝阔台汗国。

次年,西夏城中粮尽,兵民多病,西夏主投降,西夏灭亡。随后成吉思汗的子孙将士们护送成吉思汗的灵柩北归,将他葬在不儿罕山中。为了不走漏消息,成吉思汗下葬后未

起坟墓,而且用马群踏平土地。后来四周长起密林,至今还没有发现成吉思汗陵寝的真正所在地。几百年来,蒙古人就以成吉思汗生前居住的八座白色宫帐——八白氏作为象征性的陵寝来祭祀他。八白氏一直随负责守护的鄂尔多斯部迁移,最终于1649年定居于今天的内蒙古伊克昭盟伊金霍落旗。"伊金霍落",在蒙古语中就是"帝王陵寝"的意思。1956年,这里建起了成吉思汗陵。

经过几十年的东征西讨,成吉思汗所建立的蒙古帝国,其版图已经扩充到中国的西部和北部、中亚细亚和南高加索,为他的子孙后代建立元朝打下了坚实的基础。成吉思汗逝世后,根据他的遗愿,第三个儿子窝阔台继承了他的位子,成为大汗。

发生地点	发生时间	推荐理由
英国	公元1215年	约束了王权的独断专行，给人民以法律保障，是西方宪政路上的一座里程碑。

英国颁布《大宪章》

事件介绍

13世纪时，由于英国王权不断逾越封建政治秩序的界限敛财，滥施封君权力进行敲诈勒索，失去了已有的社会基础和一切可以联合的社会力量，将王室以外最强的社会政治势力——封臣贵族和教会的僧侣寡头赶到了对立面，社会各阶层要求修改宪法，保障权益的呼声越来越高。

早在1213年夏，也就是大宪章颁布的前两年，英格兰男爵们便要求英王约翰签署一项宪章，以保障贵族的权利和自由。约翰依靠向历史上最强有力的教皇之一英诺森三世称臣纳贡，借其声威和权势革除了闹事封臣的教籍。结果双方陷入更加不可两立的对抗之中，在教皇的高压政策下，英格兰男爵反而与本国的世俗贵族结成反叛的统一阵线。

坎特伯雷大主教斯蒂芬·兰顿是公认的领导人，他于1214年8月25日在圣保罗大教堂举行的会议上，提议国王重新颁布亨利一世的宪章，立即受到男爵们的热烈欢呼，纷纷表示为实现宪章不惜以死相争。

但约翰执迷不悟，继续在法国作战，并且因此而征敛额外的人力和款项，财产税从1/30扩大到1/7，甚至1/4。封臣们的不满情绪与日俱增。

1212年，英法交战，约翰要求北部封臣在普利茅斯港与国王军队会合出师，遭到封臣的领导者——北部封臣的拒绝。次年，为了维持军费开支，约翰又要征收代盾金，再次遭到北部封臣的抵制。

　　1214年，约翰与法国交兵又以失败告终，回国后军队士兵在封臣们的游说后开了小差。东部封臣利用这个机会，以远征圣地为借口，在埃特曼斯集结军队，威胁约翰，如果

▲ 英国有许多美丽的风景画作品。图为约翰·康斯太勃尔的作品《索尔兹伯里大教堂》。

约翰不归还他们"本来就拥有的、传统权力赋予的"各项权利，他们就从此不再履行对国王的各项义务。但是约翰强硬地拒绝了。

　　约翰本来指望打败法国之后，用战争的胜利来证明自己过去种种措施的合理性。但是事与愿违，他总是大败而归。普瓦图之战失败后，部分人于1215年1月全副武装去见陛下，他们要求他接受一份内容更为充实的宪章，即承认英格兰贵族的传统权利

和自由。约翰此时还没有意识到对方势力正日益强大，而自己的力量正在分散，仍然拒绝要求。

教会不愿看到内战，于是在王侯之间发挥了调停作用，力劝双方能够彼此让步以达成协议。但是男爵们的行动仍在不断升级。1215年，东部封臣和北部封臣联合起来，把军队开到斯坦福特郊区，带领小分队进攻伦敦。约翰的残酷统治早就让伦敦的官吏和市民们心怀怨恨，他们主动打开城门迎接部队进城。

约翰空前孤立。此刻他才意识到，自己面对的是整个站在他对立面的国家。至此，除了接受宪章外，已经别无选择。由兰顿大主教和彭布罗克伯爵威廉·马歇尔任中间联系人，双方历经数月之久进行交涉和协商，6月15日，终于敲定文本内容，在兰尼米德肃穆的气氛中举行了简短的签署并加盖国玺仪式。4天后，《大宪章》正式生效。

《大宪章》无意推翻国王，它仍然强调国王不可侵犯的尊严，仍然将国王视为贵族权益的恩赐者，即仍然肯定封建王权的合法地位。它只是要将国王带回到传统习俗及普通法所要求的封建范畴中来，对国王的最高政治权威做出种种限制，而不使其有出格的行为，并赋予贵族以使用武力迫使国王改正错误的权力。

但是《大宪章》颁布后并没有立即起到作用，在颁布后的近1个世纪，英国王权实际上并没有受到来自宪章的特别限制。约翰不久即否认《大宪章》，他的孙子爱德华一世也是置《大宪章》于不顾。因此在爱德华统治后期的1297年，封建主再度提出《大宪章》的6个补充条款。

《大宪章》在面世后的一个世纪内，被重新颁布或确认了38次之多，两个世纪后更达44次。虽然它曾经一度淹没在都铎王朝的专制浪潮中，但是到17世纪清教徒革命前夕却又复活，成为革命中人民争取权利的历史依据和法律依据。1628年的《权利请愿书》和1676年的《人身保护法》，甚至整个英国革命，都传出大宪章的强烈回音。甚至美国1789年的《联邦宪法修正案》，以及各州宪法的一些条目，也都直接引用大宪章的语言。如此巨大的成就，在英国乃至整个西方中世纪的政治遗产中并不多见。

《大宪章》的颁行，给王权的范围立下了界限，肯定了个人所应享受的人身权和民事权，它标志着法律对专制权力开始有所约束。在《大宪章》出现之前，国王握有颁行法律的权力，甚至可以说，国王就是法律。但有了《大宪章》之后，国王必须承认他也得服从于这一法律。英国资产阶级把《大宪章》当作英国宪法的基石，认为是立宪政治发展的一个里程碑。

发生地点	发生时间	推荐理由
俄罗斯	公元 14—15 世纪	俄罗斯开始形成，并建立了中央集权的封建专制王国。

莫斯科公国的崛起

事件介绍

14世纪中叶之后，蒙古人从中国退出后，又在中亚、印度等地遭到重大失败，加上各王公争权夺利。金帐汗国开始逐步走向分裂和衰落。趁此机会，莫斯科公国先后占领了雅罗斯拉夫和罗斯托夫等公国，击败了立陶宛和特维尔公国的联盟。

之后，莫斯科公国领导了驱逐蒙古势力、争取独立的斗争。1380年，莫斯科公国领导的俄罗斯军队在顿河沿岸展开激战，并击败了后者。这次战役的胜利，对提升莫斯科公国在俄罗斯的地位起了很大的作用，同时也坚定了俄罗斯各个公国摆脱蒙古人统治的决心。不过在两年后，蒙古人率军突然攻打莫斯科，在占领了莫斯科后，再次迫使莫斯科臣服于蒙古。

1462年，伊凡三世上台，俄罗斯的统一和中央集权化过程开始加速。在和蒙古人彻底决裂之前，伊凡三世首先扩充自己的实力，把包括诺夫格洛德在内的一些俄罗斯公国收入版图。

1473年，伊凡三世不再向蒙古可汗阿黑麻交纳贡赋。1474年，阿黑麻命令他交纳贡赋，并派来了使者，但是伊凡三世就是拒绝交纳。1476年，阿黑麻又派来了使者，命令伊凡三世前往蒙古。伊凡三世再次拒绝了。非常恼怒的阿黑麻可汗决定用武力迫使伊凡三世就范。

他通过与波兰王卡西米尔四世联盟，包围了莫斯科公国，并向莫斯科进军。为了阻止敌人的通路，伊凡三世占领了奥卡河畔的阵地。1480年，莫斯科军队占领了乌格拉河阵地，并在此和蒙古军对峙了很久。伊凡三世拒绝投降（"吻可汗的马镫"），可是也没有完全打胜这场战争的信心，他不想拿莫斯科公国的命运孤注一掷，因此举棋不定。不过，阿黑麻可汗也犹豫不决，因为他害怕万一真的进攻莫斯科军队，蒙古的后方会受到克里米亚汗的袭击。

两军一直对峙到当年的10月，难以忍受的严寒给缺乏物资的蒙古军队带来了很大伤害。不得已，阿黑麻命令军队撤离乌格拉河。这场没有对阵交锋的战役实际上导致了俄罗斯的解放。莫斯科公国结束了蒙古人对东斯拉夫人长达240年的统治。俄罗斯国家开始逐步统一，建立起中央集权的国家。这时，莫斯科公国的疆域，已经北达白海，南抵奥卡河，西及第聂伯河上游，东至乌拉尔山脉，成了地跨欧亚两大洲的大国。

1485年，伊凡三世吞并了只是在形式上保持独立的特维尔公国。至此，俄罗斯大部分领土在伊凡三世的领导下得到了统一。

为了加强中央集权的能力，伊凡三世采取各种措施提升自己的专制权力。随着自己权力的加强和莫斯科公国领土的扩张，伊凡三世开始使用"全俄罗斯大公"、"全俄罗斯君主"等称呼。由于原来大公下面设有的贵族杜马在国家的立法、司法、外交等方面拥有大部分权力，对自己的权力起到限制的作用，为此伊凡三世开始扶持忠于自己的中小贵族，并采取措施削弱原先大贵族的势力。例如，他设立了专门的国家税收机构，替代大贵族的征税权力。

至此，莫斯科公国已经成为俄罗斯最强

大的国家。16世纪初，它又吞并了普斯科夫和里亚赞公国，并从立陶宛手中收复了斯摩棱斯克，统一的俄罗斯国家最终形成。

不过，虽然国土得到了统一，但是俄罗斯国内经济实力非常薄弱，地方贵族的势力十分强大，中央集权政府的势力经常为其所左右。

1533年，年仅3岁的伊凡四世即位，一些大贵族趁此机会争权夺势，造成国家动乱，刚刚统一的俄罗斯面临再次分裂的可能。1547年，成年的伊凡四世成功加冕，并开始自称"沙皇"（凯撒的俄文音译）。

1550年，伊凡四世在中小贵族的支持下，正式进行一系列改革。

首先，他制定了新的全国统一法典，规定由中小地主担任地方法官，并吸收富裕市民和农民参加法院审判工作，在全国各地设立司法机关，以限制地方长官的司法权力。

在行政上，伊凡四世进一步加强封建地主的利益，规定农民不能擅自离开主人，同时提高农民向地主交纳的费用和租金。另外，他还废除了原先的总督制，提拔中小地主和贵族担任国家官吏。

在军事上，伊凡四世颁布了军役法，限制原先从大贵族中选任军官的制度，而是让中小地主每150俄亩的土地必须出一名全副武装的骑兵。由此，大贵族失去了对军队的控制，而且由于中小地主在军中也没有特权，伊凡四世自己牢牢掌握了军权。1550年，伊凡四世把莫斯科附近的土地封赐给了1000多个小地主，以加强他们的经济地位和对自己的忠诚度。

在伊凡四世进一步加强专制制度、打击和削弱大贵族势力的同时，他还实行大规模对外军事扩张的政策，以扩张俄罗斯的版图。1552年，俄罗斯攻占了喀山汗国，不久又吞并了阿斯特拉汗国以及乌拉尔山以西的大部分地区，占领了整个伏尔加河流域。原先住在这里的鞑靼人、乌德摩尔特人、巴什基人和摩尔多瓦人等都被征服而归入俄罗斯。从此，俄罗斯开始成为多民族的国家。

俄罗斯人的勇猛在艺术作品中常有体现。图为俄国画家瓦斯涅佐夫的作品《三勇士》。

对于这些军事成果,伊凡四世并不满足。当时的俄罗斯是个内陆国家,因此它急需寻找一个出海口。于是,伊凡四世于1558年发动了对历沃尼亚和立陶宛等国的历沃尼亚战争,意在夺取波罗的海的出海口。由于历沃尼亚在国际上的重要军事作用,波兰、瑞典和丹麦都相继参加了对俄罗斯的战争。这场历时25年的国际性战争,以俄罗斯的最后惨败而告终。1582年,俄罗斯被迫和波兰、瑞典等签订了停战协议,俄罗斯退出原先占领的一些土地。伊凡四世夺取波罗的海出海口的计划失败。

伊凡四世之后的各代沙皇,都把对外扩张作为治国的主要策略。因此,西伯利亚地区最终被收归俄罗斯版图,中国西北和北部的100多万平方公里土地也被掠夺。最终,俄罗斯成为当时欧洲最为强大的国家之一。

发生地点	发生时间	推荐理由
法国	公元 1337 — 1453 年	战后法国得到了民族统一，促进了法国民族意识的觉醒。

英法百年战争

事件介绍

英王在法国的领地，一直是两国争执、斗争的中心。通过一系列战争，法国夺回了英王在法国的大部分土地，但是英国王室从来不甘心罢休，力图夺回失去的领地，而法王则竭力夺取仍残留在英王手中的南方领土，双方矛盾尖锐化。

英国和法国之间的这场战争时断时续，几经休战，持续了100多年，大体可以分为4个阶段：

战争的第一阶段（1337—1360年），法国屡战屡败，英国频占上风。公元1337年，英法正式宣战。1340年，在斯吕斯海战中，英国以其强大的海军力量重创法国海军，控制了英吉利海峡，夺得制海权。从此，英军通过英吉利海峡自由进出大陆，将战争带到了法国本土。

1360年，法国被迫在布勒丁尼签订和约，和约条款极为苛刻，法国承认英国占有从卢瓦尔河至比利牛斯以南的领土和加来等地。

在几次的英法交战中，英军在人数上并不占优势，但是总能取胜，主要是由于它有一支灵活善战、身手敏捷的弓箭手队伍。他们能在1分钟内射出10到12支箭，能在170码的距离内射穿一个身披甲胄的骑兵的大腿。而且，英军组织性很强，各兵种配合良好。而法军尽管也是作战勇猛，但是缺乏纪律，兵败如山倒。

战争给英法两国的经济、社会都带来了很大的损害。法国作为这场战争的战场，人民所受的苦难更是深重。战争的失败，亲人的阵亡，庞大的军费开支，经济的衰败，再加上当时黑死病肆虐，使人口锐减。法国人民忍无可忍，终于爆发了马赛领导的巴黎市民起义（1357—1358年）和卡尔领导的扎克起义（1358年）。

战争的第二阶段（1369—1396年），法国取得阶段性胜利。法王约翰死后，太子查理监国8年后登位为王，即查理五世。为了收复失地，法王查理五世（公元1364—1380年）励精图治，实行改革，改编了军队，整顿了税制。英国的雇佣军优于法国的封建骑士民团，这促使法国第一次建立了常备雇佣军，取代了部分骑兵。

1380年，查理五世逝世，其继承人查理六世患间歇性精神病，不能治理国家，封建主趁机争权夺利，形成以奥尔良公爵和勃艮第公爵为首的两大集团。法国的形势为英国继续入侵创造了条件，但是此时的英国，为了保住在法国的几个沿海港埠和波尔多与巴荣讷间的部分地区，并鉴于国内形势恶化——爆发了大规模的农民起义和封建主内讧，无力再战，两国于1396年缔结停战协定。

战争的第三阶段（1415—1424年），法国进入最困难最艰苦的阶段。英王亨利五世即位后，政局稍稍稳定。而法国因奥尔良公爵和勃艮第公爵之间的内战、矛盾加剧，农民和市民举行新的起义也使国力遭到削弱，英国趁机重启战端。

法国的勃艮第公爵企图在法德之间建立一个独立王国，因此以承认英王有权继承法国王位来换取英国的支持。公元1415年，英王亨利五世趁机率军入侵法国阿金库尔。英王入侵时，法国封建主正在内战，勃艮第公爵站到了英军一边，其他封建主匆忙集结兵力迎战。英军大败法军，并在与其结成同盟的勃艮第公爵的援助下占领法国北部，并继续向南推进。

1420年5月21日，法国被迫在特鲁瓦签订丧权辱国的和约。按照和约条款规定，法国沦为英法联合王国的一部分，承认英王亨利五世为法国摄政王，并有权在法王查理六世死后继承法国王位。但是，查理六世和亨利五世于1422年都先后猝然死去。英国把英王亨利五世年仅10个月的儿子立为法国和英国的国王，亨利五世的兄弟贝特福公爵为法国摄政，成为法国北部半壁江山的实际统治者。

由于争夺王位斗争（1422—1423年）加剧，法国遭到侵略者的洗劫和瓜分，处境十分法国画家吉罗代1802年的作品《法兰西英雄们的礼赞》。

困难。农村荒芜，城市残破，捐、税和赔款沉重地压在英占区的居民身上。此时，战争的性质已经发生变化：对法国来说，争夺王位的战争已转变为民族解放战争，而英国方面则是进行侵略性的非正义战争。英国的侵略行为激起了法国人民的爱国之心，法国人民纷纷主动加入战争，针对英国的战争从军队的战争，转变为全民的战争，英法百年战争由此进入第四个阶段，也是最关键的一个阶段。

战争的第四阶段（1424—1453年），形势渐渐有利于法国，法军取得最后的胜利。随着人民群众的参战，游击战更加广泛地展开。1429年，英军围困法国重镇奥尔良。奥尔良是通往法国南部的门户，一旦失守，法国就面临全部沦陷的危险。就在法国岌岌可危的关头，传奇式的法国女英雄贞德脱颖而出。

1428年，年仅19岁的贞德三次来到南方求见王太子查理，陈述她的救国大计，请缨解救奥尔良。1429年4月，束手无策的王太子终于同意了贞德的请求，将信将疑地给了她一支3000士兵的军队，并授予她"战争总指挥"的头衔。

贞德的英勇鼓舞了奥尔良城内外的将士们，就连农民也纷纷拿起武器，聚集在贞德的周围。贞德身披甲胄，腰悬宝剑，率兵3000，向奥尔良进发。奥尔良当时已被英军包围达半年之久，官民几乎已经丧失信心。贞德先从英军围城的薄弱环节发动猛烈进攻，英军难以抵挡，四散逃窜。

1429年，贞德亲自拥戴王太子查理加冕，查理成为法国国王，即查理七世（1422—1461年在位）。这次加冕的意义在于其否定了英国所立的国王和摄政，重新确立了法王对法国的统治权。

但是，宫廷贵族和查理七世的将军们却不满意这位"平凡的农民丫头"影响力的扩大，他们慑于贞德的威望，既嫉妒又害怕，便

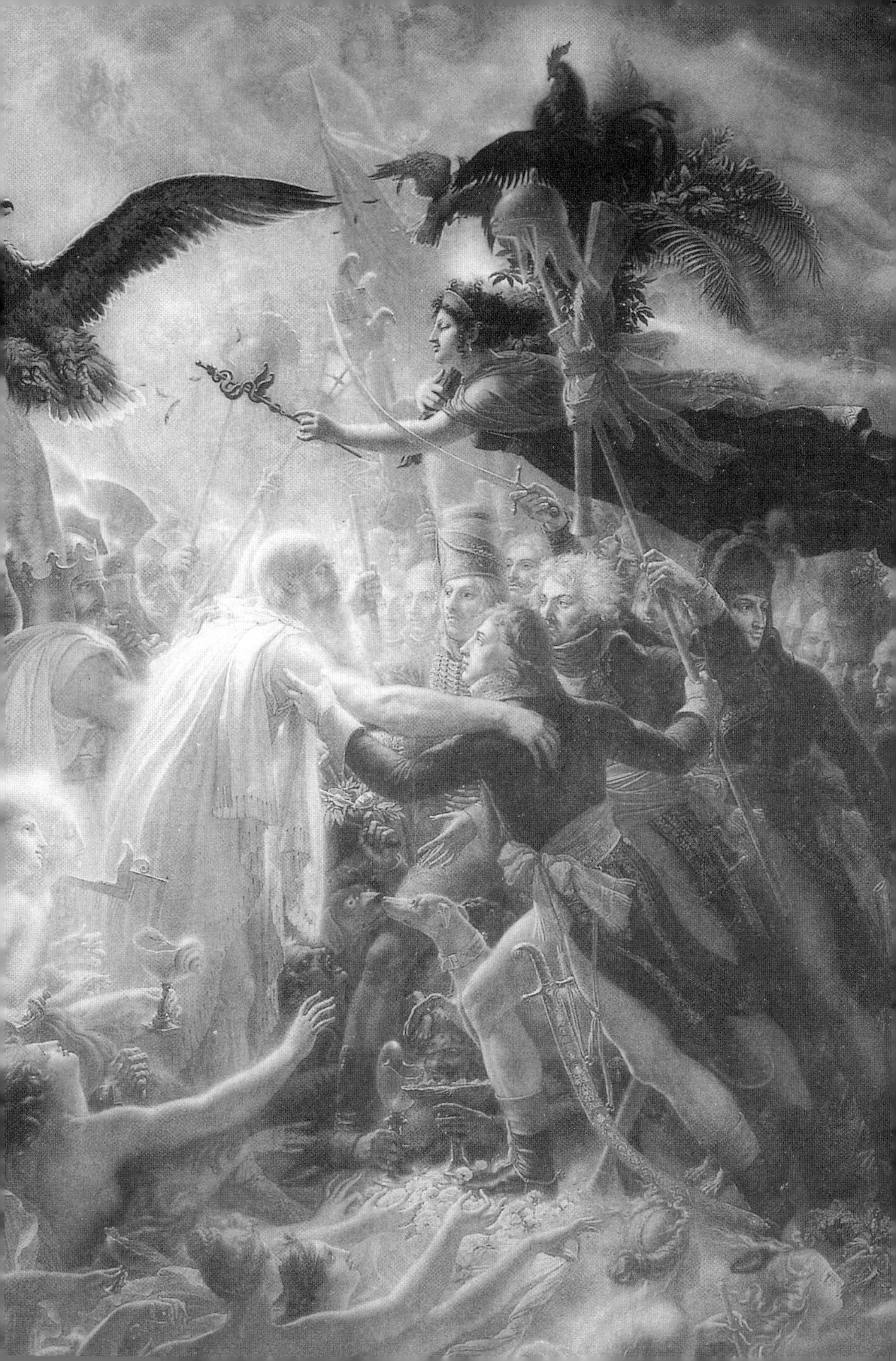

蓄意谋害贞德。1430年在康边城附近的战斗中,贞德率军与强敌作战,被逼撤退回城时,这些封建主闭门不纳,把她关在城外,使贞德落入英军的同盟者勃艮第之手,最后勃艮第党人以4万法郎将她卖给了英国当局。

宗教法庭以"女巫罪"判处贞德死刑。1431年5月,备受酷刑的贞德在卢昂城下被活活烧死,她的骨灰被抛进塞纳河中。牺牲时,这位法国民族女英雄还不满20岁。

贞德为了民族解放不惜牺牲自己的生命,唤醒了人民的民族意识,激起了法国人民的极大义愤和高度爱国热情,振奋了民族精神。在人民运动的压力下,法国当局对军队进行了整顿。1436年,也就是贞德死后第五年,查理七世进驻巴黎。1437年法军攻取巴黎,1441年收复香槟,1450年夺回曼恩和诺曼底,1453年又收复基恩。

英国在法国的领地,除加来港外,先后都被收回。1453年10月19日,英军在波尔多投降,法国大胜,这场延续了100多年的战争至此结束。

百年战争以后,法国经济逐渐复兴,王权得到加强,消除了封建割据状态,法国成为一个中央集权的封建国家,封建君主政体演变成了封建君主专制政体。

战后的英国,在经历了一段内部的政治纷争后,也建立起中央集权的君主专制国家。

发生地点	发生时间	推荐理由
欧洲	公元 1347—1353 年	欧洲的人口锐减 1/3，同时给经济和社会秩序以致命打击。

黑死病吞噬 3000 万人

事件介绍

1347 年到 1353 年，一场恐怖的瘟疫席卷了整个欧洲，导致欧洲 1/3 的人口，约 3000 万人死于非命。整个社会人口锐减，城镇废弃，经济萧条。这场空前绝后的大灾难中死亡的人数和其引起的社会混乱程度和民众恐慌心理，绝不亚于 20 世纪的两次世界大战。这种可怕的瘟疫就是"黑死病"，在当时被认为是"上帝对人类的惩罚"。

在历史上，中世纪的这次黑死病并非首次出现。第一次黑死病大流行发生于公元 6 世纪，起源于中东，流行中心在近东地中海沿岸。公元 542 年，拜占庭帝国的都城君士坦丁堡爆发了黑死病，平均 5 个居民中就有 3 个死去。黑死病经埃及南部塞得港，沿海陆商路传至北非、欧洲，几乎殃及当时所有著名国家。这次流行疫情持续了五六十年，流行高峰期每天死亡人数近万，死亡总数近 1 亿人，这次大流行导致了拜占庭帝国的衰落。

14 世纪 40 年代，黑死病再次袭击欧洲。据说这次黑死病源于南俄罗斯，也有人认为是源于中亚，扩散到克里米亚后，通过海陆商路来到热那亚，地中海各港口繁忙的商船很快便把黑死病传向四面八方。1347 年，黑死病传播到西西里；1348 年，传播到北非、意大利、西班牙、英格兰和法国；1349年，传到奥地利、匈牙利、瑞士、德意志和尼德兰；1350年，黑死病来到斯堪的纳维亚和波罗的海沿岸各国。此后，又于1361年至1363年、1369年至1371年、1374年至1375年、1380年至1386年多次不同程度地复发。

黑死病大规模流行，除了与中世纪医学水平低下，没有找到合适的治疗方案有关外，瘟疫的流行还有深刻的社会根源。中世纪的欧洲战乱连连，自然灾害频发，整个社会动荡不安，人们生活水平低下。在黑死病到达前，欧洲大陆正在上演英法百年大战，法国和英国的经济均遭到严重破坏。欧洲还发生了长达20年的大饥荒，人们的身体素质下降，对疾病的抵抗能力也随之下降。

在温饱问题解决以前，人们根本没有精力和时间来考虑更高层次的卫生需求。城市基础设施很差，卫生环境恶劣，尤其是在平民居住的地方，生活环境肮脏不堪，到处可见人畜共居的景象。许多城市鼠多成灾，猖獗到敢在人前跑来跑去。而且，人们在室内卫生、

▼ 法国德拉克洛瓦作品《十字军占领君士坦丁堡》。

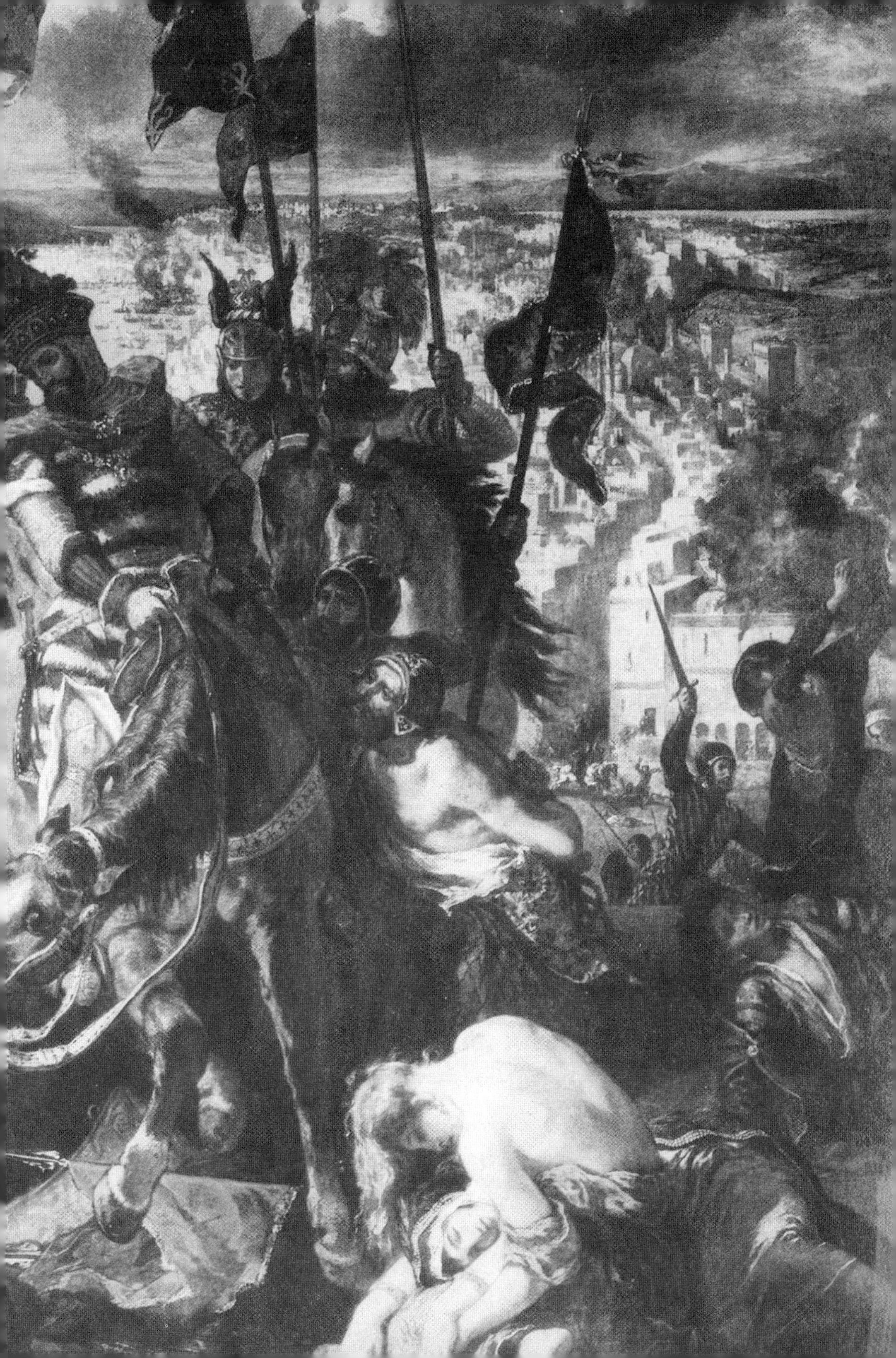

个人卫生方面的意识很淡薄，床上被铺甚至身上也经常有跳蚤。

黑死病从一个地方蔓延到另外一个地方，主要是通过商船来传播。由于卫生意识差，商船登陆后，无论是对船上人员还是货物都没有任何的检疫措施和预防措施。直到瘟疫肆虐到已经不可收拾的时候，人们才猛然醒悟过来。

首先在意大利威尼斯规定别国船只抵达口岸时，必须经过40天的扣留期限，检查船上人员有没有患黑死病后，才允许登陆上岸。这一措施后来为防止黑死病的传播起到了良好的作用，随后不少国家纷纷采用了这个措施。但是为时已晚，黑死病早已登陆并且蔓延开来。

黑死病的大面积传播，在很大程度上还和老鼠的天敌——猫的减少有很大关系。在中世纪的欧洲，猫在宗教意义上是魔鬼撒旦的化身、造祸女妖的帮凶，是魔鬼的盟友。猫在人们心目中是邪恶的代表，不吉祥的动物，家里有猫会带来坏运气甚至灾难。人们不但不允许家里养猫，甚至将猫看成誓不两立的敌人，看到猫就屠杀。这使猫在中世纪的欧洲数量大为减少，几乎濒临灭绝。猫的减少，带来的直接后果，就是老鼠的泛滥。而黑死病作为一种鼠疫，恰好来源于老鼠。

上述种种原因，最终导致了这场瘟疫的大流行。

法国著名作家、诺贝尔文学奖获得者阿尔贝·加缪曾以黑死病为素材写过一部名为《鼠疫》的长篇小说。小说描写14世纪奥兰城流行黑死病，全城的生活与安全受到了极大的威胁。人们把感染瘟疫而死的尸体丢出城外，但是疫情蔓延太快，居民只好把染病未死的患者也同样丢弃。郊外尸横遍野，豺狼野狗在尸体边嚎叫啃噬，城里城外一片凄风惨雨，到处都是可怕的情景，人类面临着毁灭的危险。

人文主义文学的第一部代表作、薄伽丘创作的《十日谈》也是以黑死病肆虐的时代背景作为作品的开头。1348年，佛罗伦萨爆发了一场可怕的瘟疫——黑死病。仅在3月到7月，佛罗伦萨城里就死了10万人，郊外市镇和乡村也未能幸免于难。在这场浩劫中，有3名少男和7名少女侥幸活了下来，文章的主要内容就是这10个青年男女在10天里所讲的100个故事。

黑死病给人带来痛苦和死亡，但是它却无法对这种苦难做出解释，人们迫切需要新的教义来满足精神上的渴望和希冀。少数人开始做黑弥撒，崇拜一些恶魔和恶魔的爪牙，在教堂祭坛上祭祀动物的头盖骨、内脏和骨架，还有一些人开始相信巫术。

14世纪的这场瘟疫给欧洲的社会生产和生活造成了极大的破坏：社会动荡，经济紊乱，风俗败坏。

黑死病在15世纪后，逐渐销声匿迹，但是它并没有根绝，在人们不设防的时候，又会卷土重来。1664年至1665年，英国伦敦再次发生黑死病，全市46万人，死亡7万。1665年8月进入高发期，每周死亡达2000人，一个月后竟达8000人。直到几个月后，一场大火，史称"伦敦大火灾"，烧毁了伦敦的大部分建筑，黑死病才随之平息。其后，1834年黑死病袭击了埃及，1900年来到了澳大利亚的悉尼，1901年登陆好望角，1910年黑死病的阴影笼罩了中国的东北地区。

在21世纪的今天，全世界每年仍然有20到30人感染黑死病。2002年，一对到美国纽约度假的墨西哥籍夫妇就被查出感染上了黑死病。同年，印度喜马偕尔邦的一个偏僻山村也被查出有4人死于黑死病。但是在现有的医疗水平下，只要及早发现，黑死病还是很容易治疗的。

▼ 法国艺术家让·格罗1804年的作品《拿破仑视察加法的鼠疫病医院》。

发生地点	发生时间	推荐理由
土耳其（今）	公元 1453 年 5 月 29 日	标志着千年拜占庭帝国的灭亡，也意味着新的世界帝国奥斯曼帝国的崛起。

君士坦丁堡的陷落

事件介绍

　　罗马帝国建立之后，东西两个地区的经济发展水平很不平衡。公元330年5月，罗马皇帝君士坦丁正式决定迁都到拜占庭，并将此地改名为君士坦丁堡。公元395年，在罗马帝国皇帝提奥多西死后，他的两个儿子将罗马帝国一分为二：西罗马的首都为罗马，东罗马的首都为君士坦丁堡。因此，历史上也称东罗马帝国为拜占庭帝国。

　　到11世纪末，拜占庭帝国结束了其原先的"东方帝国"的时代，丧失了地中海东部的控制权，其领土只剩下小亚细亚、色雷斯和巴尔干半岛地区，成为以希腊人为主的帝国。

　　公元8世纪至9世纪，君士坦丁堡发生了破坏圣像运动。帝国皇帝和贵族为了削弱教会的势力，支持圣像破坏派夺取修道院的土地和财富，驱逐教徒。但是在运动过程中，在民众支持下的保罗派以异端形式出现，要求恢复原始基督教的平等，并举行起义。无奈之下，皇帝不得不宣布恢复圣像崇拜，农民起义遭到镇压。

　　此后，拜占庭帝国的封建化进程加速。11世纪末，帝国实行领地制度，将国家的土地分给封建主，并且终生不收回。此外，地主在领地内享有司法权和行政权，领地内的农民需要缴纳地租，并丧失人身自由。至此，封建化基本完成。

意大利画家欧杰内·弗朗丹1855年作品《君士坦丁堡》。

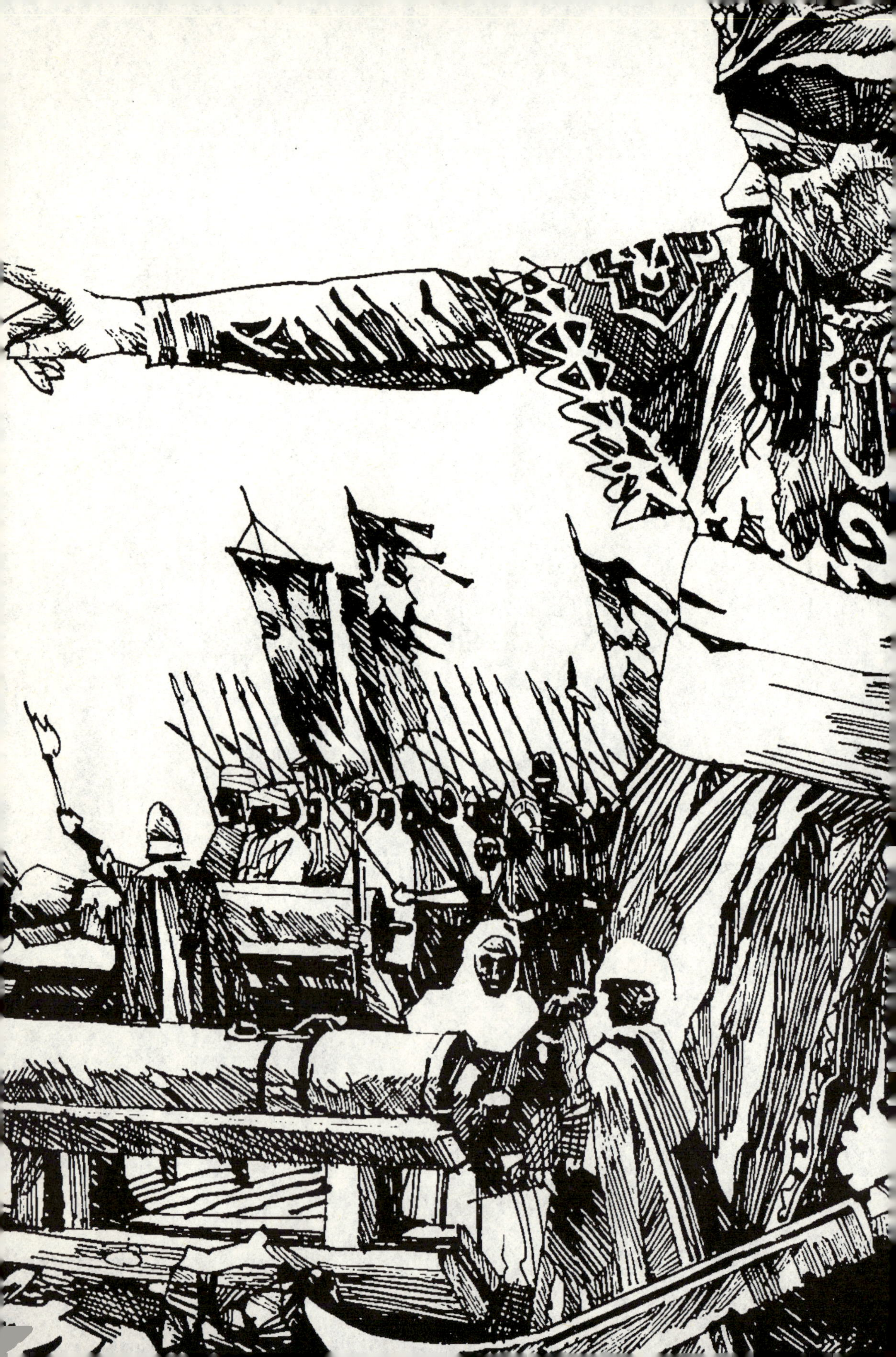

正是由于封建化的完成，致使帝国中央集权化遭到破坏，拜占庭帝国开始日趋衰落，并遭到连续两次侵略。第一次是塞尔柱突厥人，他们夺去了拜占庭帝国的小亚细亚大片地区，使得帝国的领土再次减少；第二次是十字军东征，致使拜占庭帝国的商业贸易大为减少。

就在拜占庭帝国衰落并日趋灭亡的时候，旁边逐渐兴起了一个新的帝国——土耳其帝国。14世纪末，奥斯曼人获得了在君士坦丁堡建立土耳其人居住区和在加拉塔驻军的权力。至此，君士坦丁堡已经陷于孤立，并且随时有被攻陷的可能。

不过就在此时，东方的帖木儿帝国开始侵略奥斯曼帝国，使得奥斯曼帝国不得不回过来对付来自东面的侵略。1402年，帖木儿帝国在安卡拉附近大败奥斯曼帝国的军队，并将其首领苏丹擒获。奥斯曼帝国不得不放弃攻打君士坦丁堡的计划。

从15世纪20年代、30年代开始，帖木儿帝国开始衰落，这使得奥斯曼帝国没有了后顾之忧。1451年，穆罕默德二世上台统治奥斯曼帝国，奥斯曼帝国开始复苏，并最终决定攻打君士坦丁堡。

1453年4月5日，穆罕默德二世亲率步骑兵9万人、舰船320艘，从陆海两面包围君士坦丁堡，企图彻底灭亡拜占庭帝国。

4月6日，奥斯曼军队从西面陆地发起进攻。首先，他们用重达几百公斤的大炮、攻城锤和投石器轰毁了君士坦丁堡的城墙。之后，士兵们用树干滚动巨大的木桶，向护城壕沟冲去，企图用木桶里面的泥土把壕沟填平。城内军民在君士坦丁十一世的指挥下进行顽强抵抗，用枪炮打退了奥斯曼军队的第一次进攻。

强攻不行，奥斯曼军队便决定使用其他方法。首先，他们打算通过挖地道来穿过护城墙，但是还没等地道挖完，城内的居民就发现了奥斯曼军队的企图，并用炸药将地道炸毁了。

此计不成，他们又决定用攻城塔车。所谓攻城塔车，就是在战车上修筑起坚固的塔堡，然后再在上面裹上厚厚的牛皮，以防敌军的箭石，车上还载有弓箭手。此战车可以通过一个用滑轮升降的云梯来爬上城墙。不过当攻城塔车靠近城墙时，城内的军民就往塔车内投掷希腊火（用石油、石灰等制成的燃烧物),将塔车烧着,或用大杆推倒云梯。土耳其人的第二次进攻又遭惨败。

后来在手下的启发下,穆罕默德二世终于想到了一个策略。他首先派人到热那亚商人占领的加拉太镇去,买通那里的商人。在征得商人们的同意之后,他组织数千人在海峡和金角湾之间铺设长约1.5千米的涂油圆木滑道,利用暗夜掩护将80艘轻便帆船拖上海岸,用人畜和滑车拉过山头,再顺斜坡滑进金角湾,并在金角湾最窄处架设浮桥,在桥上配置火炮,然后向君士坦丁堡发动新的进攻。

由于君士坦丁十一世认为金角湾固若金汤,根本不可能有敌军能够通过那里进攻的。所以,当奥斯曼军队在金角湾向君士坦丁堡内开炮时,城中的官兵都惊呆了。慌乱之下,君士坦丁十一世命令从两线撤兵增援,而将西面的防守交给了来援的3000多名热那亚士兵。

为了配合金角湾水路的进攻,穆罕默德二世在西面也再次发动了进攻。他将非正规军放在头阵,让他们进攻城墙最薄弱的地方。虽然非正规军在人数和作战技能方面都处于劣势,但他们仍然热情地战斗。战斗了两小时后,他们收到了撤退的命令。

第二次进攻时,奥斯曼帝国的军队发现了机会。君士坦丁堡城墙分内墙和外墙,之间是"空场",为了不让守外墙的士兵撤退而死战到底,君士坦丁堡皇帝下令锁死了所有内墙下的城门。一部分土耳其军队在用大炮攻破三道外城墙后,进入"空场"。此时第三道城墙下有个被叫作"竞技场门"的小门无人看守,而且敞开着(据后来历史学家推测,这可能是前一天晚上出来修补城墙的士兵致命的疏忽)。

大队的土耳其军从这里蜂拥而入。他们是第一批冲进城市的军队。他们进入城市时,遭到城内守军的沉重打击,其中的大部分人被杀死。这次战斗在破晓时结束。

穆罕默德没有给守军以喘息的机会,第三次进攻又开始了,守军终于不敌,遭到奥斯曼军队的大肆屠杀。君士坦丁十一世此时从金角湾赶到,但已无力扭转战局,在投入战斗后不久就被杀。

1453年5月29日傍晚,土耳其人终于攻占了君士坦丁堡全部城区,这意味着延续了1000多年的拜占庭帝国正式灭亡。

发生地点	发生时间	推荐理由
欧洲	公元 14—17 世纪	使欧洲人摆脱了中世纪的黑暗和愚昧，是"一次人类从来没有经历过的最伟大、进步的变革"。

欧洲文艺复兴

事件介绍

"文艺复兴"指的是公元14世纪至17世纪欧洲新兴资产阶级高举"复兴古罗马和希腊的古典文化"的旗帜，在文学、艺术、哲学和科学等领域内开展的，以反封建、反神学为目的的一场思想文化革命。1555年，意大利艺术史学家乔治·瓦萨里第一次把这次文化运动称为"文艺复兴"，意思是"复兴古罗马和古希腊的古典文化"，从此这个名称作为这场伟大运动的代名词，被广泛沿用。

14世纪末，由于奥斯曼帝国的入侵，东罗马的许多学者，带着大批的古希腊和罗马的艺术珍品和文学、历史、哲学等书籍，纷纷逃往开明的意大利城市避难。一些东罗马的学者还在意大利的佛罗伦萨兴办了一所叫"希腊学院"的学校，讲授希腊辉煌的历史文明和文化等，使古典文化的影响越来越深入人心。

许多西欧的学者要求恢复古希腊和古罗马的文化和艺术，这种要求就像春风，慢慢吹遍了整个西欧。一些思想先进的知识分子广泛搜集尘封已久的古希腊、古罗马的哲学、文学、艺术作品和历史文献，进行整理和研究，一时在意大利形成一股研究古典文化的热潮。

除了上述的经济前提和文化历史条件外，13世纪至14世纪，"使徒兄弟派"等反对

▲ 随着文艺复兴运动的发展，小人物的形象在艺术作品中得以体现。图为老卢卡斯的作品《报酬》。

天主教会的运动开展广泛的斗争,也给了神权统治沉重的打击,从而促进了文艺复兴运动的诞生。

文艺复兴名义上是为了恢复古典的文学艺术,实际上是当时新兴资产阶级借此名义在意识形态领域同封建主义进行的一场斗争。新兴资产阶级的知识分子们希望利用古希腊哲学中的唯物观念和非神学思想,来攻击教会的经院哲学;利用古代文学艺术中的现实主义成分来与中世纪的禁欲主义和来世说做斗争;利用罗马法中关于产权契约信贷的原则来对抗封建特权。复兴古典文化只是外在的形式,实质上是发展和建立世俗性质的资产阶级新文化。

文艺复兴运动的思想核心是"人文主义",代表新兴资产阶级的思想家,被称为是"人文主义者"。所谓"人文主义",就是强调以人为中心,主张以人作为衡量一切事物的尺度。人文主义者重视人的价值,要求关心人、尊重人,给人以个性自由和人身自由,认为人是伟大的,人应该掌握自己的命运,享用现世的快乐。人文主义肯定现实世界,认可享乐和对名利的追逐,反对禁欲和遁世;强调个人才能和自我奋斗,反对对教皇和教会的绝对服从;提倡理性,反对蒙昧和无知,追求知识和技术,重视实验科学和对自然的探索。总之,人文主义一切从人的要求出发,提倡"人性",反对"神性";提倡"人权",反对"神权";提倡"人性自由",反对"神性至上"。

在形式上,人文主义思想具体表现在哲学、文学、艺术、政治、法学、教育和科学等方面,文艺复兴运动中产生了许多著名的文学家、思想家、艺术家和科学家。意大利早期文艺复兴在文学上的3位杰出代表是:彼特拉克、但丁和薄伽丘。

文艺复兴时期的艺术,也一改过去对人物形象冷漠、呆板、毫无感情、令人生畏的描绘传统,具有现实主义特点。当时艺术方面的"文艺复兴三杰"分别是:达·芬奇、米开朗基罗和拉斐尔。

在文学艺术取得辉煌成就的同时,意大利还出现了一些杰出的思想家,如康帕内拉。他在《太阳城》中虚构了一个没有私有制的理想社会,社会成员可以共享社会财富和产品,政治上人人平等,反映了人文主义思想家改造现世社会的强烈愿望。

文艺复兴运动开始于意大利,后来又席卷了整个欧洲。意大利文艺复兴运动开始以后,意大利的很多文学家、艺术家以及建筑师来到西欧各国,将资产阶级思想文化的种子撒到德国、英国、法国、西班牙、尼德兰等欧洲国家,汇成一派波澜壮阔的文化思潮。

德国的文艺复兴开始得较早,15世纪60年代至70年代,许多大学就出现了人文主义尼德兰画家康坦·梅西斯的作品《银行家和他的妻子》。

小组。德国的文艺复兴运动的突出代表是伊拉斯莫（公元1467—1536年），他的名著《愚颂》斥责教皇是习惯使用"刀剑毒药"的阴谋家。

英国文艺复兴最卓越的代表是莎士比亚（公元1564—1616年），莎士比亚是举世闻名的大戏剧家兼诗人。在喜剧里，他歌颂个性解放，主张自由和平；在悲剧里，他揭露了封建制度的腐朽黑暗和堕落。

西班牙的文艺复兴运动兴起时间比较晚，16世纪初才开始。塞万提斯（公元1547—1616年）的长篇小说《堂吉诃德》至今脍炙人口，小说通过游侠骑士堂吉诃德的坎坷经历，嘲弄了没落的骑士制度和贵族、教士的专横残暴和虚伪。

文艺复兴时期另一重要成就是新的哲学思想的产生。意大利的布鲁诺、法国哲学家笛卡儿（公元1596—1650年）、英国哲学家弗朗西斯·培根（公元1561—1626年）以及荷兰的斯宾诺沙（公元1632—1677年）力图用世界本身去说明世界，具有反经院哲学、教会的进步意义。

文艺复兴时期还产生了近代资产阶级政治思想的萌芽。人文主义政治思想的主要代表是意大利的马基雅维利（公元1469—1527年）。马基雅维利反对"君权神授"，主张建立独立的世俗的民族国家。

文艺复兴既是中世纪长期发展的产物，也是结束中世纪的文化变革。在文学家、艺术家、科学家们的推动下，文艺复兴加速了中世纪"黑暗时代"的结束，促使欧洲走出愚昧的时代。文艺复兴运动的意义不仅仅在于它创造了绚丽夺目的文化财富，为人类留下了珍贵的文化财富，更在于它是一次思想大解放，从根本上改变了人的价值观念，促使从"以神为中心"过渡到"以人为中心"，唤醒了人们积极进取的精神，鼓励解放思想、大胆探索、勇于创新，从而使近代资本主义世界初露曙光。

发生地点	发生时间	推荐理由
美洲	公元 1492 年	发现了美洲大陆，促进了欧洲资本主义经济的发展，殖民主义愈演愈烈。

哥伦布发现新大陆

事件介绍

到14、15世纪，欧洲越来越多的人开始怀疑"天圆地方"、"笔直远航会掉入深渊"的传说，进而开始相信地圆说。中国指南针的外传，欧洲造船业和航海术的发达，为远洋航行和开辟新航路提供了条件。当时造船技术也得到了很大进步，过去那些只适用于地中海航行的旧式三角帆，已经被新式的多桅、多帆的大型海船所替代。这种新式海船船舱宽、航行速度快、安全性能好，很适合远航。

因此，很多探险家和航海家此时都准备去寻找通往东方印度和中国的航线，期望获得黄金和财富。这批航海家中，哥伦布是个出类拔萃的人物，虽然他最后没能发现去印度和中国的航线，但是却发现了美洲大陆，使得世界的面积一下子扩大了1倍多。

1451年，克里斯托弗·哥伦布出生于航海业发达的意大利热那亚城，父母都是纺织工人。受当地习俗的影响，哥伦布从小就喜欢航海，并且经常与长期从事远程航行的航海家们接触。青年时期，哥伦布苦读天文学和地理学。他还读过《马可·波罗游记》，由此知道了东方的印度和中国，并且对之十分向往。当时，地圆说已经很盛行，哥伦布对此也深信不疑。

从1474年开始，哥伦布到热那亚船队工作，不久就开始了他从欧洲西行到东方的计

划。有一次，哥伦布所在的船队遭到了法国、葡萄牙联合舰队的袭击，他后来被带到了葡萄牙，从此在葡萄牙定居。不久，他结婚了。

1484年，哥伦布向葡萄牙国王提出他的航海计划，并且寻求财政支持，但遭到拒绝。第二年，哥伦布移居西班牙，同样向西班牙国王请求财政支持，也遭到拒绝。此后，他还向英国、法国等国国王请求资助，以实现他向西航行到达东方国家的计划，结果都遭拒绝。

1492年，哥伦布终于说服了西班牙女王。从他1484年向葡萄牙国王提出这个建议开始，到1492年西班牙女王同意这一计划付诸实施，哥伦布花了8年的时间。

1492年8月3日，哥伦布率领"尼尼亚"号、"平塔"号和"圣玛利亚"号这3艘轻快帆船，带着给印度君主和中国皇帝的国书从费罗岛启程了。经过60多天的艰苦航行，船队终于在10月12日到达距离美洲大陆不远的一个群岛。哥伦布在海员们的簇拥下登上了该岛。

哥伦布向海员们宣布自己已经是该岛的总督,并把它命名为圣萨尔瓦多。哥伦布登上的这块土地,属于现在中美洲加勒比海地区的巴哈马群岛。

船队继续向南,于10月28日发现了古巴,12月27日到达海地。在那里,他没找到黄金和香料,只看到一些十分落后又原始的印第安人与原始丛林。不过,哥伦布用从西班牙带来的小玩意,在印第安人那里换得了很多土特产。

当哥伦布要继续寻找更多财富的时候,舰队中的旗舰在海地触礁沉没。哥伦布在海地岛留下了几十个人,以示对该岛的占领,然后决定带着一些黄金和10个印第安人返回西班牙。

1493年1月15日,哥伦布的船队开始启航回国,并于3月16日返回西班牙。由于返航时间为冬季,在西风的帮助下,他们只用了60天就走完了航程。

哥伦布回到西班牙后,向欧洲人宣布他已经找到了通往印度的航路,并且说那里是盛产黄金和香料的好地方。船队带来的一点财富和10个印第安人在欧洲引起了轰动,哥伦布得到了国王的礼遇,成为西班牙的贵族。哥伦布的这次航海,是人类第一次成功横渡大西洋。

为了获得更多黄金和香料,哥伦布于1493年9月25日再度从加的斯港出发。这次他带着2000多船员和17艘大船,规模比第一次航海要大得多。

11月3日,哥伦布船队先后发现了多米尼加岛、瓜德罗普岛和波多黎各岛,然后驶达海地。在这里,他们修建了伊莎贝拉城堡,建立了西班牙在美洲的第一个殖民地。至此,西班牙人开始大肆掠夺印第安人,让他们为自己开采金矿和其他财富。1496年,哥伦布返回西班牙。

1498年5月30日,哥伦布再次率领船队出发,进行他的第三次远航。这次船队分两组,一组直接抵达海地,另一组在哥伦布的带领下经过佛得角群岛,不久发现了特立尼达岛。8月5日,哥伦布在委内瑞拉的一个岛屿登陆,欧洲人第一次登上了南美大陆。但是由于留在海地的西班牙人内部发生了矛盾,在争斗中,哥伦布和他的弟弟被强行押回西班牙。

1502年4月3日,哥伦布第四次扬帆出海,进行他人生中最后一次远航。哥伦布希望通过这次航行,从古巴和帕丽亚半岛之间的海面上找到通往印度的航道。这一次,哥伦布发现了马提尼克岛。然后,哥伦布经过牙买加向中美洲进发,

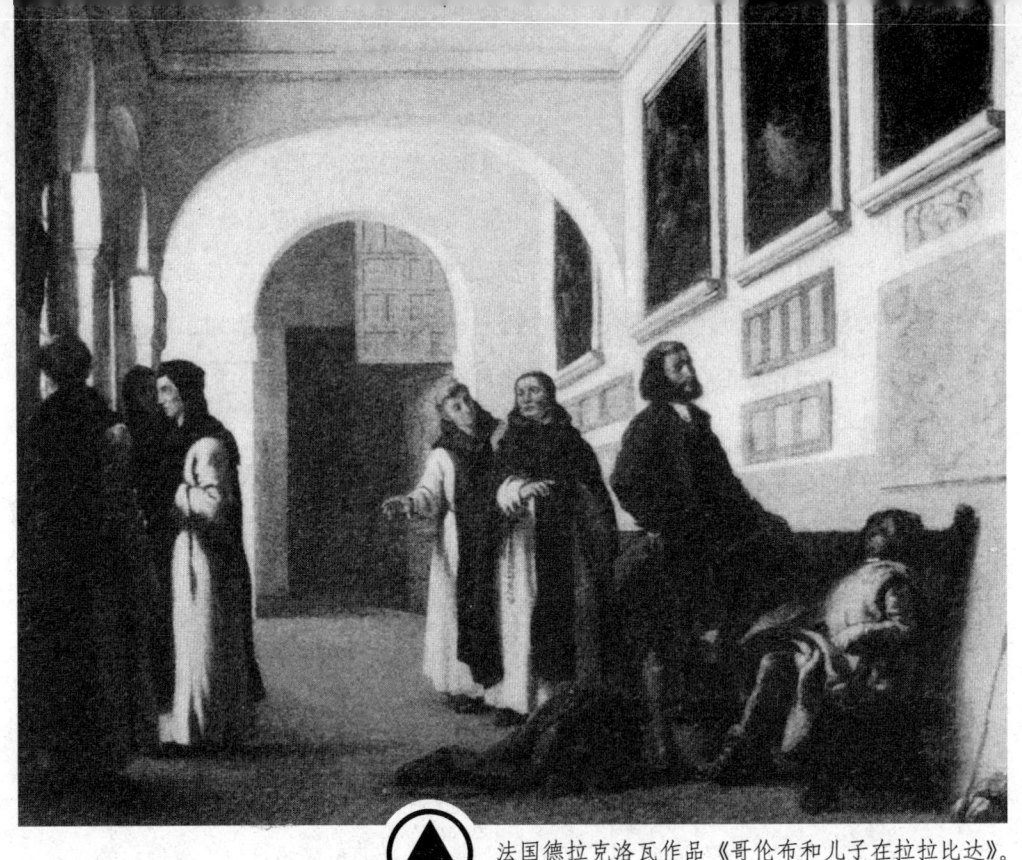

法国德拉克洛瓦作品《哥伦布和儿子在拉拉比达》。

越过尼加拉瓜和哥斯达黎加,最后抵达巴拿马。但是哥伦布最后还是无奈地返回了西班牙。

由于哥伦布所到之处黄金不多等原因,他并未给西班牙国库带来巨大收入,也未能使自己成为巨富,反而遭到西班牙贵族的忌恨和排挤,也受到国王的冷落。同时,长期的航海生涯给哥伦布的身体带来了很大损害,他已经无力再进行新的航海了。1506年5月20日,哥伦布病逝于西班牙的瓦里阿多里德城。

哥伦布始终以为能够通过他发现的陆地到达印度和中国,而不知道自己实际上是发现了新大陆。1503年(另一说为1504年),一个名叫亚美利加·维布西的人在一本名为《新大陆》的书中声称,他在1501年航行过南美海岸,"我们可以正确地称之为新大陆:因为我们的祖先不知道它,对于所有那些听说过它的人来说,它是完全新鲜的事物"。人们这才相信,哥伦布发现的是块新大陆。

1507年,德国地理学家沃尔德塞姆勒把新大陆绘制在地图上。1508年有人宣布,亚美利加·维布西发现了"世界上第四大洲",因此应该用他的名字把这个洲命名为"亚美利加洲"。这就是美洲命名的由来。

发生地点	发生时间	推荐理由
从欧洲、非洲到亚洲	公元1497年	扩大了世界贸易的范围，大大提升了葡萄牙的经济水平，是印度成为殖民地的开始。

达·伽马开辟新航线

事件介绍

1460年，瓦斯科·达·伽马出身于葡萄牙锡尼什的一个小贵族家庭。他的父亲曾是一名出色的航海家，并受命于葡萄牙国王，试图开辟一条通往印度的航道，但最终以失败而告终。他的哥哥也是一名从事航海生涯的船长，在他后来的探险过程中，哥哥几次陪同。

1497年7月8日，达·伽马率领由4艘船只组成的探险队，从里斯本南部的海港出发，开始了前往印度的航行。这支探险队共计170多名船员，其中包括会讲阿拉伯语的翻译。

探险队由到过非洲南端好望角的航海家迪亚士领航，最初向佛得角群岛航进。8月3日，船队离开佛得角群岛，3个月后到达圣赫勒那岛海域。在对船只进行检修和物质补给后，达·伽马没有沿着迪亚士航行过的航道行进，而是向大西洋远航，航线几乎是直线向南。在向南行进了很长一段路后，再朝东转去。后达·伽马的探险队终于抵达好望角。

达·伽马的探险队也在好望角受到了巨大海浪的袭击，很多海员要求返回里斯本，但是遭到达·伽马的拒绝。在遭受了三天三夜暴风骤雨的袭击之后，船队终于绕过好望角，随后又沿非洲东海岸而上。

12月16日，达·伽马的探险队进入了当时欧洲船队从来没有进入过的海域，然后于圣诞节到达南纬31度附近一条高耸的海岸线前。考虑到那天是圣诞节，达·伽马将该地命名为"纳塔尔"，意为葡萄牙语的"圣诞节"。今南非共和国的纳塔尔省的名字就由此而来。

在向北航行的路上，探险队还在几个穆斯林控制的城市停留过。1498年4月，探险队来到现今肯尼亚的马林迪。在这里，达·伽马受到马林迪酋长和当地居民的热情招待，他们还为他提供了一位有经验的阿拉伯领航员，即著名的阿拉伯航海家艾哈迈德·伊本·马吉德。在马吉德的领航下，达·伽马一行4月24日从马林迪启航，乘着印度洋的季风，安全横越印度洋。

5月20日，大约在离开葡萄牙10个月之后，达·伽马到达当时印度南方最重要的贸易中心卡利卡特。

返航比出航更为艰难。由于没有领航员，穿越阿拉伯海就用了大约3个月的时间。在此期间，许多船员都死于坏血病，加上由于暴风雨袭击导致船队被冲散，达·伽马一行损失惨重。最终有两艘船安全返航：第一艘于1499年7月10日到达葡萄牙里斯本，达·伽马自己的船也于两个月后到达。到达时，船队只剩下了55名船员，还不到起程时船员的1/5。

6个月后，葡萄牙国王派遣了一支以佩德罗·阿尔瓦雷斯·卡布拉尔为首的追踪探险队去印度。卡布拉尔如期到达印度，并载着一大批香料返回葡萄牙。但是这支船队在卡利卡特中转时，有些船员遭到阿拉伯人的杀害。因此，国王命令达·伽马率领一支由20条航船组成的舰队去卡利卡特执行讨伐使命。

1502年2月，达·伽马开始了他向印度洋的第二次航行。由于这次航行的目的是为了建立葡萄牙对他所发现的这条航线的霸权地位，因此达·伽马在探险中的行为极其残忍。

到达卡利卡特后，达·伽马凭借自己船队先进的武器，蛮横地要求当地官员把所有的阿拉伯穆斯林都驱逐出这个城市。当他看到卡利卡特的领导人对自己的要求犹豫不决时，达·伽马就命令自己的船队向卡利卡特市区发射炮弹，导致

▲ 探险家们对海外未知世界之探索的源动力,更多的是源于对财富的渴望。图为古代欧洲人海上掠夺的战利品:项圈、金或银质地的挂饰等。

38名印度人伤亡。虽然印度人对达·伽马的行为极其愤怒,但却无可奈何,只得答应了达·伽马的要求。不久,达·伽马又在附近的海面上击溃了阿拉伯国家的一支商船队。在从印度回来的途中,达·伽马又在东非建立了一些殖民地。

1503年9月,达·伽马带着从印度带回来的黄金、宝石和香料等珍品回到了葡萄牙。这次航海给达·伽马带来了丰厚的利润,使之成为葡萄牙最富有的贵族。

1519年,葡萄牙国王因为达·伽马在第二次远航中的巨大成就而封其为伯爵,并给予大量财富和领地。1524年9月,达·伽马又被任命为葡萄牙在印度的总督,而他马上以此身份第三次远赴印度。然而,由于年老体衰,达·伽马在到达果阿之后染上了重病。12月24日,达·伽马病逝,后来被重新安葬在葡萄牙里斯本附近。

有着悠久历史的印度曾经诞生过泰姬陵那样不朽的奇迹,但在欧洲殖民者面前,古老的印度不堪一击。

达·伽马既是一名优秀的航海家,也是葡萄牙早期殖民者之一。作为航海家,他所开辟的新航线,对东西方经济的发展起到了很大的促进作用,在此以后的4个世纪里,来往于欧洲和亚洲的船只都只能沿着他开辟的航线前进。这条航道开辟以后,世界贸易的范围和商品流通的条件都因此而扩大。此后,欧洲的商业贸易中心从地中海沿岸转移到了大西洋沿岸。

这条航线开辟之后,原先阿拉伯人控制的陆上贸易之路遭受了严重挫折,从此变得荒凉冷落。阿拉伯商人不久就被葡萄牙人彻底击败并被取而代之,阿拉伯国家的经济也因此受到巨大影响。

此后,葡萄牙人和其他欧洲人对印度的影响逐步上升。

19世纪下半叶,整个印度次大陆都成为印度自治领的范围。虽然说殖民统治给印度带来了痛苦,但是这段时期在印度历史上是唯一一个整个印度统一在一个君主之下的时期。殖民统治给印度带来了工业革命后的生产技术,使之产生了民族资本主义经济。

发生地点	发生时间	推荐理由
非洲、欧洲和美洲	公元 15—18 世纪	非洲遭到灾难性破坏，成为近现代非洲贫困的根源之一，英国等国的经济却因此而大力发展。

血腥的非洲奴隶贸易

事件介绍

非洲的历史非常悠久，是人类的发祥地之一，也是最早进入文明时代的地区之一。进入中世纪之后，虽然与非洲相邻的欧洲发展迅速，但是非洲大部分地区却依然停留在落后的狩猎时期。

1415年，葡萄牙人入侵北非，并且建立了非洲第一个殖民地。此后，西班牙、荷兰、英国、法国等国家相继入侵非洲，建立殖民地。

1441年，葡萄牙人贡萨尔维斯率领船队来到非洲西海岸，将10名黑人带回到欧洲，这是从非洲掠夺黑人做奴隶的最早记录。1445年，迪亚士从非洲塞内加尔河口掳掠了235名黑人，然后将他们贩卖到欧洲为奴。从此，葡萄牙和西班牙不断派船前往西非海岸劫掠黑人，并建立了最早的一批奴隶贸易据点。但此时的奴隶贸易规模不大，被劫掠的黑人主要被运往欧洲。

当时，非洲也处于奴隶制时期，奴隶制已是一个固定而又普遍存在的制度。这些奴隶的来源包括战俘、债务人或犯有严重罪行的人等。但是，这些奴隶通常被当作家庭中的一分子，他们的身份也不一定世袭。

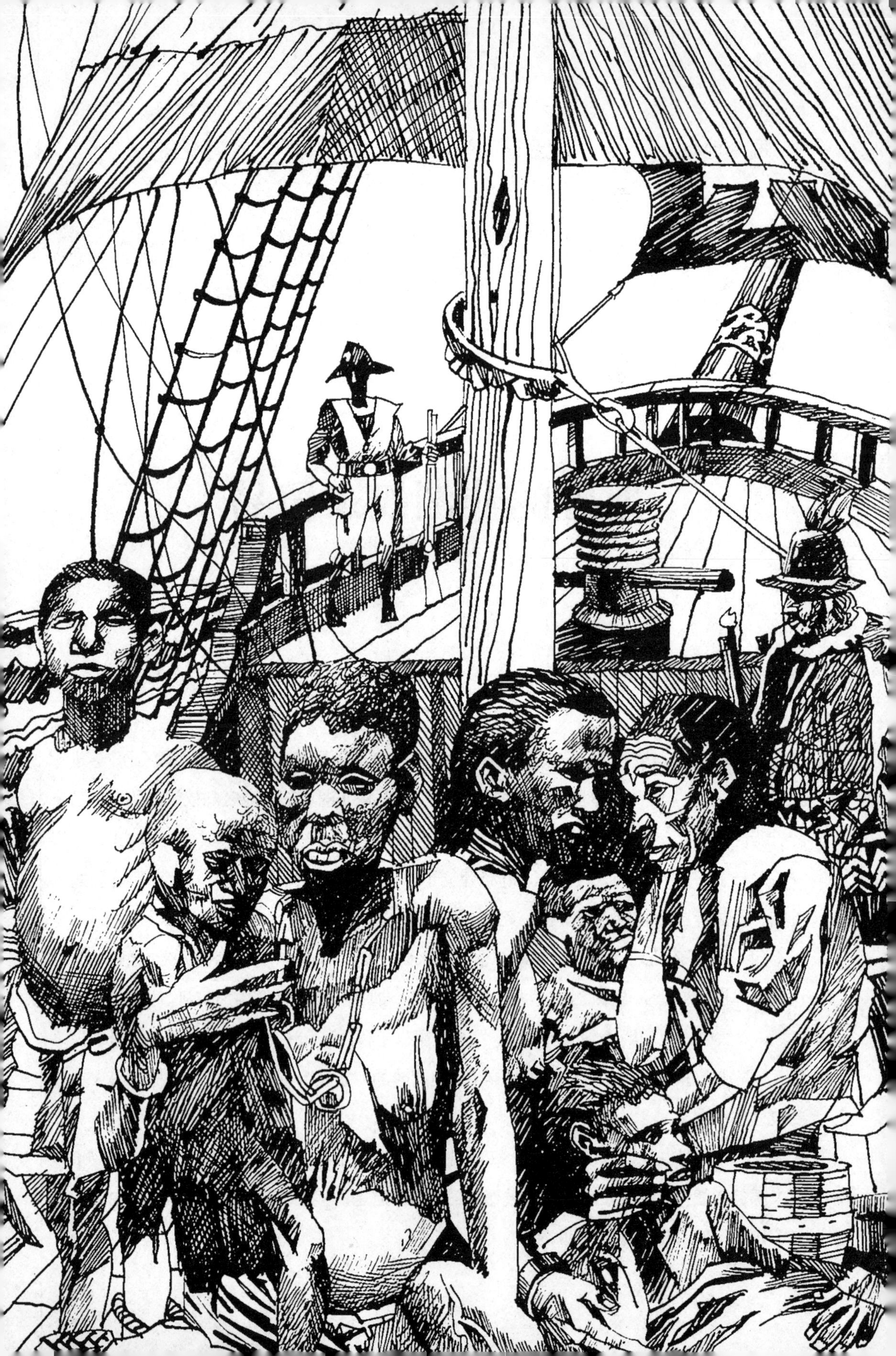

但在欧洲，奴隶制却是一种完全不同的制度，并有着完全不同的历史。奴隶在欧洲根本没有一点权利，古典时代，奴隶们被迫在矿井里一直劳动到死。因此，当黑人被贩卖到欧洲做奴隶时，奴隶制度的存在和种族主义歧视使得欧洲人非常鄙视黑人，认为他们是天生低劣的野蛮人，因而命中注定要为他们的白人主子效劳。

因此，黑人奴隶在欧洲也沉到了灵魂和肉体的地狱中，他们没有明确、光明的神圣信仰，没有任何有理智的人所具有的习惯，他们不知道面包和酒，没有衣服穿，也没有房子住。

1492年到1502年，西班牙人哥伦布发现了美洲大陆，并且在海地建立了第一个美洲殖民地。虽然美洲大陆的发现并没有给西班牙王室和贵族带来原先想象的黄金和香料，但是西班牙人发现美洲殖民地同样能给他们带来财富。因此，哥伦布发现新大陆，"奠定了贩卖黑奴的基础"。

到16世纪，西班牙已经在西印度群岛和中美洲建立了庞大的殖民体系。由于西班牙人的大肆屠杀，加上西方人带来的病菌杀死了大部分当地印第安人，因此殖民当局极需要新的奴隶补充到殖民地。这给黑奴贸易带来了很大的需求。

1510年，最早的一批非洲黑人（约250人）从西非海岸横渡大西洋，被贩运到西印度群岛。这次冒险非常成功，因为南北美洲，尤其是甘蔗种植园，迫切需要劳力。奴隶市场几乎不受限制，其他几个国家也卷入了这一奴隶贸易，以便分享厚利。以后，贩卖黑奴的规模越来越大。到16世纪中叶，非洲西海岸每年输出奴隶达1万人。

随着美洲种植园经济的大力发展，加上种植园奴隶主对奴隶的过度奴役导致奴隶大量死亡，奴隶的需求量越来越大。从贩卖者角度来看，把非洲黑奴贩卖到美洲可以得到几十倍甚至上百倍的收益，因此不少海盗、资本家纷纷把精力投入到贩奴活动中。这一时期的奴隶贸易已不仅是私人经营，而是各西欧国家通过国家经营的奴隶专卖公司来进行，并且通过正规军队进行保护。

在这段时期，奴隶贩子最典型的航线是三角形的。首先是满载货物的船只从欧洲各国港口驶向非洲，这些货物主要是一些廉价的生活品，包括盐、布匹、火器、五金、念珠和朗姆酒等。然后将这些货物换成非洲当地人，并将他们从非洲内地运到西海岸,再把这些不幸的受害者装进条件恶劣的船舱,沿着所谓的"中央航路"运过大西洋。最后把这些奴隶卖给美洲的种植园奴隶主,换回种植园的产品如糖、糖浆、烟草、稻米等返回本国。

这种三角贸易使贩奴商人获利极高,一般出航一次可得到100%到300%甚至1000%的利润。欧洲国家通过奴隶贸易获得了极大的经济利益,对资本主义经济发展起到了难以估量的作用。

从17世纪中叶至18世纪后期是奴隶贸易的高潮时期。此时奴隶贸易迅速发展,成为当时世界上规模最大、赚钱最多的行业。18世纪初,英国逐渐取得了奴隶贸易的垄断权。1713年,西班牙和英国签订的《乌特勒之条约》规定,英国有在30年内每年向美洲西班牙殖民地运送4800名黑人的特权。到18世纪70年代,非洲黑奴的一半是由英国船只运送的。当时的利物浦成为奴隶中心市场,仅1783年至1793年这10年间,利物浦就贩运了33万多奴隶,获得的收入超过1500万英镑。

19世纪上半叶,美国殖民者也大肆从非洲劫掠黑人,高价卖给美洲的矿主和种植园主作奴隶,从中牟取暴利。大部分黑人被转卖到西印度群岛和南、北美洲大陆的种植园里,也有的黑奴被运到阿拉伯国家和亚洲其他国家。因此,奴隶贸易实际上涉及到今天的欧洲、北美洲、亚洲、非洲和拉丁美洲五大洲。到18世纪80年代中期,从非洲运出的奴隶平均每年接近10万人。

英国等国家从奴隶贸易中获得了大量的好处。18世纪,利物浦和布里斯托尔等著名城市就是靠这一交易繁荣起来的。英国工业革命后增加的大量棉纺织品被人们大量运往非洲;关押奴隶所需的镣铐、锁、铁条和各类枪支刺激了冶金工业的发展;同样,造船业也因此受益,到18世纪末,仅英国就有200多艘船从事这种贸易。

到18世纪末,美洲各地发生了大量的黑人暴动事件。美国、拉丁美洲等地的黑奴暴动愈演愈烈。1791年,海地奴隶起义获得胜利,并成立了海地共和国。在美国,从1619年到1861年爆发了250次大规模的奴隶暴动。

因此,欧洲和美洲都出现了反对奴隶制度和禁止贩卖奴隶的运动。1792年,英国议会通过了反奴隶制的议案。1803年,丹麦通过了禁止奴隶贸易的法令,这是欧洲第一个通过法律的形式禁止奴隶贸易的国家。

▲ 1856年出生的布克·T·华盛顿出生时是奴隶，长大后成为那个时期最杰出的黑人领袖之一。

1807年，英国规定本国船只不得参与奴隶贸易，并禁止向殖民地运送奴隶。后来通过的一项法令标志着废奴主义者的再次成功。1833年，英国议会宣布在英国本土彻底废除奴隶制并向蓄奴者提供2000万英镑赔偿费，同时允许英国军舰追捕挂别国国旗的贩奴船。此外，海地、美国和巴西分别于1803年、1863年和1888年废除奴隶制，古巴也在1888年左右废除了奴隶制。但是由于美国、古巴等国还存在种植园，所以奴隶贸易直到第一次世界大战之前才逐渐消失。

在长达4个世纪的奴隶贸易中，从非洲运往美洲的黑人在1000万到2000万之间，这使非洲损失了1亿人。由于运送出的黑人大多是20岁左右的青壮年劳动力，因此，奴隶贸易实际上给非洲的发展带来了灾难性的破坏。

发生地点	发生时间	推荐理由
波兰	公元1543年	给人类的宇宙观带来了巨大的变革，使近代自然科学从宗教神学的束缚下解放出来。

哥白尼冲破神学樊篱创立日心说

事件介绍

1473年2月19日，尼古拉·哥白尼生于波兰西部维斯杜拉河畔托伦城的一个商人家里。父亲是个成功的商人，后被选为托伦市的议员和市长。家里兄妹4个，哥白尼是最小的。在哥白尼10岁时，父亲去世了，舅父卢卡斯承担起了抚育他的重任。卢卡斯于1489年担任艾姆兰教会的大主教，他早年曾留学意大利，是一位具有人文主义思想的进步人士，提倡实际的研究，因此哥白尼从小就受到他的影响。

由于他舅父的关系，哥白尼先后被送到了舅父主持的圣约翰学校和弗洛科拉维克的教会学校学习。从少年时期开始，哥白尼就热爱天文学，中学时就制造了一个根据太阳的影子来确定时间的日晷。

1491年至1495年，哥白尼进入克拉科夫大学学习。

在学习期间，哥白尼遇到了对他的一生产生深远影响的数学家和天文学家布鲁楚斯基教授。这位学者对公元2世纪古希腊天文学家托勒密的"地心说"提出了怀疑。在他的影响下，哥白尼决定将自己的一生奉献给天文学，并学会用天文仪器进行天文观测。

哥白尼的学说挑战了当时的既有宇宙观。

在舅父卢卡斯主教的要求下,哥白尼于1496年前往意大利求学,先后进入博洛尼亚大学、帕多瓦大学和费拉拉大学学习法律、天文学、数学、神学和医学,同时他还学会了希腊文。1503年,哥白尼获得了教会法规博士学位。

1499年,26岁的哥白尼应聘去罗马大学任天文学教授。1500年11月6日,他在罗马做了月食观察,证实了地心说的荒谬性。1506年,他从意大利返回波兰,在其舅父身边做了医生。后由于渊博的学识和舅父的极力推荐,哥白尼被批准加入弗洛恩堡大教堂的教士团,当了一名教堂神父。虽然哥白尼不太愿意担任这一职务,但是这份工作也使他有了一定的社会地位和物质保证,使他得以继续潜心观测和研究。

1512年3月,哥白尼购买了城堡西北角的一座箭楼,把它作为自己的住所和观测天象之用,这实际上是一座小型天文台。从此开始后的30年间,哥白尼把主要精力放在天文学的研究上,他用自治的简陋仪器和双眼,无论刮风下雨还是天寒地冻,都坚持观测天体。

在业余时间,他还做其他方面的研究。例如,他利用业余时间行医,免费为穷苦人治病,由于医术高明而被人们誉为"神医";当看见波兰政府滥发劣质货币,造成物价飞涨、货币贬值时,他写了《货币的一般理论》这本书,书中主张对货币实行改革,建立"货币同盟",并规定加入同盟的国家只能发行一种货币,而且必须控制货币发行量。由此,哥白尼成为近代第一个提出良币淘汰劣币理论的经济学家。

哥白尼是一位多才多艺的学者,他精通拉丁文和希腊文,对古希腊罗马文学颇有研究;他在绘画上也有一定的造诣,曾做过自画像;他还设计过埃尔门兰德市的自来水管道,绘制过埃尔门兰德地区的地图;在他的巨著《天体运行论》附录里,有他发表过的球面三角论文,足见其在数学方面的造诣。

不仅如此,哥白尼还是一位伟大的爱国主义者。1519年,当条顿骑士团侵略波兰的埃尔门兰德地区时,教区的其他教士都给吓跑了,只有哥白尼挺身而出,勇敢地组织奥尔兹丁城人民反击侵略者。经过几番激战后,他们终于打退了敌人的进攻。波兰国王为了表彰他的功绩，曾委任他为"埃尔门兰德总理"。

当然，在这几十年间，哥白尼做的最大贡献在于发表了《天体运行论》。从1515年开始，哥白尼就着手写作《天体运行论》一书。约在1536年，经过30多年艰苦细致的观测和计算，具有划时代意义的天文巨著《天体运行论》完成，哥白尼由此创立了"日心说"。1540年，《天体运行论》经过最后一次修改后定稿。

1541年秋，哥白尼唯一的弟子、德国维登堡大学数学教授雷提卡斯，把《天体运行论》的手稿送往纽伦堡出版。1543年5月24日，哥白尼在病榻上"看"到了《天体运行论》的样书，可惜当时的他已经因为脑溢血而双目失明，他只摸了摸书的封面，便与世长辞了。不久，《天体运行论》正式公开出版。

《天体运行论》问世的最初几十年，罗马教廷那些高高在上的统治者，还没有完全意识到哥白尼学说对宗教所产生的深远意义和巨大影响，因此对哥白尼学说的打击只限于嘲弄、诬蔑和攻击，而没有采取赤裸的血腥镇压，只是宣布此书为禁书，禁止其发行和传播。直到16世纪中后期，教皇们才发现这本书和这个理论的可怕性，开始利用欧洲可怕的宗教裁判所禁止该学说的传播。

尽管如此，《天体运行论》还是得到了很多人的支持，当然也有很多人反对。例如，杰出的思想家乔丹诺·布鲁诺为了维护、宣传哥白尼学说，最后被宗教裁判所活活烧死，成为捍卫科学真理的殉道者。著名科学家伽利略也因为传播哥白尼的学说，在其70岁的时候，还受到严刑拷问。著名的宗教改革家马丁·路德则称哥白尼为疯子，指责他的太阳中心说是明目张胆地背叛《圣经》。

直到1757年，牛顿的万有引力已经确立很久之后，日心说才得到真正肯定，教廷对《天体运行论》的禁令才最后解除。又过了半个世纪，教皇被迫承认了哥白尼学说的正确性。

在欧洲，宗教曾经拥有很大的影响力。宗教人士并不仅仅引导人们获得精神上的归属感，他们还会影响人的全部生活。宗教人士掌控着知识的探索与传播领域。

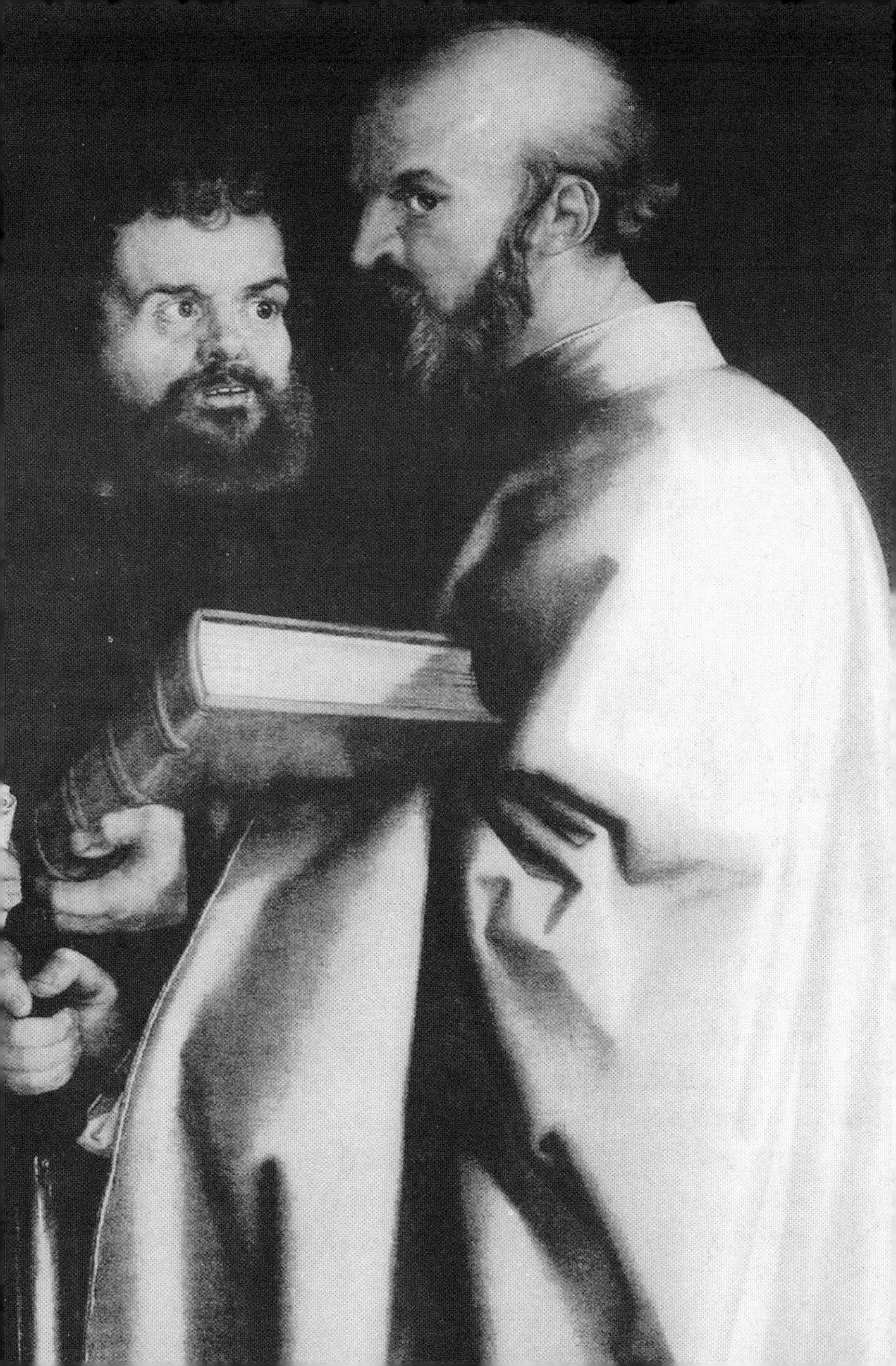

发生地点	发生时间	推荐理由
德国	公元1517年—16世纪末	产生的新教之后成为西欧、北欧和美国的主要宗教,基督教至此分化为天主教、新教和东正教三个派别。

马丁·路德改革宗教制度

事件介绍

1483年11月3日,马丁·路德出生于德意志东部的一个小山村,父亲是当地的一个小矿主。在他出生后的第二年,路德全家迁到曼斯菲尔德。在他5岁时,路德被送入曼斯菲尔德的一个拉丁语学校,13岁时被送到马格德堡读书。他的父亲希望马丁·路德长大后能够继承和扩大他的基业,因此在他中学毕业之后就将他送到爱尔福特大学学习法律。

在少年时代,马丁·路德就受到文艺复兴思想的影响,同时目睹了天主教会的腐败糜烂,便下定决心要学习神学。因此,他在大学毕业之后,进入爱尔福特圣奥古斯丁修道院当修士,在那里学习神学。1510年,路德去了罗马。在那里,他看到教皇和其他教职人员的奢侈和腐朽的生活,感到非常震惊。他原先决定真诚苦行的决心动摇了。

1512年,路德获得了神学博士学位,并成为维登堡大学的神学教授。

经过几年的学习和研究,路德形成了自己的神学思想。他认为,宗教信仰是每个人自己的事情,不能受到教会的强制和干预;一个人灵魂的获救只需靠个人虔诚的信仰,根本不需要什么教会的繁琐仪式,教徒灵魂的得救,并不一定要通过由教士主持的宗教仪式来达到；在强调《圣经》权威性的同时，他认为教皇颁布的敕令都是荒唐的，应该建立没有教阶制度、没有复杂的宗教礼节的"廉俭教会"。

1517年，罗马教皇利奥十世为修缮圣彼得大教堂，派人到德国贩卖赎罪券。荒唐的是，赎罪券价格的高低由罪行的大小而定，并且声称只要购买了赎罪券，罪人的灵魂"马上会从炼狱升上天堂"。

路德对罗马教廷的做法极其不满。10月31日，马丁·路德把一张拉丁文的告示钉在教堂的大门上，内容是"关于赎罪券功能的辩论"，即著名的《九十五条论纲》。《论纲》的主要内容就是讨论赎罪券的问题，揭露赎罪券的欺骗性，但是没有直接反对罗马教皇，只是说教皇并不知道此事。

教皇知道路德的举动之后，命令奥古斯丁修道院的总主持处分那不守规矩的会士。结果，路德写了一份长篇大论的答辩书。经过奥古斯丁修道院的开会辩论，教会免除了路德区会监督的职务。

1520年是路德的宗教思想传播最快的一年。当年，路德一共出版了德文书籍133册，文章50多篇，其中包括被称作宗教改革三大论著的《致德意志贵族公开书》、《教会被囚于巴比伦》、《基督徒的自由》。这一年被视为路德宗教改革的最高潮。

在这些著作中，路德坚持认为教会没有教皇也能存在，并申明自己同意捷克宗教改革

▼ 图为法国保尔·德拉罗什作品《殉教的年轻姑娘》。规则严苛的时代让很多无辜的生命成为牺牲品。

家胡斯的观点。继而,他的攻击矛头从原先的教皇指向整个封建神权政治。

路德的举动已经令教皇不能再忍受。面对路德及其拥护者的举动,教皇一再敦促德皇查理五世为路德定罪,并决定于1521年4月17日在沃尔姆斯召开帝国会议,为路德定罪。面对教皇和德国皇帝的威胁,路德拒绝朋友们善意的劝阻,昂首挺胸地来到沃尔姆斯。很多德国民众从其他地方来到沃尔姆斯,支持路德。一些德国的武士和许多民众,都站在路侧,表示支持他。路德成了举世瞩目的英雄。

在帝国会议上,路德据理力争,毫不让步。当皇帝的代表问他"是否认错并收回这些发表的意见"时,路德清晰响亮、著名的回答,震动了欧洲,也决定了历史:"除非用圣经或理由清楚地说服我,我受圣经约束,我的良心受神的语言捆绑。我不能,也不愿收回任何的意见,因为违背良心既不安全,也不正当。我不能那样做。这是我的立场,求神帮助我。"

查理五世、教皇等一帮人无计可施,只好宣称路德是"恶名彰著的异端分子"、"恶魔化身","他和他的党徒都该除灭"。同时,教皇宣布路德著作是异端邪说,应当禁止并焚烧。同时,教皇宣布开除路德的教籍。

在当时的欧洲,一个没有教籍的人是不受法律保护的,任何人都可以对之进行追杀。在人身安全没有保障的情况下,路德只好隐居到瓦特堡,从事圣经翻译工作。

1522年,德文《圣经》新约部分出版。海涅认为路德对圣经的翻译是"创造了德语"。德文圣经的出版,使所有德国人都可以读到自己语言的《圣经》,因此有助于宗教改革的进行。他的翻译为德国民众提供了对抗天主教会的思想武器。

1529年,路德编写了《教义问答》。次年,在奥格斯堡帝国会议上,路德发表了公开纲领《奥格斯堡信条》,成为路德教的基本纲领和信仰声明。

1546年2月,路德病逝于出生地艾斯勒本,享年63岁。路德至死还坚持他的教义。当他弥留之际,有位教徒问他:"你是否至死坚信你所坚持的呢?"路德睁开眼睛,以坚定清楚的声音回答说:"是的。"这是他在世上所说的最后一句话。

路德病逝后,德国的新教运动并没有消失。1555年,德国皇帝被迫和新教诸侯签订了《奥格斯堡和约》,规定"教随国定",各个诸侯有权选择新教或旧教,他们的继承人如果愿意,也可以改变信仰;但是其所属领地内的臣民,只能信仰当时统治者所信奉的宗教。此时,路德教正式得到了确认。在此之前,挪威、丹麦和瑞典分别于1536年、1537年和1541年成为最先公开接受路德教的国家。

▼ 法国画家阿德里安·多扎作品《圣凯瑟琳修道院》。

发生地点	发生时间	推荐理由
北欧	公元 1566 年	人类历史上最早成功的资产阶级革命，并建立了欧洲第一个资产阶级共和国。

尼德兰革命

事件介绍

"尼德兰"一词的原意为低地，是指欧洲西北部莱茵河下游、缪司河、些耳德河下游及北海沿岸一带的低洼地，包括现在的荷兰、比利时、卢森堡和法国东北的一部分。在中世纪初期，这里曾是法兰克王国的中心。

11 世纪后，这地区分裂为许多封建领地，分别隶属于德国和法国。15 世纪，它的大部分地区成为勃艮第公国的部分。后来由于王室联姻及继承关系的演变，成为神圣罗马帝国哈布斯堡家族的领地，16 世纪初又成为西班牙王国的属地。

16 世纪初期之后，西班牙政府为了遏制法国，加紧对尼德兰的控制。尼德兰曾是历代国王"王冠上的明珠"，给他们提供了大量的财政支持。在查理一世期间，西班牙在尼德兰获得的税收收入，是当时西班牙国库总收入的一半左右。因此，西班牙不希望看到尼德兰资本主义经济的发展，害怕新兴的资产阶级会脱离他们的控制。另外，西班牙还在尼德兰推行天主教统治，设立宗教裁判所，据此迫害给西班牙带来利益威胁的新教徒。当时有个恐怖的"血腥敕令"，规定凡是从事新教活动或者被指控为新教教徒的人，男的杀头，女的活埋。

但是资产阶级的发展势不可挡。在北方，大商人和大的工场、农场主已经成为城市的资产阶级，他们要求摆脱西班牙的压制以自由发展资产阶级。在宗教上，他们接受了加尔文教，给以天主教为统治阶级的西班牙殖民当局以重大打击。由于有推翻西班牙封建统治的需求，这些新兴的资产阶级愿意和工人农民一起，共同打击西班牙殖民统治，并在运动中担任了领导职务。

南方虽然也发展了资本主义，不过由于这里的资产阶级和西班牙当局的联系太紧密，致使他们对西班牙殖民者妥协，不希望通过革命手段获取自身的发展。

那些靠封建制度生活的地主和旧贵族，更加不愿意发生资产阶级革命，而是希望能够继续保持封建土地所有制和特权，继续维持天主教统治，所以他们是反革命者。

1556年，西班牙国王腓力二世上台，任命自己的姐姐玛格丽特公爵为尼德兰总督，由红衣主教格兰维尔辅政，全面加强对尼德兰的压迫和控制。玛格丽特到任后，迅速剥夺尼德兰17省的自治权利，到各地加派驻军。此外，尼德兰的天主教主教区从原先的6个增加到了20个，他们利用设立的天主教宗教裁判所，接二连三地处死许多加尔文教徒和再洗礼派教徒。

尼德兰画家彼得·勃吕盖尔喜欢描绘普通人的生活。图为他1565年的作品《雪中猎人》。

　　为了从经济上打击尼德兰资产阶级，腓力二世于1557年宣布国家"破产"，拒绝偿付原先向尼德兰银行发行的国债，致使尼德兰的银行家损失惨重。此外，他还宣布取消了尼德兰商人和西班牙殖民地直接通商的特权，禁止尼德兰和英国的贸易往来。1560年，西班牙故意提高西班牙羊毛对尼德兰出口的税率，使得尼德兰很多纺织业工场不得不关闭，大批工人失业，城市中的流浪汉日益增多。这些措施实施后，尼德兰北部城市原先的一派经济繁荣景象不见了，取而代之的是一片萧条。

　　西班牙的暴行，激起了尼德兰人民的反抗，各地人民要求推翻西班牙的殖民统治。尼德兰新教徒和天主教徒之间的矛盾激化，在佛兰德尔、不拉奔、荷兰、弗里斯兰和安特卫普等省市，先后多次发生新教徒反抗西班牙反动统治的暴动。

　　以奥兰治亲王威廉为首的尼德兰贵族，利用人民运动日益高涨的形势，组成了以中小贵族为主的"贵族同盟"。1566年4月5日，贵族同盟向玛格丽特总督呈递请愿书，要求废除"血腥敕令"，停止宗教迫害，召开三级会议，撤退西班牙驻军，免除红衣主教格兰维尔的职务等要求。西班牙政府拒绝了他们的要求，并一再辱骂他们是"乞丐"。

　　1566年8月，弗兰德尔等地方出现了以破坏圣像为主要形式的人民起义，起义者不仅限于破坏圣像和烧毁债券、契约，还强迫市政当局停止迫害新教徒，承认新教徒信仰自由，限制天主教僧侣的活动。

　　面对尼德兰的起义，西班牙首先采取了缓兵之计，暂停宗教裁判所的活动，允许加尔文教徒到指定地点做礼拜，赦免贵族同盟的成员。

1567年8月，腓力二世派遣阿尔发公爵率领18000名士兵到尼德兰镇压起义。在这场镇压中，大约有8000余人被杀，其中包括贵族反对派的首领厄格蒙特伯爵、荷恩大将以及资产阶级领袖安特卫普市市长凡·斯特拉连等人。几万人的财产被没收。经过镇压之后，原先发达的尼德兰工商业进入停滞时期，成千上万的工人失业。

当贵族和资产阶级纷纷逃亡国外时，广大的底层人民群众和部分的资产阶级革命分子继续战斗，他们在密林中组成森林游击队，称为"森林乞丐"，袭击西班牙的小股军队。北方的荷兰、西兰、弗里斯兰等地的水手、渔民和码头工人组成海上游击队，称为"海上乞丐"，袭击西班牙船队和沿海据点。

各地游击队的斗争不断取得胜利，队伍日益壮大，一些逃亡国外的贵族和资产阶级，也回来参加游击队，并且逐渐取得了领导地位。

8月，奥兰治亲王威廉在北方各省议会上被推选为总督。到1573年，北方7省先后都摆脱了西班牙的统治。

北方革命的胜利推动了南方各省人民的反抗运动，他们也联合起来，共同打击到处流窜的西班牙军队。南方革命的高涨，引起了南方贵族、天主教的恐惧，1579年1月6日，南方反动贵族在阿图瓦省城阿拉斯组成"阿拉斯联盟"，承认西班牙对尼德兰的"合法统治"，并宣布天主教为唯一合法的宗教。从此，南北方分道扬镳。

为对抗南方各省的背叛，北方各省结成了以荷兰为首的"乌特勒支同盟"，宣告北方各省为永不可分的联盟，以各省代表组成的三级会议为最高权力机关。1581年7月，乌特勒支同盟的三级会议正式宣布废黜腓力二世，成立"联省共和国"，后来改名为荷兰共和国，由资产阶级和贵族公认的奥兰治·威廉为领袖。

西班牙殖民者不甘心自己在尼德兰北部的失败，新总督和阿拉斯联盟的旧贵族一起，在镇压了南方的革命后率军北犯，但是遭到北方联军的强烈反击，屡被挫败。1588年，西班牙的"无敌舰队"远征英国惨败，致使其海上力量遭到致命性打击。这对北方共和国极为有利，北方联军趁机收复了被西班牙占领的北方领土，还夺取了南方的部分地区。1598年，西班牙国王腓力二世死后，西班牙完全衰落，更没有力量进攻荷兰了。

1609年4月9日，西班牙与联省共和国缔结12年休战协定，事实上已经承认共和国的独立。后来在1648年30年战争结束后订立的《威斯特伐利亚条约》中，西班牙才正式承认荷兰独立。

发生地点	发生时间	推荐理由
北美洲	公元1620年	奠定了美国民主政治的基石，对美国后来的发展起着决定性的作用。

"五月花号"抵达美洲

事件介绍

大约在公元16世纪末到17世纪，英国清教徒发起了一场来势猛烈的宗教改革运动，宣布脱离英国国教，主张清除基督教圣公会内部的残余势力，废除主教制和繁文缛节，减少宗教节日，节约教会费用，提倡朴素勤俭。

16世纪70年代至80年代，清教徒人数逐渐增加，出现了很多脱离国教的独立宗教团体，成为当时一支强大的社会力量，并由此引起英国国教以及统治阶级的仇视。当时，英国的都铎王朝和斯图亚特王朝都宣称"君权神授"，宣扬英国国教以巩固自己的统治，因此他们对清教徒实施越来越严厉的迫害。詹姆士一世曾经发誓说："如果清教徒不肯顺从，就要把他们统统赶出国外。"

17世纪初到17世纪中叶，英国议会在国王的控制下通过了《信奉国教法》，清教徒遭到政府和教会势力更加残酷的迫害。著名清教徒约翰·索尔本仅仅因为散发有关清教的宣传品就被绑在马车后面游街，后被判处无期徒刑。

无奈之下，英国的清教徒们只得迁往外地避难。在英国资产阶级革命爆发之前，大约有6万多名清教徒被迫流亡到荷兰等地。但是事实上，这些清教徒在荷兰也没能逃脱宗教

美国制度的基础之一就是对私有财产的捍卫与强调。图为美国乔治·贝洛斯的作品《独立房屋》。

的迫害,而且还饱受战争带来的痛苦和折磨。于是,他们只好再次迁徙。

这次,他们把目光投向了美洲。此后,大量英格兰人移民到北美。这时的大多数移民是作为欧洲的异己分子来这块新大陆寻求乐土的。

1620年9月16日,英格兰66名贫苦移民登上了一艘长90英尺、重180吨、宽25英尺的"五月花号"木制帆船,从英国的普利茅斯港出发,向北美的弗吉尼亚进发。在航行途中,"五月花号"收留了由著名清教徒领袖威廉·布雷德福特率领的清教徒,他们当时正乘坐"顺利"号帆船前往弗吉尼亚,但是因为遇险而不得不弃船。船上共102人,其中有24名妇女,35名清教徒,其他的多为贫苦农民和工匠等英国底层人民。

经过66天艰苦的航行后,他们于11月21日发现了陆地,到了北美大陆的"科德角",即今天美国马萨诸塞州普罗文斯敦港。由于此时已是深秋,饥饿、寒冷的移民者不得不放弃了原先去的目的地,决定就在那儿登陆而不继续航行。

由于他们对岸上的地形和环境茫然无知,因此不敢贸然上岸,大部分人还十分谨慎地留在船上,只派一批精明强干的人组成一个探察小队出外探测地形。

12月26日,即圣诞节后第一天,这批移民开始登陆上岸。按照古老的航海传统,他们首先登上了一块高耸于海面之上的大礁石。据说现在马萨诸塞州的历史遗迹"普利茅斯大岩"就是当时登陆的地方。

在登陆前,在布雷德福特的提议下,"五月花号"上的41名成年男子在船舱内制定了一个共同遵守的《五月花号公约》,41名签署人立誓创立一个自治团体,这个团体是基于被管理者的同意而成立的,而且将依法而治。签署人包括"五月花号"船上的每一个家长,每一个成年单身男子和大多数男仆。由于妇女那时没有政治权利,所以没有请她们签署。

他们在《五月花号公约》中宣布:"我们这些签署人是蒙上帝保佑的大不列颠、法兰西和爱尔兰的国王——信仰和教会的捍卫者詹姆斯国王陛下的忠顺臣民。"

这个公约为移民者在北美大陆上建立自治和法治打下了基础。

上岸之后的生活,比原先的航海经历更为艰苦。很快,他们刚刚踏上这片土地时的欢乐就没有了。这年冬天,从大西洋上吹来的凛冽寒风,带来了漫天的冰雪,原先印第安人简陋的房屋根本不能提供足够的温暖。更为困难的是,移民们缺少粮食,也缺乏在这片土地上生活的经验。他们不知道这里有什么可以吃的,也不知道种植什么农作物。在饥寒交迫之中,很多人病倒并很快死亡。这个冬天过去时,原先历尽艰难来到这里的102名移民,活下来的只有50来人。

第二年春天的一个早晨,移民们看到一个黄色皮

肤的人走了过来。移民者向这个人讲述了他们自己的经历和当时存在的困难。通过沟通之后，这位名叫斯·昆图的印第安人开始给他们提供各种食物。

第二年风调雨顺，加上印第安人的帮助，移民们终于获得了丰收，他们已经不用为自己的食宿而担心了。秋天丰收之后，当时的普利茅斯总督布雷德福特按照宗教传统，决定举行盛典，以感谢上帝对他们的照顾。

为了感谢热情好客的印第安人对移民们的招待，他们在盛典之前特地邀请印第安人部落的酋长和其他印第安人前来参加。印第安人欣然接受了邀请。11月底，庆典开始，桌子上摆满了用山林中打来的野味和自产的玉米、火鸡等制作的佳肴。

印第安人和移民欢聚一堂，庆典第一天的黎明，他们鸣放礼炮，然后列队走进一间用作教堂的屋子，虔诚地向上帝表达谢意，然后在晚上点起篝火举行盛大宴会。第二天和第三天，他们又举行了摔跤、赛跑、唱歌、跳舞等活动。这就是感恩节的来源。

这批移民就这样在马萨诸塞稳定下来。普利茅斯殖民地也成为北美主要殖民地之一。不久，英国就开始了对普利茅斯殖民地的移民活动。

此后，爱尔兰、德国、法国等国家也纷纷有人移民到那里。不过从历史上看，英国移民占了绝大多数。从1607年到1733年之间，英国殖民主义者共在北美洲东海岸建立了13个殖民地，包括最先的弗吉尼亚、马萨诸塞，和后来的马里兰、北卡罗来纳、纽约、新泽西等。殖民者把英国的资本主义经济和民主政治思想也移植到了美国，在此后的100多年间，这些殖民地的经济获得了巨大发展。在不断的融合中，这些移民最终形成了统一的美利坚民族，为美国的诞生打下了基础。

发生地点	发生时间	推荐理由
英国附近海面	公元1588年	西班牙失去了"海上霸主"的位置，英国借此成为世界头号殖民帝国。

英西争夺"海上霸主"

事件介绍

公元15世纪到16世纪，西班牙是当时世界上最为强大的国家之一，在西半球，西班牙更是不可一世。在最强盛的时期，西班牙拥有一支有100多艘战舰，1000余门大炮，数以万计士兵的强大海上舰队，因此西班牙在当时有"海上霸主"之称。

最初，英国尝试寻找一条从西欧到达远东的西北路线或由西欧到达美洲的东北路线，均因受西班牙海军的阻遏而失败。英国认识到，要实现海外扩张的目的，必须首先击败西班牙，摧毁它的强大舰队。

到16世纪70年代到80年代，英国和西班牙之间的矛盾愈演愈烈。当时，英国出于自身利益而援助遭受西班牙统治的荷兰人起义，向起义者提供港口以反击西班牙军队的镇压。不久，英国又支持法国的胡格诺教徒反对法国天主教会，而法国天主教会又受到西班牙的支持。

为了报复英国对西班牙的挑衅，西班牙试图煽动英国的天主教徒和分裂势力去颠覆伊丽莎白女王的统治，组织暗杀英国女王伊丽莎白，扶植前苏格兰女王玛利亚上台。但阴谋很快被伊丽莎白女王识破，1587年2月，玛利亚被处死。此举惊动了天主教廷，教

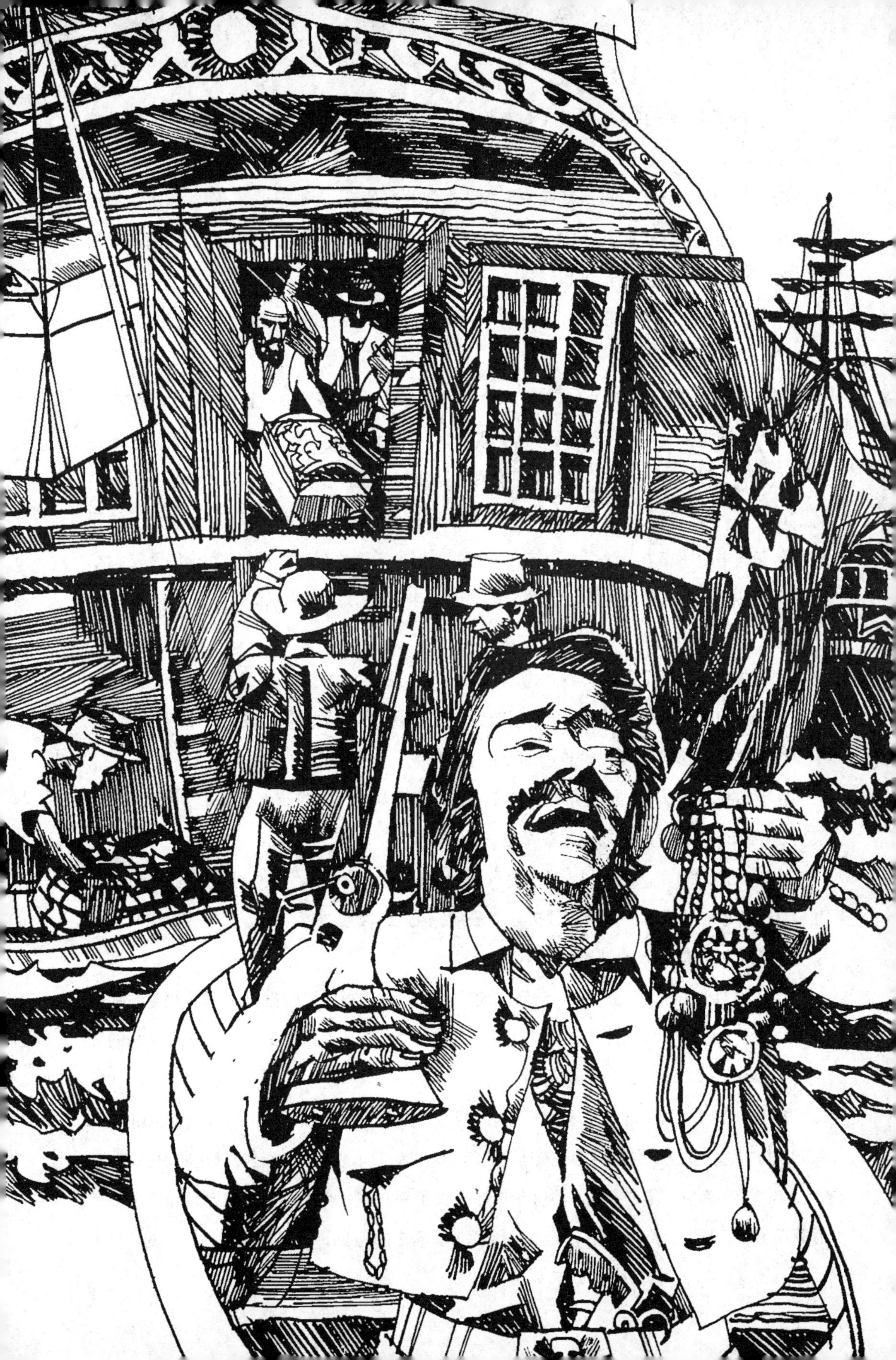

皇立即颁布诏书，号召天主教徒征讨英格兰，对英国进行圣战。西班牙国王腓力二世趁机响应。

英国当时显然还没有做好同西班牙舰队作战的准备，士兵缺乏训练，军饷和战争物资等都供应不足。1587年4月，伊丽莎白女王支持和供养的海盗德雷克带领自己的海盗舰队沿西班牙海岸一路扫荡，击沉和俘获了36艘西班牙补给船。接着，海盗德雷克又进入西班牙本土港口，袭击停在港内的船舶。在他返航时，德雷克还顺手抢劫了腓力二世的私人运宝船。

西班牙舰队自遭到德雷克的袭击之后，不得不招兵买马、采购战争物资、准备武器弹药。眼看着大功即将告成，海军统帅克卢斯突然病逝。西班牙国王命令梅迪纳·西多尼亚公爵顶替克卢斯的位置。由于西多尼亚公爵没有海战经验，于是上书国王要求辞职，被国王驳回。

1588年5月，西班牙国王腓力二世强令梅迪纳·西多尼亚公爵率领那支"最幸运的无敌舰队"从里斯本出发，计划与集结在尼德兰（相当于今比利时、荷兰、卢森堡及法国东北部地区）港口的陆军运兵船会合。然后，舰队掩护陆军横渡多佛尔海峡，登陆英国本土，对英国本土实施进攻。

这次战役给"无敌舰队"以致命的打击。双方从28日早上一直打到下午，直到英军将炮弹全部打完。从22日到28日这一个星期里，虽然"无敌舰队"发射了10万发炮弹，但是没有击沉一艘英军舰船，自己却死亡1400余人，是英军伤亡的14倍。

由于舰队损失惨重，梅迪纳被迫决定返航。英舰队当时的弹药也消耗殆尽，而且风向突变，故未予追击，即使如此，英军也是满载而归。

由于风向的转变，使得"无敌舰队"无法返回英吉利海峡，加上德雷克的威胁，"无敌舰队"只好绕过苏格兰和爱尔兰折返西班牙。但是这段航线给"无敌舰队"带来的打击，实在不比上次海战带来的打击的要小。

在苏格兰北部，"无敌舰队"遭到了大风暴的袭击，很多已经破损不堪的舰船在那次风暴中沉没。此后，由于船上缺乏粮食和饮用水，加上伤员伤口溃疡和坏血病等疾病的发生，"无敌舰队"的船员和士兵损失严重。

1588年10月，西多尼亚公爵终于带领残兵败将回到了西班牙。损失了大半舰船的"无敌舰队"，事实上已经不复存在。它一半是被英国舰队打败的，另一半是被狂风骇浪摧垮的。

当"无敌舰队"覆灭之后，西班牙自此丧失了制海权，使之迅速从世界强国的顶峰上跌落下来。相反，大海战之后，英国获得了海上霸主的地位，代替西班牙成为新的"日不落帝国"。英国海军从一支不起眼的力量,迅速发展成为世界上首屈一指的强大海军。17世纪,英国皇家海军击败了荷兰舰队,18世纪又击败了法国海军。截至1938年,英国海军舰船总吨位达214万吨,数量近700艘。

与此同时,英国国家实力也随着海军的强大而不断强大。在强大海军力量的保护下,英国疯狂地占领殖民地。这个仅有几百万人口的孤岛小国,从此成为世界头号殖民帝国。英国海外殖民地的面积一度占全球总面积的1/4,比英国本土几乎大100倍,殖民地人口达4亿多。英国国内经济势力空前强大,伦敦成为当时世界国际贸易和金融信贷的中心。此外,英国的人口也随之大幅度增长,这奠定了以后战争胜利的基础。仅就伦敦而言,1500年时伦敦才有5万人口,到1600年的时候,伦敦人口已经超过25万了。

▼ 图为约瑟夫·马洛德·威廉·透纳作品《威尼斯风景》。

发生地点	发生时间	推荐理由
欧洲	公元 1618—1648 年	欧洲历史上第一次爆发的大规模国际战争，意味着近代国际关系体系的形成，同时奠定了近代欧洲的国际格局。

三十年战争初定国际格局

事件介绍

16世纪中叶到17世纪初期，欧洲的形势发生了重大变化。西欧各国之间的政治、经济利益冲突，加上各国领土纠纷和宗教意识的矛盾，形成了一个复杂的欧洲格局。

16世纪中后期的德国，新、旧两教诸侯的势力得到进一步增长，而皇权则不断削弱。

此后，加尔文教派力求争得和路德教派同样的地位和权力。天主教派则拒绝承认加尔文教派，同时竭力打击新教诸侯。

17世纪初，德国皇帝卢道夫二世面对新教的势力增长，企图用武力限制新教诸侯的权力。于是，德国分裂为两个敌对的宗教集团，即"新教同盟"和"天主教同盟"。两个集团的斗争日益激烈，随后欧洲各国也加入了各诸侯的斗争。法国、荷兰、丹麦和英国等国家支持新教同盟。而教皇、德国皇帝和西班牙则都支持天主教同盟。

欧洲各国之所以干涉德国，主要是想阻止它强大，并趁机获取好处。西班牙希望在德国皇帝的支持下，重新征服荷兰。丹麦和瑞典为了争夺波罗的海商业垄断权和海陆控制权而不愿意德国皇室强大。英国要摧毁西班牙的霸权，同时也不愿意在欧洲大陆出现一个强大的德国皇室。法国虽然是天主教国家，但是希望削弱德国皇室的势力，掠夺西

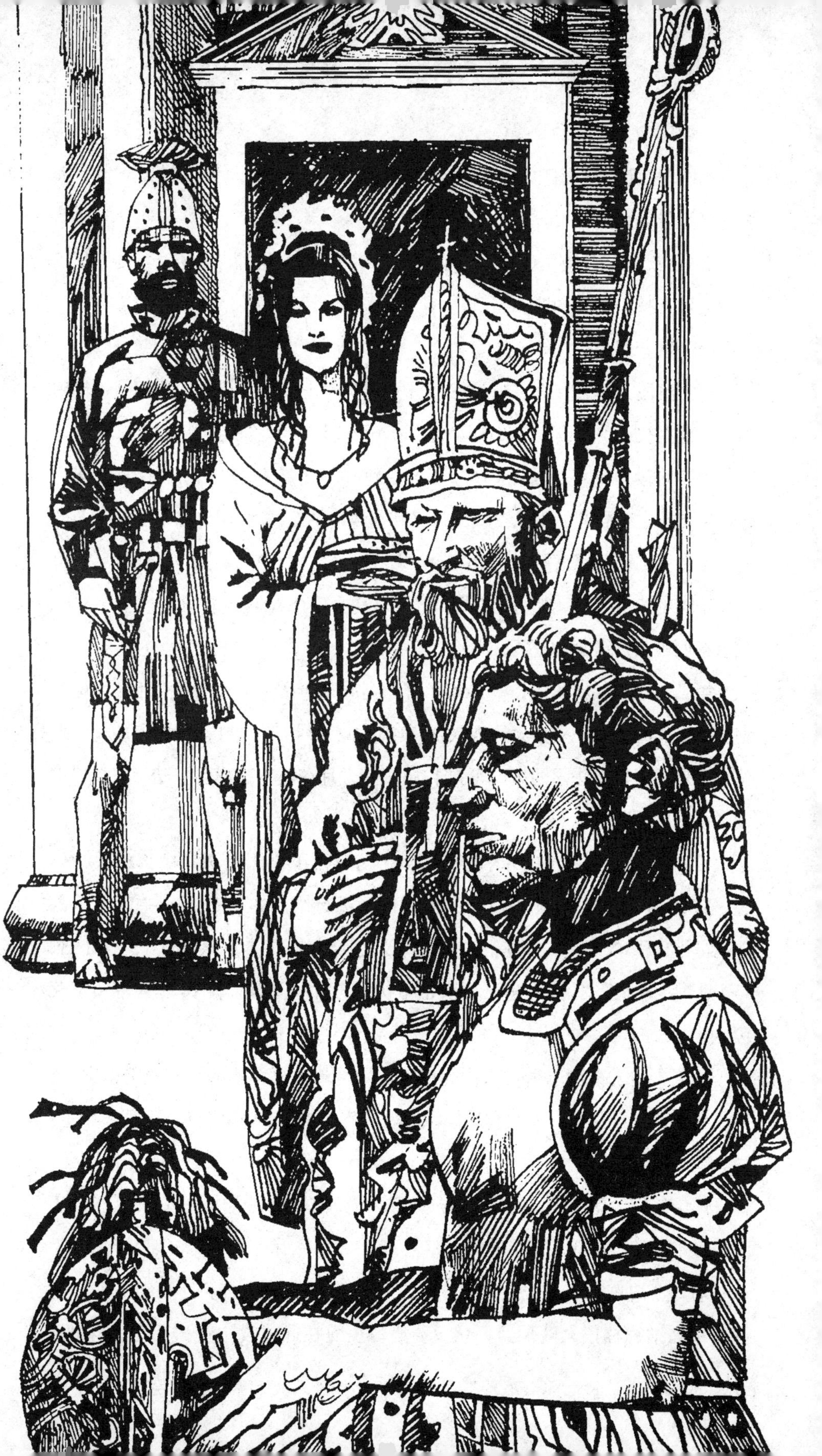

班牙、德国和意大利的领土。

德国两大诸侯集团和西欧各国尖锐对立的形势,使战争终以1618年捷克人民起义为导火线而爆发。

战争中,法国、英国、荷兰、丹麦和瑞典支持新教同盟,西班牙、波兰和罗马教廷则支持天主教同盟。

战争共分四个阶段。

第一阶段为捷克阶段,从1618年开始到1624年结束。新教同盟军队被彻底消灭。捷克被迫重新设天主教为国教,第一阶段以天主教联盟胜利告终。

第二阶段为丹麦阶段,从1625年开始到1629年结束。这一阶段捷克贵族瓦伦斯坦和天主教同盟的军队打败了丹麦和新教诸侯的联军,同时击败了捷克西部的英国军队。丹麦国王被迫于1629年5月签订了"律贝克和约",保证以后不再干涉德国的内务。德皇费迪南随即颁布了《复原敕令》,规定新教诸侯于1552年以后将所占教产全部归还天主教会。

第三阶段为瑞典阶段,从1630年开始到1635年结束。丹麦战败后,德国计划在波罗的海建立一支强大的舰队,瑞典害怕此计划影响它在波罗的海的优势地位。于是,瑞典在法国的援助下,于1630年7月在波美拉尼亚登陆,并很快占领了该地区。

在新教同盟国的支持下,瑞典军队迅速攻占了德国北部和中部的大片领土。1631年7月,瑞典军和天主教雇佣军进行维尔本会战,天主教军队战败;同年9月17日,双方进行布赖滕菲尔德会战,瑞典军队再次获胜;1632年4月,新教联盟军在莱茵河再次击败天主教军队残部,瑞典军队占领了莱茵区。

不久,由于德意志皇帝再次起用瓦伦斯坦,瑞典军队的猛烈攻势被遏制。1632年11月,瓦伦斯坦率军和瑞典军队在吕岑决战,瑞典军获胜,但损失惨重,瑞典国王阵亡。

瓦伦斯坦力图保存实力,与瑞典进行和谈,但是遭到天主教诸侯的反对。不久,瓦伦斯坦被撤职,后遭暗杀。

瑞典军取胜后,军纪松弛,官兵开始轻敌。1634年9月,西班牙和天主教联军在纳德林根大败瑞典军队,瑞典军主力在此战役中损失殆尽,退出了德意志中部的萨克森和勃兰登堡领地。次年5月,萨克森和勃兰登堡两个地方的选帝侯和德意志皇帝签订了《布拉格条约》,规定新旧教会的领地以1627年为准,并保持40年不变。

第四阶段为全欧混战阶段,从1635年开始到1648年结束。瑞典战败后,法国意识到如果德意志皇帝趁机加强势力,那么法国将处于不利的境地,因此法国决定出兵。

1635年,法国首相和荷兰签订盟约,决定共同夺取西属尼德兰;后又和瑞典议和,商定发动战争后任何一方不单独与德意志皇帝议和。5月,法国对西班牙宣战,然后直接出兵德意志、尼德兰和意大利。驻留在德意志北部的瑞典军队则趁机再次侵入德意志中南部。

战争在德国、西班牙、西属尼德兰、意大利和莱茵河两岸展开。

到1645年3月,瑞典军队在捷克重创皇帝的军队,法军又在纳林根会战中击败皇帝军。1646年,法瑞联军攻入巴伐利亚,至此,德意志皇帝丢失了大部分领土。1648年,联军在一次会战中彻底击败了皇帝军。

战争的败局已定,皇帝费迪南不得不接受和谈。交战各国从1644年开始谈判,谈判地点在威斯特伐利亚省的两个城市。1648年10月,参战各方缔结了两个和约——《奥斯纳布吕条约》和《明斯特和约》,这两个和约又统称为《威斯特伐利亚和约》。至此,三十年战争正式结束。

《威斯特伐利亚和约》规定,易北河、奥得河等重要河流的出海口划归瑞典,同时瑞典还得到500万塔里尔的赔款;法国彻底控制了洛林地区,并得到阿尔萨斯的大部分地区;德国国内的诸侯有和国外自由缔约的权利;不经诸侯同意,皇帝无权对外宣战、征兵、课税;荷兰和瑞士的独立获得确认。

三十年战争对各国都产生了很大影响。由于德国是三十年战争的主战场,其国内经济遭到严重破坏。

法国作为主要战胜国,从战争中得到了大片德国领土,成了欧洲霸主。

瑞典也是战胜国之一,它成了德意志的诸侯,同时占有德意志北部各重要河口,此后瑞典可以随时干涉德意志的内部事务。瑞典因此成为北欧强国。

在宗教方面,加尔文教派得到正式承认,享受和路德教派同样的权利,这使得德国皇帝原来期望建立统一帝国以及在欧洲恢复天主教统治的企图破灭。在帝国法庭中,天主教和新教的法官各占一半。教派财产的归属以1624年初持有的情况为准。

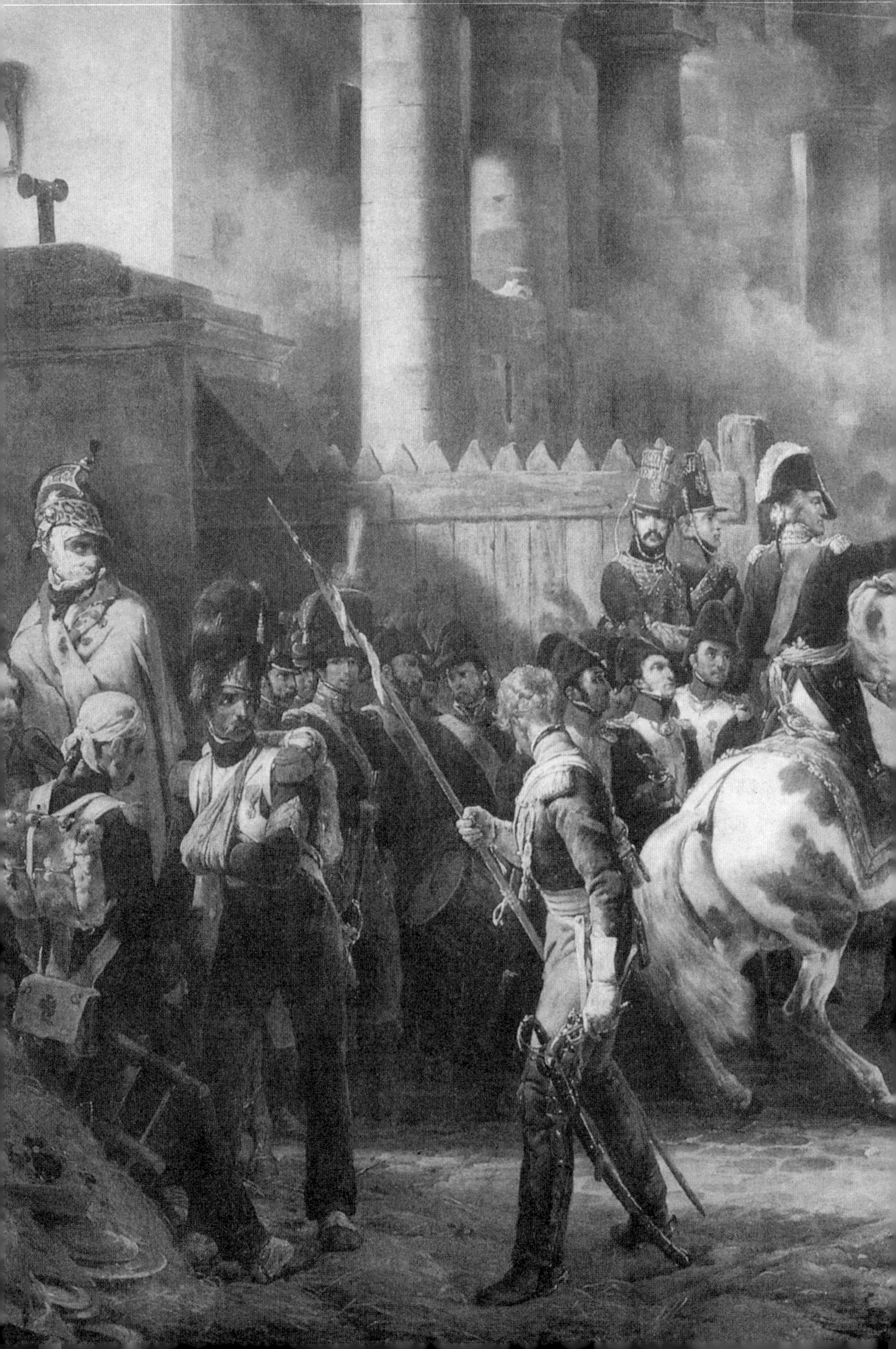

▼ 士兵们暂时停止了厮杀，柔弱的羔羊获得了片刻安宁。

发生地点	发生时间	推荐理由
英国	公元 1689 年	英国资产阶级革命的胜利，揭开了欧洲历史新的一页，标志着英国民主政治的开始。

英国颁布《权利法案》

事件介绍

从 13 世纪起，英国工商业获得长足发展，但是英国封建王朝为了保证国家的税收，把肥皂、纸张、玻璃、毛纺织品等几百种商品划为王家的专利，实行专卖。这大大损害了新兴工商业者的利益，他们对国王的政策非常不满。

1628 年国会通过限制王权的《权利请愿书》，重申未经国会批准不得任意征税，没有法律依据和法院判决不得任意逮捕任何人。国王查理一世（公元 1625—1649 年）为得到国会拨款而勉强批准了《权利请愿书》之后，于 1629 年解散了国会，原因在于国会反对国王征税。因此，英国开始了长达 11 年的无国会统治时期。

1637 年，苏格兰人民由于宗教问题而起义，为了筹措军费镇压起义，查理一世不得不于 1640 年 4 月重新召开国会。但是国会并没有通过查理一世的要求，因此国会再次被关闭。查理一世此举再次激怒了英国民众，加上苏格兰起义军已经逼近英国，11 月 3 日国王不得不再次召开新国会，即"长期国会"，这标志着英国革命的开始。此后，长期国会成为资产阶级和新贵族反对封建王朝的活动中心和领导中心。

1642 年 1 月，查理一世企图逮捕国会领袖未遂而离开革命形势高涨的伦敦，北上约克

城组织保王军队,准备以武力镇压国会,并于8月22日宣布讨伐国会内的叛乱分子,从而拉开了英国内战的序幕。

10月23日,查理一世的军队和国会军队首次在埃吉山进行了大规模交战,双方的军队人数都达到了7000多人。国会军队的骑兵被国王军队骑兵所打败,但中路步兵却打退了国王军队步兵的进攻,并将其击溃,应该说首场战役未分胜负。

但是在此后,国会的军队节节失利。10月29日,国王军攻占牛津,11月12日攻占距伦敦7英里的布伦特福,首都告急。从政治方面来看,国会军队失利的原因在于,掌握国会领导权的长老派(以埃塞克斯伯爵和曼彻斯特伯爵为首)想要妥协,不愿与国王彻底决裂,满足于既得利益,无意推翻王权;从军事方面来看,国会军队失利的原因在于统帅埃塞克斯等人消极怠战,缺乏主动进攻精神,军队缺乏训练,素质较差。

面对国会军队节节败退的局面,4000多名由手工工人、学徒和平民组成的民兵队伍火速开往前线,迫使国王军放弃进攻伦敦的计划。但是整个形势对国会军队十分不利,国王军队控制了3/5的国土,国会派明显处于被动局面。

这时,国会军中涌现出了以克伦威尔为代表的一批杰出将领。克伦威尔领军大败国王军队。1647年2月,英格兰议会以40万英镑的高价,把查理一世买了回来,囚禁在荷思比城堡中。

打败了查理一世的军队之后,国会内部长老派和独立派之间的斗争日益激烈。长老派

迫使国会通过解散军队法案,引起广大军官和士兵、群众的强烈不满。克伦威尔为首的独立派团结小资产阶级激进派,在伦敦群众的支持下,率军队开进首都,许多长老派议员仓皇逃走,独立派掌握了国会实权。正当革命阵营发生分裂和斗争时,查理一世逃出荷思比城堡,勾结苏格兰人和长老派人,在许多地方发动武装叛乱,挑起第二次内战。

这年8月,克伦威尔领导国会军同支持国王的苏格兰军队进行了著名的普雷斯顿会战。克伦威尔首先向苏格兰军左侧军队发起猛攻,经过4个小时激战并最终击溃国王军。19日,国会军继续追歼苏格兰军。克伦威尔领导的国会军同苏格兰军队汉密尔顿部在沃林顿附近进行了自苏格兰军入侵以来最激烈的战斗。最终，汉密尔顿在走投无路的情况下向国会军投降。9月，国会军占领了苏格兰首都爱丁堡，将查理一世再次抓获。至此，克伦威尔领导国会军最终粉碎了苏格兰军队和国王军队的进攻，并结束了第二次英国国内战争。

这次，查理一世被关押在伦敦郊区古老的温莎城堡内。1649年1月，由部分国会下院议员和高级军官组成的最高法庭开庭，审判查理一世。由于查理一世在法庭上咆哮，引起了在场的军官和士兵们的愤怒，他们齐声高呼，要求法庭处决查理一世。然后，最高法庭最终判决，查理一世的罪名为"暴君、卖国贼、杀人犯和人民公敌"，并且宣判对查理一世实施斩首。

在临刑前，查理一世向国会提出了两个请求：一是让他会见留在英格兰的12岁的女儿和9岁的小儿子，二是让他会见伦敦教区主教杰克逊。这两个要求都获得了国会的批准。

1649年1月30日下午1时，查理一世被押上断头台。军官一声令下之后，查理一世身首异处。

内战结束后，英国就宣布为共和国。实际上，克伦威尔等人掌握了整个军政大权。

克伦威尔死后，政权逐渐落到一群高级军官手里，造成政局混乱。资产阶级和新贵族为了巩固统治秩序，倾向于斯图亚特王朝复辟。在这种形势下，查理二世（查理一世的儿子）于1660年带领一群保王党人从法国返回伦敦，这就是斯图亚特王朝的复辟。

复辟后的查理二世和其后的詹姆士二世试图恢复个人统治，并追随法国王室。这些反攻倒算的政策，日益引起资产阶级和新贵族的不满。

1688年6月，一部分国会议员发动政变，邀请信奉新教的荷兰执政威廉和玛丽共同入主英国。威廉是英王詹姆士二世的女婿，他的妻子玛丽是詹姆士的长女。

1689年2月，国会决定，由各区代表组成代表会议，议会宣布威廉为英国国王，玛丽为女王，实行双王统治，正式宣布詹姆士下野，英国资产阶级的一次政变终于圆满地获得成功。这次政变在英国历史上称作"光荣革命"。它标志着英国资产阶级革命的完成。

随后，国会通过了至高无上的《权利法案》和《王位继承法》。

《权利法案》以法律的形式规定了资产阶级在英国的统治地位，正式确立了君主立宪制的新型国家。《权利法案》的重要意义在于，它限制了国王的权力，确定了议会的最高权力，为君主立宪制确定了基础。

发生地点	发生时间	推荐理由
俄国	公元 1698 年	促进了俄国经济、政治、文化的繁荣，俄国开始跻身于欧洲列强之列。

彼得一世改革

事件介绍

1682年，俄国罗曼诺夫王朝的费奥朵尔三世驾崩，因其没有子女，而由其胞弟伊凡和彼得二人同时即位，伊凡任"第一沙皇"，彼得任"第二沙皇"。由于彼得年幼，伊凡身体不好，俄国的皇权其实落在了他们的姐姐索菲亚手中。索菲亚有很强的政治野心和政治手段，在摄政之后，她独揽大权，将彼得和他的母亲囚禁在莫斯科的郊外，成为自己的傀儡。

彼得长大后，训练了两支训练有素的近卫军。索菲亚意识到了彼得对自己的威胁，企图密谋策划暗杀伊凡和彼得，不料事情败露，反而被送进修道院。1689年10月，彼得正式即帝位。1696年，伊凡病逝，由此彼得独掌俄国的政权。

彼得认识到，要使俄国强大起来，首先必须向西方学习，同时夺取一个出海的港口。彼得一世为了使俄国赶上西欧，跻身于世界强国之列，决心改革。

1693年，彼得大帝到白海港口阿尔汗格尔斯克考察后，决心建立一支强大的海军，以夺取俄国的出海口。1696年春天，30艘俄国海军船舰出现在亚速海域，围攻亚速城堡，并于该年7月迫使土耳其投降而夺得了亚速。

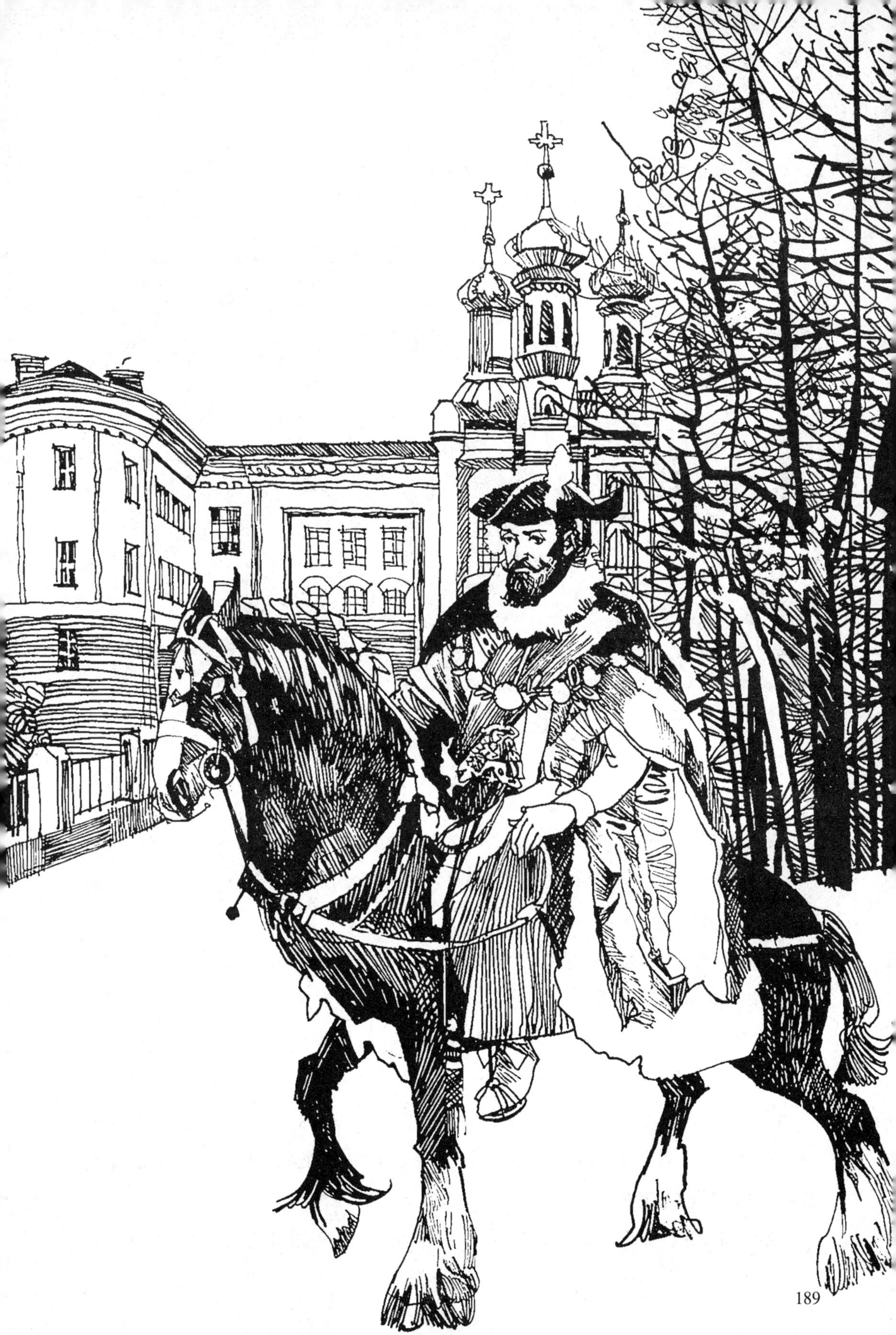

▲ 俄国画家谢洛夫作品《彼得大帝》。画中的彼得大帝仰首阔步，一副开拓者的形象。

但是俄国在夺得亚速之后并没有打通通向南方的出海口，因此，此时土耳其仍然控制着黑海，并拥有一支比俄国强大的海军。彼得大帝觉得，如果要最终打败土耳其，必须首先向西欧学习技术。

1697年，彼得大帝开始积极筹划西欧之行，并不顾守旧贵族的强烈反对而由列福尔特和哥罗文率领100多人的俄国大使团到英、法、荷、普、意等国了解各国的政治、经济、军事、科技、文化的情况乃至生活方式、礼仪习俗等，历时18个月。彼得也化名彼得·米哈伊洛夫，以水手身份随团考察。

1698年夏，正当彼得一世在西欧考察时，国内射击军中发生叛乱，要求立索菲亚为沙皇。彼得闻讯后，立即带着大使团回国，并迅速平定了叛乱，处死了1000多个叛乱者，将索菲亚再次送进了修道院。

彼得一世回国后，大刀阔斧地着手改革。在回国后，彼得立即废除了一些旧的传统习俗，男子必须剃掉长须并可以穿短袍，女子的生活也不必过分保守。

随后，彼得大帝大力鼓励本国商人和外国商人投资发展工业，先后开办了冶金、纺织、造船方面的200多家工场，并在乌拉尔建起了俄国第一个冶金工业基地，首开俄国工业之先河。他又征召大批农奴建设通商口岸，发展商业并鼓励对外贸易，到彼得大帝在位末期，俄国外贸交易额已经增加了7倍。

此外，彼得非常重视文化教育，先后开办了工程技术学校、造船学校、航海学校、海军学校等专门学校，同时派遣留学生到西欧学习先进技术。另外，他还创建了一批博物馆、图书馆、医院和剧院，并创办了俄国第一份报纸——《新闻报》。1724年，彼得颁发了设立俄国科学院的命令，并定名为彼得堡科学院。1725年，彼得堡科学院正式成立，并举行了第一次科学院院士大会。

此后，彼得开始对国家行政机构进行全面改革。最为重要的是，彼得一世花了很大力气进行军队的改革，仿照西欧军队的编制和制度兴办兵工厂，造船、铸炮，改善军队的武器装备，改组陆军和海军，实行征兵制，建立了一支拥有130个兵团、20万士兵的强大陆军，同时创建了俄国历史上第一支拥有48艘战舰的海军——波罗的海舰队。

彼得的改革引起了一些贵族和僧侣的反对，但是彼得的改革决心并没有被他们动摇。以皇太子阿列克谢为代表的反对派，经常聚集在一起反对彼得的改革，发泄对改革的不满。反对派寄希望于皇太子能够继承皇位而废除改革。彼得对此有所察觉，并警告了阿列克谢。但是阿列克谢无视彼得的警告，在反对派的策划下妄图借外国势力而夺取俄国的最高权力，并到了奥地利。彼得通过外交途径，将阿列克谢引渡回国，并废除其皇位继承权，成立特别法庭审讯阿列克谢事件。1718年6月，特别法庭宣布：阿列克谢的叛国行为已经触犯了俄国的法律，应该受到最严厉的处罚——死刑。

彼得一世改革成为俄罗斯历史上最为重要的改革之一。彼得大帝的改革促进了俄国科技文化的发展，推动了俄国社会文明的进步，增强了俄国的经济、军事实力，巩固了政权，强化了沙皇的中央集权，使昔日贫弱不振的俄国，昂首迈开了进入欧洲列强的步伐，为对外侵略扩张创造了物质条件。此后，俄罗斯开始向资本主义文明迈进，并使俄罗斯跻身于欧洲列强的行列。

面对富裕和强大起来后的俄国，彼得一世又开始谋划打通通往出海口的通道。由于先前俄国在南方受到土耳其的干涉而没有成功，因此彼得一世把打通出海口的目光投向了北方。当得知荷兰等国不愿反对土耳其，而丹麦、波兰正在为争夺波罗的海与瑞典斗争时，彼得一世在1698年8月回国途中就为在北方与瑞典斗争做好准备。

俄国在南方与土耳其的停战协定谈妥之后，就向瑞典开战。1700年秋天，绵绵细雨下个不停。

俄国通往瑞典的大道上，俄国军队正踩着泥泞的道路艰难地向前行进，同时还有1万多辆装满炮弹、粮食的马车，前后有数十俄里长。

部队从莫斯科出发经过两个月才到达瑞典在波罗的海沿岸的纳尔瓦城堡。在队伍集结完毕之后，彼得立即下令围攻。

一连猛攻了两个星期，瑞典军队顽强抵抗，纳尔瓦城堡又非常坚固。但是由于俄国军队的后勤跟不上，俄军的炮弹都快打完了，而纳尔瓦却依然还在瑞典人手里。这时，瑞典国王击败了俄国的盟友波兰和丹麦，然后又以闪电般的速度来到纳尔瓦，增援被围的瑞典军队。

在接下来的战役中，俄军几乎全军覆没，伤亡1万多人，大炮和各种武器全被瑞典人缴获，军官大多数死在了战场上，彼得一世侥幸逃脱。

彼得一世在逃回俄国之后，采用各种方法重建军队，以报仇雪耻。首先，彼得一世在国内进行了一系列改革，加强了中央政府对地方的控制。同时，彼得一世下令向国外购买武器装备，下令全国每25户农民出一名终身服役的士兵，从而重建了一支拥有20万人的陆军，高薪聘请外籍军官严格训练俄军士兵，并用征收的大钟铸造了300门大炮，征集全国的工匠迅速地造了40多艘大船和200多只小船。

一年之后，彼得一世率领强大的俄国军队再次进军瑞典，瑞典溃败，其国王逃到了南方的土耳其。

1721年，俄国和瑞典签订了和约，此后俄国从瑞典手中夺得了芬兰湾、里加湾沿岸的大量土地，并最终解决了俄国出海口的问题。

同年12月，俄国枢密院尊称彼得大帝为"祖国之父"，俄国也正式改称"俄罗斯帝国"。

发生地点	发生时间	推荐理由
法国	18世纪初期到19世纪后期	一场波澜壮阔的思想解放运动，为法国大革命提供了精神武器，并为中国等国的革命提供了最先进的思想。

法国启蒙运动

事件介绍

在18世纪，法国产生了以反对封建专制制度及其精神支柱天主教反动势力为目标的思想解放运动，这就是启蒙运动。

启蒙运动是继文艺复兴之后欧洲发生的第二次思想解放运动。该思想解放运动兴起于西欧，后波及欧洲大多数国家，后来影响到全世界。

启蒙运动的发源地是资本主义最为发达的英国，霍布斯和洛克是英国最早的启蒙思想家。霍布斯的代表作是《利维坦》，洛克的主要著作有《人类悟性论》；两人都提出了社会契约的思想。

不过，启蒙思想真正得到发展却是在法国。

启蒙思想家把欧洲的封建制度比作漫长的黑夜，呼唤用理性的阳光驱散现实的黑暗。他们集中力量批判各种专制主义和教权主义，并且号召消灭专制王权、贵族特权和等级制度，号召打倒天主教会的世俗权威。他们追求政治民主、权利平等和个人自由。思想家们渐渐从传统偏见、神学教条、基督教会和专制政权的压制下解放出来，认为人类应该以理性的力量谋求现实的幸福。

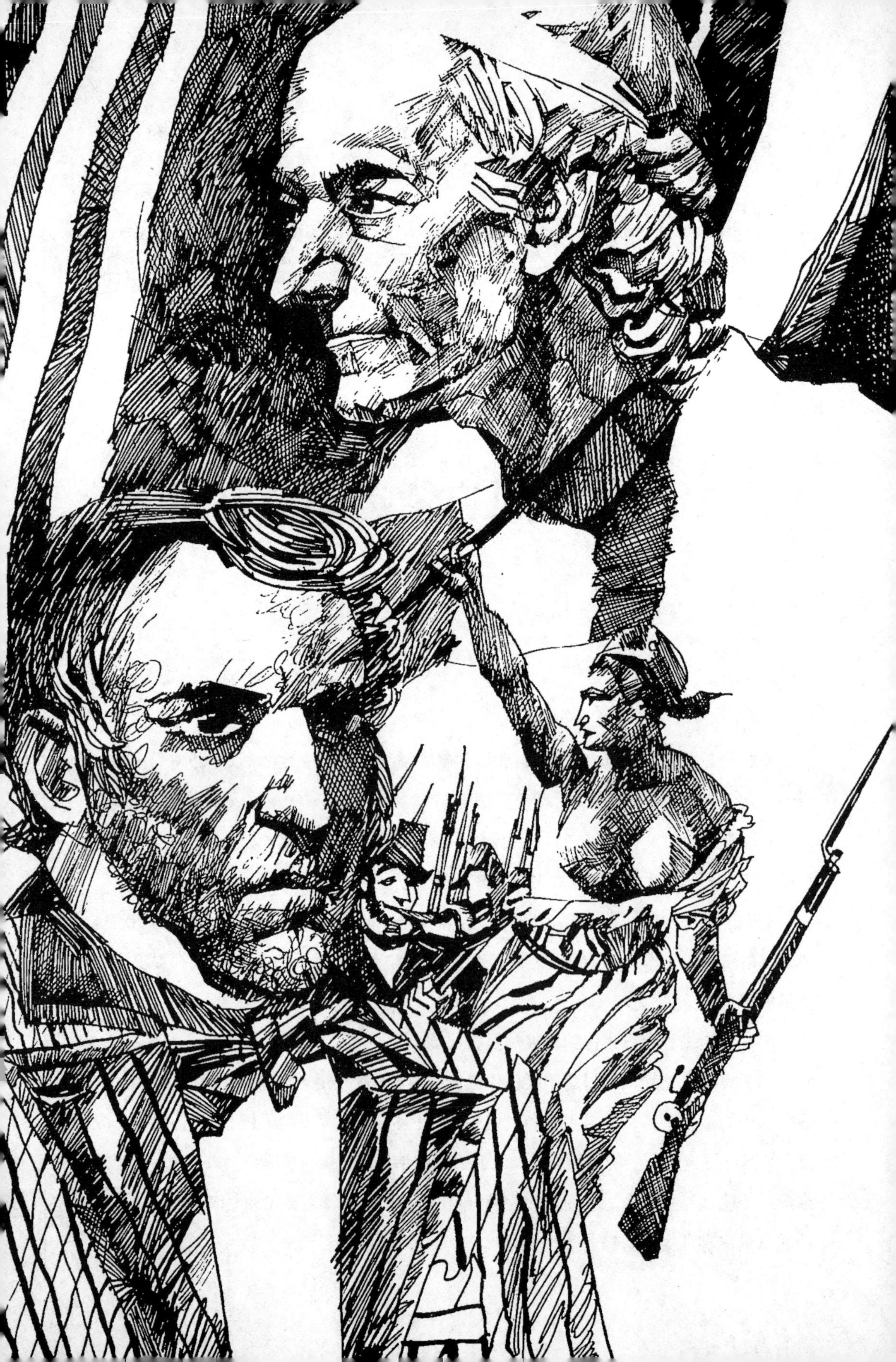

在欧洲的启蒙运动中，启蒙思想家辈出，法国思想家的影响尤为重要。这些思想家的思想对世界的进步做出了重要贡献。他们当中，最为著名的是伏尔泰、孟德斯鸠、卢梭和以狄德罗为代表的百科全书派。

伏尔泰（公元1694—1778年），原名弗朗索瓦·阿鲁埃，出身于法国巴黎一个工人家庭，是法国启蒙运动的领袖。他是一位多产的作家，写了大量的戏剧、史诗、小说、哲学和历史著作。他的著作清新、机智，常带有绝妙的讽刺，具有极大的批判性，深受法国人民喜欢。由于他写了攻击宫廷淫乱生活的讽刺作品，曾两次被捕入狱。

在政治上，伏尔泰认为自由平等是自然赋予人类的权利。他希望以改良的方式把当时专制的政治体制转变成君主立宪制。显然，这些思想都反映了当时法国日益强大的资产阶级的利益。

1778年2月，84岁高龄的伏尔泰在路易十五死后重返阔别28年的巴黎，人民群众夹道欢迎这位勇敢的斗士。5月30日，伏尔泰病逝。临终前，神父要他承认基督的神主，他愤然拒绝。反动教会不准把他葬在巴黎。大革命时期，伏尔泰的骨灰被运回巴黎，在法国伟人公墓隆重安葬。

孟德斯鸠（公元1689—1755年），出身贵族世家，曾在法院供职十多年，继承了男爵称号和波尔多省法院院长的世袭职务。但是由于孟德斯鸠早年受了时代精神的影响，对封建专制的专横、残暴和腐朽极为熟悉，因此他毅然投身于资产阶级思想革命的洪流。

孟德斯鸠曾周游欧洲各国，写了《波斯人札记》和《罗马盛衰原因论》等著作，鞭挞封建体制的腐朽。

1748年，孟德斯鸠发表了他的代表作《论法的精神》。在这部法学巨著中，他发展了17世纪英国哲学家、思想家洛克的分权学说，明确地提出了立法权、司法权、行政权三权分立的原则，这就是"三权分立"学说。

"三权分立"学说，为资产阶级统治和法律制度的建立提供了重要的理论依据，历来为各国资产阶级所推崇。可以说，1789年法国大革命的兴起，直接受到了孟德斯鸠思想的影响。

卢梭（公元1712—1778年），全名为让·雅克·卢梭，祖籍法国，出身于瑞士日内瓦的一个工人家庭。

1762年，卢梭发表了《社会契约论》，在其中，卢梭提出了他最为主要的政治观点

卢梭就像是启蒙运动的一盏明灯,引领人们加速前进。

"天赋人权"。卢梭认为:"人生而平等,国家应该是社会契约的产物,主权应该属于全体国民所有。"如果统治者违反民意,侵犯人权,撕毁大家都应遵守的社会契约,践踏公共意志,人民就有权力去推翻它。此外,卢梭主张在社会契约面前,人们应该遵守同样的制度,享有同样的权利。

卢梭很重视公共意志,反对个人因谋私利而违反公共意志。

卢梭这种"天赋人权"和"自由平等"的思想,被资产阶级革命派奉为"革命圣经"。后来法国资产阶级革命期间提出的"自由、平等、博爱"的口号,实际上就是卢梭思想的集中体现。

18世纪法国《百科全书,或科学、艺术和工艺详解辞典》的编撰出版,汇集了启蒙运动的各种思想成果。法国启蒙思想家德尼·狄德罗是《百科全书》的主编,因而被视为百科全书派的代表。

《百科全书》的内容反映了启蒙思想的本质:反迷信,反狂热,反宗教迫害,反专制,反社会不平等。

同时,它还反映了当时的一切科学成就,这都有助于启发民智和解放思想。因此,启蒙思想家们通过《百科全书》向当时反动的宗教和社会势力发起了猛烈的进攻。由于《百科全书》有力地批判了封建制度和天主教会,狄德罗等人屡遭当局的迫害,《百科全书》的发行也曾被禁止,书遭焚毁。但是最终出版的《百科全书》,形成了法国启蒙运动的高潮。

除了法国以外,在英国、德国、意大利以及美国、俄国等都出现了大批和启蒙运动有相同思想的思想家，形成了欧洲资产阶级思想文化运动的高潮。德国的莱辛、歌德、席勒领导的文学革命和康德开启的哲学革命，俄国的普希金、拉吉舍夫和十二月党人，都直接受到法国启蒙思想的影响，他们都自称是法国启蒙思想家的信徒和学生。这些思想文化运动有力地冲击了封建专制制度及其精神支柱天主教会，为资产阶级革命提供了思想上、理论上的准备，从而在世界近代史上产生了深远的影响。

▼ 启蒙运动让人们的思想与生活一下子变得鲜活、灵动起来。图为卡拉瓦乔笔下的闲适女孩。

发生地点	发生时间	推荐理由
英国	公元18世纪60年代—19世纪30年代	促使世界经济大力发展，开启了现代资本主义社会的大门。

引领社会生产力腾飞的工业革命

事件介绍

18世纪前后，欧洲各国相继完成了资产阶级革命，资本的原始积累使得资本家拥有了大量的金钱资本，并且使得成千上万的农民变成了自由劳动者。资本主义生产的发展，使得大批熟练工人在技术改进上积累了大量的经验，使发明、应用机器设备有了可能性。因此在18世纪60年代，英国首先发生了工业革命。

英国的工业革命首先是从棉纺织业开始的。1764年，织工兼木匠詹姆士·哈格里夫斯改进了前人的纺纱机，发明了一种手摇纺纱机。有一次，哈格里夫斯不小心踢翻了妻子的纺纱车。倒在地上的横架的纺锤直竖起来还在继续纺纱，他由此得到启发，改装纺锤，增加它的数目，使16至18个纺锤同时工作，于是棉纱产量大幅度增加，解决了纱荒问题。为了纪念他的妻子（也有说是他的女儿）珍妮，他把这架纺纱机称为"珍妮纺纱机"。

珍妮纺纱机是纺织史上的一大进步。此后，哈格里夫斯继续研究，发明了可以同时纺出120条纱线的机器，此举进一步提高了劳动效率。哈格里夫斯曾经自豪地说："我发明的机器，最初可以抵上8位太太，现在已经相当于120位太太了。"但是珍妮纺纱机显然还存在缺点，人们无法用它织出细密的经线来。这个问题在4年后也得到了解决。

1769年，理发师兼发套制作商理查德·阿克莱窃取了木匠海斯和开伊共同的发明，制成了水力纺纱机，奠定了工厂生产的基础。

1779年，童工出身的塞谬尔·克隆普顿吸取珍妮机和水力机的优点，发明了一种性能更好的走锭机，又称"骡机"。1785年，牧师卡特赖特发明了自动织布机，由此在1791年的英国出现了第一家规模较大的织布工厂。到18世纪末，英国的纺织工业已经基本上用机器替代了手工操作，把纺织工业推入了一个新的阶段。

机器在纺织工业的应用，引起了一系列的反应。有了机器纺纱和织布，就必须有机械化的漂白、印染、运输、起重等，否则机械化的纺织生产将没有意义。正如恩格斯所说的："随着纺纱部门的革命，必然会发生整个工业的革命，我们到处都会看到，使用机械法和普遍应用科学原理是进步的动力。"

上面提到的各种纺织机器都属于工具机，它们需要大动力来推动，人力、水力和风力都是不能够胜任的。因此，发明一种新的动力机，是当时的迫切需要。

1765年5月的某一天，苏格兰著名的格拉斯哥公园里，一个貌不惊人的年轻人正坐在一个长椅上苦思冥想。当他仰望天空看到朵朵白云在万里晴空飘动的时候，他突然想到：

工业革命后,人类逐渐进入大规模生产的时代。图为美国一家汽车公司的车轮制造车间。

"那些白云多像蒸汽啊！蒸汽一膨胀，也会像白云一样不断飘动。如果设计一个装置，让蒸汽飘到这个装置里进行冷却，汽缸不就可以保持正常的温度吗？"于是，他回家后将这些想法进行了设计。不久，世界上诞生了第一台蒸汽机，发明蒸汽机的就是格拉斯哥大学的教具实验员詹姆士·瓦特（公元1736—1819年）。

1775年，瓦特成功制造出了蒸汽机最为重要的部件——蒸汽汽缸。真正意义上的第一台功能比较完善、能够使用的蒸汽机才得以诞生。1785年，瓦特和他的合作者默多克成功设计了蒸汽分配缸。经过20年的艰辛历程，瓦特研制蒸汽机的工作得以圆满结束。

瓦特蒸汽机的发明，给当时的工业生产注入了新的活力，为其他机器的发明和应用提供了前提。蒸汽机是人类继用火之后，在驯服自然力量方面所取得的最大胜利。这种高效的蒸汽机很快取代了以前旧式的蒸汽机和动力机器，被各个工业系统迅速采用。

瓦特蒸汽机的历史意义，怎样夸大也不为过。它提供了治理和利用热能、为机械供给推动力的手段，从而使人类结束了对畜力、风力和水力由来已久的依赖。这时，一个巨大的新能源已为人类所获得，而且不久，人类还开发出了藏在地球中的其他矿物燃料，即石油和燃气。从此，西欧和北美洲每人可得到的能量分别为亚洲每人的11.5倍和29倍。这些数字的意义在一个经济力量和军事力量直接依赖于所能获得的能源的世界中是很明显的。可以说，19世纪欧洲对世界的支配与其说是以其他任何一种手段或力量为基础，不如说是以蒸汽机为基础。

此后，美国人富尔顿发明了以瓦特蒸汽机为动力的轮船，英国人斯蒂芬逊把蒸汽机安装到火车头上，从此铁路交通以一日千里的速度发展。有人说，瓦特把世界工业推入了"蒸汽时代"。

在蒸汽机、纺织机以及其他机器生产的推动下，工业革命发展到了第三阶段。

工业革命加速了资本主义社会的发展。蒸汽机的发明和使用，使得大规模生产成为可能，工厂制日益普及；火车的发明，解决了陆路交通问题，1825年斯托克顿达灵顿铁路通车，1830年利物浦和曼彻斯特也被铁路连接起来，到19世纪50年代为止，英国的主要铁路干线都已经完成；蒸汽机在船舶上的应用，大大提高了航海的效率，1812年在多佛尔和加莱之间有了轮渡，1838年"天狼号"和"大西洋号"蒸汽轮船横渡大西洋成功；交通运输的迅速发展，为人口流动，制成品和原材料的流通，提供了快捷、安全的交通工具。

所有这些，促使市场不断扩大，商品经济日益繁荣。此外，工业革命推动了城市的发展。1851年，英国的英格兰和威尔士的城市人口总和已经超过农村人口，城市人口比重达到50.2%，这表明这些地方已经初步实现城市化。

发生地点	发生时间	推荐理由
澳洲大陆	公元 1768—1770 年	澳大利亚等陆地开始为文明社会所了解，并改变了世界版图。

库克船长发现澳洲大陆

事件介绍

库克船长于1728年10月出身于英国约克城的一个贫苦农民家庭。由于家庭贫困，年幼的库克并没有受到良好的教育。但是库克从小熟悉海上航行和生活，他在18岁时就进入当地著名的沃克船舶公司工作并且到波罗的海做了几次航行，到21岁时，库克已经是航行在北海运煤船上的好水手了。

库克才刚刚30岁时，便受命完成了极为重要的探测圣·罗伦索河道的任务，为英国军队登陆打下了基础。战争结束之后，库克作为"格伦维尔号"船的船长承担了纽芬兰、拉布拉多和新斯科舍河沿岸的调查工作。

在美国独立战争以后，英国需要建立新的罪犯流放地来代替它在北大西洋的殖民地。于是，自然学家约瑟夫·班克斯爵士与库克船长同行，在1768年至1771年间实地绘制了澳大利亚东海岸图，为这一大片南面大陆被用作安置犯人的殖民地创造条件。

最初是在1768年8月26日，库克受命率领"促进"号，护送一名天文学家、两名植物学家和一名善长博物学的画家去太平洋上的塔希提岛观察金星围绕太阳旋转的情形。同时，他们还需要调查太平洋中的维纳斯航道并考察该海区的新岛屿。

澳洲著名的风景——艾尔斯巨石。它是世界上最大的整体岩石。

　　库克的船队先向南航行，绕过好望角之后，于1769年4月13日到达塔希提岛。完成考察任务之后，库克一行又前往南太平洋。库克希望能够弄清楚曾被埃贝尔·塔斯曼发现但在地图上仅有两个粗线记号的两个大岛的情况。

　　库克的调查船到达南太平洋之后，在新西兰登陆。在那里，库克逗留了6个月的时间，围绕两岛航行，研究它们的地形特征，并把两个岛屿标绘在海图上。库克船长决定继续向西航行，经过20天航行，于1770年4月25日到达澳大利亚东南海岸。尽管澳大利亚东南海岸暗礁密布，库克他们还是顺利登上了这块欧洲人从未到达的大陆，并将这片大陆命名为新南威尔士，并以乔治三世的名义宣布了英国对这个大陆的占领。在这里，库克船长发现了袋鼠。

　　此后，船只继续沿岸北上，库克等调查了澳大利亚长达2000英里的东部沿岸，编制成完整的地图。而且，船只成功地驶过昆士兰的大堡礁，渡过澳洲与新几内亚岛之间的托雷斯海峡，确认这两个大岛之间并不相连。此后，库克继续向西穿过澳大利亚和新几内亚之间的海峡，经过印度尼西亚，取道印度洋，绕过好望角后于1771年7月12日返回英国。这是库克船长的第一次航行。

这次航行不仅取得了原定的成果,还有了意想不到的发现。回国后,库克船长受到英王的接见,并晋升海军中校。

从1772年7月13日到1775年,库克再次率领"坚定号"船从英格兰启航,进行第二次远航探测,目的在于验证"在南方还存在着一个大陆"的报道。在这三年的夏季,库克都从太平洋的最南端航行到巨大的冰山地段。"坚定号"三次到达南极海面,越过南纬70°,首次完成自西向东高纬度的航行,并绘制了得加和复活岛的海图,发现了太平洋上的多个岛屿和大西洋上的多个岛屿。他此前穿过的新西兰南岛与北岛间的海峡和太平洋中的一处群岛已被命名为库克海峡和库克群岛。

1775年7月29日,他再次从好望角返航到英国,完成了在南半球高纬度地区绕地球一周的航行。

1776年7月12日,库克开始了他的第三次也是最后一次航海。这次远航的目标在于考察大西洋和北太平洋之间是否存在西北或者东北航道,并寻找绕过北美洲到大西洋的航道。

1778年1月18日,库克发现了瓦胡岛,并于1月20日在考

爱岛登陆，上岛后船员们用铜章和铁钉跟当地人换取鱼、猪肉和山药。接着，库克继续向北航行到了阿拉斯加，进入白令海峡，最终得出这样的结论：从白令海峡到大西洋几乎是不可能的。由于遇到难以通过的冰区，船只不得不折回南下。一年后，库克船长又返回夏威夷群岛，并用两个月的时间试图在毛伊岛寻找一个港口，但被证明是徒劳的。

船队最后来到了夏威夷岛。1779年2月14日，库克船长航行到凯阿拉凯夸湾。非常巧的是，当时这里正在举行一个纪念洛诺神的仪式。根据当地的传说，洛诺神有一天会降临地球。神话中的洛诺神是一个站在桅杆形柱子上、身披船帆一样的树皮布斗篷的人。库克船长的到来似乎应验了这种预言。

于是，库克和他的船员们被领入一个寺庙，并受到上帝般的礼遇。当地土著人明白了他们也是人，而不是他们要找的洛诺神后，库克和当地土著之间的关系迅速恶化。

不久，一个土著人从库克船长的船队上偷走了一条救生船，双方的矛盾彻底激化。为了夺回这只救生船，库克船长掳获了当地的卡拉尼奥普酋长，想用这个酋长换回救生船。但是这个举动激怒了土著人，双方正式进入战争状态。库克的船员用火炮和利箭打死了几十名当地人，土著人则用木棍、石器还击。在一次战斗中，库克船长和4名水手被土著人击毙。时年库克船长51岁。

库克船长的探测航行证明了澳洲大陆并不是延伸向南极大陆的一部分。澳大利亚在被库克船长发现之后，就被英国开发为殖民地。1788年，英国政府在现在的新南威尔士州（以悉尼为中心）建立了澳大利亚第一个殖民地，开始了对澳大利亚的开发和殖民统治。10月，由11艘船只组成的第一舰队到达杰克逊港，也就是今天的悉尼港。这些船只共载有1500人，其中半数是犯人，这便是最早在澳大利亚定居并开发澳大利亚的澳洲人。1月26日，菲利普总督在悉尼登陆，现在这一天被定为澳大利亚国庆日。

经过早期的艰苦开发，罪犯流放地逐渐发展成兴旺繁华的城镇，人们开始寻找新的活动地。探索者们发现了穿越蓝山的路径，于是很快从悉尼向西发展。当时的夺地者和投机者纷纷赶着牲口前往遥远的地方，开辟新的定居点。

1840年，英国停止输送罪犯到新南威尔士，但是向西澳大利亚输送罪犯的活动则一直继续到1868年。

在1788年至1821年间，大约有27660名囚犯被运往悉尼。1901年1月1日，原先的6个殖民地组成联邦，即澳大利亚联邦。英国的君主形式上仍是澳大利亚的君主。

发生地点	发生时间	推荐理由
美国	公元1776年7月4日	宣布了美国的诞生,继承和发展了天赋人权和社会契约理论,成为以后各殖民地人民争取独立的理论根据。

美国颁布《独立宣言》

事件介绍

1770年3月5日,英属北美殖民地波士顿的绳索制造工人聚集在海关,向守卫海关的英国兵投掷雪球。士兵在慌乱中向群众开枪,杀死数人,制造了震惊北美的"波士顿惨案"。

1775年4月18日,13个殖民地之一的马萨诸塞的总督根据密报,派遣几百名英军前往波士顿附近的列克星敦和康科德,企图收缴当地民兵的秘密军火库,并企图逮捕当地革命组织"通讯委员会"的领袖。此行英军死伤247人,民兵牺牲了几十人。

列克星敦的枪声震动了大西洋沿岸的13个殖民地,美国独立战争从此开始。

面对这种形势,北美殖民地于1775年5月10日在费城召开第二次大陆会议。会议决定成立大陆军,原英军上校、弗吉尼亚种植厂主乔治·华盛顿被任命为总司令。根据大陆会议的决议,托马斯·杰斐逊、约翰·亚当斯、本杰明·富兰克林、罗杰·谢尔曼和罗伯特·利文斯顿五人组成了委员会,负责起草《独立宣言》。

8月23日,英王宣称殖民地的反抗活动"非法",宣称"宁可丢掉王冠,绝不放弃战争"。同时,英王派遣5万军队赶赴北美殖民地,企图镇压殖民地的反抗活动。

6月,华盛顿率领大陆军在波士顿附近的班克山和装备精良的英军展开了第一次正面接触，沉重打击了英军，显示了北美民兵的强大战斗力。次年3月，华盛顿率领军队占领波士顿，英军被迫撤离，大陆军取得了自组建以来的最大胜利。英军这时企图凭借其海军优势首先切断新英格兰和其他殖民地的联系，然后各个击破。

1776年7月4日，美国大陆会议通过了《独立宣言》，宣布北美殖民地脱离英国，成立美利坚合众国。《独立宣言》的全称为《美利坚合众国13个州一致通过的独立宣言》。宣言一开始就宣称："当一个民族有必要解除一直把它与另一个民族连接起来的政治桎梏，并在世界列国中确认由自然的法律和自然的上帝的法律所赋予他们的独立平等地位时,对人类公意的真诚尊重要求他们宣布迫使他们独立的理由。"

《独立宣言》的颁布，宣告了北美殖民地脱离了英王的统治，并且成立美利坚合众国，7月4日也被定为美国独立日（国庆日）。《独立宣言》是美国资产阶级革命的纲领性文献，

1776年7月4日，北美洲的13个英属殖民地宣告独立。

它充分地表明了北美新兴的资产阶级争取民主、自由、平等和民族独立的政治要求。

此后,人口不到300万、刚刚诞生的美国,和人口超过3000万、拥有雄厚实力的英国展开了长达8年的独立战争。战争初期,美国大陆军不超过3万人,而英军则超过了9万人,因此北美独立战争经历了一段极为困难的时期。1776年12月,为了保存实力,华盛顿决定放弃纽约,这标志着独立战争进入了困难时期。

但是华盛顿和大陆军官兵并没有放弃。当年圣诞夜,华盛顿率军渡过特拉华河突袭伦敦黑森雇佣兵军营,接着又在普林斯顿重创英军。1777年7月,英军计划兵分三路,期望实现切断新英格兰的计划。当北路军队在蒙特利尔孤军南下时，处处受到民兵的阻击和突袭，最后退守萨拉托加。当大陆军和民兵以3倍于英军的兵力将其包围时，这支英军不得不于10月17日向美军投降。萨拉托加大捷，成为美国独立战争的转折点。

此后，英军和美军进入了战略相持阶段，战场逐步转向南方地区。此时，国际形势也朝着对美国有利的方向发展。1778年2月，美国和法国签订了军事同盟条约，法国正式承认美国独立。6月，法国向英国开战，此后西班牙也加入了对英国的战争。俄国、普鲁士、荷兰、丹麦、瑞典等国组成了"武装中立同盟"，打破了英国对美国的海上封锁。

其实，早在1777年，法国名将拉法耶特就自费到美国，支援美国的独立战争，担任华盛顿的副官。在英勇负伤之后，拉法耶特中途回国并积极敦促法国政府支援美国战争，还在1780年4月率领一支法国军队再度赴美。另外，其他国家也开始支援美国。1778年，普鲁士军官斯特乌本到达大陆军并担任要职，把大陆军训练成一支纪律森严、有较强战斗力的军队。欧洲各国革命民主人士发起了援助美国独立战争的运动，大批志愿者远渡重洋，参加大陆军对英军的战斗。

1781年4月，英军在康华利率领下，退守弗吉尼亚，而美军则趁势南下，收复了除萨凡纳和吉尔斯顿之外的南部领土。8月，康华利率领8000名英军退守弗吉尼亚半岛顶端的约克敦。此时，整个北美战场就剩下了纽约和约克敦这两个据点。此时，华盛顿率领法美联军秘密南下弗吉尼亚，此后，法军正规军用海军封锁海港，切断英军海上补给线，断绝了英国军队退路，华盛顿则率部从正面猛攻。9月28日，将近两万名联军从陆海两方面对约克敦进行包围。

在联军炮火的围攻下，康华利走投无路，只好于10月19日宣布投降。当服装整齐的红衫军走过衣冠不整的美军面前并放下武器时，美军军乐团奏响了著名的《天翻地覆，世界倒转过来了》这支名曲。

1783年，英美在法国巴黎签订《巴黎和约》，英国被迫承认美国13个殖民地独立，并且撤出全部英国军队。同时，将密西西比河以东的广大领土割让给新生的美国。

发生地点	发生时间	推荐理由
法国	公元1789年7月14日	人类历史上第一次最为彻底的资产阶级革命，有力地支持了欧洲其他国家的反封建和民族独立斗争。

法国大革命灭亡封建统治

事件介绍

在法国大革命发生之前，法国社会划分为三个不同的等级，僧侣为第一等级，贵族是第二等级，其他各种人都归为第三等级，包括工商业者、银行家、律师、作家、工场工人、农民、城市平民等。第一、第二等级的人数只占全国总人口的1%，但是他们有钱有势，占有全国土地的40%，而且拥有各种特权，想尽各种方法压榨平民。第三等级担负着生产和纳税义务，但是却没有任何政治权利。

路易十六上台之后，昏庸顽固、沉迷于享乐，而对政事却不感兴趣。他的王后是一个奥地利公主，同样挥霍无度，嗜好赌博。在国家财政濒临崩溃，人民生活非常艰苦的时候，国王和王后却为买城堡花费了1600万利弗尔。1789年，法国国债达到45亿利弗尔。面对此情况，路易十六走投无路，决定召开已有175年没有开过的"三级会议"，希望能够解决财政危机，把财政困难转嫁到第三等级身上。

1789年5月5日，三级会议在凡尔赛召开，出席的代表中，第三等级占了大约50%。会议一开始，自恃享有免税特权的第一、第二等级代表拒绝和第三等级代表一起讨论。而第三等级的代表迫切要求改变封建专制的法国政治，争取获得自由和平等，因而得到广大巴黎市民的拥护。第三等级代表趁开会的机会提出，限制国王的权力，把三级会议变成国家的最高立法机关。后来他们又宣布由他们自己组织国民议会，代表全体法国人民讨论国家大事。

6月23日，国民议会引起了路易十六的震怒和恐慌，宣布国民议会非法，出动军警，封闭会场，禁止国民议会开会。国王的专制行为不仅没压住第三等级代表的反抗，而且第一、第二等级的代表也全部参加了国民议会。7月9日，国民议会改名为制宪议会，把制定宪法作为议会的主要任务，公开反抗国王，双方的冲突更加激烈。

路易十六决定用武力解散制宪议会，数万巴黎市民上街游行，并与军警发生冲突。7月13日，起义队伍进入堆放王室武器的巴黎荣军院，夺取了近3万支步枪，并且很快控制了巴黎绝大部分地区。

成千上万的起义者喊着"到巴士底狱去"，很快，起义者包围了巴士底狱。经过几个小时的激战，一门威力巨大的火炮把巴士底狱的围墙给轰塌了。最后，起义者攻占了这个堡垒，处死了巴士底狱的指挥官德罗内。巴士底狱的攻占，是巴黎人民的伟大胜利，它标志着法国大革命的开始。

巴黎人民攻克巴士底狱之后，代表大资产阶级和自由派贵族利益的君主立宪派上台。马上，制宪议会成了法国最高的行政和立法机关，其中，第三等级的代表起了主导作用。8月26日，法国国民议会通过《人权和公民权利宣言》，即著名的《人权宣言》，该宣言后来被用来作为1791年宪法的前言。《人权宣言》是18世纪末法国资产阶级革命初期，为反对封建专制统治，阐明资产阶级社会基本原则而提出的纲领性文献。

1791年，代表大资产阶级和自由派贵族利益的斐扬派取得政权，制定了《1791年宪法》，规定法国为君主立宪制，此后制宪议会解散，召开立法会议，维护君主立宪政体，反对革命继续发展。

▲ 法国德拉克洛瓦作品《自由引导人民》。

　　6月，路易十六逃出巴黎，企图去国外组织欧洲封建势力，加强对法国革命的围剿。但是路易十六的阴谋并没有得逞，他未出国界就被民众发现并被押回巴黎。

　　法国大革命爆发后，欧洲各国君主们视其为洪水猛兽，为置之于死地，结成了反法同盟，宣布支持法国路易十六的君主政体，并在法国周围边境地区集结兵力，做好了战争准备。1792年4月法国向奥、普宣战。战争开始后，法国人民热情很高，但在新招募的军队组建之前，作战的主力仍是原法军。由于法军战备水平低，机动能力差，指挥欠协调等原因，4月28日法军北方军团刚越过法比边界与敌军相遇，就惊慌失措，溃不成军。

　　前线的失败激起了法国人民对国王和君主立宪派的强烈不满。8月，14万普奥联军向法国东北部边境逼近。8月10日，巴黎人民再次举行武装起义，推翻斐扬派统治，逮捕路易十六国王。9月21日召开国民公会，代表工商业资产阶级利益的吉伦特派执政，次日宣布成立法国近代史上的第一个共和国——法兰西共和国。此后，法国人民组成义勇军开赴

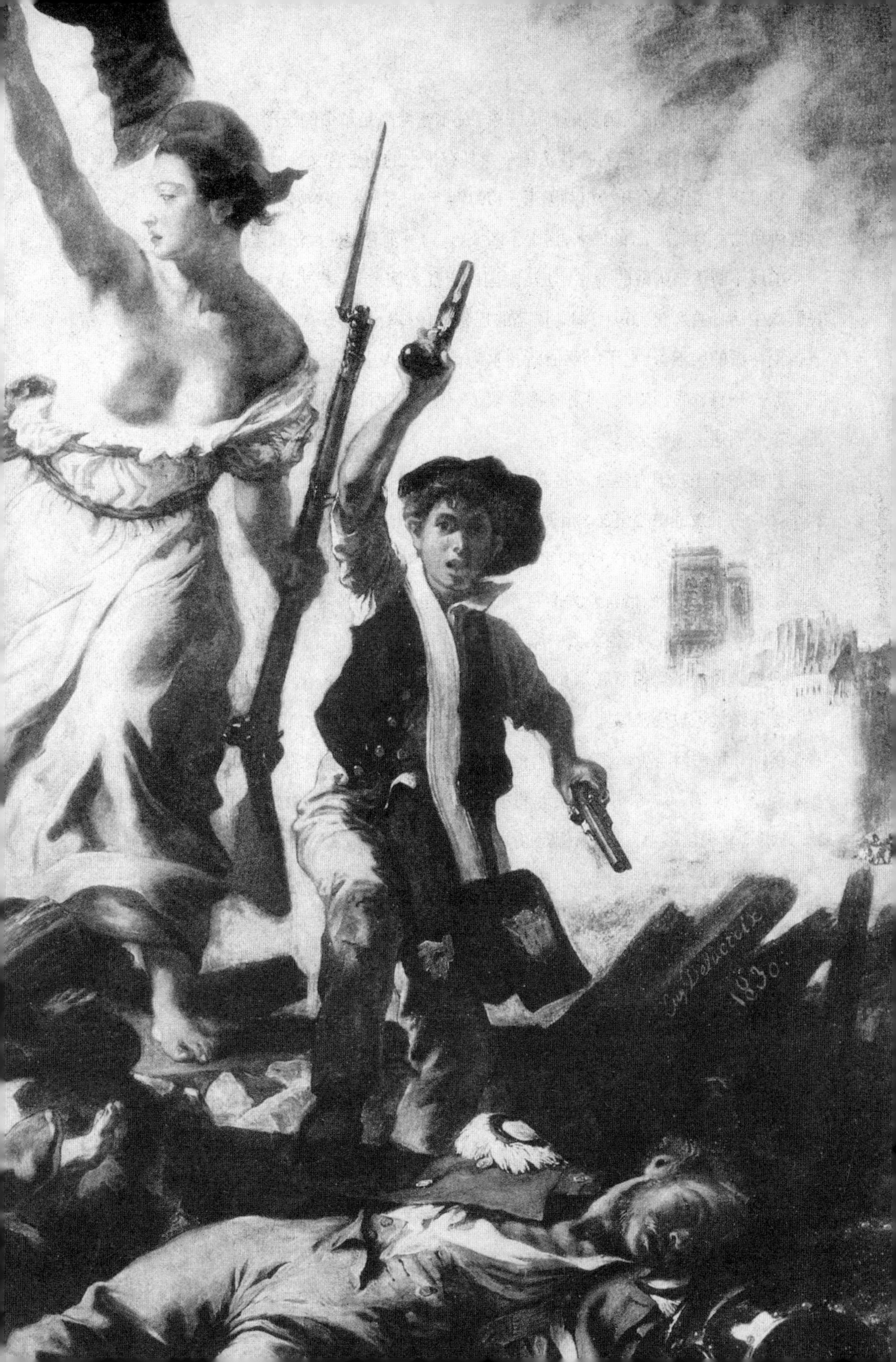
1830

前线,在瓦尔密大败侵入国境的普奥联军。瓦尔密会战是革命的法国反击欧洲反法联盟的第一次胜利,它对挽救法国革命具有重大的历史意义。

1792年,国民公会开始审判国王。1793年年初,路易十六被以"阴谋反对公众自由和危害国家安全"的罪名,送上了断头台。这一消息促使反法联盟得到壮大。

前线不断传来失败的消息,使法国国内叛乱愈演愈烈,投机商哄抬物价,人民群众生活日益恶化。6月2日,愤怒的巴黎人民举行了第三次武装起义,推翻了吉伦特派的统治,建立了以罗伯斯庇尔为首的、代表中小资产阶级利益的革命民主派——雅各宾派专政。雅各宾派采取了一系列巩固和发展革命的措施,使法国大革命到达了顶峰。

共和军首先向国内叛军发起进攻,西北部叛军被迅速镇压了下去。不久,共和军又攻占了叛乱中心里昂,迫使叛军投降。在南方,共和军两次打败叛军,并乘胜进攻马赛。12月19日,共和军收复土伦,在这次战斗中,年轻军官拿破仑·波拿巴表现出色,被破格晋升为准将。在对外战争中,共和军也取得了重大胜利。

1794年7月27日,雅各宾派中原先被罗伯斯庇尔镇压的右派势力发动了"热月"政变,逮捕了罗伯斯庇尔和圣鞠斯特,建立热月党人统治。

法军继续进攻反法联盟。1796年春,法国发动对奥地利的进攻,法军主力在美茵河和莱茵河与奥军相持不下,但拿破仑指挥意大利军团在意大利北部击败奥军和萨丁王国,1797年攻入奥地利本土,10月,双方签定"坎波福尔米奥和约",奥地利退出战争,反法联盟瓦解。

1798年5月,拿破仑远征埃及,7月,法军击败马木留克军,征服埃及。8月,法国地中海分舰队在阿布吉尔海战中被英舰队全歼,法军被困埃及。第二年春,拿破仑向叙利亚进军失利。1799年,英国再次组织第二次反法联盟,向法国新占领的地区发动围攻。法国国内反对势力企图发动政变,拿破仑秘密潜回法国,发动"雾月十八日政变",建立临时执政府,法国进入拿破仑时代。至此,法国大革命进入了尾声。

法国大革命以深刻的政治经济变革,激发了广大民众的革命热情,并在战争中转化为强大的战斗力量,以摧枯拉朽之势推翻了封建统治。这次革命摧毁了法国封建专制制度,促进了法国资本主义的发展;也震撼了欧洲封建体系,推动了欧洲各国革命。

发生地点	发生时间	推荐理由
法国	公元 1804 年 12 月 2 日	法兰西第一帝国几乎控制了整个欧洲大陆，促进了资产阶级革命在欧洲大陆国家的胜利，编著了资产阶级国家最早的一部民法典。

拿破仑建立法兰西第一帝国

事件介绍

1796年8月15日，拿破仑·波拿巴出身于科西嘉岛阿雅克修城的一个贵族家庭。他的父亲是一位律师，曾热衷于政治，并参加过法国的政党。

在15岁时，拿破仑进入了巴黎陆军学校学习数学、军事和历史。

从巴黎陆军学校毕业后，拿破仑当上了一名少尉军官。1789年法国大革命爆发以后，拿破仑坚定地站在革命营垒之中，对革命予以最大限度的支持。很快，拿破仑在粉碎保王党叛乱、击溃国际反法联盟的战斗中表现出色，从少尉直接提升为准将。

1795年，国民议会受到保王党人的包围。拿破仑被重用，任命为法国"内防军"司令。这年10月，拿破仑指挥6000名士兵，去对付将近3万人的保王党部队。年轻气盛的拿破仑对于这种情况一点也不感到害怕，他反而认为，这是施展自己的抱负、表现自己才能的好机会。他认为，如果自己有3万兵力，而敌人只有6000人，那么，打胜了也不光荣。拿破仑率军英勇出击，在不到一天的时间内，就成功地镇压了全部敌人。拿破仑以少胜多，又取得了重大胜利。

1797年，拿破仑被任命为法国"意大利方面军"总司令，远征意大利以扩大革命成果,打击封建势力。1798年,拿破仑率军前往埃及。但是在英国的支持下,受到入侵的埃及、叙利亚对法国军队给予了有力打击,最终导致拿破仑进退两难,难以立即做出决断。正当拿破仑陷入困境时,俄国军队在沙皇本人的带领下,组织欧洲其他反法各国,结成第二次反法同盟,向法国发起进攻,试图将法国革命彻底消灭。另外,法国国内保王党人此时也蠢蠢欲动,企图从内部推翻资产阶级统治。

此时法国热月党人建立的督政府已经无力应付内外局面。于是,1799年10月,拿破仑抛下法国远征军,只率领少数随行人员,偷偷离开埃及,急匆匆地连夜赶回巴黎。资产阶级如获"救星",热烈欢迎拿破仑。此后,拿破仑在大资产阶级的支持下,策划了夺取法国军政大权的行动。

11月9日,拿破仑开始行动。他的心腹西哀士布置在元老院的同谋者借口"共和国在危机中",让元老院通过法令任命拿破仑为巴黎卫戍司令,接着,拿破仑被召唤到元老院宣誓效忠宪法。然后,拿破仑派军队控制了督政府,并接管了革命政府的一切事务。这一天是法国共和历的雾月十八日,所以历史上称拿破仑在这天发动的政变为"雾月十八日政变"。

此后,拿破仑把法国议会(元老院和500人院)全部解散,夺取了议会大权,并宣布成立执政府,自己出任临时三执政人之一。不久,拿破仑就被推选为第一执政。雾月政变后,法国开始了拿破仑的个人军事独裁统治。

1804年12月2日,拿破仑在巴黎圣母院大教堂加冕称拿破仑一世,建立了拿破仑帝国,这就是法兰西第一帝国。

拿破仑登位后,积极加强登陆英国本土的战备活动。惊慌失措的英国联络奥地利、俄国组成了第三次反法同盟。奥俄在东线向法国发起强大攻势。面对这一形势,拿破仑放弃了登陆英国本土的计划,立即挥师东进,在乌尔姆要塞围歼了奥军主力。

1805年12月,著名的"三皇大会战"拉开了帷幕,这就是著名的奥斯特里茨大战。在这场大会战中,拿破仑充分显示了自己杰出的军事才能。面对比自己强大的联军,他采取了以静制动、后发制人的战略。

战斗一开始,联军由于在数量上占优势,作战取得一定进展,法军右翼阵地相继被俄军攻取。拿破仑立即把右翼预备队调了上来,俄国皇帝、总司令库图佐夫以及司令部因而失去了对联军的控制。

在北段,法国军队成功地击退了俄军的攻击。当法军完全控制高地之后,拿破仑令其左翼向俄军发起全面进攻。虽然俄军作战十分英勇,但最终还是败下阵来。在南段,面

法国著名画家大卫的名作《拿破仑越过圣贝尔纳山》。

对法军大炮的猛烈轰击,联军很快就被压缩到狄尔尼兹和察特卡尼之间半结冰的湖泊上。但是湖泊的冰块很快被法军炮火击碎,大量联军掉在湖里淹死了,其余的则当了俘虏。

奥皇和俄皇眼见全军覆没,慌忙逃窜。将近黄昏时,战斗结束。这一仗,俄奥联军死伤1.5万人,损失火炮186门,炮兵几乎全被消灭,余众四散逃命,俄奥联军事实上已不存在;而法军仅死亡800人,负伤6000人。

不久，奥皇提出休战，拿破仑当即同意，条件是要求所有的俄军撤出奥地利，退回波兰。12月6日，法奥签订停战协定，奥地利割让占全国人口总数1/6的国土和每年4000万法郎的战争赔款。会战后，欧洲第三次反法联盟随即瓦解，中欧地区成立了受法国保护的莱茵邦联，奥皇被迫解散神圣罗马帝国。

奥斯特里茨会战是拿破仑的军事杰作。无论在军事方面还是在政治方面，这位法国皇帝显然都凌驾于奥俄二皇之上。

1806年，普鲁士、俄国再次组成第四次反法同盟，但是不久法军就大败普军，占领柏林而迫使普鲁士投降，失败的代价是丧失1/2的领土，赔款1亿法郎。

1807年，俄国战败，法国和俄国签订《提尔西特条约》。1807年和1808年，法国侵占葡萄牙、西班牙。1809年，英国又与奥地利组成第五次反法联盟。法军连续战败奥军后，迫使奥地利签订了《维也纳和约》，奥地利向法国割让大片土地，赔款8500万法郎。

到1810年，拿破仑帝国达到了其鼎盛时期，法国几乎控制了整个欧洲大陆，并在占领的国家和地区进行了一系列资产阶级改革，破坏封建基础，推广其《拿破仑法典》。

发生地点	发生时间	推荐理由
法国	公元1815年6月18日	法兰西第一帝国彻底灭亡，形成了英国称霸世界的局面。

滑铁卢战役

事件介绍

1810年至1811年，拿破仑帝国的扩张达到了顶峰，但是实际上帝国内部已经不稳定，国内外危机四伏。

加速法兰西第一帝国灭亡的重要因素是1812年拿破仑侵略俄国战争的失败。1812年6月，拿破仑亲率60万大军入侵俄国。俄国由于前线人少而处于劣势，节节败退。随之，俄国的冬季来临，法国大军陷入饥饿和寒冷的困境。此时，俄军开始反攻，并包围了法军。

拿破仑此时不得不下令撤退，在路上，法军遭到俄军和俄国游击队的夹击，几乎全军覆没。拿破仑兵败俄国，更加鼓舞了被法国奴役的欧洲其他各国人民的反抗情绪。1813年，英国、俄国、普鲁士、瑞典、西班牙、葡萄牙等国组成第六次反法联盟。10月，拿破仑同各国联军在莱比锡展开决战，双方兵力都达到了60万，但是拿破仑在莱比锡惨败。

1814年3月，联军攻入巴黎，拿破仑被迫退位，继而被关押在地中海上的厄尼巴岛。波旁王朝复辟，路易十六的弟弟即位，称路易十八。

1815年3月，拿破仑利用法国人民对复辟王朝的不满而逃出了厄尼巴岛，重新执政，史称"百日政权"。

拿破仑复位后抓紧一切时间重建帝国政权和大军。他多次声明，重建的帝国与过去不一样，声称愿意承认《巴黎和约》限定的法国疆界，请求各国罢兵，但该请求遭到同盟国拒绝。

到6月上旬，已有18万人集结在拿破仑手下，但令拿破仑遗憾的是，过去富有作战经验的老将已不愿再为拿破仑效力。更为严重的问题是，法国的武器、马匹和弹药都不足。

6月16日，法军主力在林尼附近同普军主力交战，拿破仑另派5万兵力牵制住英军。黄昏时分，威灵顿收到布吕歇尔请求增援的急件，可他认为拿破仑进攻布鲁塞尔的危险依然存在，于是令各师向布鲁塞尔方向集中，以确保经蒙斯到布鲁塞尔的道路安全。

一直到傍晚雷雨过后，布吕歇耳才发现，威灵顿并没有对自己进行增援，而法军此时已占领林尼村，普军防线已被切断。林尼一战，普军死伤约1.6万人，而法军同样伤亡惨重，共损失了1.1万人。

威灵顿听到布吕歇耳战败，害怕自己也陷入拿破仑的包围圈中而孤军作战，便迅速向滑铁卢方向撤退，并把战场设在滑铁卢以南约3公里的一片丘陵地带上。

1815年6月18日，决定拿破仑命运的滑铁卢决战开始。拿破仑在此战役中投入了7.2万人，而其对手威灵顿公爵则指挥联军6.8万人和普鲁士军队4.5万人。显然，联军在兵力上占有很大的优势。但是拿破仑这时还对法军战胜联军充满了信心，他对他的官兵们说："对我们有利的机会不下于90%，而不利的机会则不到10%。"

法军进攻时间定为18日上午9时，可是那天早上天公不作美，一直下着绵绵细雨，这使得滑铁卢的地面泥泞不堪。这时有个炮兵上尉建议拿破仑最好将进攻时间推迟3小时，因为泥泞的地面会使骑兵和炮兵难以行动，而且炮弹陷入泥中，会影响其杀伤力。炮兵出身的拿破仑采纳了这一建议。以一个后来者的身份看这一决策，拿破仑又犯了一个错误，因为这3个小时给普鲁士军队前来增援提供了时间。

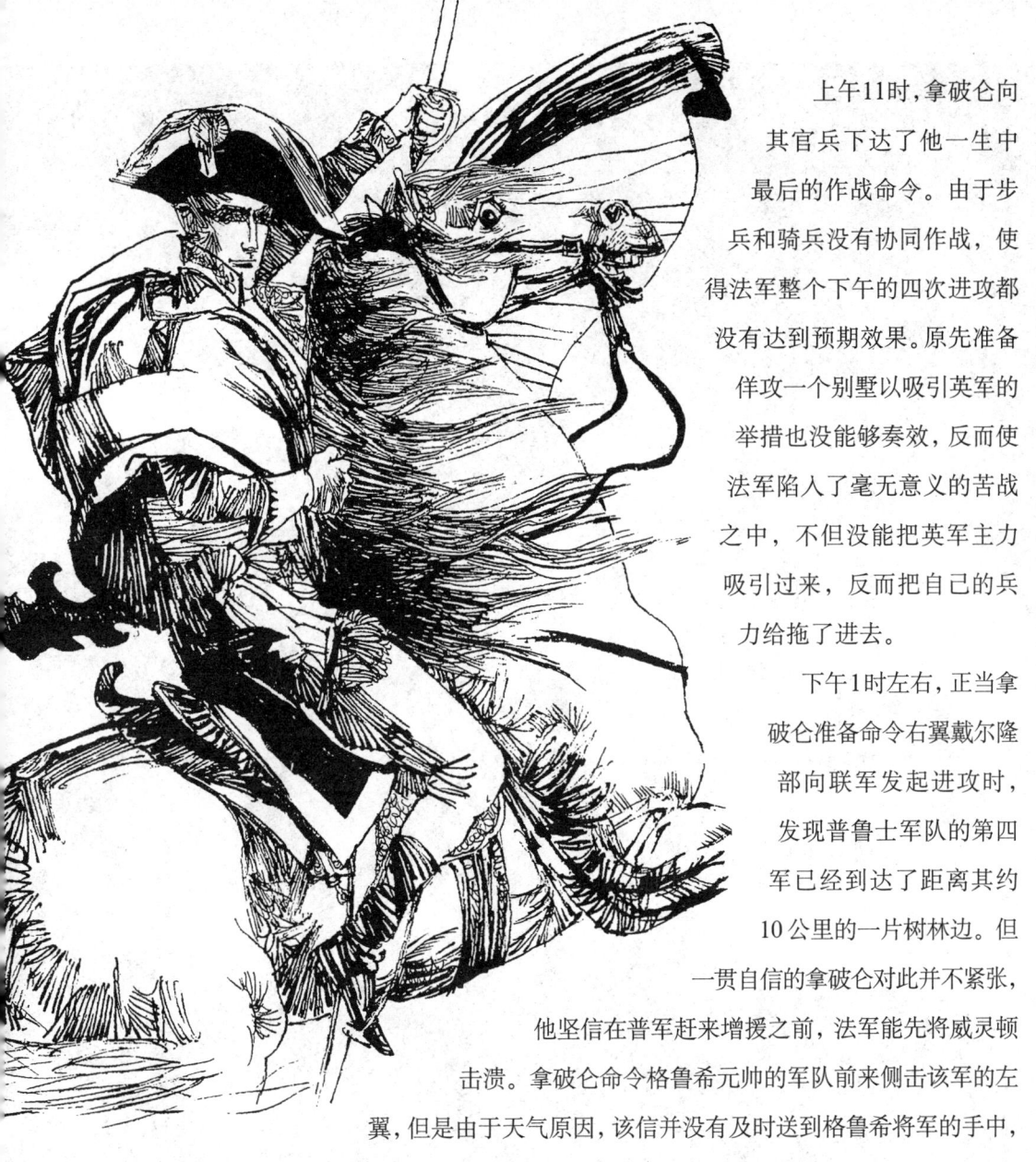

上午11时，拿破仑向其官兵下达了他一生中最后的作战命令。由于步兵和骑兵没有协同作战，使得法军整个下午的四次进攻都没有达到预期效果。原先准备佯攻一个别墅以吸引英军的举措也没能够奏效，反而使法军陷入了毫无意义的苦战之中，不但没能把英军主力吸引过来，反而把自己的兵力给拖了进去。

下午1时左右，正当拿破仑准备命令右翼戴尔隆部向联军发起进攻时，发现普鲁士军队的第四军已经到达了距离其约10公里的一片树林边。但一贯自信的拿破仑对此并不紧张，他坚信在普军赶来增援之前，法军能先将威灵顿击溃。拿破仑命令格鲁希元帅的军队前来侧击该军的左翼，但是由于天气原因，该信并没有及时送到格鲁希将军的手中，使得拿破仑后来不得不从预备队中抽出两个轻骑兵师前去阻击普军第四军。

下午1时30分，法军全面进攻开始。法军戴尔隆部左翼第一师在轻骑兵旅的支援下，进攻敌军中央阵地正前方的圣拉埃村，其余三个师进攻敌军的左翼。法军从四面围攻圣拉埃村，使得人数处于劣势的英军守军孤立无援。但是威灵顿率领英军顽强抵抗，双方互相争夺，伤亡都很大。

下午6时，拿破仑令内伊元帅要不惜一切代价攻克英军中部。接到此命令后，内伊将军率领法军进行了第六次冲击。内伊不愧为"勇士中的勇士"，此时他已经打红了眼，大

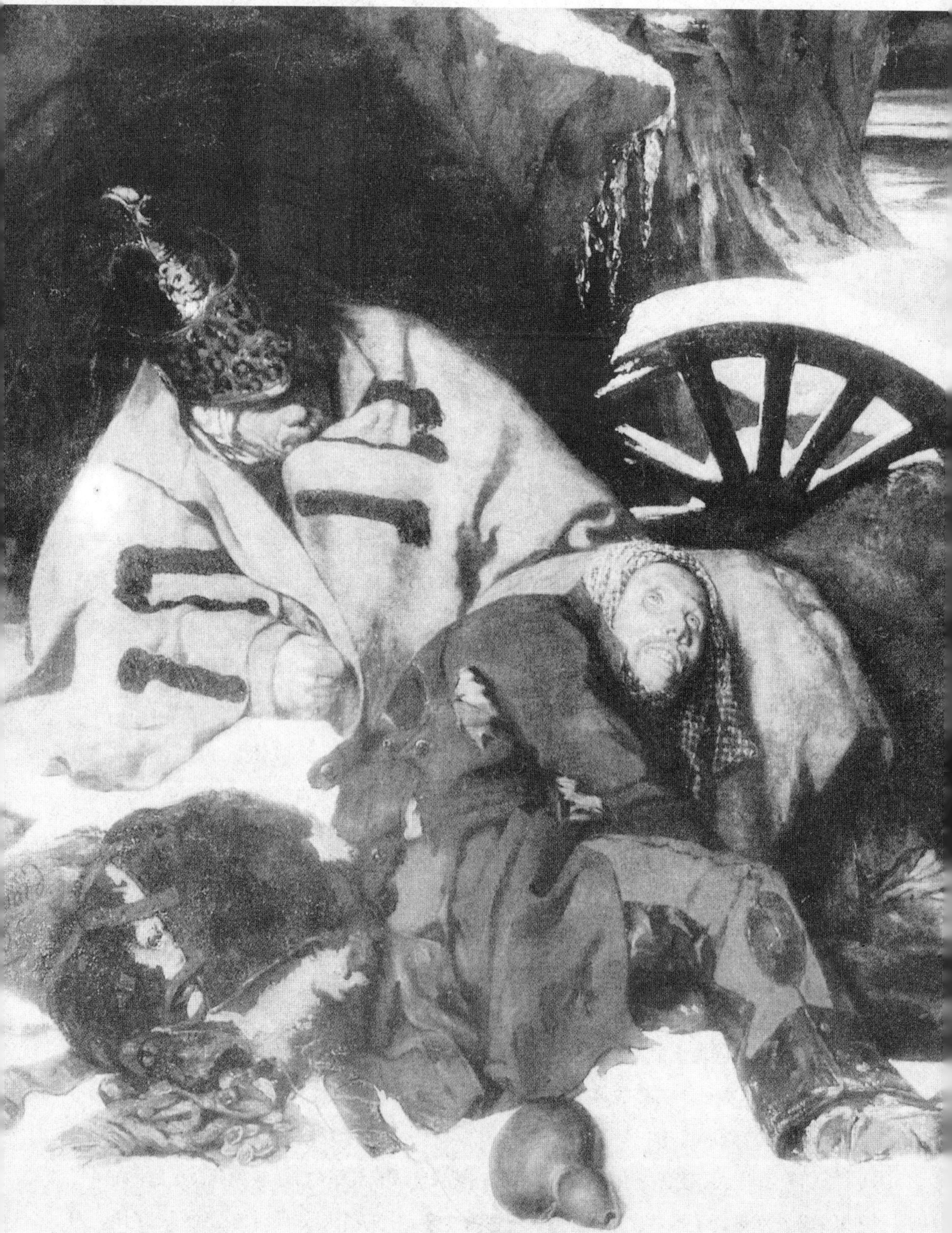

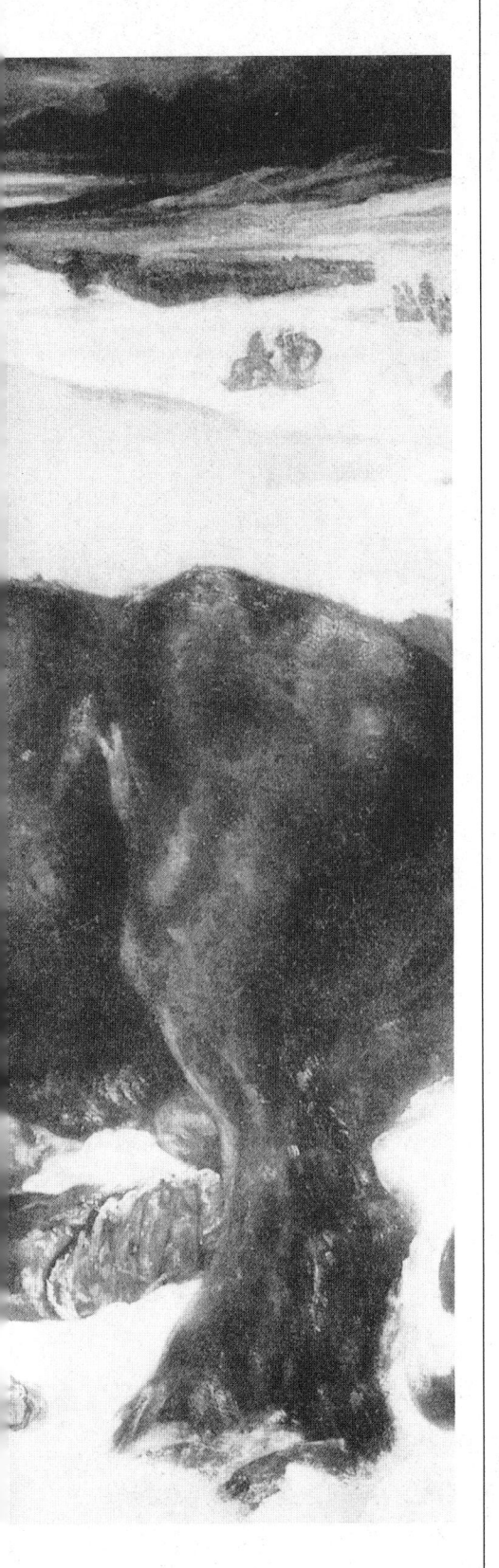

◀ 法国费尔南·布瓦萨尔·德·博斯迪尼作品《从俄国撤退》。

声喊叫着冲在骑兵队伍的最前头。战斗中,他的三匹坐骑连续中弹倒毙,但是他毫无惧色,换上别的坐骑依然率部前进。

英军受到内伊部的连续猛攻,伤亡极其惨重。

下午18时30分,两军都看见远处一支军队飘扬着普鲁士的军旗。同时,法军右翼突然传来了一片呼喊声和射击的枪炮声。此时,两军都明白,布吕歇尔已经率领军队赶到了战场。顿时,英军士气高涨,精神振奋,威灵顿立即命令部队做最后反击,疯狂地扑向更加萎靡不振的法军。

拿破仑此时还在等待着格鲁希部队的到来,但是最终格鲁希军未见踪影。法军在内伊的率领下,向敌军阵地挺进。法军很快突破了英军的防线而冲到了山顶上的英军阵地。但是早已经获知法军作战部署,并已经做好了充分准备的威灵顿此时突然从山后的反斜面上一下子冒出来,并向法军猛烈开火。法军两面受敌,阵脚大乱。最后,拿破仑不得不放弃了他最后的希望,因为此时他已经无兵可用。

这个战役中,法军死伤2.5万人,被俘虏8000人,而联军损失2.3万人,包括威灵顿军团死伤1.5万人,布吕歇尔军团死伤8000人。

滑铁卢战役,以拿破仑的惨败而结束。这次战役是身经百战的拿破仑所进行的最后一次战斗,此战宣告了拿破仑最终失败的命运。1821年5月,拿破仑在流放地圣赫勒拿岛病逝,终年52岁。

发生地点	发生时间	推荐理由
南美洲	公元 1825 年	结束了西欧各国在拉丁美洲长达 300 年的殖民统治，奠定了目前南美大陆的政治格局。

南美洲独立

事件介绍

18 世纪末到 19 世纪初，法国等西欧国家和美国的资产阶级革命，以及发生在法国的启蒙运动，大大促进了拉丁美洲人民民族意识的增长。美国的《独立宣言》、卢梭和伏尔泰等启蒙思想家的著作等相继传入拉丁美洲。在很多大城市，知识青年组织了各种秘密社团，进行争取独立的舆论准备和秘密活动。

拉丁美洲的独立解放战争，首先在海地爆发。从 1791 年开始，海地人民以不超过两万人的武装力量，先后打败了法国、西班牙和英国的四次军事进攻。1803 年 10 月，海地黑人完全击溃了法国侵略军，法国先后派遣来的 6 万远征军全部被打败。1804 年 1 月 1 日，海地宣布独立，成为拉丁美洲第一个独立的共和国。应该说海地革命的成功为拉丁美洲的独立斗争树立了榜样，动摇了长达 300 年的殖民统治，揭开了拉丁美洲独立战争的序幕。

海地革命推动了整个拉丁美洲的独立解放运动。1810 年，西班牙的美洲殖民地绝大部分都掀起了革命。整个拉丁美洲独立运动的中心在委内瑞拉。

委内瑞拉首府加拉加斯人民在听到法国拿破仑的军队占领了西班牙之后，就开始暴动

起义。当时领导革命的是米兰达。但是一场地震袭击了革命者所控制的省份，导致两万人死亡。加上法国军队的打击，革命军队受到了很大挫折，米兰达也被捕入狱。此后，委内瑞拉革命斗争就留给了米兰达的朋友西蒙·玻利瓦尔来完成。

西蒙·玻利瓦尔于1783年7月出身于委内瑞拉加拉加斯一个贵族家庭，从小受过良好教育。玻利瓦尔在14岁就进入皇家士官兵团学习军事，并在16岁升为陆军少尉，从此开始了军旅生涯。

崇尚斗牛的西班牙，不是那么好摆脱的对手。

在米兰达被捕并被杀害之后，玻利瓦尔前往新格拉纳达，并在那里成立了一支爱国队伍，攻克殖民军队占据的很多城镇，解放了哥伦比亚大部分地区。1813年，玻利瓦尔打回委内瑞拉，迅速解放了西部地区，并且很快解放了加拉加斯，建立了委内瑞拉第二共和国。

次年，拿破仑帝国垮台后，西班牙国王复辟，第二共和国再次被摧毁。此后，玻利瓦尔流亡海外，先后到牙买加和海地避难。

1817年，海地总统佩蒂翁送给玻利瓦尔7艘船舰、大批武器弹药。玻利瓦尔还有一支在海地组织的爱国志士远征军。次年，玻利瓦尔率军在委内瑞拉登陆，远征军首先在奥里诺克河畔建立了军事基地，并且想方设法扩充队伍。然后，远征军与当地游击队会合，宣布解放奴隶、独立后向他们分发土地。

1818年，玻利瓦尔决定翻过安第斯山脉，直捣殖民军的心脏地区——新格拉纳达，然后回师委内瑞拉。次年5月，玻利瓦尔越过安第斯山脉，并给予殖民军队以毁灭性打击。玻利瓦尔避开西班牙侵略军主力驻扎的加拉加斯，首先攻打圭亚那省，然后占领了安格斯图拉。

此后，玻利瓦尔的军队同西班牙殖民军在波也加展开了激烈战斗，并最终取得了胜利，然后挥师直捣波哥大。波哥大解放后，殖民统治在新格拉纳达全区的统治土崩瓦解。玻利瓦尔被推选为共和国的总统和最高军事统帅。

1821年初，玻利瓦尔重新解放了加拉加斯。之后，玻利瓦尔的部下在皮钦查战役中获得了胜利，最终使得厄瓜多尔全部解放。不久，玻利瓦尔说服厄瓜多尔的革命者，与委内瑞拉、哥伦比亚一起合并，成立一个大哥伦比亚共和国。

1822年以后，玻利瓦尔和拉美独立运动的另一名著名将领苏克雷一起转战秘鲁各地。在8月和12月的两次大规模战争中，玻利瓦尔使西班牙的精锐部队惨遭失败，南美洲独立战争取得了最后胜利。马克思和恩格斯高度评价了这场战斗，说这场战斗是"一次最终保证了西属南美洲独立的会战"。

1825年5月，上秘鲁宣布独立，为了纪念玻利瓦尔对南美洲的伟大功绩，上秘鲁取名为玻利维亚。

除了玻利瓦尔领导的委内瑞拉独立战争外，南美洲还有两个独立战争中心，一个是以墨西哥为中心的北美和中美，另一个为拉普拉塔为中心的南美南部。

1810年9月，另一个革命领导者伊达尔哥在墨西哥中部的多洛雷斯村领导数千名印第安人，掀开了反对西班牙统治者的斗争。

伊达尔哥原是一名下层牧师，从小受到法国启蒙思想的影响。起初伊达尔哥的起义军势如破竹，攻占了墨西哥中部的一些城市，但由于起义军缺乏军事经验，错失了很多战机。1811年初，起义军遭受了很多失败，同时由于没有发动群众而得不到更多的支持。

不久，伊达尔哥因被叛徒出卖而英勇牺牲。伊达尔哥的学生莫雷洛斯吸取了他的失败经验，加强和群众的接触并得到了他们的支持。但是1815年，莫雷洛斯也被捕入狱，最后壮烈牺牲。墨西哥的独立战争暂时陷入低潮。

1820年，墨西哥上层分子、握有军权的野心家伊托彼得借着"独立"口号赶走了西班牙总督，宣布墨西哥独立。但是他在上台后执行一套独裁统治，维护大庄园主的利益，实行恐怖统治，并宣布自己为皇帝。1823年，墨西哥人民推翻了伊托彼得的统治，1824年建立了墨西哥共和国。

在墨西哥、委内瑞拉等地的革命影响下，包括危地马拉、尼加拉瓜、洪都拉斯、哥斯达黎加和萨尔瓦多在内的中美五省于1821年在危地马拉召开会议，宣布独立。

1822年，巴西脱离葡萄牙获得了独立。1823年，中美联盟正式宣布独立。1826年1月，西班牙在卡亚俄港的最后一批守军向玻利瓦尔投降。至此，西班牙在拉丁美洲的殖民统治彻底崩溃，南美洲各个地区大部分都得到了解放。

发生地点	发生时间	推荐理由
英国	公元1831年	为人类做出了划时代的贡献,并由此奠定了电力工业的基础。

法拉第发现电磁感应

事件介绍

1791年9月22日,迈克尔·法拉第生于伦敦附近的纽因格顿,父亲是铁匠,因为早年过度劳累而身体非常虚弱。小时候的法拉第是个非常平常的孩子,甚至连"1"字都发不准。由于家境贫苦,法拉第只在7岁到9岁读过两年小学。12岁时,他当了报童,由于喜欢读书,所以在卖报的同时,他经常看各种报纸。13岁时,他在一家书店当了装订书的学徒,利用在书店的条件,读了许多科学书籍。

1812年秋,法拉第有机会到伦敦大英帝国皇家科学研究院听了著名化学家戴维的几次讲演,这讲演激起了他对科学研究的极大兴趣。这时,父亲已经过世的法拉第生活窘迫,于是四处给一些科学家发信,要求到他们的实验室中工作。

他发信的第一个对象,是当时的英国皇家科学学会会长班克斯爵士。在经过了一个多星期的等待之后,法拉第忍不住自己跑到皇家学院去打听,不过班克斯的秘书告诉他:"班克斯爵士说,你的信不必回复。"法拉第觉得自己受到了很大的侮辱,但是他没有放弃,而是继续给其他科学家发信。

法拉第在送出这些信之后,也没有对自己收到回信寄予太大的希望。不过再次令法拉

法拉第让人们看到了更光明的未来。

第意想不到的是,这次他收到了戴维的回信,戴维在信中邀请他一个月后到他家去面谈。

1812年3月,法拉第到皇家学院正式上班,职务是戴维的科学助手。工作了几个月后,戴维发现法拉第是个头脑灵敏,具有很强分析能力的人,便经常和他一起探讨有关化学和物理学方面的最新发现。

本来,法拉第是更喜爱化学的,但是由于戴维爵士专心研究电学,作为助手的他也选择了电学,从此和电结下了不解之缘。

1821年,英国《哲学年鉴》的主编邀请戴维撰写一篇关于奥斯特发现以来电磁学实验的理论发展概况的文章。戴维把这一工作交给了他的得力助手法拉第。在写这篇文章的过程中,法拉第对电磁现象的研究产生了极大的热情,并开始转向电磁学的研究。

就在这一年,戴维发现,当用通过电流的导线环绕着一根铁棒时,铁棒便成了磁铁,即电磁铁。1821年,英国化学家武拉斯吞听到奥斯特的发现之后便想,如果磁石的一端放进一根通电流的导线,电线就应该自行旋转起来。带着这个想法,武拉斯吞到戴维的实验室里去做实验,结果失败了。于是武拉斯吞很扫兴,便不想再继续做下去了。

当武拉斯吞做实验时,法拉第就站在旁边,事后他独自一个人躲在实验室里又夜以继日地干了起来。他想,那导线不能转动可能是因为拉得太紧,于是他取来一个玻璃缸，里面倒了一缸水银，正中固定了一根磁棒，棒旁边漂一块软木，软木上插一根铜线，再接上伏特电池。当电路通了以后，软木果然轻轻地漂动起来，然后绕着磁棒兜开了圈子。

世界上第一个最简单的马达出现了。在当天的实验日记里，法拉第写道："1821年9月3日……结果十分令人满意，但是还需要做出更灵敏的仪器。"这一年，法拉第才29岁。

此后，法拉第认为，电转化为磁是一种感应，由磁也一定能产生电。1822年，他在自己的实验日记中写下了自己的想法："磁能转化成电。"这就是他在此后需要为之奋斗的目标。

在法拉第发现了导线绕磁铁转动和完成了氯气液化实验后，皇家学会的一些会员意识到他是个奇才，便联合了29个会员保举他为会员。

从1821年开始到1831年，法拉第一直在做着从磁转化为电的实验。在这10年中，他绞尽脑汁，但是始终没有得到理想的结果。1831年的一天，法拉第在连续做了10天的实验后，还是毫无结果，他气得将那根长条磁铁向线圈里扔了进去。可是就在这一刹那间，他忽然看见电流计上的指针向左颤动了一下。

在那一天的实验日记上，法拉第写道："1831年10月17日，磁终于变了电……"

为了做进一步的实验，法拉第到英国学士院，要求用那里的巨大永久磁铁做实验。他将一个巨大的铜盘安装在磁铁的两个磁极中间，然后将导线接上铜盘以便引出电流。当法拉第使铜盘转动后，电流便产生了。这就是世界上第一个发电机。这一天是1831年10月28日。

实验做成了，法拉第又着手在理论上进行探索。从1833年至1834年，法拉第从实验中得出了电解定律。另外，他还提出了电磁场的概念，认为磁电之间就是靠电磁场来联系转换的。牛顿的万有引力认为，引力是在空间起超距作用，没有速度。法拉第反对这种说法，他认为磁铁周围有磁力线，有一个磁场，导线周围也有电场，它们是通过场相互作用，而且有速度。不过，他的数学基础太差，最终没有推导出这个公式，因此也无法用实验验证。此外，法拉第还预见了电磁作用传播的波动性和它们传播的非瞬时性。

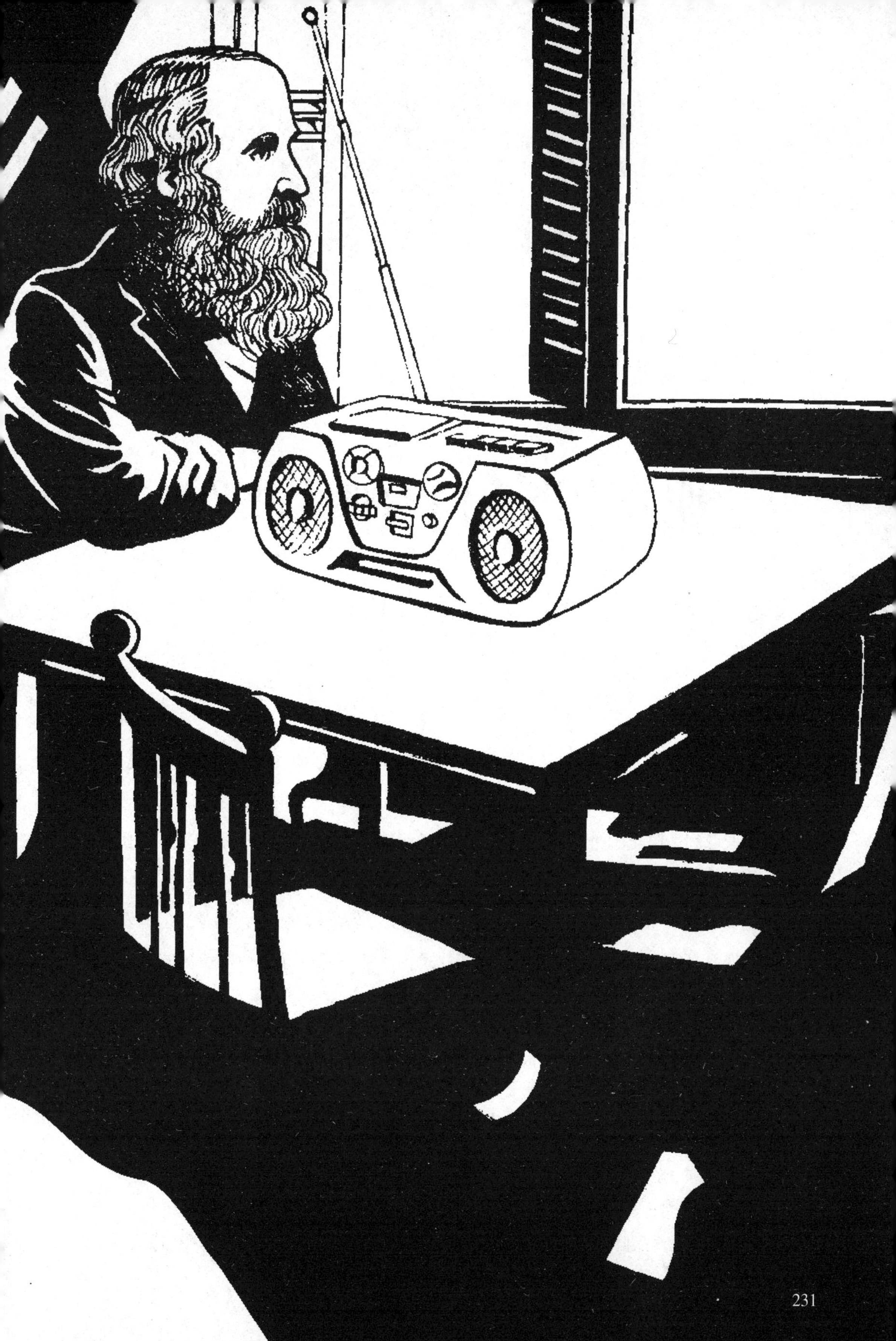

发生地点	发生时间	推荐理由
中国	公元1840年	中国历史的转折点，中国进入了反帝反封建的资产阶级民主革命时期。

叩开中国大门的鸦片战争

事件介绍

17世纪末，英国征服印度后，把鸦片专卖权交给了治理印度的东印度公司，然后该公司将大量鸦片向中国倾销。英国据此从中国获得白银，并将中国的茶叶、丝绸等输往英国以获取暴利。除英国外，美国也从土耳其向中国输入鸦片，俄国从中亚向中国北方输入鸦片。

早在1799年，清政府就多次颁布过禁烟令，不允许贩卖和吸食鸦片，但并没有禁绝。英国鸦片贩子通过向中国官员贿赂等方式，依然将鸦片输入中国。如当时皇帝下派官员韩肇庆到东南沿海捉拿鸦片贩子，但是他不但不捉拿，还用公家的船帮助走私，并拿出其中的一部分上缴清政府，谎称是缉私得来的，荒唐的清朝政府竟然说他查私有方，传令嘉奖。

到了19世纪，鸦片输入量逐年增大。如不采取制止措施，将要造成国家财源枯竭和军队瓦解。于是，清政府决定严禁鸦片进入中国，实行全面禁烟。

1838年7月到10月，林则徐三次上书道光皇帝，列举鸦片的各种危害，称非严禁不可。他在奏折中大声疾呼：如果再马虎下去，只怕数十年后，"中原几无可以御敌之兵，且

林则徐以一己之身，力主禁烟，着实让人敬佩。图为林则徐画像。

无可以充饷之银"。道光皇帝被林则徐的奏折打动，决定禁烟。1838年12月，林则徐被任命为钦差大臣，前往广州查禁鸦片。

1839年3月10日，林则徐一到广州，就立即开展禁烟运动。他从6月3日起，花了23天时间，把两万多箱鸦片全部销毁。

中国禁烟的消息传到英国，英国政府立即做出反应：中国禁烟"给了我们一个战争的机会"，这种机会"是不能轻易放过的"，并诬蔑中国禁烟是对英国的"侵略行为"。1840年6月，英国政府借口"保护通商"，派义律率领40余艘船只和4000名士兵陆续到达中国南海海面。28日，英国军舰封锁珠江口，第一次鸦片战争正式爆发。

鸦片战争自此开始，战争经历了三个阶段。

第一阶段：英军首次北犯（1840年6月—12月）。根据英国政府原先的计划，英国侵略军封锁了广州的海口，截断中国的海外贸易。由于不熟悉中国航道，英国侵略军必须雇佣中国人引水领航。根据引水的报告，林则徐经常以水师和渔民配合，出其不意地闯进敌人船队，侵略军被烧死、淹死的很多。

义律看到广东戒备森严，占不到便宜，便于7月北犯福建厦门，并迅速攻占浙江定海

(今舟山),进行疯狂的屠杀和掠夺。此时,除广东稍做战备外,中国沿海地区从浙江到天津,各海口大都没有防备。8月,由于清政府执行不抵抗政策,英军很快窜到天津大沽口,当时大沽口的清军只有200多名,天津也不过800。此时,道光皇帝大吃一惊,急忙派直隶总督琦善去天津海口与英军谈判。英军向道光皇帝提出包括鸦片贸易合法化、赔款、割地等在内的一系列无理要求。

由于驻扎在舟山群岛的英军染上了传染病,义律急于结束北方的战事,同意南下广东进行谈判,并要求琦善答应他提出的条件,包括:惩办"办事不公"的林则徐,清政府另派要员到广州听取英国商人的冤情。此后,道光皇帝派琦善南下广州和英军谈判。

第二阶段:广州虎门之战(1840年12月—1841年8月)。琦善到达广州后,与义律开始谈判。10月3日,又将林则徐、邓廷桢撤职查办。为了取得英军的欢心,琦善一反林则徐在广州的做法,把海防工事完全拆毁,把组织起来的民团、乡勇统统解散,对人民群众的反侵略活动严加禁止。

▼ 林家后人修建的林则徐祠堂。

1841年1月7日，英军突然向沙角、大角发动进攻：右纵队攻沙角，以3艘战舰轰击沙角炮台正面；另以4艘轮船配以小船运送登陆部队约1500人在炮台侧后的穿鼻湾登陆，抢占制高点，向清军炮击，步兵则直抄炮台后路。守军腹背受敌，顽强抵抗不支，在守将阵亡之后，沙角炮台失陷。此后，英军左纵队以4艘战舰猛烈轰击大角炮台，炮台多处被轰塌，英军乘小船从炮台两侧登岸，攻占炮台。

接着侵略者直扑虎门，广东水师提督关天培发炮抵抗，并派专人到广州求援。琦善置之不理，反而偷偷派人去向义律求降。1月20日，琦善和义律秘密签订了《穿鼻草约》，私许割让香港，开放广州，并赔偿烟价600万元。此后，英军退出虎门，占领了香港。这就是著名的"虎门之战"。

2月26日，英军又出动海陆军，攻破虎门横档一线各炮台和大虎山炮台，溯珠江直逼广州。关天培身先士卒，率兵死战，多次击退英军，最后力战殉国。

虎门陷落后，英军乘胜闯入广州内河，随时进逼广州。此后两个月，奕山才带兵到达广州。到广州后，他不思军务，不整顿军备，反而认为"防民甚于防寇"。5月24日，英军对广州发起进攻，一路占据城西南的商馆，一路由城西北登岸，包抄城北高地，攻占城东北各炮台，并炮击广州城。26日，英军集中炮火猛轰城南奕山一伙的住所，吓得失魂落魄的奕山等人急忙在城头竖起白旗投降。

27日，奕山接受义律提出的五项条件，签订了《广州和约》。奕山等接受英方条件，纳银600万元，换取英军撤出广州地区。

第三阶段：英军再次北犯（1841年8月—1842年8月）。当义律将《草约》送到英国后，英国政府大为不满，认为义律在广州所获侵略权益太少。于是，英国政府改派璞鼎查为全权代表来华，扩大侵略权益。

1841年8月25日，璞鼎查率领26艘军舰和3500名陆军突然袭击厦门。26日，福建鼓浪屿、厦门相继失陷。9月25日，英军再攻定海。定海总兵葛云飞、郑国鸿、王锡朋率5000守军英勇抵抗，与英国侵略军血战6个昼夜，最后英勇牺牲。10月1日，英军攻陷定海。

1842年5月，英军放弃宁波，集中兵力北犯。27日，英舰队驶抵南京江面。清军已无力再战，军事失利的清朝以钦差大臣耆英、两江总督牛鉴、署乍浦副都统伊里布为代表，与英方交涉。中英和约谈判开始。

在8月11日至29日的条约谈判中，耆英代表清王朝在英国军舰上与璞鼎查签订了中国近代史上第一个不平等条约——《中英南京条约》。第一次鸦片战争到此结束。

发生地点	发生时间	推荐理由
欧洲各国	公元 1848 年	范围最广的无产阶级革命，此后无产阶级开始走上历史舞台，给予欧洲反动势力有力打击。

1848年欧洲革命

事件介绍

从1830年以后，代表资产阶级金融贵族利益的"七月王朝"统治着法国。由于当时法国社会贪污成风，赋税繁重，加上1845年和1846年连续的马铃薯病虫害导致农业歉收，因此工业资产阶级、小资产阶级以及广大工人、农民都非常不满王朝的反动统治，最终导致"二月革命"的爆发。

在广大民众的反抗声中，反动当局为了加强自己在政府中的地位和权力，发起了所谓的"宴会运动"，以宴会为名，组织群众性的政治集会，宣传改革选举制度。但是1848年2月22日的宴会，成为二月革命的导火索。

24日傍晚，资产阶级临时政府宣告成立。国王看到自己大势已去，仓皇逃往英国。起义军占领王宫后，把国王的宝座搬到了巴士底广场的烈士纪念碑前烧毁，法国的奥尔良王朝彻底崩溃。25日，临时政府宣布实行普选制，并且建立法兰西第二共和国。二月革命获得胜利。

二月革命是一场资产阶级民主革命，无产阶级在这次革命中起到了主要作用，但是资产阶级在此后组建的政府中占据了重要位置。

237

▼ 在资本家的剥削下，无产阶级的生活似乎看不到什么希望，但其中仍不乏乐观的人。

6月23日，巴黎工人再次举行起义，发表宣言，要求解散制宪会议，把议员交付法庭审判。但是起义遭到当局的残酷镇压，此后，1万多名起义军被屠杀，2.5万人被捕，其中大部分被流放到国外。巴黎工人的"六月起义"也以失败而告终。但是六月起义被马克思誉为"现代社会中两大对立阶级间的第一次伟大革命，这是为保存或者消灭资产阶级制度而进行的战斗"。应该说，它是世界历史上第一次真正触犯资产阶级秩序的伟大斗争。

除法国外，还有两个地方的工人革命发展比较迅速。第一个是德国柏林，第二个是匈牙利。

革命前的德国是一个四分五裂的国家，它包括38个大小不等的邦国和4个自由市，各邦自由为政，独霸一方。19世纪初，德国一些地区开始出现资产阶级萌芽，并且得到了迅速发展。由于受到封建制度的压迫，资产阶级要求成立一个由资产阶级领导的统一德国，以便发展资本主义。

1848年德国革命是从与法国相邻的南德各邦开始的。受法国革命的影响，德国巴伐利亚等邦在3月份先后开始革命。3月初，柏林各个阶层向国王提出"政治自由、实行大赦、全体公民在法律面前人人平等、实行人民代议制"的要求。4日，慕尼黑的工人、手工业者和大学生占领了军械库，夺取武器。革命迅速发展到整个德国，普鲁士首都柏林成为革命的中心。

6日，柏林的工人、大学生也举行运动示威，到13日，游行队伍和军警发生冲突并演变为武装起义。经过一天一夜的战斗，起义军队把国王威廉四世的队伍打得落花流水，政府军队不得不撤出柏林。此后，国王被迫同意召开国民会议以制定宪法，改组政府。柏林的三月革命取得了胜利。

巴黎二月革命和柏林三月革命胜利的消息很快传到了奥地利。在奥地利的维也纳，资产阶级和广大人民也拿起武器，准备结束封建制度的统治。

19世纪前半期的奥地利，是大地主金融资本家和官僚统治的帝国。封建王朝哈布斯堡在匈牙利所实行的政策完全践踏了匈牙利的主权，使匈牙利在政治、经济、军事和文化上完全依从于奥地利。

3月12日，匈牙利首都布达佩斯的大学生们以最后通牒的方式要求恢复教学自由，并取消报刊检查制度。

在通过了资产阶级改革的政治纲领《十二条》后，武装起义部队控制了整个首都。

国王在被迫同意起义者的最先要求时，暗地调集军队准备镇压起义。9月11日，奥地利皇帝派遣的军队向匈牙利大举进犯。此后不久，奥地利首都维也纳为反对奥军武装侵入匈牙利而举行了支持匈牙利革命的武装起义。但是奥军马上采取果断措施镇压了此次起义。

12月中旬，奥军又出动10多万军队从四面八方向匈牙利发起进攻。匈牙利军队在重兵打击之下，暂时失利，并被迫退到布达佩斯。多瑙河西边地区相继沦陷。1849年1月，布达佩斯也陷落了。

但是很快，匈牙利军队就开始了大规模的反攻，并且连续攻破了奥地利军队的防线。14日，匈牙利议会通过了国家独立宣言，宣布推翻哈布斯堡王朝统治，并且选举科苏特为国家元首。此外，匈牙利军队在其领导人的领导下，大举进攻奥地利军队的阵地，并且消灭了奥军主力。5月下旬，匈牙利军队攻下了布达佩斯。但是由于原先没有彻底消灭奥地利的军队，给了他们重整军队的好时机。

已经无力镇压匈牙利革命的奥皇急忙向沙皇请求援助。1848年巴黎二月革命胜利的消息传到俄国后，沙皇尼古拉一世为了阻止革命烈火的蔓延，立即在国内实行紧急军事动员，在西部边境布置兵力达40万。同年5月27日，沙皇调动14万俄军分两路进攻匈牙利。在此后的两个月中，匈牙利军队在科马罗姆同俄国军队展开了大会战，但是遭到惨败，在吉格尔什瓦尔的战役中，匈牙利军队彻底被打败，裴多菲也在此战役中牺牲。

此后，俄军占领了匈牙利的东部和东北部地区后，开始向首都布达佩斯推进。匈牙利军队总指挥戈尔盖在维拉格什向俄军缴械投降，出卖了匈牙利的革命事业，致使革命被俄军彻底镇压。

在匈牙利遭到俄国残酷镇压的同时，俄国还对罗马尼亚诸公国的革命进行了镇压。1848年6月，俄国为了维护自己在摩尔多瓦的利益，出兵占领了雅西，使得刚刚兴起的摩尔多瓦三月革命遭到了彻底失败。同年9月，俄军侵入瓦拉几亚，镇压了瓦拉几亚革命；次年6月，俄军和奥地利军队侵入特兰西瓦尼亚，镇压了当地的革命。

发生地点	发生时间	推荐理由
英国	公元 1859 年	从基础上挑战《圣经》，成为 19 世纪绝大多数学者改造世界观的开始。

达尔文提出进化论

事件介绍

1809 年 2 月，达尔文出身于英国一个医生世家，他祖父是当地科学社团的成员之一，曾经研究过古希腊的演化思想。他的家人希望他秉承家族的传统，从事医学事业，但达尔文从小就热爱大自然，尤其喜欢打猎、采集矿物和动植物标本。在达尔文 16 岁的时候，他和他的哥哥一起进入爱丁堡大学医学院学习。但是达尔文却对医学毫无兴趣，进入医学院后，他仍然经常到野外采集动植物标本，对自然历史产生了浓厚的兴趣。两年后，达尔文从爱丁堡大学退学。

1831 年，达尔文从剑桥大学毕业，并且放弃了待遇丰厚的牧师职业，依然选择了自己热衷的自然科学研究。该年夏天，在亨斯洛的推荐下，达尔文以一名不拿任何报酬的"博物学家"的身份参加了英国海军探测船"贝格尔号"历时 5 年的环球考察。

1832 年 2 月 28 日，"贝格尔号"穿过赤道，抵达巴西，然后沿大西洋海岸航行，经里约热内卢到阿根廷的布兰卡港。1834 年 6 月，"贝格尔号"穿越南美洲最南端的火地岛，通过狭小的航道进入太平洋，在此，探险队花了一年时间测量智利海岸。1835 年，探险队到达加拉帕戈斯群岛。

在这历时五年的环球考察过程中,达尔文每到一地总要认真进行各种考察研究,采访当地的居民,采集矿物和动植物标本,挖掘生物化石,并且由此发现了许多没有记载的新物种。

达尔文原来是相信世界万物都是上帝创造的,但是五年的环球航行,特别是在南美洲长期的科学考察改变了他的信仰。在"贝格尔号"到达巴西后,达尔文向船长提出要攀登南美洲的安第斯山脉的要求。当他们爬到海拔4000多米的高山上时,达尔文在山顶上发现了贝壳化石。对此达尔文感到非常吃惊,他很难想通,海底的贝壳怎么会跑到高山上了呢?但是最终他给自己寻找到了一个答案,他认为这是地壳升降的结果。

到安第斯山脉最高峰的时候,达尔文突然发现山脉两边的植物种类并不相同,即使是同一种类的植物,其样子也相差很远。由此,达尔文对自己的猜想有了更进一步的认识:"物种并不是一成不变的,而是随着客观条件的不同而相应变异的!"

在南美洲东海岸的加拉帕戈斯群岛上,有许多巨大的海龟和山雀,它们整体形态相似,属于相近的物种,但各有自己的特点,这些为达尔文后来形成自然选择理论提供了重要的例证。

达尔文在这五年里历经苦难,受尽远航的折磨,备尝虫叮蛇咬之苦,在食物匮乏的时候,还吃过有毒的东西,引起阵发性的呕吐、高烧。但是达尔文在这次航行中探索了大量大自然的奥秘,积累了大量笔记和标本,其所见所闻对其生物进化思想、自然选择学说的形成产生了重要的影响。

1836年,"贝格尔号"横渡太平洋,绕过好望角进入大西洋,然后回到英国法耳默斯港。从他回到英国开始到1858年,达尔文一直在写他自己有关这次航行的心得。1839

年，他将自己的研究心得写成了一种暂定提纲的形式，此后，此提纲变成了一份35页的概要，再从概要扩大为230页的书。到1858年的时候，达尔文终于完成了他心中一直期盼的著作。

当他的成果于次年以《根据自然选择，即生存斗争中适者生存的物种起源》为名正式出版时，引起了巨大反响。

在这本书中，达尔文提出了一个崭新的学说：自然选择学说。该学说认为，物种是在不断变化的，是由低级到高级、由简单到复杂的演变过程。

达尔文的《物种起源》出版后，立刻招致了一片批评之声。有意思的是，当时的批评者竟然没有人对他的生存竞争或适者生存的观点表示异议，而主要攻击他在其他方面对传统思想的触动。

但是以赫胥黎为代表的一批思想家却十分支持达尔文的学说。当时赫胥黎是英国皇家研究院的讲师，他在一次牛津举办的英国学术协会上和主教威尔福科进行了激烈争辩。在会上，大主教讽刺道："如果说猴子是人类的祖先，那么请问猴子是你祖父一系的祖先呢，还是你祖母一系的祖先？"赫胥黎反驳道："我并不以为有一个猴子的祖父感到丢人。反而，如果有一个为了撒谎、偏见，而利用教养、口才攻击他人的祖先，我才会感到羞耻。"据说当时在场的一位妇女听了这句话后当场晕厥过去了，因此赫胥黎被誉为是"达尔文的看家狗"。

1882年4月19日，达尔文因病逝世，人们把他的遗体安葬在牛顿的墓旁，以表达对这位科学家的敬仰。

总的来讲，达尔文用大量的事实证明了生物变异的普遍性、变异与遗传的关系，提出了生存竞争和自然选择学说，系统地论述了物种形成的机制。该书的发表标志着现代生物进化理论的形成，引发了近代最重要的一次科学革命，因而达尔文被称为生物进化论的奠基人。

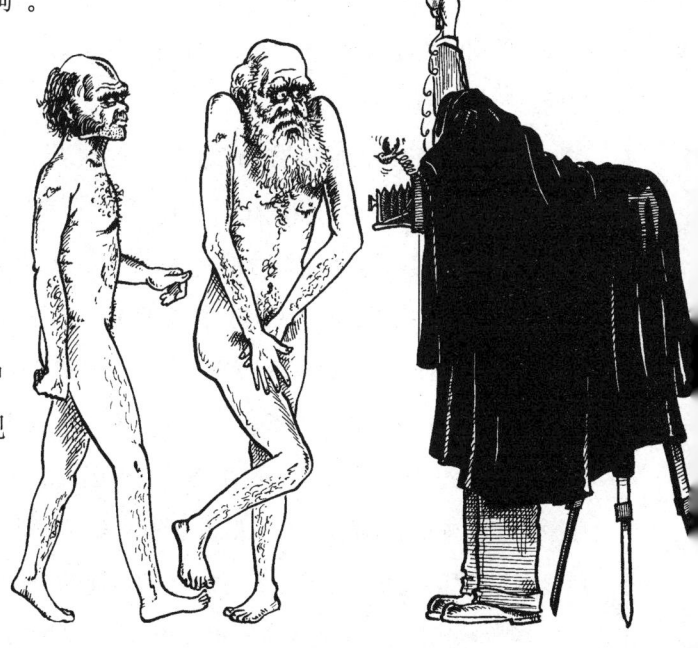

发生地点	发生时间	推荐理由
俄国	公元 1861 年	加速了俄国资本主义的发展，是俄国历史上重大的转折点。

俄国废除农奴制

事件介绍

在 19 世纪上半叶，当英国、法国等国家相继发生资产阶级革命，并产生工业革命的时候，俄国还存在着野蛮落后的农奴制。直到 19 世纪中期，俄国还是一个以农奴制为基础的封建君主专制的国家。

在 19 世纪 50 年代的克里木战争中，俄国惨败于英国和法国，农奴制给俄国带来的落后和虚弱暴露无遗。沙皇俄国在军事上、经济上和政治上都落后于英国、法国等资本主义国家。在战争开始后，俄军司令部竟然找不到一张有关克里木地区的军用地图。由于军官的贪污腐化，前线作战的士兵缺少必要的军需物品，很多士兵经常饿着肚子去打仗。在武器设备上，英法早就使用以蒸汽机为动力的舰船了，而俄国仍然还使用旧式帆船；英法士兵已经使用新式来复枪，而俄国仍然使用落后的滑膛枪。

因此，克里木战争不但没有加强沙皇俄国的欧洲霸权地位，也没有挽救农奴危机，反而激起了国内革命者的革命情绪。由于战争给俄国带来了经济上的破坏，使得国内的经济状况更加恶化，税收不断增加，加上连年的自然灾害，使得人民生活愈加恶化。

沙皇亚历山大二世此时也不得不承认农奴制的落后，并扬言迟早要废除。

1856年11月20日，亚历山大二世准许在立陶宛等3个省份首先成立贵族代表委员会，拟定解放农奴的方案。方案的设定必须按照以下原则进行调整：保留地主全部土地的所有权；地主享有世袭领地治安权；保证妥善地、全部地缴纳国税、地方税和货币税。事实上，这些决定就是政府的初步改革纲领。

1858年2月，"秘密委员会"改为"总委员会"，由它的下设机构邀请地方贵族代表讨论各省的改革方案。到该年年底，除部分省之外，俄国大部分省都已经建立了贵族委员会。不过，各省贵族委员会的成立和诏书的公开使得农奴制问题的讨论公开化，并因此在社会各阶层中引起了强烈的反响。

由于触及自己的利益，这些大贵族在制定改革方案的时候，采取了尽量拖延的方法。农奴运动的高涨和革命民主主义者对改革的不满和揭露，给统治阶级带来很大恐慌，迫于形势压力，亚历山大二世不得不正式宣布废除农奴制。

从1861年1月28日到2月17日，国务会议就废除农奴制的各种方案进行了讨论和审批，亚历山大二世在会上对大贵族代表说："今后的任何拖延都将不利于国家，请你们相信，为了保护地主的利益，凡是能够做到的一切，都做到了。"在会议的最后一天，代表们通过了其中一个法令。

俄历1861年2月19日（公历3月3日），亚历山大二世签署了宣布改革的诏书，正式签署了系列废除农奴制度的特别宣言。这些法令包括17个文件，包括《关于农民脱离农奴依附关系的一般法令》和《关于省、县处理农民事务的机构的法令》等地方法令。

《关于农民脱离农奴依附关系的一般法令》是这一系列法令中最为根本的法令。它主要涉及农奴生活的两个方面：人身权利和财产权利。法令规定，脱离了农奴依附关系的农民享有其他自由的农村居民同等的权利，农奴在法律上获得人身自由，地主不能任意买卖、典押或者交换农奴，不能禁止农奴结婚或者干涉家庭生活；农奴可以遵照自由农村居民的有关法规，获得不动产和动产，有担任工职、从事工商活动的权利；农民在获得解放的同时，可以从地主手中获得一块份地和宅边园地。

在获取宅边园地时，农民可以依法向地主缴纳69卢布的赎金。地主在保留耕地以及其他土地（牧场、森林等）所有权的情况下，将其作为份地分给农民使用。不过这些份地基本上是农民改革前耕种土地的4/5或者2/3。而且，农民在获得份地之前，必须承担一定的义务，交纳货币代役租和工役租。农民和地主签订赎地契约时，规定一次性交完赎金总额的20%到50%，其他由国家垫付。只有在征得地主同意之后，农民才能将这些份地

转为私产，同时才能终止原来所承担的义务。所以，实际上农民在获得自由和份地的同时，也遭到了沙皇和地主的联合掠夺。

此外，为了加强对农民的统治，政府规定必须在农村设立村社，将农民编制在村社里，不经过村社的批准，农民不得外出谋生。在农村设立基层组织，设村长、乡长以及其他公职人员，贵族地主拥有地方治安权。

改革后，俄国资本主义比过去有了长足发展。1861年到1881年间，布匹的生产量增加了两倍；1860年到1890年间，生铁的产量由2050万普特增加到了5600万普特；钢铁产量由1800万普特增加到了36700万普特。

在1866年的时候，俄国的工厂总数还不到3000个，但是到1903年的时候已经近9000个了。

到19世纪80年代，俄国已经基本完成了工业革命。

▼ 俄国列宾作品《伏尔加河上的纤夫》。

发生地点	发生时间	推荐理由
美国	公元 1861—1865 年	完全确立了资本主义制度的统治地位，此后经济的快速发展证明其是美国走向强盛的源头。

摧毁美国奴隶制的南北战争

事件介绍

在美国独立后，美国南方和北方沿着两条不同的道路发展。北方要求在西部地区发展资本主义，限制甚至禁止奴隶制度的扩大；南方却要求在西部甚至全国推广奴隶制度。因此，南方奴隶主的做法引起了北方群众和南方奴隶的愤慨。1793年，法国废除其领地上的奴隶制和1833年英国宣布解放英属西印度群岛的奴隶的做法，给美国废奴运动以很大的推动。到19世纪30年代，美国废奴运动逐渐高涨起来。

1832年，北方成立了"新英格兰反奴隶制协会"，次年全国性的废奴组织"美国反奴隶制协会"成立。而在南方，则出现了大量逃奴事件和奴隶起义运动。著名的地下铁道主席利维·科芬和黑奴女英雄哈立特·塔布曼等人，就帮助几万名南方的奴隶逃到了北方。此外，以约翰·布朗为首的反奴隶制起义，给南方奴隶制以沉重打击，并激发了北方解放南方奴隶制的情绪。

约翰·布朗早在1850年就建立了一个黑人武装组织——基列人同盟。1859年，布朗来到弗吉尼亚州，决定在这里举行武装起义。但是由于力量相差悬殊，这次起义最终失败了。

1860年，美国第16届总统选举开始。共和党人此时提出"不再让给奴隶制度一寸新的领地，在国外的掠夺政策必须终止"，这些口号得到了北方民众的拥护和支持。总统选举结果出来后，共和党人总统候选人、曾竭力要求废除奴隶制度的律师亚伯拉罕·林肯得以当选。此事成为南北战争爆发的导火索。

　　林肯的当选，让南方种植园主觉得"废除奴隶制是迟早的事情"，种植园主们感到自己的利益受到了严重威胁，他们不愿意看到一个主张废除奴隶制的人当总统。

　　林肯当选的消息一经传开，南方奴隶主们立即酝酿脱离美国联邦。1861年2月，南方建立了一个新"国家"——"美利坚诸州联盟"，定都里士满，并且着手组织军队，拟定宪法。4月12日，南方联盟的军队炮击并于14日占领了联邦军的萨姆特要塞。

　　4月15日，林肯下令在北方征召志愿军以镇压叛乱。于是，一场历时4年的美国内战正式爆发。

　　由于南方军队准备充分而北军仓促应战，加上北方军队刚开始过于轻敌，导致南方军队势如破竹。在第一次马那萨斯会战中，北方军队大败。此后，南军于24日进入弗吉尼亚，7月21日，北军被击溃而逃回华盛顿。此后，南方军队很快占领了海军基地诺福克，

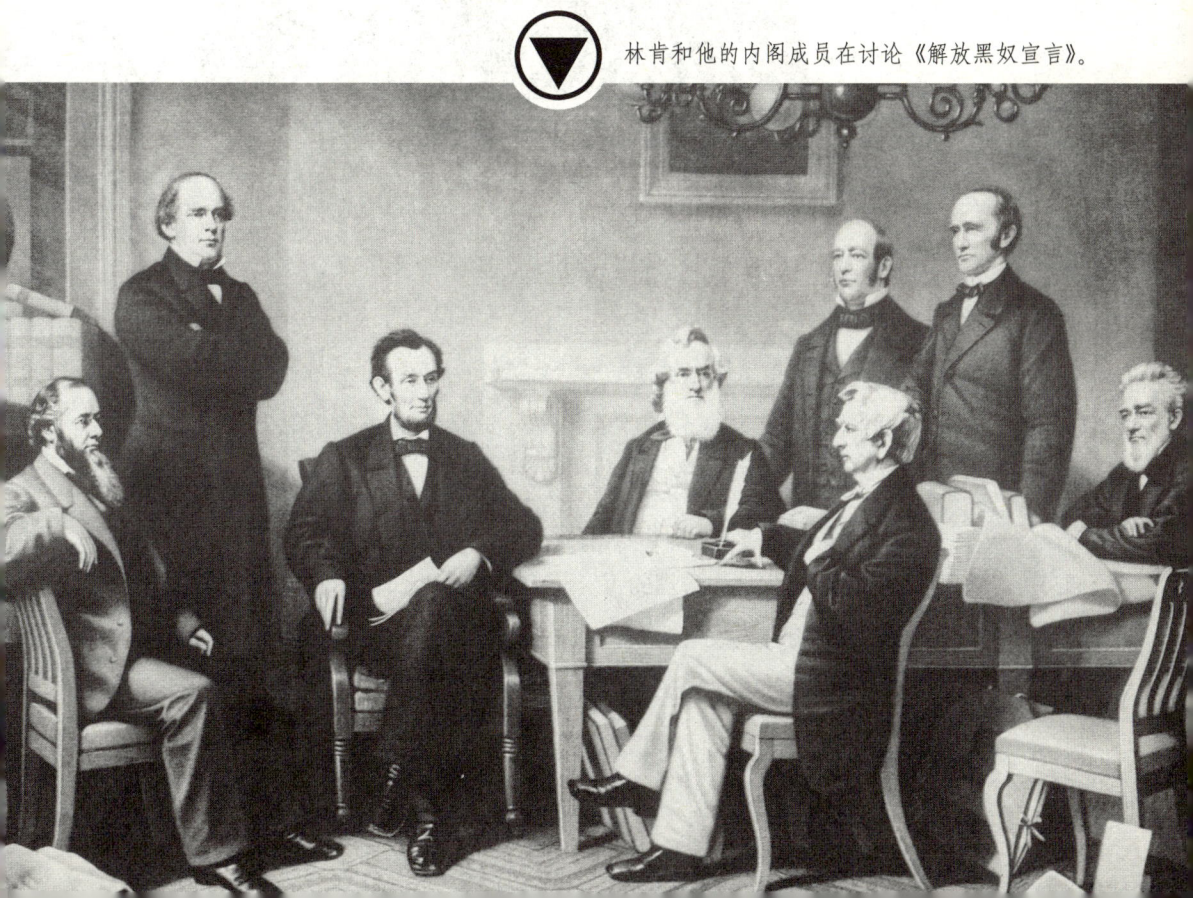

▽　林肯和他的内阁成员在讨论《解放黑奴宣言》。

5月6日占领铁路枢纽马纳萨斯,进逼华盛顿。

北军在东北战场的惨败引起了北方群众的强烈不满,他们要求政府采取有力的措施扭转战局。此时,林肯也意识到,要想取得战争的胜利,必须首先下决心解决黑人和奴隶制的问题。

1862年5月2日,林肯毅然颁布了《宅地法》,规定从1863年1月1日起,任何没有参加叛乱的美国公民,只要交15美分的等级费,就有权从西部国有土地中获得160英亩的土地,在耕种5年后,就获得土地的所有权。9月22日,林肯发表了《解放黑奴宣言》,宣布从1863年1月1日起,叛乱诸州内的黑奴不必向他们的主人交付赎金就可以获得永远的自由,解放后的黑奴要忠实地为合理的工资而劳动,并且允许黑人参加北方军队。《解放黑奴宣言》使美国400万黑人奴隶获得了解放。

同时,林肯还实行了一系列革命政策,如武装黑人;实行征兵制;改组军事指挥机构,撤换了同情奴隶主、作战消极的麦克米伦,任命格兰特为总司令;向富人征收累进所得税，镇压"铜头蛇"反革命分子等等。应该说，这些政策的颁布，是美国南北战争中的一个重要转折点。南方50万黑奴从种植园主那里逃跑，并从根本上削弱了南部军队的战斗力。此外，这些措施极大地调动了北方人民的积极性，有近百万人踊跃参军，其中有23万黑人士兵。

1863年6月，南方军队总指挥罗伯特·李再次北进，与驻守在葛底斯堡的北方军队相遇，并且展开决战。7月1日，南方军队向北方联军防守的高地发起猛攻，并突破北军防线，导致北军死伤惨重。由于罗伯特·李在原先与北军的作战中屡屡得意，这时看到北军暂时失利，马上得意起来，令部队停下来休息，等待后续部队上来，从而给北军以喘息之机。

3日，南军孤注一掷，发起总攻。但是北军炮兵以猛烈火力吞噬了向前冲锋的南军士兵。这时北军全线反攻，终将南军全歼。在这一战役中，南军2个旅长和15个团长全都阵亡，死伤2.8万人。这次大战是内战中最激烈的一次，应该说，这一仗扭转了东线战局，从此北方完全掌握了主动权。

同时，格兰特在西线包围了南军防守密西西比河的要塞维克斯堡。维克斯堡是控制密西西比河和西部铁路网的战略要地，南军在此严密设防，号称"南方的直布罗陀"。北军在此之前的几次进攻都失利了。5月22日，格兰特率领北军发动总攻，并在此后的47天里进行了连续的炮击，迫使南军7月4日举白旗投降。在这一战之后，北方控制了密西西比河，将南方领土一分为二。

从1864年开始，北方发动全面反攻。北军向南方发起三路攻势。在东部战场，格兰特采用消耗战略，经荒野战役、冷港会战，虽然每次罗伯特·李的部队都能取胜，但北军的援军不断到达，终于使南方军团主力消耗殆尽。6月15日，北军进攻彼得斯堡，双方相持不下，拖住了南军主力达9个月。

在西部战场，另一北方将领谢尔曼长途奔袭敌后方，他指挥10万大军插入南方腹地。5月谢尔曼在西线发起进攻，并于9月攻占了南方最大的工业城市亚特兰大。

第三路攻势是谢里登领导的军队。7月，南方军队再次奔袭华盛顿，期望能够挽回即将失败的趋势，但是被北军谢里登部击退。

4月3日，北方军队攻占了彼得斯堡，并在此地接受了罗伯特·李率残部的投降。

不久，其他南部同盟军的将领也先后放下了武器。历时4年的美国南北战争以北方军队的胜利而结束。

发生地点	发生时间	推荐理由
德国	公元 1848 年 2 月	成为各国工人运动的指导理论，在此影响下诞生的前苏联、现在的中国等社会主义国家，成为影响世界历史的重要力量。

马克思主义诞生

事件介绍

卡尔·马克思，1815年5月5日出生于德国特利尔城。他的父亲是犹太人，是一个非常有名的开明自由主义律师。他的母亲是荷兰人，贤淑善良，善于持家。1835年，马克思中学毕业后，父亲把他送到了当时著名的波恩大学去学习法律。但是马克思到了波恩大学后，看到这里已经没有良好的学习气氛，学生整日追求的是吃喝玩乐，无所事事，根本不像一所学校，因此想方设法要离开波恩大学。

次年，马克思从波恩大学转入柏林大学。当时的柏林大学，学习气氛浓厚，而且学术方面在德国的思想学术领域都处领先地位。

1841年，马克思大学毕业，同时被耶拿大学授予博士学位。大学毕业后，马克思被聘用为自由主义反对派创办的《莱茵报》的主编。在担任主编这段时间，马克思接触了大量下层人民生活的情况，切实体会到普鲁士国家制度和政策的虚伪性、反动性。因此，马克思借助《莱茵报》宣传自己的思想，故这份报纸成为马克思革命工作的第一步。

马克思在《莱茵报》上发表了很多有影响力的文章，例如《关于林木盗窃法的辩论》，

▲ 一战后，共产党组织得到发展壮大。

这成为马克思思想发展史上颇为有名的"林木盗窃问题"。《关于林木盗窃法的辩论》等文章严厉抨击了普鲁士政府的做法，坚决维护农民的利益。普鲁士政府对《莱茵报》所发表的观点感到非常气愤，他们查封了《莱茵报》，迫使它停止印刷，马克思也不得不辞去了主编职务。

在马克思出生后的第三年，弗里德里希·恩格斯出身于德国莱茵省巴门市的一个资产阶级家庭。他的父亲是一个大纺织厂的资本家，性格暴躁、强横，稍不如意即大发雷霆。中学未毕业，恩格斯就在父亲的强迫下停学，他的父亲让他去学习经商，希望恩格斯将来能继承他的事业而成为资本家。

18岁时，恩格斯又被父亲送到德国北部的重要港口城市布莱梅，在那里的一家贸易公司工作。

1841年，恩格斯应征入伍。在服兵役期间，恩格斯经常到柏林大学旁听，这时候，他发表了《谢林——基督的哲学家》等几篇著名的理论文章，以批判唯心主义的神学观。次年服役期满后,恩格斯来到当时工人运动最为发达的英国,并且立即投入工人斗争中,并同宪章运动领导人和其他工人组织建立了联系。

应该说,在马克思大学时代和恩格斯在布莱梅工作时期,他们都是唯心主义者,他们从黑格尔哲学辩论思维中吸取营养。但是在1842年,他们同"青年黑格尔派"之间的分歧越来越大。"青年黑格尔派"反对哲学同社会实际相联系,但是马克思和恩格斯却认为哲学应该和社会相结合,为社会发展服务。马克思退出《莱茵报》后,他从唯心主义转向唯物主义,同时大量阅读了经济学、历史学和空想社会主义的著作,集中精力批判黑格尔关于国家和法的唯心主义理论,写了《黑格尔法哲学批判》。

1843年深秋,马克思为筹办《德法年鉴》而离开德国,到了法国巴黎。此时,马克思越来越清晰地看到,工人阶级要推翻资产阶级统治而成为社会的主人,就必须消灭私有制,建立一种人人平等、没有剥削、没有压迫的新型社会——共产主义社会。

1844年2月,马克思参与主办了《德法年鉴》杂志,并且在第一期上发表了《〈黑格尔法哲学批判〉导言》和《论犹太人问题》两篇重要的文章。

这篇文章的发表,意味着马克思彻底从唯心主义转向唯物主义和共产主义。

此时的恩格斯,正在英国参与和领导曼彻斯特的工人运动,积极参加"宪章派"所组织召开的各种会议,以实际行动支持工人们的斗争。经过广泛的调查研究,恩格斯完成了《政治经济学批判大纲》,该文正确反映了英国工人阶级的生活、愿望和斗争情况。此文完成后,恩格斯把它寄给了《德法年鉴》的主编马克思。

马克思在阅读完这篇文章后认为,该文能够及时推动国际工人运动,于是把该文刊登在《德法年鉴》上,并给恩格斯回了信。

1844年8月,马克思和恩格斯在法国巴黎见面。很快,他们合著了《神圣家族》、《德意志意识形态》等著作,系统阐述唯物主义历史观的基本原理。

在完成上述著作的同时,马克思和恩格斯还参加了各种无产阶级组织。1846年初,侨居比利时的他们,在布鲁塞尔组织了共产主义通讯委员会,打算通过广泛的宣传统一各种革命力量。此后,马克思和恩格斯应邀参加了德国的"正义者同盟"。

此后"正义者同盟"在马克思、恩格斯的建议下改名为"共产主义者同盟",并于1847年6月在伦敦召开了第一次代表大会。会后,马、恩两人受托拟定该同盟的章程。该章程明确指出,推翻资产阶级统治、建立无产阶级政权是同盟的宗旨,并且提出了"全世界无产者,联合起来"的著名口号。

1847年11月,"共产主义者同盟"在英国召开了第二次代表大会,会后委托马克思、恩格斯起草同盟的新纲领。1848年2月,马克思和恩格斯正式发表了该新纲领,这就是震惊世界的《共产党宣言》。《共产党宣言》的发表,标志着马克思主义的真正形成,标志着科学社会主义诞生。

在《共产党宣言》诞生后,马克思又马上开始了《资本论》的写作——这本集聚了马克思25年辛勤研究和创作结果的著作。

1867年,马克思在不到一年的时间内写的长长的经济学书稿,就是今天人们熟悉的《资本论》第一卷,即《政治经济学批判大纲》。在此书中,马克思通过大量事实,详细而深刻地分析了资本主义的发展历史,揭穿资本主义迅速发展的秘密,指出工人阶级之所以极其贫困的原因。在第一卷中,马克思全面阐述了自己的劳动价值理论和货币理论。

到了1863年7月,经过两年的努力,马克思重新写了一部篇幅很大的手稿,这就是后来出版的《资本论》第二卷。在这里,马克思提出了著名的"剩余价值"学说,考察了资本的流通过程。

在马克思逝世后,恩格斯按照挚友的嘱托,承担起了出版《资本论》后续各卷的工作。

《资本论》发表后,先后被俄国、中国等国引入。中国第一个介绍《资本论》的学者,是同盟会理论家朱执信。1905年,他发表了《德意志社会革命家小传》一文,提及马克思和《资本论》。后来,李大钊等人认真研究并推广了《资本论》。

马克思无疑是世界历史上最为伟大的人物之一。在20世纪快要结束的时候,英国《泰晤士报》举行了一项调查,目的在于调查"谁影响了世界历史的发展"。结果表明,作为无产阶级革命导师的马克思,以绝对多数的票数列居首位。

发生地点	发生时间	推荐理由
日本	公元1863年	使日本迅速走上了资本主义发展的道路，由此发展起来的军事力量，成为日本后来军国主义扩张的基础。

为军国主义扩张奠基的明治维新

事件介绍

19世纪后半期，继英国、法国等欧洲国家和美国等美洲国家的资产阶级革命胜利之后，日本也出现了一次在政治、经济、思想文化等领域的全面革新运动。这场以推行资本主义新政为目的的资产阶级革新运动，开始于明治年间，所以史称"明治维新"。

在19世纪之前，日本是一个闭关自守、封建落后的国家。在这个自称为"神国"的国家里，天皇被认为是神的化身，对自己的臣民拥有至高无上的权力。1603年，德川家康消灭了当时日本各地的割据势力，在江户设置了幕府，开始了德川幕府的统治时期。

18世纪中叶后，商业资本开始进入日本农村，导致农民进一步丧失了原本就很少的土地。这些新兴地主在控制土地的同时，还控制了农民的家庭手工业，开设了纺织业手工场。此后，棉纺织品、采矿以及一些海产加工工业的资本主义手工工场开始在日本出现。很快，日本出现了江户、京都等商业中心，并且出现了三井、鸿池等拥有巨额财产的商业富豪。这些地主阶级和商业资本家为了争得政治地位，对幕府制度产生了强烈不满。

正当日本国内统治开始动摇时，西方殖民主义开始大举入侵日本。早在16世纪中叶，葡萄牙、西班牙以及荷兰、英国等欧洲国家就开始在日本传教通商。幕府为了巩固封建统治，抵制资本主义对日本的影响，曾先后5次发布"锁国令"，规定日本只能和中国、朝鲜、荷兰进行少量的贸易，与其他国家的贸易一律禁止。这种闭关锁国的局面持续了200多年。

美国、俄国、英国、法国等国家曾多次提出日本应开设通商港口，但是遭到了日本政府的拒绝。1853年，美国海军将领柏利率领海军舰队两次闯入江户湾，以炮轰江户相威胁，迫使日本开港通商。次年，日本和美国签订了《日美和好条约》。不久，幕府连续与英国、俄国、荷兰等签订了不平等条约和关税协定。1863年，英法联军借口日本个别武士排外，炮轰鹿儿岛，并最终索取了大量赔款。1864年，英、法、美、俄4国组成联军，炮轰下关，要去下关海峡自由通航，并再次勒索了大量赔款。

这些不平等条约的签订，使日本国内面临更加严重的统治危机。大批农民和手工业者因为外国商品的进入而纷纷破产。民族矛盾和阶级矛盾迅速激化,最终爆发了推翻封建幕府、争取民族独立的斗争。

1859年,当幕府要求天皇批准《安政条约》时,以长州藩和萨摩藩为首的下级武士聚集京都,联络部分王宫贵族,策划推翻幕府统治。

幕府军队在征讨长州藩的过程中不仅没有成功,反而使自己原本就虚弱的统治力量变得更加虚弱。1866年,长州藩和萨摩藩秘密结成反幕府的军事同盟。

同年12月,倾向于保留幕府统治的孝明天皇去世,不满15岁的明治天皇即位。次年10月,天皇给军事同盟密诏,要求他们讨伐幕府。在讨幕派大军压境的情况下,德川庆喜采取了以退为进的策略,宣布"奉还大政",主动请求辞去将军的职位,把政权交还给天皇。这一举动使得讨幕派"师出无名",同时德川庆喜可以利用这段时间组织军队进行反扑。

讨幕派识破了幕府的阴谋,于1868年1月3日率兵包围皇宫,解除德川幕府驻后宫警卫队的武装。明治天皇当即召开御前会议,天皇发布《王政复古大号令》,废除幕府,令德川庆喜"辞官纳地",并且随即颁布诏书,决定建立由他领导的、名为"太政官"的新中央政府,并委派西乡隆盛和大久保利通这些改革派主管政事。

德川幕府倒台后,天皇成立的政府成为全国唯一合法的政府,天皇则成为全国最高统治者。新政府内的高级官员都由天皇直接任命,并对天皇负责。同时,新政府在财政上受到了三井、小野等财团的支持。7月,天皇宣布迁都江户,并将之改名为东京。

明治维新时,艺妓也起了很大作用。其中有艺妓嫁入幕府,套出了大量情报,使许多维新派志士得以逃脱幕府的追杀。

在经济上，明治天皇于1868年到1873年间逐步废除了封建领主的地方割据，以加强天皇的中央集权统治。同时，在经济、政治、文化、社会等方面开始了自上而下的、史称"明治维新"的资产阶级改革。

1868年3月至4月间，明治政府先后颁布了《五条誓文》和《政体书》，从而提出推行资本主义新政的两个纲领性文件，开始了大刀阔斧的维新运动。

根据这些纲领性文件，明治天皇在以下几个方面进行了改革。

在政治方面，首先逐步削弱了封建割据势力，建立中央集权的统一国家。此外，天皇废除了封建等级制度，实行"四民平等"。首先，将大名、公卿等统一改名为"华族"，一般武士为"士族"；随之，正式确立皇族、华族、士族和平民的份制，农、工、商及贱民一律归为平民，并且取消了武士特权。

在军事上，1871年，日本建立了专门保护天皇的部队，称"亲兵"；同时，对原有各藩拥有的军队进行改编，使之成为政府军队的主力。

在经济方面，明治天皇采取各种措施，大力发展资本主义经济。1868年，政府下令解除各藩设立的税卡；1869年，废除大商人对对外贸易的垄断权，并且鼓励发展对外贸易；1873年7月，日本天皇发布《地税改革法》，允许土地私有和自由买卖，废除禁止土地买卖的法令，正式从法律上保障新兴地主的土地所有权；把年贡制（即由农业生产者按收获量向领主交纳实物或代金）改为地税制，由国家向土地所有者按法定地价征收固定货币地税。

政府对纺织、水泥等轻工业部门极为重视，投入大量资金，引进西方先进技术，并且聘请国外的技术工人，扶持私人企业。

在教育方面，政府推行"文明开化"政策。1871年设立文部省，统一管理全国的教育事业，改革旧有教育制度。

应该说，日本的明治维新在短时间内就取得了巨大成功。四五年后，日本棉纱的出口量就达到了全世界总出口量的四分之一。30年后，日本已经从落后的封建农业国进入了新兴工业国的行列。这些有利于资本主义经济发展的改革措施，使日本迅速走上了资本主义发展的道路。此后，日本逐步摆脱美国、俄国等势力的控制，逐步废除了不平等条约，收回国家主权，摆脱了民族危机，成了独立发展的资本主义强国，并且以自己的军事、经济优势进攻朝鲜、中国。

发生地点	发生时间	推荐理由
意大利	公元 1870 年	结束了意大利长达几百年的分裂格局，使之走上了资本主义发展的道路。

意大利的统一

事件介绍

1848年，意大利和欧洲其他国家一样，也发生了由资产阶级领导的民族独立革命。1月，西西里岛首先爆发革命，揭开了意大利革命的序幕；3月，米兰人民也开始革命，并且解放了米兰，威尼斯宣布起义，并建立了威尼斯共和国。为了控制革命在其他小王国的兴起，其他王国的统治者们都先后准许进行民族独立和民主改革。

但是在4月底，在罗马教皇的建议下，意大利各个王国从前线撤回了反奥军队，使得1848年意大利革命最终在国内外势力的共同镇压下失败了，意大利重新回到了四分五裂的封建统治下。

在意大利民族统一运动中，存在两个持有不同意见的派别，他们各自提出了两种不同的主张和道路，他们一是以中小资产阶级为代表的资产阶级民主派，主张"自下而上"的民族革命战争，驱逐外国在意大利的势力，最终建立一个统一的资产阶级民主共和国；二是以大资产阶级和资产阶级化的贵族联盟为基础的资产阶级贵族自由派，主张"自上而下"的统一道路，以撒丁王朝作为统一意大利的力量，把意大利统一在萨伏伊王朝为主的统治之下。

荷兰卡瑞尔·杜贾汀作品《意大利风景中的一群江湖郎中》。

民主派的代表人物是朱泽佩·马志尼,他是意大利统一过程中的主要人物之一,也是一个意志坚强的思想家、政治家。

继马志尼之后,民主派的另一位主要人物——加里波第,成功地实现了意大利的统一。加里波第,1807年出生于尼斯一个水手家里,早年当过海员。加里波第对后来意大利的最终统一起到了很大的作用,通过一系列军事实践活动,多次打败兵力上占优势的敌军,取得辉煌战绩。同时,加里波第善于发挥军队的政治优势,深入敌后开展游击战,为意大利统一作出了巨大的贡献,被后人称为"现代游击战之父"。

自由派以卡米洛·加富尔为代表人物。加富尔生于都灵一个贵族家庭里,青年时代曾为撒丁国王效力而参加了撒丁军队。他竭力主张由萨伏伊王朝来统一意大利。从1852年开始到其逝世,加富尔一直是撒丁王国的首相。

在意大利真正统一之前,这两个派别一直就如何实现意大利统一而进行各种争论和错综复杂的斗争。

1852年,加富尔出任撒丁王国的首相,并推行一套意在富国强兵的改革,例如大力发展工业、实现自由贸易政策、大力加强国防建设、增加军费开支等。1857年,欧洲经济危机开始波及意大利,发生了严重饥荒,意大利民众对奥地利的统治非常不满,经常与之发生冲突。

1859年4月，意法联盟对奥地利的战争爆发。5月底，双方进行首次交战，联军获胜。加里波第于1854年春天回到意大利，并受加富尔的邀请而加盟联军。战争爆发后，加里波第率志愿军深入敌后，连战连胜，解放大片地区，广大群众揭竿而起，纷纷加入志愿军，加里波第的军队力量不断壮大。6月，奥军在联军的攻击下损失惨重，不得不撤出伦巴底而退守威尼斯。

1860年4月，西西里首府巴勒莫爆发起义，遭到西西里王国军队的镇压。加里波第招募了1400多名志愿军，5月，乘两艘船离开了热那亚海岸，远征西西里。这些志愿军身穿红衫，又称红衫军。红衫军在西西里登陆后，得到人民的支持，攻城略地，只用了20天就占领了巴勒莫；不久，又攻占了西西里王国首府那不勒斯，使整个意大利南部顺利并入撒丁王国，为意大利的统一事业建立了不朽的功勋。

1861年3月，意大利王国宣布成立，定都佛罗伦萨。撒丁王国国王成为意大利王国的国王，加富尔为首相。加里波第在将政权交给撒丁国王后，解散了红衫军。

但是撒丁王朝的合并活动受到了法国的阻挠。

法奥协议签订后，加富尔迫于拿破仑三世的压力而不得不将意大利领土萨伏伊和尼斯割让给了法国。加里波第闻讯，一气之下，辞掉了撒丁王国议员和将军的职务。

意大利王国成立后，全国领土基本上得到了统一。但是意大利统一事业还没有最后完成，根据法奥停战协议，威尼斯还在奥地利的统治之下。1866年，普鲁士和奥地利为争夺德意志统一的领导权而发生矛盾。利用这一机会，意大利王国和普鲁士结成反奥军事同盟。

该年6月，普奥战争爆发后，意大利也向奥地利宣战。在萨多瓦决战中，奥地利军队被普鲁士军队打败。根据1866年制定的维也纳和约，威尼斯回归意大利。

威尼斯回归意大利后，只剩下罗马还被教皇占领着。为了彻底完成意大利统一，加里波第曾经3次远征罗马。

1862年7月，加里波第前往巴勒莫，很快组织了3000名志愿军，并于8月渡过西西里海峡，北进罗马。占据罗马的法军十分恐慌，在派兵加强罗马防务的同时，给意大利王国的国王压力，要求意大利政府军阻截志愿军。为了避免自相残杀，加里波第命令自己的部队不要对前来镇压的政府军开枪。但是政府军却朝志愿军开枪射击，加里波第也在此战役中受伤被捕。

1864年，加里波第为了远征罗马而前往英国筹集经费，但是被英国驱逐出境。在意奥战争爆发后，加里波第再次组织志愿军远征罗马，但是再次遭到政府逮捕。此后，加里波第被关押在卡普里岛，并受到6艘军舰的看守。但是加里波第还是在战友们的帮助下逃出了小岛，并马上率领志愿军前往罗马。

但是意大利国王和拿破仑三世沆瀣一气，共同派兵镇压加里波第的远征行动。加里波第在一次战役中，再次被意大利政府军逮捕。1870年普法战争爆发后，驻守在罗马的法国军队受命撤回法国参战。加里波第趁机再次组织志愿军进军罗马，并于1870年9月解放了罗马。该年年底，意大利王国首都从佛罗伦萨迁往罗马，意大利最终实现了全国统一。

发生地点	发生时间	推荐理由
法国	公元1871年	无产阶级推翻资产阶级统治、建立无产阶级专政的第一次尝试,揭开了国际共产主义运动的新篇章。

巴黎公社和国际共产主义运动

事件介绍

1870年,普鲁士和法国正式宣战,普法战争爆发。双方发动战争的原因是:德意志企图通过战争来建立一个由普鲁士领导的统一德意志帝国,最终称霸欧洲。而法国则不希望看到一个统一强大的欧洲大国。另外,由于拿破仑三世企图发动对普鲁士的战争,以转移人民的视线,缓解国内的矛盾。

普法战争爆发后,马克思为国际总委员会起草了《关于普法战争的第一篇宣言》,号召法国工人起来反对这场侵略战争,并且预言俾斯麦将把防御性战争转变为掠夺性战争。因此,《宣言》号召法国和德国无产阶级加强团结,根绝一切战争。

战争开始后,法军屡次败北,主力被分割为两部分:一部分法军被围困在麦次要塞;拿破仑三世指挥的另一部分部队逃到色当要塞。9月1日,20万普军包围了色当,并且发动色当战役,法军惨败。次日,拿破仑三世率领8.6万法国官兵投降,自己也成了普军的俘虏。

色当战役的结果激怒了法国人民。9月4日,巴黎工人、市民和国民自卫军包围了政府大厦,宣布推翻帝制,恢复共和,成立了法兰西第三共和国。当天,前立法院议员中的几个保皇分子和共和派组成临时政府,并且自称为"国防政府"。但是实际上,"国防政府"正准备向普鲁士投降。

色当在普法战争中惨败后,法军全面崩溃。10月27日,法国10万军队向普军投降。巴黎无产阶级坚决反对法军的投降行为,并于10月31日和次年1月22日发动了两次起义,但最终都被临时政府镇压。为了借助普鲁士军队来镇压国内起义,"国防政府"同普鲁士政府签订了丧权辱国的临时停战协议,条件是:法国解除正规军武装,交付2亿法郎赔款,并限期召开国民议会,批准普鲁士提出的"和约草案"。

共产主义的奠基人——马克思与恩格斯。

次年2月21日,法国国民会议在波尔多召开,宣布组成以梯也尔为首的政府。梯也尔上台后,为了镇压巴黎的群众运动,加快了和普鲁士谈判的速度,26日同普鲁士签订了和约,规定:法国赔款50亿法郎,割让法国阿尔萨斯全省和大部分洛林地区给普鲁士。这个条约的签订,使法国人民感到受到了莫大的侮辱。因此,巴黎无产阶级推翻资产阶级政权,实现无产阶级革命的任务,被提上了日程。

1871年2月中旬,工人武装选出了"国民自卫军中央委员会"来领导法国的工人运动。梯也尔上台后，首先必须解除国民自卫军拥有的武装。3月17日夜，梯也尔举行秘密军事会议，计划先夺取国民自卫军的大炮弹药，然后逮捕中央委员会首脑。会议结束后，政府军队就开始了占领国民自卫军的停炮场、工人居住区和交通要道的行动。

1871年3月18日凌晨，梯也尔派了3万多军队去偷袭国民自卫军的主要战略要地蒙马特尔高地，那里停放着自卫军的大部分大炮。当反动军打死国民自卫军的巡逻队，要拖走大炮时，被一群妇女发现，她们拦住政府军，严厉谴责反动军官和士兵。

士兵们被问得无言以对，虽然军官多次下令枪毙这些妇女，但是士兵们拒绝执行命令，并且还逮住了带队的军官，然后加入了国民自卫队。

蒙马特尔事件使巴黎工人惊醒了过来，他们明白只能通过武力来推翻反动政府。上午10点左右，国民自卫军的八九名中央委员集合到一所小学里，发出命令，指挥起义。然后，国民自卫队官兵迅速占领了区公所、兵营及政府机关，向市政厅进发，并开始修筑工事。

在占领了市政厅之后，国民自卫军中央委员会当即向世界宣告："巴黎的无产者，目睹统治阶级的失职和叛变行为，已经了解到了由他们自己亲手掌握公共事务的领导权以挽救时局的时刻已经到来。他们已经了解到，夺取政府权力以掌握自己的命运是他们必须立即履行的职责和绝对的权利。"

3月26日，巴黎举行公社选举，巴黎人民第一次真正享受到了民主权利。28日，20多万巴黎民众聚集在巴黎市政厅前的广场上，欢呼巴黎公社正式成立。成千上万的人们欢呼着，庆祝自己的伟大胜利。

巴黎公社成立之后，公社从无产阶级和劳动人民的根本利益出发，实施了大量政治、军事、经济和文教方面的革命措施。

这些措施，都体现了无产阶级政权的基本特征，也是巴黎公社的伟大创举。虽然这些措施在战争年代没有全面实行，但是还是在短时间内改变了巴黎的面貌，"第二帝国那个荒淫无度的巴黎已经消失得无影无踪了"。

巴黎公社成立后，资产阶级惊慌失措，他们纷纷逃离巴黎，奔向不远的凡尔赛。同时，这个世界上第一个无产阶级政权也遭到了其他国家的反对，沙皇亚历山大、俾斯麦、美国大使等，自公社诞生第一天起，就打算将它扼杀在摇篮里。

由于缺乏兵力，梯也尔派亲信到德国阵地面见了俾斯麦，要求放回被德军俘虏的十几万法军，这个要求得到了俾斯麦的同意。而且，俾斯麦还允许反动军经过德军防线，从北面进攻巴黎。

梯也尔纠集了大量军队后，巴黎公社就陷入了敌人的包围之中，东面和北面普军15万大军压境，西面和南面则有梯也尔军队伺机反扑，形势对公社极为不利。但是公社却对此局势估计不足，疏于防范。4月2日清晨，凡尔赛军开始炮轰巴黎，从巴黎西面发动进攻。公社2000名战士和五倍于自己的敌军激战数小时后，放弃了讷伊桥等阵地。

　　起义军在巴黎外围的防御力量非常薄弱，由于战线过长，兵力分散，难以得到有效的兵源补充，因此公社方面损失惨重。

　　27日，敌军开始围攻最后两个工人区。在拉雪兹神甫墓地，200名公社战士与5000名凡尔赛士兵展开肉搏，战至傍晚，大部分公社战士壮烈牺牲或者被俘。不久，敌军又从远处押来一批批公社战士，将他们枪杀在墓地的一堵墙前。这堵墙后来被称为"公社社员墙"。

　　从5月21日到28日，巴黎公社的社员战士和巴黎工人们，为了捍卫公社的胜利果实，与敌人进行了一周的激战，这就是世界历史上有名的"五月流血周"。

　　梯也尔重新占领巴黎后，对工人和革命者进行了极为残酷的大屠杀。凡尔赛军先后在巴黎杀死了3万人，逮捕了5万人，巴黎居民减少了10万。

发生地点	发生时间	推荐理由
德国	公元1871年	结束了德国分裂的局面，促进了资本主义大力发展，使德国不久走上了发动两次世界大战的道路。

"铁血宰相"统一德国

事件介绍

奥托·冯·俾斯麦，1815年出身于普鲁士雪恩豪森的一家大容克贵族家庭，他的童年是在他父亲的庄园里度过的。贵族家庭养成了他强暴蛮横、凶悍粗野的性格，据说在大学期间，他曾与同学做过27次决斗。1835年，俾斯麦从柏林大学毕业，然后回到老家管理自己的两处世袭领地。作为贵族，俾斯麦再次以粗野的个性、对待农民的残忍、追求目标的毅力和不择手段以及现实主义的态度而闻名当地。

在19世纪40年代，俾斯麦政治上属于顽固的保守派，热烈拥护普鲁士王权和贵族的特权。1848年革命时，俾斯麦在自己的领地上组织军队，准备前往柏林武力镇压革命。面对法兰克福国民议会中资产阶级代表们的高谈阔论，俾斯麦非常反感，并且主张用武力。此后，1851年至1858年间，俾斯麦被任命为驻德意志联邦代表会的普鲁士邦代表；1859年，任驻俄公使；1861年，改任驻法公使。

19世纪50年代后，俾斯麦的政治立场发生了变化。在他的任职期间，俾斯麦受到资产阶级思想的影响，逐渐成为资产阶级化的容克。俾斯麦认为，德国的统一是无法阻止的，而且应该由普鲁士领导这场统一运动，只有这样才能挽救普鲁士君主政体和容克利益。同

"铁血宰相"俾斯麦。

时,俾斯麦清楚地认识到,法国和俄国等欧洲列强都会阻止德国的统一,在德国内部,普鲁士的霸权也会遭到奥地利的坚决反抗。因此,俾斯麦认为要统一德国,必须用武力和战争作为后盾。

在俾斯麦被任命为宰相后,他在普鲁士议会上发表了他的首次演说。他大声宣称:"德国所注意的不是普鲁士的自由主义,而是权力……普鲁士必须积聚自己的力量以待有利时机,这样的时机我们已经错过了好几次……当代的重大问题不是通过演说与多数人的决议所能解决的——这正是1848年和1849年的错误——而是要用铁和血。"由此,他获得了"铁血宰相"的称号,其采取的政策也被认为是"铁血政策"。

上任伊始,俾斯麦就开始了和议会之间长达4年的"宪法纠纷"。俾斯麦认为,议会里的那些资产阶级议员只会吵吵嚷嚷,他们懦弱无能,根本没有实力和政府对抗。因此,他干脆一脚踢开议会,根本不害怕议会指控政府"违背宪法",照旧进行军事改革,扩大军队,并解散了众议院,并且下令关闭自由派的报纸。

1864年,俾斯麦挑起对丹麦的战争,迈出了统一德国的第一步,战争的导火索是什列

斯维希、霍尔斯坦问题。什列斯维希、霍尔斯坦是位于波罗的海和北海之间的两个公国，是德意志联邦的成员，同时也是丹麦国王的个人领地，但并没有和丹麦合并，成为德国和丹麦事实上的边界。什列斯维希的大多数居民是丹麦人，而霍尔斯坦则多以德意志人居多。1863年3月，丹麦国王颁布了一部适用于全国各州的宪法，把什列斯维希纳入了丹麦。同年11月，丹麦政府向德意志联邦议会提交了这份宪法，此举意味着丹麦对什列斯维希事实上的兼并。不久，丹麦新任国王正式签署了"十一月宪章"，目的在于直接兼并这两个公国。

德国国内对丹麦国王的举动感到异常愤怒，纷纷声援两公国的独立行动。俾斯麦抓住这一机会，在取得俄国和法国不干涉德国事务的保证下，和奥地利结成反丹麦联盟，并在"为德意志民族利益"的口号下开始对丹麦宣战。

在结束对丹麦的战争后，俾斯麦将枪炮对准了奥地利，准备发动对奥地利的战争。1866年6月1日，奥地利驻法兰克福代表宣布，两公国的前途应该由联邦议会决定。俾斯麦据此攻击奥地利单方面讨论这一地区未来归属问题而破坏了普奥原来签订的协议，派兵进入霍尔斯坦。10日，普鲁士公布了《联邦改革纲要》，要求把奥地利开除出德意志联邦；奥地利则呼吁其他各邦行动起来反对普鲁士。

14日，联邦议会以多数票数通过了反对普鲁士的方案。俾斯麦此后发表声明：联邦议会无权以这种方式对待它的成员，联邦宪法已遭到破坏，并要求解散联邦议会。17日，奥地利发布宣战书，普鲁士也马上对奥地利宣战。普奥战争爆发。

结果，奥地利军队大败。普军乘胜追击，于7月14日逼近奥地利首府维也纳。奥地利皇帝此时急忙要求拿破仑三世进行调停。考虑到如果战争继续进行下去，将导致法国的强行干涉，甚至可能导致奥地利国内出现革命，俾斯麦说服了普鲁士国王，和奥地利国王签订了《布拉格和约》。《布拉格和约》规定，奥地利宣布退出德意志联邦，并将法兰克福等4个邦国和1个自由市让归普鲁士，双方不干涉巴伐利亚等南方诸邦的独立自治。

普奥战争胜利，普鲁士基本上统一了德意志。

为了实现德国的最后统一，俾斯麦不得不准备和法国作战，这是他实现德国统一的第三步。1866年，普奥战争结束后，法国和普鲁士都加紧军事备战。1870年7月，普法战争爆发。经过色当决战，法军宣布投降，拿破仑三世也成了普军的俘虏。

法国战败后，南方各邦相继于1870年年底宣布加入北德意志联邦。12月9日，经过联邦国会同意，北德意志联邦改名为德意志帝国。1871年1月18日，俾斯麦在法国的凡尔赛宫正式宣告统一的德意志帝国成立。威廉一世为德意志帝国皇帝，俾斯麦就任帝国宰相。同年4月，德意志帝国议会批准了德意志帝国的宪法。

发生地点	发生时间	推荐理由
美国	公元1876年	人类通向信息时代的重要一步，彻底改变了人们的沟通方式。

贝尔发明电话

事件介绍

1847年3月3日，贝尔出生于苏格兰的爱丁堡。他从小就有比较敏锐的观察力。相传，他家附近有座水磨坊，主人是一对父子，父亲年迈，粗重的工作都由年轻人来做。不过后来这个年轻人应征入伍当兵，这可苦了老人，碰到水少的时候，水车根本动不了，老人的生活都没有保障。看见此情况后，贝尔冥思苦想解决的方法。经过一个月的研究，他想出了一个好法子：他首先改良了白齿，以减少摩擦力，再利用圆形的麦粒，使双方互相挨着，这样，白齿的转动就灵活多了。贝尔的这个发明，不仅帮了磨坊主人的忙，而且被全村的人争相仿制。才15岁的贝尔，就成了全村人眼中的"发明神童"。

17岁时，贝尔进入爱丁堡大学学习，专业就是语音学，他希望能够继承祖父和父亲的事业。毕业后，由于他的父亲开办了一所聋哑学校，贝尔便在父亲的学校里找到了一份工作，任务是研究帮助聋哑人克服语言障碍的助听器。

就在此时，英国出现了大范围的肺病感染，这个传染病给当地带来了深重的灾难。为了躲避瘟疫，贝尔全家迁居加拿大。

1874年，贝尔迁居美国，受聘为美国波士顿大学语言生理学教授，继续从事对聋哑人横贯美国大陆的电话线于1915年6月延伸到芝加哥。图为芝加哥电话公司的高级职员在试用电话。

的教育。不过，贝尔不久就离开了波士顿大学，应塞内姆一家公司董事长桑德士的邀请前往塞内姆，在那里开办了一所聋哑学校，继续培养那里的聋哑儿童。

辞去了波士顿大学教授职位的贝尔，刚好有了更多的时间去开展研究工作。桑德士专门给贝尔提供了一个房间，让他在空余的时间内能够完成他自己想做的事情。

当时，电报刚刚在美国兴起，它是借着电线来传导电波的。作为声学的研究者，贝尔常常想："为什么不能借着电波来传播声音呢？"为此，他决定开展这方面的实验。

有一回，贝尔在做实验的时候发现了一个有趣的现象：一个被铜线缠着的线圈通着电流，当打开开关或关闭开关时，线圈就会发出"嘀、嗒"的声音。贝尔仔细一听，这种声响不是和电报码的声响一样吗？这个声音给了贝尔灵感："在讲话时，如果我能使电流强度的变化形成声波的变化，那么用声波传递语言不就能成为现实了吗？"

被这一崭新的念头鼓舞着，贝尔到处去请教权威的电报技师。谁知，他的美好幻想四处碰壁。

摩尔斯电报出现后，迅速得到了使用，通讯量也大为增加，电讯公司经常为业务量太大、无法应付而大伤脑筋。所以，很多人拼命研究在同一个电报机上发送互不干扰的几个频率的电报的机器，他们把这种机器称为"复式电报机"。

贝尔在长期的研究过程中，对复式电报机有了进一步的认识，并得到了桑德士的支持。桑德士除了给贝尔提供大量的研究经费和实验室外，他还给贝尔聘请了一个名为汤姆斯·华生的电气工人，作为贝尔的助手。

一次，当贝尔和华生在做实验时，由于机件发生故障，电报机上一块铁片在磁铁前不断震动，并发出微弱的声音。贝尔发现了这个现象，并通过实验发现，这种声音能够通过导线传到很远的地方。由此，贝尔又开始联想：如果在一个地方用声音使铁片震动，再用这种震动去控制另一方磁铁上的铁片也发生震动，这样声音不就可以通过导线传送了吗？

贝尔和华生意识到，如果能够发明这种电话，"才是有价值的工作"。于是他们改为研究电话。不过桑德士听到这个消息后非常不高兴，说："你们如果对研究太随便的话，我就不再负担实验的费用了。你们说的电话，只不过是玩具而已，根本不实用，电讯才是比较有益于人类的发明。"

不过，贝尔的这个设想却得到了美国当时著名的物理学家约瑟夫·亨利的支持。

于是，贝尔一面加紧学习有关电气和声学方面的知识，一面进一步做好实验的准备工作。他们重新调整了每一个震动器，并分别在两个房间内安装了送话器和受话器。不过，当他们对着送话器喊叫的时候，受话器根本没有收到声音，或者声音非常弱。他们不断摸索，就是解决不了这个问题。

不过，贝尔还是对自己的想法充满信心。一次，在听吉他弹唱的时候，他突然意识到，如果送话器和受话器的灵敏度像吉他那样高的话，声音就会比较高。他和华生两个人非常高兴地连夜赶做了一个音箱，并改装了原来的实验装置。

然后，贝尔和华生回到各自的位置，准备进行新一次实验，这一天是1876年3月10日。这时，贝尔不小心打翻了一杯原用来浸泡设备的酸性溶液，液体几乎都洒在了他的衣服上。感到非常懊恼的贝尔大叫起来："华生，出事了，赶快过来！"

在另一个房间里的华生听到召唤，像发疯一样，向贝尔喊话的寝室奔去。他一路大叫着："我听到了贝尔在叫我！我听到了贝尔在叫我！"就这样，这句普通的求助声，竟然成为世界上第一次用导线传送的声音。这一年，贝尔29岁，而华生才20岁。

▲ 电话不仅应用于民间，还大大改变了军事指挥方式。指挥官通过电话与自己的部队建立了更紧密的联系。

1877年，贝尔、华生、桑德士和哈勃特4人组建了贝尔电话公司，以出租电话机和电话线的方式，开始为一些最早接受电话的家庭和公司装设电话。就在这一年，贝尔公司为一家私人公司在波士顿架设了世界上最早的电话线。

1878年，贝尔和华生分别在波士顿和300公里之外的纽约进行了首次长途电话试验，获得了很大的成功。

不过贝尔发明的电话比较简陋，通话的声音质量不高，而且距离越远，质量越差。此时，很多发明家加入了改进电话的行列。就在1878年，著名发明大王爱迪生发明了炭精送话器，并获得了专利。此后，传输话音的单铁线改成了双铜线，通话质量有了明显提升，通话距离也大大增加。直到现在，大部分电话机仍然使用这种炭精送话器。

发生地点	发生时间	推荐理由
美国芝加哥	公元1886年	美国历史上第一次跨行业、规模最大的全国性大罢工，成为国际工人运动史中最为重要的一页。

芝加哥工人大罢工

事件介绍

从1873年到1878年，美国爆发了长达6年的经济危机，大量工厂和企业倒闭；大量工人失业，仅1877年到1878年就有300万工人失业。1883年，美国经济再次出现萧条，失业工人达到了100万，而且工人的平均工资下降了15%，煤矿工人的工资更是下降了40%。

因此，美国在19世纪80年代出现了大量工人罢工事件，劳资纠纷愈演愈烈。这些罢工包括：1882年西部冶金工人大罢工和纽约铁路装卸工人罢工，1883年电讯工人罢工，1884年福尔阿市纺织工人历时4个月的大罢工和俄亥俄州矿工长达6个月的大罢工，1885年密执安州伐木工人大罢工。

1884年10月，美国和加拿大的8个国际性和全国性工人团体在美国芝加哥举行代表会议。在此会议上，通过了一项重要决议，要求于1886年5月1日举行总罢工，迫使资本家实施8小时工作制。这一号召得到了工人们的广泛响应和支持。

在争取8小时工作制的斗争过程中，芝加哥工人站到了运动的最前列。当时领导着工人运动的，有激进的无政府主义者和左翼社会主义者。他们在筹备第二年工人大罢工的过

▲ 经过一代又一代工人们的不懈抗争，美国中、下层人民的生活逐渐得到改善，社会向着良性的运转方向演进。

程中起到了很大的作用，也使得芝加哥成为美国全国工人运动的中心。

1886年5月1日，美国芝加哥、纽约、巴尔的摩、波士顿、华盛顿等大工业城市的两万多个企业的35万工人停工上街，高举争取8小时工作制的条幅和标语牌，举行了声势浩大的示威游行。各种肤色、各个工种的工人一齐进行总罢工，向政府和资本家示威。仅芝加哥一个城市，就有4.5万名工人涌上街头，在纽约市有2.5万工人参加了这次游行。

5月3日，罢工工人和顶替工人在工厂附近发生冲突，警察在没有任何警告的情况下朝罢工工人开枪射击，造成至少4名工人死亡，多人受伤。

5月4日傍晚，罢工工人在芝加哥草集广场集会，抗议警察的暴行。大约3000名工人参加了这次集会，工人运动的3个重要领导人费尔登等人到会做演讲。到晚上10点钟左右，费尔登做完最后一个演讲后，人群已经开始解散，广场上大约还剩下三分之一的人。这时，突然开进了由180名警察组成的队伍，要求留下的群众立即解散。

正在这时，不知什么人朝警察扔了一颗炸弹，并在警察群中爆炸，当场一个警察被炸死，还有6个警察后来死于医院，70多个警察受伤。虽然费尔登高呼这是一次和平集会，但是警察还是向集会群众开枪，打死打伤很多工人。

到底是什么人向警察扔的炸弹，一直没有查出来。很多人认为这是资本家故意制造的事端，以给政府当局大规模镇压工人一个借口。政府随后袭击了工会领导者的家，数以百计的人被逮捕，恐怖气氛一时笼罩了芝加哥的工人区。费尔登等8个工人领袖遭到逮捕。在草集事件发生后，巴尔逊并没有被捕，而是经过化装躲进了一个农庄中。但是当他听说其他工人领袖遭到逮捕并将被审判时，他决定和他的战友们站在一起。在审判开始时，巴尔逊走入法庭，对法官说："法官阁下，我要和我的同志们一起上庭。"

在没有任何证据证明这些工人领袖和投弹者有任何关系的情况下，法院判决7人绞刑，1人15年徒刑。在没有证据的情况下，法院认为投弹者是受了演讲者演说的影响才做出此事的。但是事实上，事发当场除了费尔登还在场之外，其他人都已经离开现场，甚至有几个人没有到过现场，所以这次审判被很多人认为是对美国法律的践踏。

工人不服，向州最高法院提起上诉，但是裁决还是维持原判。后又向联邦最高法院提起上诉，但是最高法院根本就不受理此案。

但是国际工人协会和国际工人领袖对此事给予了极大关注，德国著名社会主义领袖威廉·李卜克内西和马克思的女婿爱德华·艾威林甚至到狱中看望了关押的工人领袖。美国国内一些知名人士和欧洲一些著名人物也纷纷给伊利诺斯州州长写信或者打电报，要求给被捕的人减刑。随着临刑时间的到来，各种抗议信、呼吁书潮水般涌向伊利诺伊州州长。

在巨大压力之下，伊利诺伊最高法院在临刑之前一天决定把对费尔登和另一位领袖的死刑改为无期徒刑。但其余几名工人领袖仍按照原判处以死刑。就在同一天，有一个年轻的领袖口衔炸弹自杀。

11月11日，4名工人领袖最终还是遭到杀害。在这个事件之后，资产阶级开始反扑，很多工厂又恢复了较长的工时。

但是工人要求赦免仍被关押的工人领袖的斗争还在继续。6年后，伊利诺伊新任州长宣布了赦免令，他说："这3个人被赦免，不是因为他们已经受够了罪，而是因为相信他们是无辜的，而那已经被处死的人，是歇斯底里和司法不公的牺牲品。"到19世纪末，美国工人的平均工时从原来的10小时以上降低为9.5小时，到20世纪30年代时终于实现了8小时工作制，5天工作周。因此，五一大罢工是8小时工作制运动的重要里程碑。

1889年7月14日，第二国际召开成立大会，会上决定将每年的5月1日定为国际劳动节，为组织大规模的国际性游行示威的日子。1890年5月1日，美国、英国、法国、德国、奥地利、澳大利亚、智利等几十个国家，举行了浩浩荡荡的游行示威。

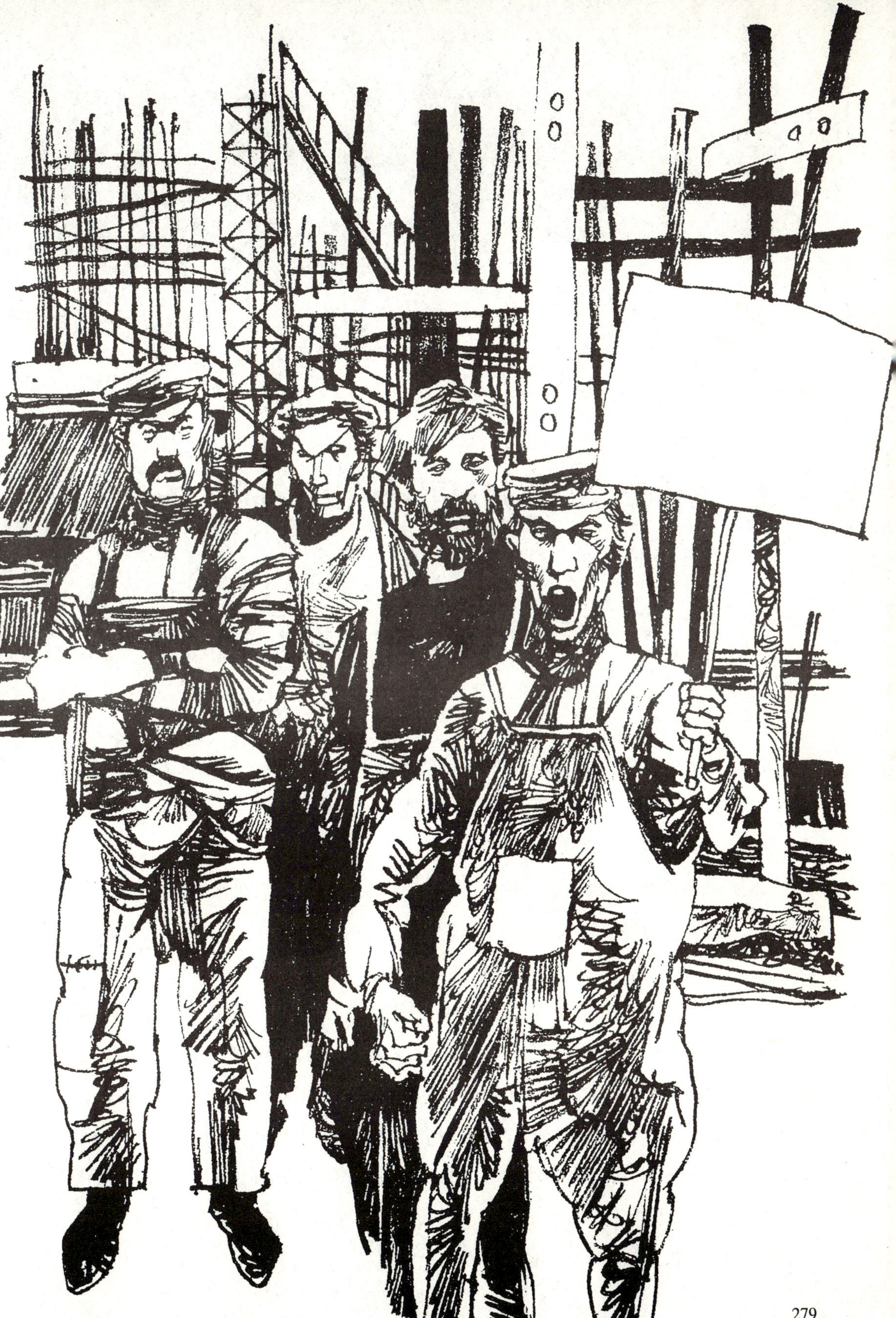

发生地点	发生时间	推荐理由
奥地利	公元 1895 年	该理论成为了解释个人、历史和文化现象的哲学方法，在20世纪有很大影响。

精神分析理论的形成

事件介绍

西格蒙德·弗洛伊德，奥地利著名医生和心理学家。他出身于一个犹太家庭，早年在维也纳大学学医，毕业后进入医院工作，并从事神经系统疾病的研究，后从事精神病患者的心理分析研究，开创了精神分析心理学流派。

人们把弗洛伊德比成"心灵的哥伦布"，"心理世界的牛顿"。他的主要著作有：《梦的解析》、《心理分析导论》、《自我和本我》等，为人类打开了一扇认识自己心灵的新的窗户。

弗洛伊德的精神分析学说建立在他的两大发现基础上：一是发现在意识活动的底部还有一个广阔得多的"无意识"存在；二是发现"性本能"是人类精神活动的支配力。

弗洛伊德的无意识理论，打破了传统人们对心理的僵固理解，把无意识引入了心理学，赋予了它重要地位。在他看来，人的精神领域可以比作漂浮在大海上的冰山，如果说显露在水面之上的冰山尖顶相当于意识，那么隐藏在水面之下的巨大山体就相当于无意识。意识只是人的精神生活的表层，无意识才是人的精神活动更广阔的领域。冰山漂向何处，完全取决于提供原动力的无意识。

弗洛伊德1905年摄于维也纳贝热塞19号的照片。

所以，只研究意识是远远不够的，必须深入水下，去探索深层心理的奥秘。进而，弗洛伊德把人的心理描述成含有三个层次的结构，具体分为意识、前意识和无意识。

弗洛伊德认为，意识是人的心理状态的最高形式。它在人的心理因素这个大家庭中扮演着"家长"的角色，它统治着整个精神家庭，使之能够协调行动。正是在意识的管辖和指挥下，人的精神生活才得以正常进行。

意识的下面是前意识。这是个一度属于意识的观念、思想，因与目前实际生活关系不大，或根本无关，被意识所遗忘，而留在意识的近旁。在意识活动过程中，前意识随时可以"溜"出来，参与人的活动。一旦完成一定使命后，它就又很快地退回到自己所属的前意识领域中。

无意识又在前意识之下。它位于心理结构的最底层和最深处，但又是最不安分守己的分子，总是千方百计地冒出来，不断寻求发泄、满足自身。只有意识这个心理结构中的最高统治者，才能控制住它，使它老实地待在原处不要乱动。

但弗洛伊德认为意识、前意识和无意识这样的心理结构给人一种静止不动的印象，后来

在他晚期著作中做了一定的修正和补充，提出他的人格理论，认为个体人格可分为本我、自我和超我三个组成部分。

本我就是一种原始情欲和本能冲动，它给人的整个心理过程提供能量。但本我的一部分不可避免地会在与外界的接触中不断遭到打击而失败。这一部分被迫进行修改，经过修改的本我就是自我了。自我是一个意识系统，是一切感觉、知觉和理性思维的主体，遵循着现实原则，服从着外部的需要。超我就是伦理规范和宗教戒律的体现者，它支持自我去和本我进行斗争。超我能引起恐惧感和罪恶感，导致赎罪和自我惩罚。

从这里出发，弗洛伊德提出了自我的困境："有句谚语告诫人不得一仆同事二主。可怜的自我境况却更糟，它要服侍三个严厉的主子，并竭力把它们的要求和需要做得彼此协调。"

弗洛伊德又通过对梦的分析证明了心理过程中起作用的主要是无意识,而且也开始涉及精神分析的另外一个方面的内容:性的冲动是神经病和精神病的起因。

弗洛伊德认为,尽管有少数梦是由人的体内刺激和体外刺激这些生理因素引起的,但大多数时候梦是由人们心理生活中各种复杂内容所决定的。梦并非来源于什么神秘超自然力量,而是无意识的表现,是人的一种心理表现。

梦有"昼梦"与"夜梦"之分。昼梦是幻想的结果。昼梦中的情景和事件,或者用来满足昼梦者的野心,或者用来满足他的情欲。

但弗洛伊德主要研究的是夜梦。夜梦也是对"欲望的满足"。这些欲望主要是指在日常生活中受到压抑的愿望与情绪,包括两大类欲望:一是"死的愿望",这个愿望大多起源于梦者无限制的利己主义,而且常为梦的主因;二是指过度的性欲。当然,在弗洛伊德那里,"性"是广义而非狭义的,不是专指生殖的或者生殖器的快感,而是指身体一切敏感部位的快感。而当人睡着的时候,意识的活动减弱,它对无意识的压制也随着减弱,无意识就趁机表现出来成为"梦"了。

弗洛伊德在证明了无意识本能对人类活动的支配力量之后,进一步提出性本能是人一切本能的基础。

之所以得出这样的结论,是因为弗洛伊德理解的"性本能",是人的内部世界蕴含的强烈要求得到发泄的满足的心理能力,给人的全部活动、本能和欲望提供了动机力量。

在这些理论的基础上,弗洛伊德提出了自己的道德理论,主要内容有:第一,利己与利他的关系。他认为,一个人也许是绝对的利己主义,但假使他的自我要在一个客体上谋求欲望的满足,那么他的欲望对客体也有强烈依恋,这种依恋就是"爱情"。由爱情产生的利他主义将完全吞没主体。第二,弗洛伊德对传统道德持明确否定态度,指出道德行为常常都是虚伪的。第三,主张在性的释放与禁欲之间做出适当的选择。第四,在健康与道德的关系上,道德应服从于健康。第五,精神分析乃是一种再教育,它的目的是培养健全人格。

总之,弗洛伊德的精神分析学说将人的本质归结为一种核心为性欲的生物的本能冲动,强烈呼吁人们对它的释放与重视。

发生地点	发生时间	推荐理由
全世界	公元 1900 年	关于生命起源的各种理论学说为人们探索生命起源的奥妙打下了理论基础，并深深影响着后人。

拷问生命的起源

事件介绍

生命最初从哪里来？不同历史时期的人们受制于自己的认识水平和科学的发展程度，提出过自己的种种臆测和猜想。

"神创论"可谓是解释生命起源的最早的假说了。它认为地球上的生命是由神或上帝创造出来的。最典型的莫过于基督教《圣经》里宣扬的"诺亚方舟说"和"亚当夏娃说"。中国古代神话中的"盘古开天地"和"女娲造人"的故事也流传甚广。但随着科学水平的提高，相信神创论的人越来越少了，几近于无。

接下来的是"自然发生说"，它是在与"神创论"的论战中产生的。它认为生物是从非生物的物质中产生的，例如青蛙从泥中长出，蛆虫从腐肉中生出。一些著名学者如古代的亚里士多德，近代的牛顿等人都是这种说法的信奉者。但 19 世纪下半期法国微生物学家巴斯德做了一个否定"自然发生说"的重要实验。他的实验证明，如果把肉汤放在密封的容器中加热到能杀死里面的一切的生物，同时制止一切生物进入，那么在这种情况下就再也不会出现微生物了。然而食物的腐败和变性却是由微生物的活动造成的，一旦容器中不再出现微生物，那么肉汤就不会腐败变性了。

连结构如此简单的生物都不能自然发生，更何况结构复杂的鱼类、两栖类、鸟类等动物呢？巴斯德的实验宣告了"自然发生说"的彻底失败。

于是，巴斯德又得出这样的结论：生命来源于生命自身。这正是生源说的典型观点。但它只能解释生命进化阶段中生命的发生问题，对于生命来源问题仍是一筹莫展。为有效解释生命起源的奥秘，人类还得继续探索。

随着现代科学的发展，"化学进化说"和"宇宙胚种说"成为当前生命起源的两大学说，双方支持者各持己见，互不相让，孰是孰非，难以定夺。

"化学进化说"认为，原始生命是在原始地球形成之后，由非生命物质在极其漫长的时间内，经过极为复杂的化学途径演变而成的。最早提出"化学进化说"的是前苏联著名的生物化学家奥巴林。他指出生命起源于原始地球从无机到有机、从简单到复杂的一系列化学进化过程。正是原始地球上的某些无机物，在闪电和太阳辐射下，变成了第一批有机分子，生命的起源才获得了可能。后来，美国化学家米勒首次通过模拟的实验成功地证实了奥巴林的假说。

那么，生命起源在"化学进化说"中到底是怎样的过程呢？获得公认的是，生命的化学进化过程包括了四个阶段：

第一阶段，从无机小分子物质生成有机小分子物质。

第二阶段，从有机小分子物质生成有机大分子物质。

第三阶段，从有机大分子组成有机多分子体系。

第四阶段，从有机多分子体系演变为原始初级生命。

这是生命起源过程中最复杂最具有决定意义的一个阶段，但是目前在实验室里还没能得到全面的验证。科学家们推测这一过程是由多分子体系经过漫长的发展演变完成的，特别是体系中蛋白质和核酸这两种重要生命物质的相互作用，使其内部结构趋于完善，终于形成了具有原始的新陈代谢活动、能够进行自我繁殖的原始生命形态。

对于多分子体系如何具体演变成原始生命这一问题，奥巴林曾提出了"团聚体"假说。他把团聚体作为生命发展过程中一种可能的模式，并用实验方法得到了这种团聚体小滴。实验表明，将白明胶水溶液和阿拉伯水溶液混在一起，不久混合物就会变浑浊，然后就可以看到轮廓清楚的小滴了。有明显的界线将它们与周围的溶液分开，最有趣的是它们可以通过外膜有选择地吸收周围的物质。这种小滴就被叫做"团聚体"。后来发现蛋白质与蛋白质、蛋白质与糖类、蛋白质与核酸混合物均可形成团聚体。奥巴林认为，团聚体在原始生命形成过程中可能是一个重要阶段。

但是，他的假说却存在着两个问题：一是团聚体形成所需要的蛋白质，在原始地球上是如何形成的这个问题还没弄清；二是团聚体形成需要在极浓的有机物溶液中，而地球上稀薄的"有机汤"如何浓缩到能形成团聚体呢？

有人说，火山附近的小水池在高温影响下会蒸发，从而使"有机汤"浓缩。但有人马上反驳说，由于蒸发，水中盐的浓度比有机物的浓度升高得更快。所以团聚体的说法虽有一定的合理性，但也存在一些难以解释的问题，令人不能完全信服。

当人们无法在自己的星球为生命的起源找到合理的解释时，人们开始把目光投向了茫茫宇宙。"宇宙胚种说"，或者又称为"天外来源说"兴起了。

"宇宙胚种说"是20世纪提出来的，它认为地球的原始生命是从天而降的。宇宙空间普遍存在着生命物质，它们通过陨石、彗星等载体降落到地球上，最后在地球上发展起来。

早在20世纪初，瑞典化学家阿伦纽斯就提出了生命天外来源的第一个学说——泛孢子论。他认为宇宙一直就有生命，生命在光辐射的推动下穿过宇宙空间不停游动，直到掉落在某个行星的表面，再在那里定居下来，使那个行星有了生命。很显然，阿伦纽斯只考虑光辐射作为宇宙"孢子"的推动力，而没有想到在宇宙空间中的强烈的射线，单单太阳紫外线就足以把生命孢子杀死了。这个学说本身是难以自圆其说的，而且它还缺乏直接的证据，在奥巴林提出"化学进化说"后，它被彻底打入冷宫。

到了20世纪60年代，在天文学、化学和航天技术飞速发展的带动下，尤其是陨石中氨基酸、彗星有机分子以及星际分子的发现，各种生命从天而降的"宇宙胚种假说"又悄然而生。

科学家们在一种富含碳元素的碳质球粒陨石中，总共发现了74种氨基酸，其中8种存在于生命体中，11种具有生物化学作用，剩下的55种只有在来自地球之外的样品中才能找到。至于彗星，由于它们长时间在太阳系外围运行，那里温度很低，受太阳辐射影响又很小，这就使得彗星保存了它诞生时的太阳系原始星云物质。而通过光学望远镜的观测，发现在彗星中有水、甲烷等多种简单分子。科学家们又通过新型射电天文望远镜的测查，竟然发现在星际空间中也存在几十种星际分子，而且大多数都是有机分子。这就是说，在地球之外也在进行着由原子形成简单分子、由简单分子再形成复杂分子的生命前的化学进化过程。

于是，科学家们进行了大胆设想，有可能是彗星把这些在生命起源过程中起着重要作用的有机物带到原始地球上来的。更有人认为，在星际空间可能原来就存在着"微生命"，正是这些"微生命"来到原始地球，为地球上生命的起源播下了种子。

发生地点	发生时间	推荐理由
中国东北	公元 1904 年	开启了世界帝国主义战争时代，并使日本进入了世界帝国主义强国的行列。

日俄在中国领土上的争夺战

事件介绍

俄国和日本其实早已是宿敌。1853年，俄国的舰队就进入日本长崎，逼迫日本和俄国签订了第一个日俄不平等条约。1861年春，俄国舰队占领了日本的对马岛，遭到日本国内人民的强烈反对。

导致日俄两国矛盾激化的直接原因是俄国拒绝从中国东北撤军。八国联军入侵中国并迫使清政府签订《辛丑条约》后，俄国在极力主张各国尽快从中国撤军的同时，自己却继续赖在东北，并且还任命了俄国远东总督。日本对俄国此举深感不安，便主动同俄国交涉，但是俄国对日本的交涉根本不理。由于俄国拒绝从中国撤军，日本于1904年2月6日向俄国发出最后通牒，同时断绝和俄国的外交关系。

1904年2月8日晚，停泊在旅顺港的俄国太平洋舰队正在庆祝一位将军夫人的命名日。正在俄国军队高兴地谈论着那位尊贵的夫人时，日本联合舰队开始偷袭旅顺港的俄国军舰。等俄国海军明白过来这是怎么回事的时候，日本海军已经击沉一艘俄军军舰。俄国海军急忙掉头，逃往旅顺港内，但是又遭到日本鱼雷舰的伏击，又有两艘战斗舰和一艘巡洋舰被击沉。

第二天，日本舰队再次对旅顺港内的俄舰队进行猛烈攻击，连续两次袭击共击毁俄舰

7艘。为完全夺取制海权，减轻日本海上交通线所受到的威胁，日本海军准备在旅顺港外布置大量水雷并派军舰日夜巡逻，企图封锁港口。虽然日本此举并未完全达到预先的目的，但是却使日本陆军可以畅通无阻地从海上登陆。

2月10日，日俄两国政府都宣布进入战争状态，日俄战争正式开始。3月21日，日本陆军第一军首先在朝鲜仁川登陆北进，并在4月中旬进抵鸭绿江边，很快击溃了俄军东满支队，进占九连城、凤凰城，形成了威逼辽阳的态势。在第一军开始进攻的同时，日本陆军第二军于5月初在辽东半岛庄河登陆成功，5月底进抵金州，并于26日以4000多人的伤亡代价，占领金州城和金州南山；日本陆军第三军在5月底从大连湾登陆，进逼旅顺；日本陆军第四军于5月中旬在辽东半岛大孤山登陆，进占海城。6月，击败从大石桥南下试图夺回金州以解旅顺之围的俄军。8月，日本舰队重创，欲突围开往海参崴的俄舰队。日军的这些进攻，使俄军处于被动应付的地步。

1904年7月23日，阻击日军第二军的俄军南满支队在大石桥战斗中胜利地击退了日军的进攻，然后在上级的命令下撤退到了辽阳。不久，日军第四军大约2.6万人，同陆军第一军、第二军一起从南面进攻辽阳。

日军陆军第二军和第三军在海军舰船的护送下，很快就占领了大连。大连被占之后，旅顺俄军和辽沈之间俄军的陆上联系被切断，使得旅顺成了孤立的据点，至此旅顺口的俄

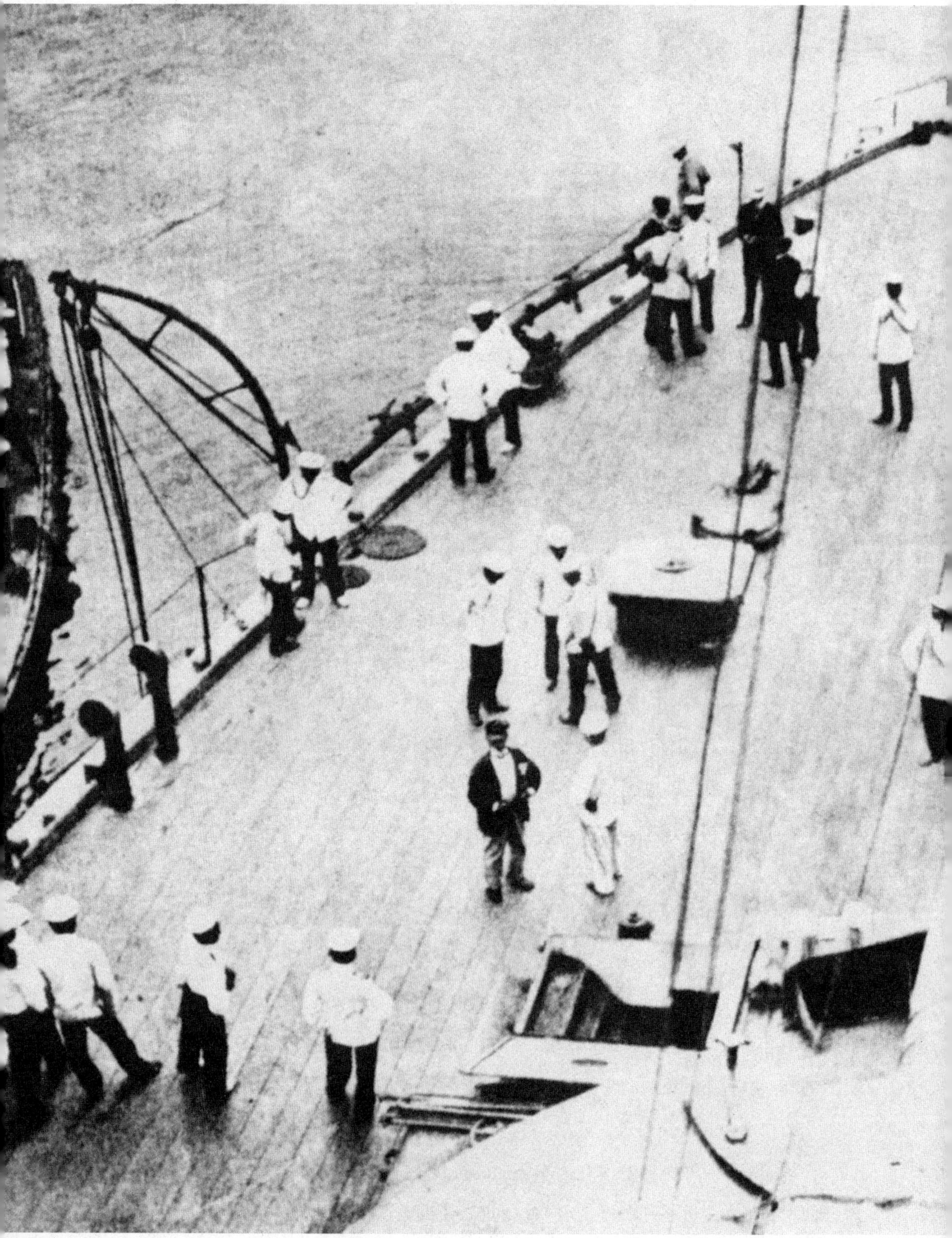

▼ 参加日俄战争获胜而归的日本海军旗舰"三笠"号。

军完全被日军包围。守卫旅顺的俄军司令施特塞尔被迫下令与日本决战。

到8月中旬，日本陆军就在海军的配合下完成了对旅顺的包围，数万名日军进逼到旅顺前沿，几百门大炮的炮口直逼旅顺要塞。从8月9日到24日，日军陆军和海军对旅顺进行昼夜强攻，但是收效甚微，只占取了一些外围工事，而且损失了两万陆军。面对这种情况，日军只好放弃了原先准备迅速占领旅顺的计划，转而围困旅顺港内的俄军。

从8月24日到9月3日，日俄两军在辽阳发动了著名的辽阳会战，两军均在此役中投入了主力部队。

8月24日凌晨，辽阳会战开始。日本第一军首先向俄军左翼发动进攻，第二军、第四军则主要向俄军右翼发起主攻。最后面对日军的强烈攻势，俄军主动放弃了辽阳。至9月3日，日军以损失2.4万人的代价进占辽阳。

1904年秋，俄军从俄国调遣了大批士兵，使俄军在东北的兵力达到了21.4万人，武器装备也更加精良。兵力和火力上的优势，使俄军指挥部决定向日军发起反攻。但是在10月份发生的沙河遭遇战中，双方损失都十分惨重，结果不分胜负。俄军不得不再次转入防御，而日军此时也无力进攻，基本上也处于防御状态。

从9月开始到11月底，日军经过3次苦战并辅以坑道爆破，才在12月5日攻克了能够打击整个旅顺港口的203高地。此后，日军用大量的炮弹轰击俄军阵地和港内俄舰。1905年1月2日，俄旅顺守军将领不顾俄军军事委员会的意见，主动向日军投降，从而将旅顺让给了日本军队。

旅顺战役之后，日俄战争发生了重大转折。不久，日军指挥部调回第三军并组建第五军，于2月19日发起奉天战役。3月9日，俄军不得不弃城逃走，日军占领了奉天。

虽然俄军在奉天战役中遭到重大失败，损兵折将达12万人之多，但是俄国政府对东北战场还抱有期望，继续向中国东北增兵。俄军和日军在战区的人数分别增加到78.8万人和75万人。同时，俄国建立了太平洋第二舰队和太平洋第三舰队第一中队，然后将他们从欧洲东调，希望他们有所作为。但是当这支舰队经过对马海峡准备驶向海参崴基地时，遭到日本联合舰队的突然攻击。经过两天激战，俄国舰队除3艘舰船逃往海参崴之外，其余全部覆没。

对马海战的结束，宣告了历时20个月的日俄战争以俄国彻底战败而结束。1905年9月5日，俄国和日本在美国的朴茨茅斯市签订了《日本和俄国和平条约》，即《朴茨茅斯和约》。在这个和约上，俄国承认朝鲜为日本的势力范围，将库页岛南部割让给日本，把旅顺地区和中东铁路南支线的租借权转让给日本。至此为止，俄国的"远东政策"彻底破产。

发生地点	发生时间	推荐理由
美国	公元1903年	促进了社会的进步，是人类走向太空的第一步，成为战争的主要手段之一。

莱特兄弟发明飞机

事件介绍

威尔伯·莱特（公元1867—1912年）和奥维尔·莱特（公元1871—1948年）兄弟俩出身于牧师家庭。父亲买了一架玩具直升机送给兄弟俩，激发了他们对制作升空装置的浓烈兴趣，并加入了当地的风筝俱乐部。

他们的童年生活和其他美国小朋友一样，极其普通。两兄弟的关系非常好，上小学时，他们有时候结伴逃学。两兄弟都非常聪明，后来曾受过一段时间的高等教育，不过最后谁也没有得到大学文凭。

之后，他们办了一个自行车修理厂。制作升空装置20年的实践和他们经营的修造脚踏车的生意，使他们有了丰富的感性知识和精巧的加工手艺。他们在业余时间读了许多书，物理、化学知识也大有长进。

1896年，莱特兄弟在报纸上看到一条消息：德国的李林塔尔因驾驶滑翔机失事身亡。这则消息对他们的震动很大，兄弟俩决定继续研究空中飞行，并将他们的研究成果用于试验。他们从华盛顿史密森协会那里获取了很多飞行技术的相关文献。他们特别研究了鸟的飞行，并且深入钻研了当时几乎所有关于航空理论方面的书籍。

从1900年到1902年，他们用木头、布做的滑翔机做了无数次空气动力学的试验。1900年10月，莱特兄弟终于制成了他们的第一架滑翔机，并把它带到离代顿很远的吉蒂霍克海边。最后，滑翔机在风力的作用下飞了起来，不过只有1米多高。

第二年，兄弟俩在第一个滑翔机的基础上，又制成了一架滑翔机。这年秋天，他们又在吉蒂霍克海边进行飞行试验，这次飞行的高度达到了180公尺以上、100多米远，但很难有更大突破。

在1902年，他们俩进行了1000多次滑翔试飞，还自制了200多个不同的机翼进行空气动力试验，修正了李林塔尔的一些错误飞行数据，设计出了较大升力的机翼，积累了大量飞行数据和知识。

从1902年秋天开始，莱特兄弟开始着手研制第一架带动力的飞机。开始时，经过努力，他们终于把发动机安装在了滑翔机上，并在滑翔机上安上螺旋桨，由发动机来带动螺旋桨旋转，以此来推动飞机飞行。

1903年夏季，莱特兄弟终于研制成了第一架有动力的飞机，并把它称作"飞鸟"。从1903年9月开始，莱特兄弟开始进行带动力的飞机的飞行试验。不过他们的飞行试验并没有成功，不是因为螺旋桨的故障，就是发动机出了毛病，或是驾驶技术的问题。不过，他们并没有因此而气馁，而是继续试验。

12月14日，莱特兄弟再次进行"飞鸟"的飞行试验。同样，他们用投掷硬币的方法来决定谁先飞。结果，哥哥威尔伯赢了。遗憾的是，威尔伯并没有真正成为第一个飞机飞行员，在"飞鸟"起飞时，他把机头拉得太高，导致"飞鸟"刚刚离开地面几米，就一头栽到附近的沙滩中。幸好，威尔伯只受了点轻伤，不过"飞鸟"的机翼需要修理。

1903年12月17日早晨，莱特兄弟来到北卡罗莱纳州的一片沙滩上，再次进行飞行。为了使引擎发热，他们先让螺旋桨做了几分钟的旋转，然后将绑住飞机的绳索解开。这次由奥维尔担任驾驶员。奥维尔驾驶"飞鸟"滑行了10多米之后，便飞上了天空，然后飞机降落在地面上，这就是人类第一次飞行记录。这次飞行持续了12秒钟，飞行距离约37米。当时只有4个大人和1个孩子在场，他们都跑去和兄弟俩握手，祝贺飞行成功。

当天，他们又进行了3次飞行。第二次和第三次还是由奥维尔担任飞行员，分别飞行了约53米和61米。第四次飞行是由威尔伯完成的，大约飞行了260米，持续时间为59秒钟。

人类历史上第一次驾驶飞机飞行成功后,迎接莱特兄弟的不是鲜花和掌声,而是怀疑与挑剔。

不过,莱特兄弟并不在乎,他们的首要目标是要继续改进他们的飞机,让飞机在天上多飞一会儿。不久,他们又制造出能乘坐两个人的飞机,并且在试飞中让它在空中飞了1个多小时。1906年,他们的飞机在美国获得专利发明权。

这时,莱特兄弟制造第一架飞机并飞行成功的消息开始传开,人们奔走相告。美国政府听到后,对此非常重视,要求莱特兄弟做一次试飞表演。1908年9月10日,弟弟奥维尔驾驶着他们的飞机,在一片欢呼声中,自由自在地飞向天空。在76米的高度,飞机飞行了1小时14分,飞机上除了奥维尔以外,还运载了一名勇敢的乘客。

同年,他们应邀在法国巴黎举行了飞行表演,创下连续飞行2小时22分23秒、飞行距离达117.5千米的飞行纪录。这是当时世界上最长的飞行时间和距离。

▲ 1911年莱特兄弟之一在驾驶飞机。

就在这一年,美国军方要求和莱特兄弟一起参与研制并参与飞行试验,莱特兄弟获得了替美国陆军制造第一架军用飞机的合同。这成为世界航空事业和飞机工业的开端。

1909年,莱特兄弟获得了美国国会颁发的荣誉奖。不久,他们在政府的支持下,创办了莱特飞机公司,同时开办了飞行学校。同一年,在欧洲召开了第一次世界航空会议,飞机开始进入实际发展阶段。

1912年5月29日,年仅45岁的哥哥威尔伯·莱特因积劳成疾而逝世。此后,弟弟奥维尔·莱特继续奋斗了30多年,使莱特飞机公司成为世界上最为著名的飞机制造商,拥有资产高达百亿美元。1948年1月3日,奥维尔·莱特逝世。莱特兄弟俩将自己的一生都献给了航空事业,终身没有结婚,后来被人们誉为世界"航空奠基者"。

继莱特兄弟之后,世界飞机工业得到了迅速发展。在之后的时间里,飞机在战争和民用中起到了举足轻重的作用。

发生地点	发生时间	推荐理由
德国	公元 1905—1916 年	已经成为原子能学、天文学和宇宙航行学的科学基础，被广泛应用于武器研制、太空探索等领域。

爱因斯坦提出相对论

事件介绍

1879年3月4日，阿尔伯特·爱因斯坦出身于德国西南部古城乌耳姆的一个犹太人家庭。父亲是电工设备店老板，母亲是当地有名的钢琴家。在他出生的第二年，爱因斯坦全家搬到了慕尼黑，爱因斯坦在那里度过了他的童年时代。

小爱因斯坦的发育好像比较慢，3岁才开始讲话，9岁时讲话还不流利，被人认为是智力不高的孩子。不过在其母亲的指导下，爱因斯坦的钢琴和小提琴水平提高很快，14岁时他就已经能登台演奏了。在他的一生中，小提琴一直伴随着他。

10岁时，爱因斯坦进入慕尼黑教会中学读书。不过在1894年被学校斥退，理由是"调皮捣蛋、不思学习"。为此，爱因斯坦非常痛恨德国，并说服了他父亲为他申请放弃公民资格。1895年，德国当局批准了申请，爱因斯坦离开了德国，去苏黎世投考瑞士联邦工业大学，但未被录取。后进入瑞士阿尔高邦的阿劳中学念书。1896年，他考进联邦工业大学师范系学习物理学。1900年，爱因斯坦大学毕业，但由于没有得到一个学术职位，找不到一个教职。两年后，爱因斯坦在伯尔尼联邦专利局找到了审查员的工作。

不过在他工作的同时，爱因斯坦一直利用业余时间继续自修理论物理。1905年3月到

6月，26岁的爱因斯坦在《物理学年鉴》上发表了4篇在物理学各领域中最富有创造性的伟大论文。

《分子体积的新测定方法》探讨了有关布朗运动的物理现象，该文使他获得了苏黎世大学的哲学博士学位。

《关于光的产生和转化的一个启发性观点》在普朗克量子论的启发下，提出了光量子学说，并用量子理论解释了光电效应、辐射过程和固体的比热等等，在科学史上第一次揭示了微观客体的波粒二象性。该文使他在1921年获得了诺贝尔物理学奖。

《论动体的电动力学》是爱因斯坦关于相对论的第一篇文论，他在本文中首先提出了狭义相对论的概念。

在《论动体的电动力学》一文中，爱因斯坦首先明确否定了以太阳的存在得出地球运动不影响光速的结论。进而推想，光速既然不受地球运动的影响，那么也必然不受月亮、太阳和其他星球等参照物运动的影响。因此，爱因斯坦认为，物理定律和参照物的选取无关，即狭义相对论原理。

同时，他指出了光速不变原理，即"任何光线在'静止'的坐标系中都是以确定的速度运动着，不管这道光线是由静止的还是运动的物体发射出来的"。如果我们承认光在真空中的传播速度是恒定的，而且在一切参照系中物理定律都是相同的，那么就可以确定，时间、空间和物体运动对于观察者来说都是相对的。空间和时间随着物体运动而变化，运动物体在运动方向上长度变短，时间变慢。因此，不存在绝对的空间和绝对的时间。

相对论中的狭义相对论就这样建立起来了。在狭义相对论中，牛顿的经典力学理论，在物体运动速度低于光速的时候仍然成立。

在《论动体的电动力学》完成之后3个月，爱因斯坦又完成了论文《物体的惯性同它所含的能量有关吗？》。在文中，爱因斯坦提出了一个非常著名的结论：物体的质量与其运动速度相关，运动速度增加，质量也会随之增加。据此，他提出了著名的质能联系方程 $E = mc^2$，阐明质量是m的物体内部蕴藏着 mc^2 的能量，因此物体的质量有稍许变化，就会引起巨大的能量变化。这个结论为原子能的开发和利用提供了理论基础。

爱因斯坦相对论的命运,和他大学毕业时被拒于校门之外的遭遇一样。狭义

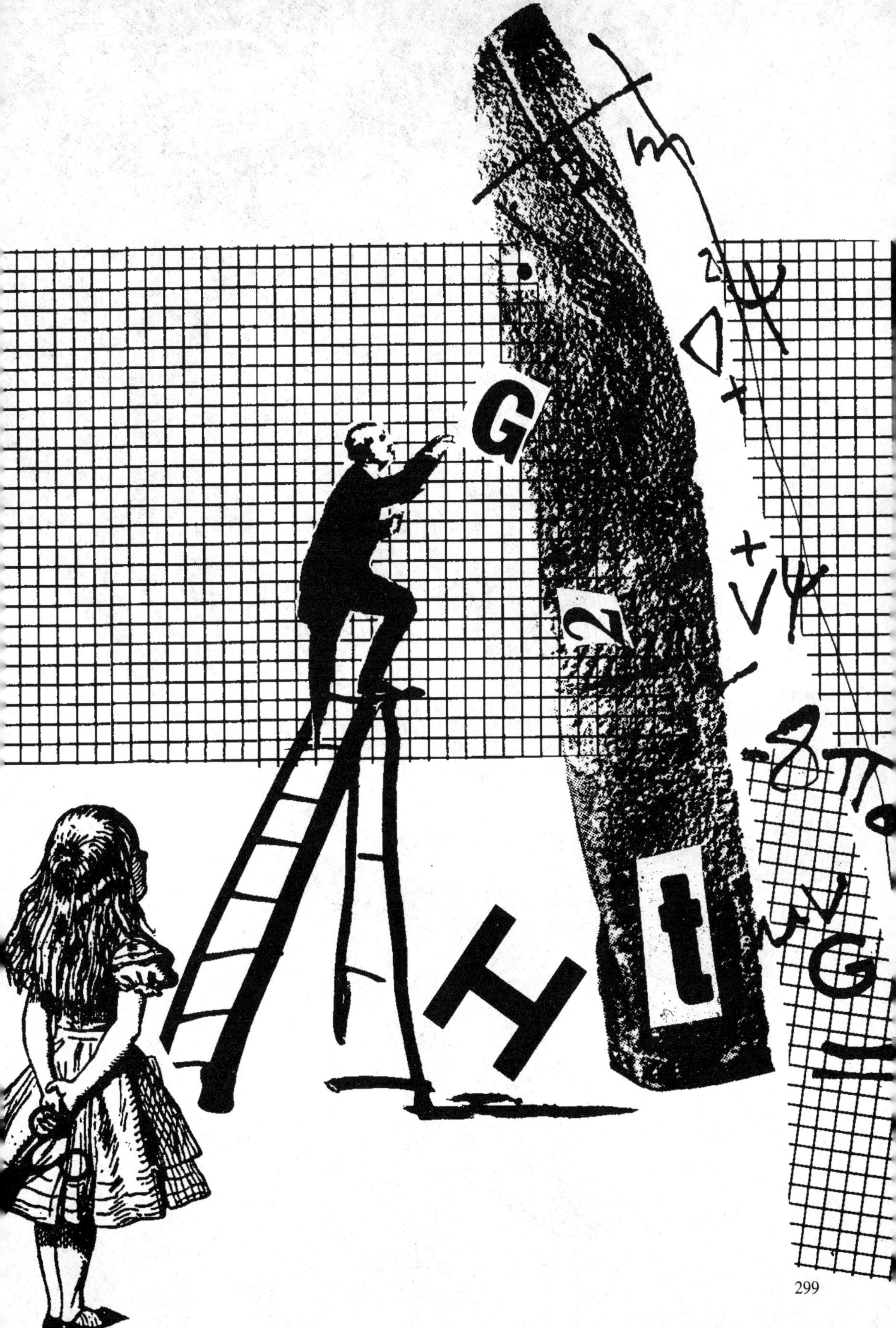

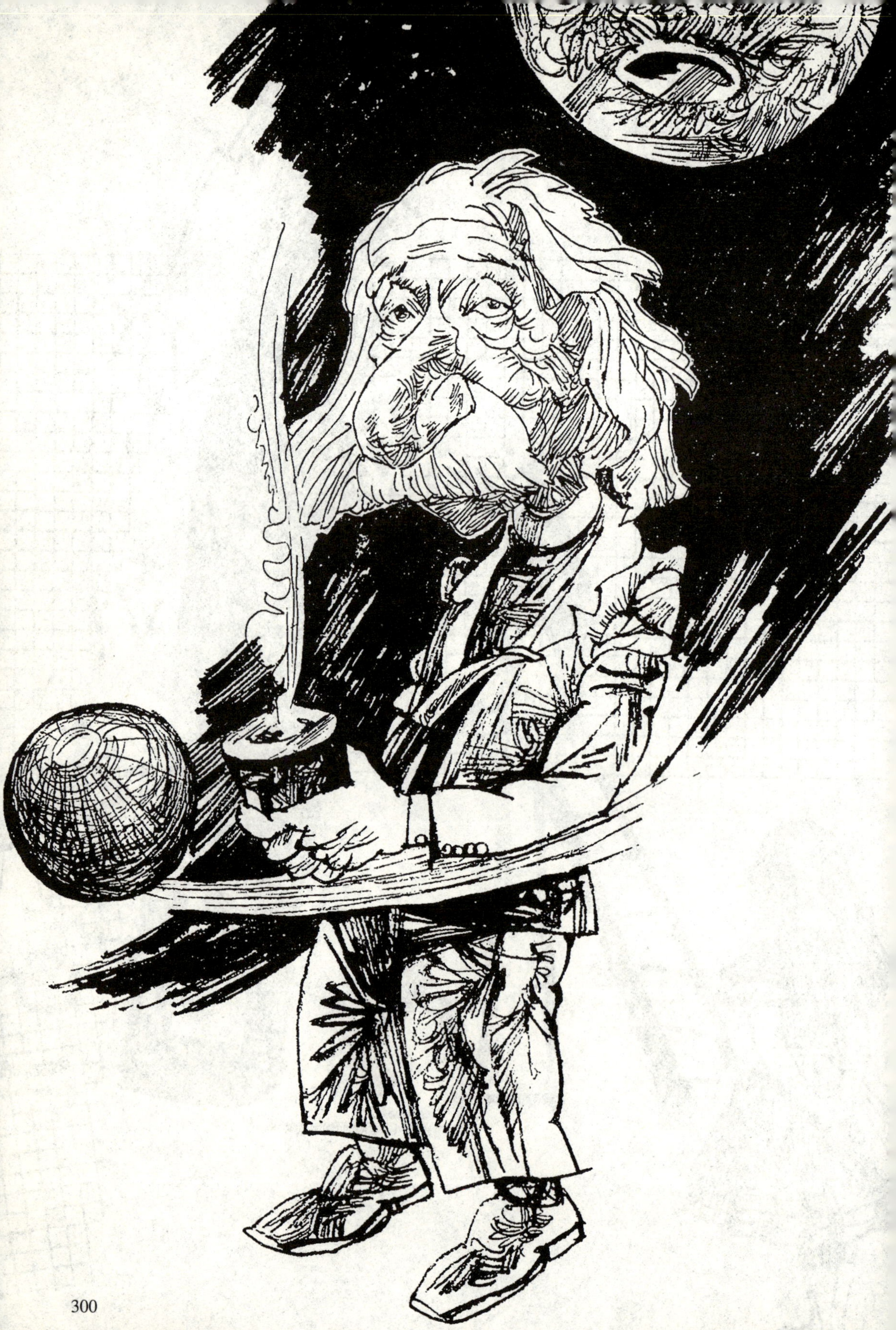

科学界的传奇科学家爱因斯坦，他提出相对论。

相对论提出后，当时并没有得到科学界的响应。

尽管没有人响应，爱因斯坦还是从1907年开始进行推广相对论应用范围的工作。但是随着研究的进展，爱因斯坦发现，他原先使用的数学工具——欧几里得几何学已经不再够用了。因此，他到处寻找其他数学工具。1912年，爱因斯坦在他的老同学、数学家格罗斯曼的帮助下，终于找到了适合的数学工具——四维空间的非欧几里得几何学和仗量计算。

第二年，爱因斯坦和格罗斯曼合作发表了论文《广义相对论和引力理论纲要》，这篇论文为后来广义相对论的提出扫清了道路。

但是广义相对论提出后不久的一段时间内，又得到了和狭义相对论同样的命运。由于广义相对论主要建立在数学推理之上，而缺乏实验基础。所以，许多物理学家都嘲笑广义相对论只是"拼拼凑凑的数学游戏"，对之不屑一顾。于是，爱因斯坦提出了3个可以验证的"效应"，并得到了最后证实。

第一个效应是行星以椭圆形轨道绕太阳旋转。第二个效应是太阳引力场导致光线的弯曲。第三个效应是光线的谱线会向光谱红端移动，亦即向长波端移动。

广义相对论提出之后，爱因斯坦把自己的主要精力又投入到了统一场的研究中，他试图进一步推广广义相对论，建立统一理论。但是1933年希特勒在德国建立了法西斯政权，大肆迫害犹太人。1933年冬天，当爱因斯坦在美国讲学时，他在德国的住所被纳粹分子查抄，著作被焚烧，同时纳粹分子悬赏两万马克捉拿他。爱因斯坦对德国的期望再度落空，于是公开声明放弃德国国籍，退出德国科学院，携亲眷流亡到美国。

迁居美国后，爱因斯坦任普林斯顿高等学术研究院教授，1940年取得美国国籍。爱因斯坦病危之际，留下遗嘱：死后不举行公开葬礼、不建墓、不立纪念碑，遗体火化后，骨灰撒向大地。1955年4月18日，爱因斯坦在普林斯顿逝世，终年76岁。

发生地点	发生时间	推荐理由
德国	公元1910年	第一次提出了大陆运动的思想，掀起了地质学界的一场"哥白尼"革命。

大陆漂移学说的诞生

事件介绍

阿尔弗雷德·魏格纳（公元1880—1930年），德国著名地质学家，兼天文、气象、地球物理学家和极地探险家。

1910年的一天，魏格纳在端详世界地图时，突然发现大西洋两岸的非洲和南美洲的轮廓线是那么相似，他觉得，如果把它们拼合在一起，正好可以吻合。这种奇特的现象吸引了他，但他一时又找不到合适的答案。难道陆地可以移动吗？

为了证实自己的想法，魏格纳以非凡的毅力穷搜博览，从古生物学、地质学、地貌学、古气候学、大地测量学等多方面搜集资料，通过对各大洲相关因素的对比和整理，寻找大陆漂移的重要证据。随着研究的深入，魏格纳越来越坚信大陆漂移学说是正确的。

1912年，魏格纳发表了大陆曾经彼此连接、漂移的很多见解，到1915年他写成了专著《海陆的起源》，对大陆漂移问题进行了全面的介绍。

根据大陆漂移学说，魏格纳认为，大陆是由较轻的刚性的硅铝质组成，漂浮在较重的粘性的硅镁质大洋壳上，大陆可以做水平移动，向西漂移或者离极漂移。在2亿到3亿年前的古生代后期，全球大陆是连接在一起的原始泛大陆，周围是一片广阔无垠的泛大洋。

大约从2亿年前的中生代以来，由于地球自转的离心力和太阳、月球的潮汐力的作用，泛大陆开始分化瓦解。北美洲离开了欧洲，南美洲向西漂移，形成了大西洋。非洲向西漂移时有一半脱离了亚洲，它的南端与印度次大陆分离，中间出现了印度洋。南极洲和澳洲也同亚洲分离，慢慢漂移到现在的位置。这些移动就这样逐渐造成了当今世界诸大洋、诸大洲的面貌。

魏格纳还为自己的大陆漂移说找到了四大证据：

一是，从地貌学看，在大西洋两岸，南美洲东部海岸线与非洲西部海岸线的轮廓非常吻合。如果对其他大陆的外形轮廓进行比较，也会发现类似的情况，这么普遍的现象就绝不是偶遇、巧合了。

史前海洋图景。

二是，从地质学看，非洲最南端的兹瓦特山脉，恰好与南美洲的布宜诺斯艾利斯以南的山脉一样，都是东西走向，同属一条二叠纪褶皱山系，地质结构上可以相连。同样，欧洲的挪威、苏格兰和爱尔兰的古生代褶皱山系，它们正好和北美纽芬兰的加里东褶皱带相衔接。而且，在印度、马达加斯加和非洲，南极洲与澳洲之间的较老地层结构，都有程度不等的对应关系。

三是，从生物学和古生物学看，根据物种起源的单祖论，同一物种必定起源于同一地区，然后传播和扩散。在远隔重洋的大西洋两岸，许多现代生物之间存在亲缘关系。例如，某种庭园蜗牛分布在大西洋两岸的德国、英国和北美洲等地；远隔重洋的南美洲、非洲和澳洲，都生活着同种淡水肺鱼和鸵鸟等等。古生物化石也有力地揭示了古代生物的亲缘关

关于青藏高原的形成，有学者用大陆漂移说解释称，印度板块向亚洲大陆南缘俯冲，才促使青藏高原抬升。图为青藏高原风光。

系。例如，爬行类动物中恐龙的古化石分别出现在巴西和南非的石炭一二叠纪地层，其他地方都没有。

四是，从古气候学看，地层考古发现，北半球各大陆有大量石炭一二叠纪热带或温带植物化石。相反，同一时期南方诸大陆却布满冰川遗迹。

魏格纳对这些科学事实进行了合乎逻辑的推论，深信现有各大陆曾经连成一片，后来才漂移开来的。

魏格纳的大陆漂移说，是对当时占地质学界统治地位的大陆固定论的一种公开挑战，立刻引起了地质学界的激烈论战和轩然大波。那些反对者的怀疑也不是毫无道理的，因为在魏格纳的学说中有一个明显的薄弱环节，那就是他对大陆漂移动力的说明不是很能令人信服。因为地球自转的离心力和日月的潮汐力相对来说都比较小，不足以推动那么庞大的陆地做那么长距离的漂移。

随着1930年魏格纳的去世，大陆漂移学说也销声匿迹了。直到20世纪50年代古地磁学的异军突起，才为大陆漂移说提供了新的有力证据。古地磁学测得地球各地区磁极的位置，在不同地质时期是变化不定的，相关研究还发现了多起地磁倒转的事件。这些现象都是大陆固定论解释不了的，但如果采用大陆漂移说，就可以迎刃而解了。沉寂的大陆漂移学说开始复活了。

1960年，海底扩张说的提出又完满地解释了大陆漂移的动力问题。它认为海脊就是上地幔物质对流运动抬升部位的顶部，而海沟则是对流运动下降的部位，大陆就是由这种对流运动携带着移动的。这样，大陆漂移说终于确立了它应有的不可动摇的地位。

1969年，在大陆漂移说和海底扩张说的基础上形成了板块构造理论。它把整个地球岩石圈，划分为欧亚板块、太平洋板块、美洲板块、非洲板块、印度洋板块、南极板块六大板块，而板块间的相互作用可以合理解释很多重要的地质事实。从上个世纪60年代到80年代，板块构造论逐渐淘汰了大陆固定论，取得了地质学界的主导地位。

这是对魏格纳大陆漂移说中大陆移动思想的肯定与继承。魏格纳学说的历史意义与真正价值得到了人们的公认。

发生地点	发生时间	推荐理由
中国	公元1911年10月10日	结束了中国持续了2000多年的封建帝制，是中国融入现代人类主流文明的光辉起点。

终结中国封建帝制的辛亥革命

事件介绍

1908年，慈禧太后和光绪皇帝双双撒手归西，剩下光绪皇帝的遗孀隆裕太后和年仅6岁的小皇帝溥仪，清朝在内忧外患中失去了舵手。

1911年4月27日，也就是辛亥年3月29日，黄兴领导100多个革命志士，毅然决然地向总督衙门发起进攻，史称广州黄花岗起义。这次起义在敌人强大的火力下失败了。不久，湘、鄂、川、粤4省掀起保路风潮，成为辛亥革命的导火线。

广州黄花岗起义失败后，在上海同盟会中部总会决定策划长江流域起义，经过几个月的协商和计划，同盟会、文学社和共进会这几个革命团体最终决定于8月联合起义。

9月24日，文学社和共进会在武昌胭脂巷11号召开联合会议，商议了发动起义的计划，文学社负责人蒋翊武被推举为革命军总指挥，共进会负责人孙武被推举为参谋长。起义日期初步定为1911年10月6日（中秋节）。但是由于各人在分别准备时感到时间紧迫，起义日期又延迟到10月11日。

10月9日，孙武在汉口俄租界宝善里14号制造炸弹时不慎爆炸。俄国巡捕闻声前往搜查，虽然孙武与其他在场的人得以迅速脱逃，但起义的文件、印信、旗帜等重要机密被

孙中山与夫人宋庆龄在广州的合影。

巡捕搜走。俄国巡捕将之报告给了当地政府。湖广总督闻讯后，感到事态紧急，立即下令全城戒严，搜查革命机关，按名册搜捕革命党人。武昌的革命机关遭到破坏。

当日下午5时左右，当时正在小朝街起义的总指挥部的蒋翊武、刘复基等负责人得知汉口出事后，觉得如果不尽快动手，就将坐以待毙，于是决定将起义时间提前至当晚12时。但是当晚小朝街起义总指挥部被清军包围，除蒋翊武因身着长袍未被军警注意而逃脱外，刘复基等人被捕。当晚12时起义的计划也未能实现。

10月10日晨，刘复基等3个革命者在湖广总督署英勇就义。消息传开后，新军中的革命党人自动联络，决定与其坐以待毙，不如起义。当晚，驻守在中和门内的第八营营房发生兵士哗变，有几个官佐被击毙。该营革命党总代表、新军后队正目（相当于班长）熊秉坤见状，立即率领数十名起义士兵占领了军械库，并发放枪械。

由于孙武负伤住院，蒋翊武在军警搜捕时脱逃，其他起义领导人基本上都被捕或者牺牲，因此起义现场群龙无首，无法统一指挥。此时，熊秉坤邀请工程营左队军官（相当于连长）、原日知会会员吴兆麟任临时总指挥。在吴兆麟的指挥下，城内外得知事起的革命部队纷纷赴楚望台集结。晚上11点左右，革命军分3路向总督署发起猛攻，但是由于清兵火力强大，革命军并没有攻下总督署。

午夜，革命军发起第二次进攻。为了提高炮弹打击总督署的命中率，有人冒死冲往总督署附近纵火，以火光为标志。这一招非常奏效，总督署签押房被革命军炮弹击中。湖广总督看到自己大势已去，慌忙中命令士兵打破署院后墙后逃到了长江的一艘兵舰上。

在革命军猛烈的炮火攻击下，11日早上，革命军终于攻克了总督署。至12日早上，革命军已经占领了汉阳、汉口和武昌，武汉三镇完全在起义军控制之下，武昌起义获得胜利。武昌起义掀起了席卷全国的反清革命高潮，由于1911年是中国农历的辛亥年，因此史称"辛亥革命"。

11日，革命军在武汉成立了湖北军政府。由于孙中山当时远在美国的丹佛，黄兴等领导人也一时无法赶到武昌，原来准备武昌起义的领导人也或被捕或就义，因此湖北军政府成立后，群龙无首。为了尽快稳定局面，革命党人拥黎元洪为湖北军政府都督。

各地革命党人在武昌起义的影响下，纷纷发动起义响应和支援武汉。不久，湖南、陕西、江西等地也纷纷宣布独立。在不到两个月的时间里，中国18个行省中就有14个宣布与清廷脱离关系。

11月28日，黄兴乘轮船到达上海。12月2日，革命军占领了南京，至此，革命的领

1911年老照片中的汉口革命军。

导中心从武汉转到了南京。1911年12月25日,孙中山抵达上海,受到各省代表的热烈欢迎。29日,孙中山以绝对多数的票数当选为中华民国第一任临时大总统。1912年1月1日,中华民国临时政府在古都南京宣告成立,孙中山宣誓就任;28日,各省代表会议改组为临时参议院,为临时政府的最高立法机关。同时,孙中山发布了《临时大总统就职宣言》和《告全国同胞书》。

3月11日,参议院《中华民国临时约法》颁布。在该《约法》中,临时政府按照西方资产阶级的民主制度确立了立法、行政和司法"三权分立"的原则,期望能够在中国建立一个实行议会制和内阁制的资产阶级共和国。

武昌起义后3个多月,孙中山许诺袁世凯:如果袁劝清廷退位,他就将总统之位让给袁。后来,袁世凯权衡利弊后便进宫假惺惺地流着泪劝隆裕太后退位。1912年2月12日,在换得民国保护旗人生命财产,给予逊帝溥仪"尊号不变"和重金供养的优待条件后,清朝终于发表了退位诏书。得到西方列强青睐的袁世凯,在南京临时政府成立后,加快了他全盘篡夺辛亥革命成果的步伐。次日,袁世凯致电南京临时政府,宣布赞成共和。孙中山随即按事先的约定,向中华民国临时参议院提出辞呈,并推荐袁世凯继任中华民国大总统。不久,袁世凯宣布就任中华民国总统。

发生地点	发生时间	推荐理由
波斯尼亚的萨拉热窝市	公元1914年6月28日	第一次世界大战爆发的导火索。

萨拉热窝事件

事件介绍

19世纪末到20世纪初，欧洲各个资本主义强国、美国以及亚洲的日本相继进入了帝国主义时代。但是，由于历史的原因，这些国家之间经济和政治发展的水平是不平衡的。这时候，英国、法国等老牌资本主义国家发展速度相对较慢，而美国、德国和日本的经济发展则迅速赶上并超过了英法等国。

普法战争之后，法国战败，德国取得了欧洲霸主的地位。但是法国不甘心《法兰克福和约》带来的屈辱，决议要夺回阿尔萨斯和洛林地区。因此，法、德之间的矛盾成为当时欧洲的主要矛盾。

1881年，意大利和法国在争夺突尼斯的战争中失利，两国关系恶化。意大利感到自己力量弱小，需要依靠外援支持战争。因此在1882年5月，德国、奥匈帝国和意大利三国在维也纳签订了"三国同盟条约"，规定：意大利如果被法国攻击，德、奥需要全力支援；德国如果遭受法国攻击，意大利同样予以帮助；奥匈帝国则全力阻止俄国援助法国。

三国同盟建立之后，俄国和法国感到受到了很大的威胁，双方开始合作。1891年，法国除了向俄国提供财政支持之外，还和俄国缔结协定，规定当法国受到德国或者意大利攻击、俄国遭到德国或者奥匈帝国攻击时,另外一方应该全力支援。

在三国同盟和法俄集团对立的同时,双方都争取英国加入自己一方,但是英国由于和法、俄、德国都有矛盾,仍然奉行"光荣孤立"的政策。但是到了20世纪初,德国经济发展迅速,使大英帝国在欧洲的地位受到挑战,因此英国决定全力对付德国。随后,英国和它的宿敌法国接近,试图调整双方的关系。在这种情况下,英国和法国签订合作协约。

英法关系的改善,促进了英、俄关系的改善,加上日俄战争后,俄国在远东对英国造成的威胁大为减少,英国和俄国在共同反德的斗争中日益接近起来。

1907年,英、俄也签订了合作协议。英、俄协议的签订,标志着英、俄、法的"三国协约"最终形成。

1908年,奥匈帝国用武力吞并了波斯尼亚。奥匈帝国的皇储斐迪南大公是个贪得无厌的极端军国主义分子,他对塞尔维亚垂涎已久,梦想着有一天也把它列入自己的版图。

1914年6月28日早上,一列豪华的专车驶进萨拉热窝车站。一会儿,从车厢走出的斐迪南大公傲慢地环视了一下四周的人群,洋洋得意地带妻子钻进了一

斐迪南大公在前往萨拉热窝访问的途中走下火车。

辆敞篷汽车内。随后,这一队敞篷车队缓缓地驶离火车站,向萨拉热窝市政厅驶去。奥匈帝国皇储斐迪南夫妇前往波斯尼亚检阅以塞尔维亚为假想敌人的军事演习。此举激起了塞尔维亚人民的极大愤恨。以加夫里洛·普林齐普为首的一个爱国军人团体,组成一个七人暗杀小组,准备暗杀斐迪南夫妇。

下车后,斐迪南夫妇乘坐敞篷汽车进入萨拉热窝城内。这时,埋伏在路旁的一个暗杀小组成员向车队投掷了一枚炸弹,但是此炸弹只炸坏了跟随在斐迪南夫妇座车后面的一辆汽车,导致一个军官受伤。投弹者旋即跳入河中,但是还是被捕。

这声爆炸,把斐迪南大公着实吓了一大跳,他决定改变原定去博物馆的行程,先去医院探望受伤者。

车队司机并没有预先得到已经改变行程的通知,因此当车队到达拉丁桥时,司机被命令停下来,准备向左转开往医院。就在这时,19岁的塞尔维亚青年普林齐普,在距离两米的地方向坐在车上的斐迪南大公夫妇射击,导致斐迪南大公夫妇死亡。

对于对塞尔维亚觊觎已久的奥匈帝国而言,萨拉热窝事件是个难得的机会。奥匈帝国决定利用这一事件，挑起摧毁塞尔维亚的战争，但是又害怕遭到俄国的军事干涉。因此，就在斐迪南夫妇遇刺后的第二天，奥匈帝国以备忘录的形式向德国征询意见。威廉二世得知此消息后说："这是个千载难逢的机会。"并为自己做好战争的准备。

7月5日，威廉二世亲自接见了奥匈帝国大使，表示德国希望奥匈帝国对塞尔维亚采取军事行动，德国将全力支持奥匈帝国作战。此时，俄国和法国公开宣布支持塞尔维亚。

英国则做出一付置若罔闻的样子，玩弄狡猾的外交手腕。应该说，英国的态度，给战争准备不足的俄国壮了胆，同时又给德国造成了错觉，使德国认为自己不应该卷入战争。

1914年7月23日下午6时左右，奥匈帝国趁法国总统和总理坐船去俄国进行国事访问时，向塞尔维亚政府提出最后通牒，并要求在48小时内答复，排除了进行谈判的任何可能性。通牒要求取缔一切反奥组织，清除军队和政府中的反奥官员，奥匈帝国派人审判刺杀案件等。应该说，这是对塞尔维亚主权的严重干涉。尽管如此，塞尔维亚政府还是委曲求全，除了通牒中有关奥方派人审判刺杀案件外，其余条文都接受了。

最后通牒引起了俄国、法国、英国的惊慌。当天，俄国就召开大臣会议以商讨对策，法国进而宣称支持俄国。而英国则建议俄国、法国、德国、意大利开会，以解决奥、塞争端。但是，由于发动战争的决心已定，奥匈帝国以塞尔维亚没有全部接受通牒条件为由，于7月28日宣布对塞尔维亚作战，开始炮击贝尔格莱德。

奥、塞战争爆发后，俄、法等国家纷纷宣布国内总动员。就在俄国宣布总动员的第二天，德国宣布对俄作战。同日，德国向法国发出最后通牒，要求法国在18个小时内给予答复：对于德、俄战争，法国是否保持中立？法国拒绝回应德国的最后通牒。8月3日，德国对法宣战。

德国为了取道比利时而进攻法国，便捏造理由说法国飞机越界轰炸德国铁路，需要借道比利时。由于比利时保持中立原则而拒绝了德国的要求，德国在8月4日越过边界袭击比利时，进而攻击法国。英国以德国破坏比利时的中立为借口，于4日晚上11点对德国宣战。6日，奥匈帝国对俄国宣战。至此，第一次世界大战全面爆发。

发生地点	发生时间	推荐理由
主要在欧洲	公元 1914 — 1918 年	第一次世界范围内的战争，摧毁了四大帝国，同时促使了第一个社会主义国家的诞生。

第一次世界大战

事件介绍

萨拉热窝事件之后，第一次世界大战迅速爆发，这是一次以欧洲为主战场的战争。

早在战争爆发之前，德国等"同盟国"和法国等"协约国"就做好了战争准备，因此各国都分别制定了作战计划。

1914年8月初，德国和奥匈帝国军队按照原先的作战计划，以强大兵力首先发起进攻。在欧洲大陆首先点燃的战火，迅速蔓延到中近东、远东和非洲一些国家，但是欧洲仍然是战争的中心。从整个战局来看，形成了3个主要战线：西线从比利时、德法边境到北海，德军和英国、法国和比利时军队在此激战；东线从波罗的海到罗马尼亚，德奥军队和俄军对抗；南线就是巴尔干战场，奥匈帝国军队和塞尔维亚军队、俄国军队对抗。

8月2日，德军突然占领了卢森堡，并突袭比利时，直逼巴黎。9月初，德军和英法联军在巴黎近郊的马恩河展开首次大会战。

9月5日，德军总参谋长小毛奇率领75个师约68万人和79个师约84万人会战于马恩河。在此战役中，英法联军和德军分别损失了22.7万和25.6万人。

此时，日本在远东地区趁火打劫，出兵占领了德国在中国山东的租借地和太平洋的殖民地岛屿，出现了远东战场。土耳其根据早先和德国签订的《德土同盟条约》，首先炮轰俄国城市，次日向俄军宣战，在近东开辟了新战场。这使得战局更加趋于复杂。

东线战场上，俄军经过努力进入了东普鲁士。这让德国在东线的战争规模扩大，陷入了两线同时作战的不利境地。

随着战争的进行，交战双方都加紧对中立国的争夺。意大利由于和奥匈帝国边界的争端和利益冲突，于1914年8月3日宣布保持中立，希望借此迫使同盟国给出令人满意的报偿以作为其改变其中立态度的条件，但是奥匈帝国并没有向意大利让步。这时，协约国则答应了意大利的要求：协约国同意在战后将奥地利境内意大利人居住的地区和斯拉夫人居住的地区割让给意大利。

1915年5月23日，意大利向奥匈帝国宣战。意大利向战场投入了39个师的兵力，拖住了奥匈帝国50个左右的师，减轻了协约国在其他战线的作战压力。这是战争爆发后的第二年，意大利参战是以英法为首的协约国最值得庆贺的事情，而对德、奥来说，却是当头一棒。

1915年，德国虽然取得了东线和俄国作战的暂时胜利，但是却未能消灭俄军主力。东线形成僵持的局面。德、奥军事会议认为，英国是德国的主要敌人，法国只是英国大陆政策的工具，此时法国的军事能力已经到了极限，如果在西线发动大规模的战役来粉碎法军的有生力量，将迫使法国退出战争。

因此，德军在1916年将主力转向西线，准备集中力量打击法国。德军新任总参谋长法尔根汉把这次行动称为"处决地"，并且公开叫嚣"要让法国把血流尽"。不久，德国参谋部选定了法国东北部的凡尔登作为决战地点。

1916年2月21日早晨，德军第五集团军开始向凡尔登的正面发起猛烈进攻。在第一场战斗中，德军就使用了毒瓦斯和喷火器，并且出动了大量飞机进行阵地轰炸。经过12个小时的激战，德军攻破了法军的第一道防线，并且向第二道防线发起进攻。

法军靠着凡尔登易守难攻的地势拼死守护，使得德军一直难以攻下凡尔登要塞。同时，19万法国援军和两万多吨军火物资运到凡尔登要塞。法国援军的到来，给法军的形势改变起到了根本的作用。德军的无数次进攻，都被法军击退。到4月份，德军仍未突破法军防线。

6月7日，德军20个师向凡尔登再次发起进攻。德军向法军发射了十几万发毒气炮弹，但是法军仍然拼死抵抗，双方死伤惨重。到7月份，由于双方来回拉锯，德军仅向前行进了5公里。

此时，俄国在东线开始反击德军，英国也在索姆河发起了对德国的攻击，德军不得不抽调凡尔登的兵力去对付英、俄的进攻。因此，凡尔登战役的控制权，逐步转入法军的手中。10月24日，法军在大炮和飞机的掩护下，向德军发起反攻，收复了原来丢失的阵地。历时10个多月的凡尔登战役结束。

凡尔登战役是第一次世界大战的转折点，其规模和残酷性都是空前的。在这场战役中，法军先后投入了70个师中的66个师，德军也投入了44个师。在整个战役中，德军伤亡60万人，法军伤亡35.8万人，因此凡尔登战役也被称为"凡尔登绞肉机"。

一战期间在前线作战的德军野战炮兵。

在凡尔登战役期间，为了减轻凡尔登所受的压力，英法联军于1916年6月下旬对索姆河上德军坚固防线发动猛烈进攻，史称"索姆河战役"。

经过凡尔登战役和索姆河战役之后，东线和西线战场的交战双方都进入了僵持局面。

1916年除了上述两个比较大的战役之外，在海上战场，英德海军主力在日德兰半岛以西，进行了整个大战期间最大的一次海战。

5月31日下午，英德海军在日德兰半岛附近相遇，战斗打响。在整个日德兰战斗中，英方被击沉14艘战舰，死伤6000多人，德方损失11艘战舰，伤亡2500多人。虽然英军在此战斗中失利，但是德军也并没有打破英军的封锁，实际上英军在海上的实力还超过德军。

1917年4月，在战争中一直保持中立，利用战争大发横财的美国借口德国宣布恢复"无限制潜艇战"和德国密电墨西哥企图结成德墨反美联盟，向德国宣战，美国在一定程度上成为英法在财政和军需方面的支柱。随着战火的蔓延，葡萄牙、巴西、印度、加拿大、新西兰等国家也都加入了战争。

1917年10月，俄国十月革命胜利之后，俄国在12月开始和德国和谈，并于1918年3月签订了和约，双方宣布停战。

此后，德国将兵力集中于西线，从1918年3月开始，先后向巴黎、瓦兹河右岸等发起强大攻势。但是此时德国的进攻根本起不了什么作用，协约国很快打退了德国的进攻。

从3月到8月，德军在西线遭到了重大损失，兵力损失了近80万。9月29日，保加利亚签署停战协议。10月，德军退守比法边境。此时，德军兵力已经锐减，而且士兵士气极其低落。10月30日，土耳其投降。

1918年，捷克宣布独立，加里西亚宣布和波兰合并，克罗地亚也宣布脱离奥匈帝国统治。奥匈帝国分崩离析，被迫于11月3日签订了停战协议。

随着保加利亚、土耳其和奥匈帝国的投降，德国只能孤军作战。11月4日，德国爆发了十一月革命，基尔、慕尼黑、柏林等地纷纷建立了苏维埃政权。11月11日，德国在无奈之下和协约国签订了停战协议，延续了4年的第一次世界大战结束。

第一次世界大战共有33个国家参战，涉及人口15亿。战争期间，协约国和同盟国总计动员军队7500万人，伤亡和失踪士兵达到3800万，其中死亡900万人。战争期间，法国20岁到30岁的年轻人损失了58%。各国平民伤亡平均在1500万以上。交战双方直接投入经费约为1863亿美元。直到1925年，主要交战国的人口和生产才达到1914年交战之前的水平。

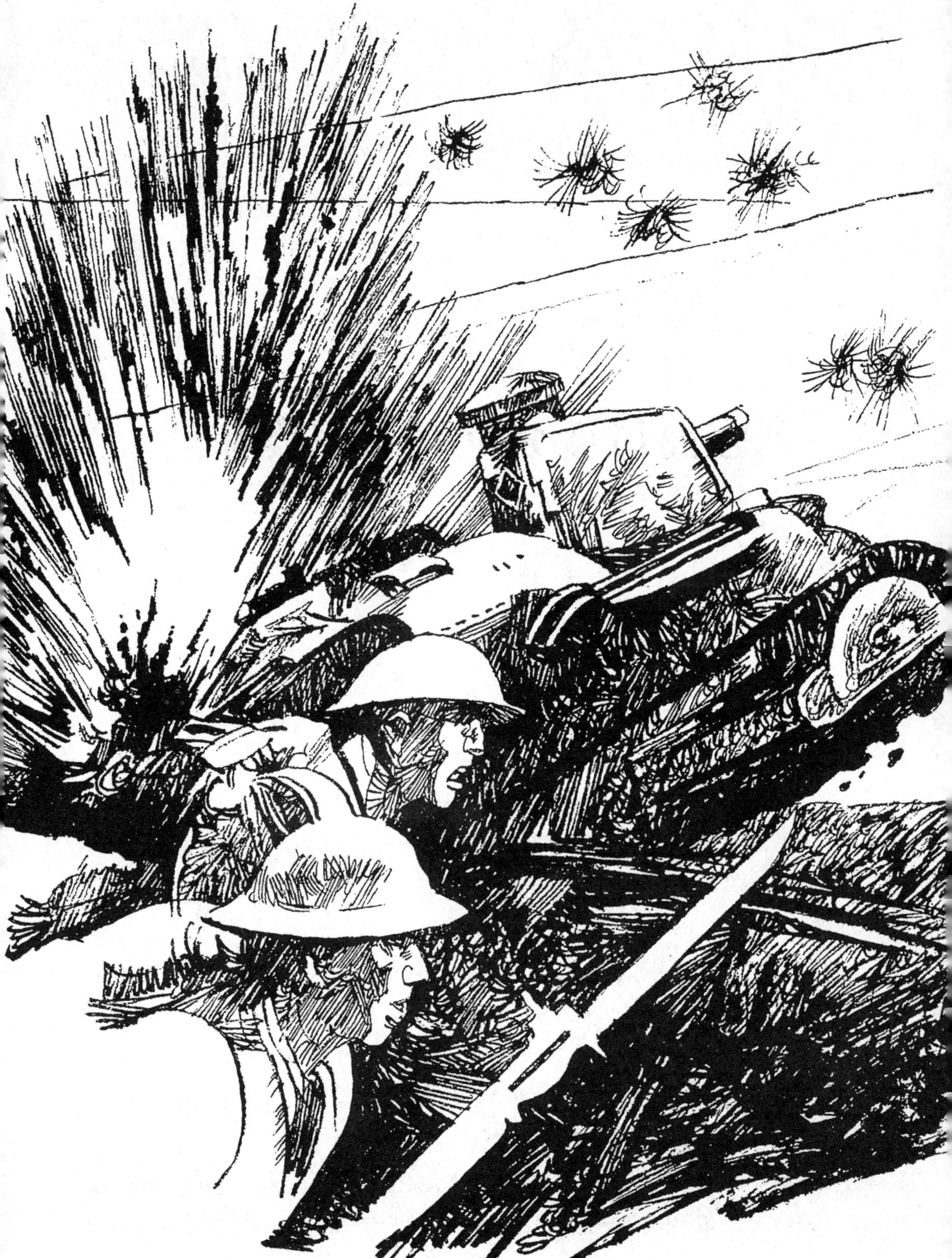

发生地点	发生时间	推荐理由
法国巴黎	公元1919年1月18日	一战后战胜国的分赃会议，构成了战后在欧洲、西亚和非洲建立起来的"新秩序"。

列强商讨瓜分世界的巴黎和会

事件介绍

早在第一次世界大战快要结束的时候，法国、美国、英国、日本等帝国主义国家就开始谋求自己对战败国的利益。

美国在战争中发了横财，从战前的债务国变成了战后的债权国。为了进一步扩大自己在世界政治舞台中的作用，美国首先必须抑制英国和法国的实力，在欧洲保持一个具有一定实力的德国。美国总统威尔逊早在1918年春，就在国会中宣布了保障人权的十四点原则。

威尔逊的十四点原则被各国公认是重建战后世界和平的原则。不过由于战后各方利益博弈的缘故，这其中只有四点是最后在巴黎和会上保留下来的：要求恢复比利时；要求将阿尔萨斯、洛林两省还给法国；奥匈帝国内各民族的自治；成立国际联盟。

鉴于自己在普法战争中受到的耻辱和战争中受到的惨重损失，法国极力要求削弱德国的力量，以确立自己在欧洲的霸权地位。

英国的意图则和法国不同，它不希望在欧洲大陆上看到一个"霸王"，因而采取传统的"大陆均势"政策，不愿意看到德国过分被削弱，以便于和法国、俄国对抗，但是英国又要剥夺德国的殖民地和绝大部分军舰和商船。

日本的主要目标,是想占领德国在中国的势力范围——山东半岛,掠夺德国在太平洋上的殖民地。

意大利的目标则是亚得里亚海,把过去属于奥匈帝国的一部分领土归为己有,并进占巴尔干地区。

从上面这些意图来看,各国在瓜分势力范围和利益方面是存在冲突的。

1919年1月18日,战胜国在巴黎附近的凡尔赛宫召开和会。参加和会的各国代表的权利是不平等的,参加会议的国家被分为4类:第一类是"享有整体利益"的国家,它们是美、英、法、意、日这5个超级帝国,它们可以参加一切会议;第二类是"享有局部利益"的国家,包括比利时、中国、巴西、塞尔维亚、希腊等国和英国的一些自治领,它们可以参加讨论与各自相关问题的会议;第三类是与德、奥断绝外交关系的国家,包括厄瓜多尔、秘鲁、玻利维亚和乌拉圭,它们只能在讨论涉及本国的问题时才允许出席;第四类是中立国,它们可以在五大国的邀请下,就问题直接发言。

由于各国抱着不同的目的来参加和会,因此会议一开始就陷入争吵。美国坚持首先讨论国联问题,并认为国联是与和约不可分割的,对所有国家都具有约束力,但是此看法遭到英法的反对。"十人会议"对此问题进行了长达4天的争论,最后达成妥协:该问题和其他问题平行讨论,同时成立一个委员会起草《国联盟约》,美国总统威尔逊担任委员会主席。

对战败国殖民地的处置问题,是和会的一个重要议题。美国认为对德国以及奥匈帝国领土的处理,应在国联范围内解决,建立"委任统治制",即由国联委托"先进民族"代管。但是由于英法在战争过程中就已经瓜分并占领了德奥等国的殖民地,所以坚决反对委任统治制。最后在美国的一再坚持下,英法只好接受了"委任统治制"。

4月份,英法同意了由美国主导起草的《国联盟约》。虽然美国坚持设立国联,但是到头来却并没有捞到什么好处:德奥的殖民地由国联交给英、法、比、日和英国自治领,成立后的国联由于英法等国自治领的票数总和多于美国而受到英法的控制。因此,美国参议院拒绝批准和约。

在对德国疆界和赔款问题上,这些国家达成了协议:将莱茵河左岸同德国分离开来,由协约国军占领,莱茵河右岸50公里地带进行非军事化;阿尔萨斯和洛林地区归还法国,

▼ 参加巴黎和会的美英法意代表抵达会场。

波兰得到但泽走廊。

关于赔款，英国首相劳合·乔治坚决主张"赔偿只能由参加过战争的一代人负担"，德国赔款数额应该和其支付能力相适应；英国参加和会的著名经济学家凯恩斯提出，德国的赔偿数额不应该超过500亿金马克。同时，英国认为对赔款的分配比例应该是：法国50%，英国30%，其他国家20%。

法国原先拟定的赔款数额为4800亿金马克，法国享有赔款的58%，英国则为25%，其他国家为17%。

经过反复争吵和幕前幕后的活动，4月中旬，法国总理克里孟梭致函威尔逊，表示同意美国将门罗主义原则列入国联盟约的主张，作为交换条件，美国必须对法国的领土要求做出让步。威尔逊答应重新考虑其立场。英国支持美国对法国让步，但要求美国放弃海上军备竞争。美国对英国的要求做出承诺。最后，各方总算在德国疆界问题上达成共识。

日本代表借口山东在日本对德宣战后事实上已为日本所占领，要求将德国在山东的"权利"全部转交日本。中国代表则正式提出归还山东，要求取消"二十一条"，收回德国在山东的一切权益。中国代表顾维钧与日本代表展开激烈辩论。英法支持日本的要求。美国担心日本在华势力过于庞大而影响美国在华的利益，于是建议将德国在山东的权益交给即将成立的国联，然后交还中国。但是日本态度强硬，并以拒签和约相威胁。最后，和会决定满足日本要求。消息传到中国，中国人民群情激奋，随后爆发了"五四运动"，中国代表最终拒绝在和约上签字。

6月28日，德国和协约国签订了《凡尔赛条约》。令人惊奇的是，签订和约的凡尔赛宫镜厅，就是48年前威廉一世宣布德意志帝国成立的地方。

关于德国的赔偿，在1921年5月1日之前，德国应该交付200亿金马克；国联成立特别赔偿委员会，在1924年5月1日前确立应在30年内付清的总额。此外，德国还应该交付其全部1600吨级以上的商船，一半1000吨以上的商船，1/4的渔船和1/5的内河船只；在5年之内，为协约国提供20万吨商船；德国在10年之内向法国、意大利和比利时分别提供14000万吨、7700万吨和800万吨煤，另外还应该提供牲口、机器等物资。

《凡尔赛和约》签订之后，协约国又分别和土耳其等其他几个战败国签订了协议。同样，在签订这些和约时，几个战胜国之间就各自的利益问题展开了激烈的争斗。

发生地点	发生时间	推荐理由
俄国	公元1917年11月6日	建立了世界上第一个社会主义国家，由此改变了世界历史的方向。

第一个社会主义国家的诞生

事件介绍

从19世纪末到20世纪初，沙皇俄国的统治逐渐出现危机。1905年至1907年期间，俄国爆发了第一次资产阶级民主革命。虽然遭到镇压，但是对俄国产生了深远的影响。为了转移国内的视线和扩大对外掠夺，沙皇尼古拉二世派兵参加了第一次世界大战。

但是在第一次世界大战爆发后，俄国节节败退，损失惨重。战争同时给国内经济带来了灾难：物价飞涨，物资奇缺。

1917年初，俄国发生了更大的经济危机，大量工人失业，无产阶级的生活条件更加恶化。1月，彼得格勒15万工人在布尔什维克的领导下上街游行。2月23日，工人们再次游行，高呼"打倒战争"、"打倒专制"的口号。25日，游行队伍扩大到了30万人。

尼古拉二世此时乱了阵脚，决定采取暴力方式来驱赶游行队伍。25日晚，沙皇派人逮捕了布尔什维克彼得格勒委员会的5个领导人。26日，军警打死40多名游行工人。于是，布尔什维克决定武装起义，推翻沙皇统治。当晚，布尔什维克组织了600人的起义队伍，但到了27日夜时，起义队伍已经扩大到了7万人。

27日，布尔什维克党中央发表了《告全体俄国公民书》，号召全国人民起来推翻沙皇

统治，建立民主共和国。28日，起义军占领了海军部和沙皇的巢穴冬宫，逮捕了沙皇政府的大部分高级官员。此时，尼古拉二世急忙从前线调回军队以镇压起义。但是沙皇士兵在革命者的劝说下发生了兵变，宣布和起义军站在同一战线。就在同日，彼得格勒士兵苏维埃和工人苏维埃联合成立了彼得格勒工兵代表苏维埃。

同时，资产阶级也出来掠夺革命果实，于27日成立了国家杜马临时委员会，并于3月2日成立了临时政府。就这样，俄国暂时出现了两个政权并存的局面。

4月16日，列宁从瑞士回到彼得格勒。次日，他发表了后来被称为《四月提纲》的著名讲话，提出了"全部政权归苏维埃"的口号。列宁认为，这次革命的最终目标应将"资产阶级革命"变为"无产阶级革命"，在俄国实现"无产阶级专政"。

5月初,临时政府向协约国发出照会,声称俄国将保证遵守沙皇政府和外国签订的一切条约,决定把第一次世界大战进行到底。这一消息传开后,引起了彼得格勒苏维埃政权的反对。5月4日,彼得格勒10万工人和士兵走上街头进行游行示威,抗议临时政府继续参加战争。临时政府不得不解除发出上述照会的临时政府外交部长。

1917年7月1日,彼得格勒40万工人、士兵再次上街游行,要求"全部政权归苏维埃"。就在同一天,临时政府下令西南前线的30多万俄军在利沃夫向德、奥联军发动大规模军事反攻,但是遭到对方军队的惨重打击,10天内损失了6万人。

这一消息更加激起工人们的愤慨。7月17日，列宁赶到了彼得格勒。考虑到当时武装革命的条件还不成熟，布尔什维克中央决定游行以和平请愿为主。但是临时政府和苏维埃中的社会革命党人决定要镇压工人们的和平游行。当日，临时政府派出大量军警向和平示威群众开枪射击，当场打死400多人。接着，临时政府到处搜捕布尔什维克党领导人，强行解除工人武装，同时派人搜捕列宁。

布尔什维克党此时不得不转入地下，列宁也被暂时护送到彼得格勒附近的拉兹里夫湖畔的一个草棚里。

▼ 十月革命期间集会示威的俄国群众。

同年9月，列宁又被迫流亡到了芬兰。在芬兰期间，列宁又完成了著名的《国家与革命》这部著作。

1917年10月20日，列宁秘密从芬兰回到彼得格勒。25日，彼得格勒成立了苏维埃革命军事委员会，作为领导武装起义的公开机关。29日，布尔什维克党中央召开了扩大会议，会议选举斯大林、斯维尔德洛夫等5人组成领导起义的党总部，负责起义的领导工作。

临时政府获此消息后，马上采取了措施：从前线调回军队以镇压起义；下令逮捕列宁；中断彼得格勒苏维埃的电话联系等。11月6日，临时政府的士兵突然闯入布尔什维克党的机关报《工人之路报》以及《士兵报》的印刷所，企图查封报纸，但是由于革命士兵及时赶到，保证了报纸的按时出版。

面对临时政府的反革命措施，布尔什维克党决定提前起义。在列宁的指示下，起义军迅速占领了彼得格勒的火车站、桥梁、电话局和银行等战略要地，整个首都都处于起义者的控制之下。11月7日早上，革命军事委员会发布了列宁起草的《告俄国公民书》，宣布临时政府已经被推翻，苏维埃已经顺利接管了政权。

到了7日傍晚，整个彼得格勒只有冬宫还被临时政府所控制。下午6时，几万名起义军以及十来艘军舰包围了冬宫，同时向里面的临时政府官员发出最后通牒，要求他们立即缴械投降。

晚上9时，停泊在涅瓦河上的"阿芙乐尔"号巡洋舰向冬宫发起总攻。随后，工人赤卫队、革命士兵像潮水般涌入了冬宫。进入冬宫的起义军官兵和躲在里面的临时政府士兵发生了激烈的白刃战，终于在半夜的时候最终占领了冬宫。彼得格勒的武装起义获得了成功。

晚上10时40分，全俄工农兵苏维埃第二次代表大会在斯莫尔尼宫召开。大会通过了《告工人、士兵和农民书》，宣告全俄各地政权都归苏维埃政权。接着，列宁做了有关和平和土地的报告，通过了两部法令——《和平法令》和《土地法令》。大会决定成立完全由布尔什维克组成的第一届苏维埃政府——人民委员会，列宁被选为人民委员会主席。人民委员会的设立，标志着世界上第一个无产阶级专政的社会主义国家诞生了。

发生地点	发生时间	推荐理由
印度	公元1919年	印度以非暴力的形式获得了统一和独立。

以和平为武器的非暴力不合作运动

事件介绍

莫汉达斯·卡尔姆昌德·甘地，1869年10月2日出身于印度西部卡提阿瓦半岛的波尔班土邦一个信奉印度教的吠舍种姓家庭。1887年，甘地进入萨马达尔斯学院，同年到伦敦大学学习法律。

4年后，甘地学成归国，在家乡依靠兄长和亲友的资助从事着律师工作。

1893年4月，甘地因为一次偶然的机会而接受一家商行的邀请，去南非处理一起债务纠纷。当时的南非，是个种族歧视根深蒂固、无所不及的英国殖民地。

在南非，甘地一待就是21年。在此期间，他领导南非的印度侨民展开反对禁止印度向南非移民的"黑色法案"和《亚洲人登记条例》的斗争，最终迫使官方做出了让步，非暴力运动取得了初步胜利。在此期间，他成功地试验了一种有效的武器——真理与非暴力学说及其实践。不过，在这种反歧视过程中，甘地对英帝国仍充满幻想。

在南非期间，甘地就开始参加印度国大党的政治活动。1915年，甘地从南非回到了印度，此时他已经是一位政治观念比较成熟、颇具声望的资产阶级政治活动家了。回国不久，甘地就在阿赫梅达巴附近建立了非暴力抵抗学校，用非暴力、禁欲、民族观念教育印度青年。甘地希望此举能够培养一批忠实于非暴力不合作原则的骨干，为开展非暴力运动做好组织和舆论上的准备。

　　印度资产阶级一心希望通过自己对英国的忠诚来换取印度的最终独立，因此，印度国大党出来为英国募兵，但是英国在战后根本不履行原来的诺言。1918年7月，英国提出孟太古——蔡姆斯福特方案，增加立法机构中选举产生的人数，政府中负责教育、卫生的官员，也改由选举产生。虽然此法案较先前的政策有所进步，但是和英国原先的承诺相差甚远。

　　1919年3月，英国殖民地当局又颁布了《罗拉特法案》，规定殖民政府可以不经起诉就逮捕、搜查和惩治任何一个印度人。这一法案激起了大部分印度人的愤慨。印度人民迅速进行游行示威、集会和罢工，以抗议英国政府。

　　甘地在信徒的支持下，号召在印度举行全国总罢工,同时进行绝食与和平示威，以示抗议。从3月底开始，印度各个地方陆续开始了罢工。英国殖民当局对印度人民此举采用了高压政策，派军队进行镇压。4月13日，殖民当局在阿姆立则打死打伤正在和平集会的印度平民3000余人，制造了骇人听闻的"阿姆立则惨案"。

　　这次运动导致了印度人民和殖民当局的流血冲突,甘地感到这违反了非暴力的原则，宣布暂缓运动。

　　在同年12月召开的那普尔年会上，国大党正式通过了甘地的非暴力不合作计划及由甘地起草的党纲，使非暴力不合作成为国大党的指导思想。

　　甘地宣传的"非暴力不合作计划"包括两个部分："非暴力抵抗"、英国殖民者"不合作"。具体内容包括：印度人拒绝或者辞去殖民当局授予的公职和荣誉职位；不参加殖民政府的任何集会；对立法机关选举、法院和英国教育进行抵制；"家家户户恢复手工纺织"，不买英国货，不穿英式服装；最后走上抗税的道路等等。

　　1921年，非暴力不合作运动达到了高潮，殖民当局开始大肆逮捕参加运动的群众和政治家。一些群众因此开始用武力和政府对抗，发生了一些流血事件。

　　甘地认为由于此次行动超越了他所规定的范围，因而宣布停止不合作运动。但殖民当局还是逮捕了他，并判了6年徒刑。他在狱中写了自传《我体验真理的故事》，两年后因病提前获释。

　　1930年，殖民当局制定了《食盐专营法》，准备垄断食盐生产，同时抬高盐价和盐税。这一规定引起了印度人民的强烈不满。3月12日,甘地率领70多名信徒向海滨丹地进军,号召人民抵制和破坏英国殖民政府的食盐专卖法,同时用海水煮盐来自制食盐。以此为契机,甘地还将这次不合作运动的范围扩大,主要包括:自制食盐,对酒店、鸦片烟馆和洋布商店进行监视,自己纺织棉、纱棉布,学生罢课,公务人员退出公职等。

殖民当局对这次运动十分惊恐,他们逮捕了甘地和国大党其他领导人,并下令取缔国大党。甘地被捕的消息传开后,顿时举国沸腾。数万名印度自愿者要求与甘地一同坐牢。当局对游行的队伍进行镇压,逮捕了6万多人。这一行动更加激怒了印度人民,各地开始爆发武装起义,有的地方甚至宣布独立。

▼ 圣雄甘地去世前两年由记者玛格丽特·博尔特拍摄的照片。

殖民当局吓坏了，他们想起甘地的"非暴力"主张，便改变了策略。1931年1月，英国印度总督欧文寻求妥协，释放了甘地和其他国大党领导人，撤销了取缔国大党的禁令。不久，欧文与甘地反复协商后签订了《甘地－欧文协定》：甘地改变不合作态度，同时停止不合作运动，殖民政府承认国大党为合法，派代表参加它曾抵制的英印伦敦圆桌会议。1931年12月，国大党卡拉奇会议通过此协定。第二次不合作运动结束。

二战爆发以后，英国政府未经人民同意就宣布对德作战，引起印度人民的强烈反对。甘地明确同英国首相丘吉尔派出的使节提出，英国必须退出印度。同时，甘地扬言要在8月8日再次发起不合作运动。

第二天，他与国大党执委会全体成员都遭到殖民地当局的逮捕。不合作运动再次遭到镇压。为抗议政府暴行，甘地1943年2月10日起绝食3周，终于使被捕者获释。但是他自己一直到1944年5月才获得释放。

二战结束后，处于内外交困之中的英国政府宣布，在1948年6月以前，将印度主权交给印度人，答应印度独立。然而就在甘地毕生奋斗的目标即将达成时，一场针对他个人的灾难也随之而来。

印度穆斯林和印度教一直存在矛盾。穆斯林领导人从1933年开始就为建立独立的巴基斯坦国而努力。而甘地则坚决反对印度分裂。这引起了印度教极端分子的强烈不满。1948年1月30日，极端分子戈德森和两名助手在甘地祈祷时，将之枪杀。

发生地点	发生时间	推荐理由
意大利	公元 1922 年	建立了世界上第一个法西斯政权，是传播法西斯思想和推动法西斯势力壮大的"风暴源"。

意大利法西斯的兴起

事件介绍

墨索里尼于 1883 年 7 月 29 日出生于意大利瓦拉诺·迪科斯塔的一个铁匠家里。1270 年前后，墨索里尼的先祖乔瓦尼·墨索里尼是波伦亚这个好战尚武的城市的领袖。但是由于不断的党派内争，墨氏家族后来就逐渐衰落了。到了 19 世纪，墨索里尼家族已经变成了一个自食其力的中下等家庭。

1890 年，墨索里尼到邻村去读书。在这个学校中，墨索里尼蛮性未改，行为乖戾，不听教诲，经常和同学们打架。两年之后，墨索里尼被学校开除了。后来，他被送到了另一个学校，不过他的脾气依然如故。

1902 年，墨索里尼乘车到了瑞士西部。就在这一年，他的父亲因为参加社会党的暴动而被捕入狱。墨索里尼在瑞士经常参加当地的群众集会，有时也在公众场合发表演说。有一次，墨索里尼在演讲时得罪了瑞士当局，被驱逐出境。此后，他回到意大利，随即在历史名城维罗纳参加了巴萨列里奥的联队。

1913 年，墨索里尼成为意大利社会党的领导者之一，倾向于无政府主义。当法西斯主义在意大利兴起、并坚决主张意大利参战的时候，当时身为意大利社会党左派领导人的墨索里尼突然改变了原来的反战立场，于1914年10月18日发表了题为《从绝对中立转向积极有效的中立》的文章，公开支持意大利参战。社会党于是开除了墨索里尼。

为了实现自己的反动抱负，墨索里尼于1919年3月，在米兰招集旧时政治上和行伍中的同志150人，组织了"战斗的法西斯党"。入党的人，多是一些退伍军人。一战后，意大利退伍军人对政府非常不满，他们没有土地，没有生活来源。墨索里尼抓住这一机会，在报纸上极力为军人歌功颂德，强烈建议为退伍军人分发土地，并公开支持他们去夺取地主的荒地，从而得到了广大退伍军人的拥戴。

在成立"战斗的法西斯党"时，墨索里尼扬言推行普选，貌似代表工人阶级利益，但是其实在建立之初，就决心要摧毁布尔什维克在意大利的势力，决定镇压工人罢工。他们的宗旨是："用军队的组织，组成一个革命团体，恢复意大利固有的国性，铲除赤化势力。"

"战斗的法西斯党"成立之后，由于在社会上攻击社会党"是民族的叛逆"，并没有起到笼络人心的作用，同时在社会上的影响也十分有限。在1919年11月的意大利第25届议会选举中，该党派无一人当选。墨索里尼此时举棋不定，最后决定投靠资产阶级。

1920年5月24日，"战斗的法西斯党"在米兰召开了全国代表大会，会议决定把暴力作为该党的组织原则，把"蓖麻油"和"大棒"作为该党的标志。此后，墨索里尼对工人运动采取了凶残的暴力镇压。他们的战斗小分队四处活动，对人民群众进行恐吓、抢劫、勒索和骚扰。法西斯别动队四处袭击工会，焚烧社会党的《前进报》馆，殴打、枪杀进步人士和共产党人。

1921年12月7日，"战斗的法西斯党"在罗马举行全国代表大会，宣布将党名正式改为"意大利国家法西斯党"，选举意大利法西斯"元老"为总书记，墨索里尼为"领袖"。

1922年10月16日，墨索里尼在米兰召集了党徒们开会，决定发动军事政变，同时决定由巴尔波、比昂基等4人组成"四人领导小组"，亲自指挥"向罗马进军"的军事政变。20日，"四人领导小组"制定了具体的行动计划，确定了军队的部署和指挥人选。

意大利法西斯创始人墨索里尼。

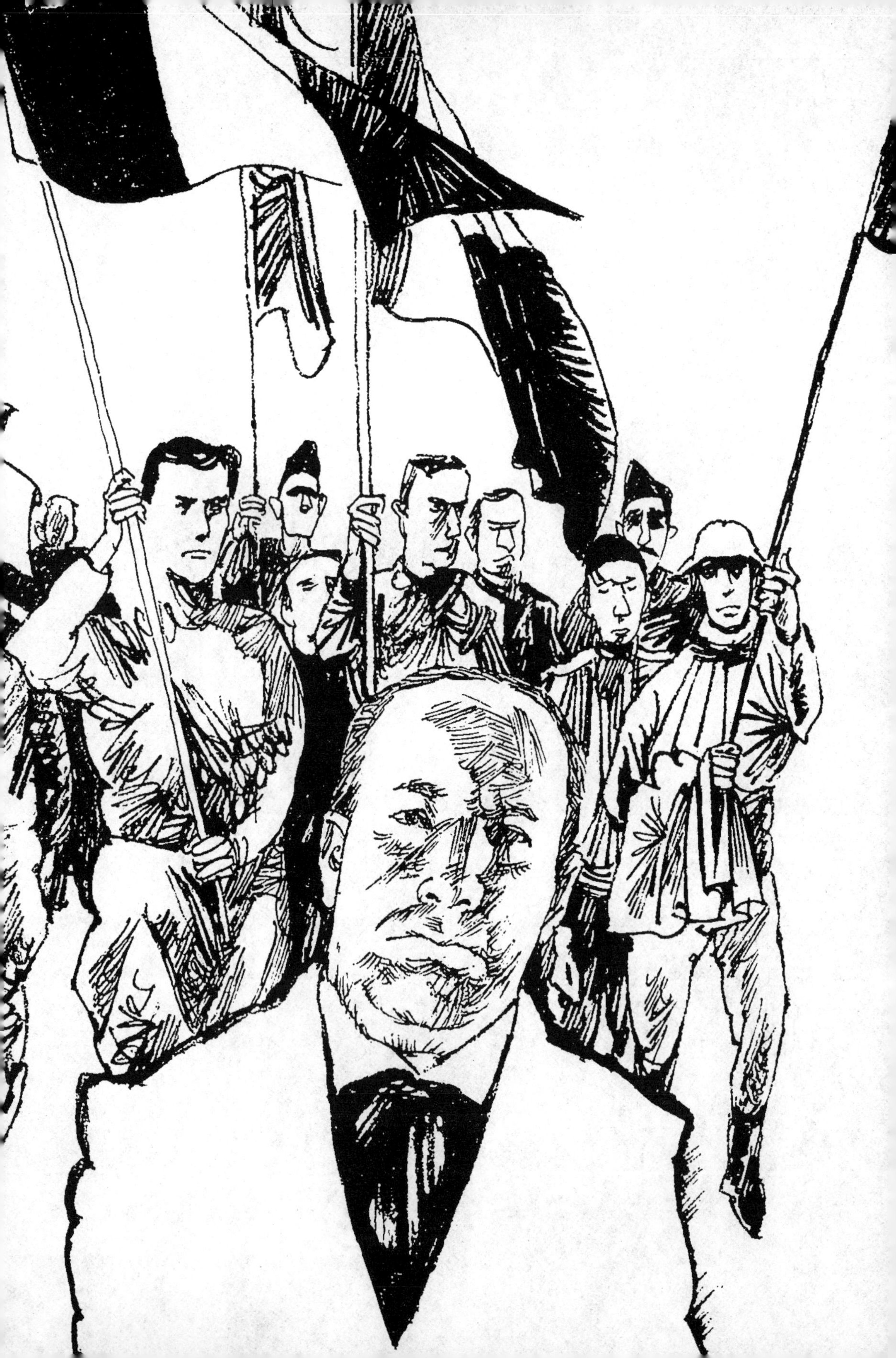

10月20日夜，法西斯总部下令全国总动员，同时发表了对全国国民的檄文，宣布进军罗马，劝告意大利国民军不要和他们作战，说明他们的目标仅在于推翻腐朽的统治阶级，劝慰有产阶级不要害怕，并且声明保护工农的正当权利。

10月24日，法西斯党在那不勒斯召开了由3万法西斯分子参加的大会。这场大会实际上是法西斯分子向罗马进军的誓师大会。此时，法西斯的武装党徒已经发展到了50万人，普通党员达到100万。另外，在他们操纵控制下的工会和其他社团还有250万人。

法西斯上述的行动并没有引起意大利政府的足够重视，他们错误地认为法西斯已经放弃了向罗马进军的计划。

可就在这天晚上，墨索里尼在那不勒斯的一个旅馆召集"四人领导小组"，最终决定立即向罗马进军。

27日晚，意大利国王回到罗马，听取了首相法克塔的建议，同意实行全国戒严。但是法克塔并没有提出对法西斯分子的镇压措施，甚至连一句警告的话都没有，只是强调"确保和平解决"。

28日早上，当法克塔去王宫要求国王签署戒严令时，国王却对此断然拒绝，他认为当时的罗马是完全抵抗不了法西斯分子的进攻的。其实，墨索里尼也做好了进军失败的打算，因为如果保卫罗马的普里埃塞师团出面干预，法西斯武装肯定会被打败。因此，墨索里尼在28日后把法西斯军队的指挥权都交给了"四人领导小组"，自己则准备一旦进军失败，就跑到瑞士去。

就在墨索里尼准备逃亡时，他接到了国王首席副官的紧急电话，说国王邀请他前往罗马组建新的政府。此时的墨索里尼还不相信，因此一定要求国王通过电报的形式把这些话再讲一次。收到电报后，墨索里尼当晚就前往罗马。

30日早上，墨索里尼接受了国王的组阁委任状。次日，墨索里尼组成了新政府，建立了世界上第一个法西斯政权。

此后，墨索里尼通过各种方式削弱了非法西斯在意大利的势力。1924年意大利举行大选，法西斯党徒使用武力控制了选举机构，最后法西斯党获得了65%的选票，议员的席位从原来的不足50席，增加到了375席。1925年1月，墨索里尼改组了内阁，把非法西斯大臣都赶出了内阁。继而，他解散了除法西斯党之外的所有政党，确认了墨索里尼的军事独裁统治。

发生地点	发生时间	推荐理由
英国	公元1928年	人类抗菌历史上的一个里程碑，对降低死亡率和提高人类寿命做出了不可磨灭的贡献。

弗莱明发现青霉素

事件介绍

亚历山大·弗莱明，英国细菌学家，1881年出生于苏格兰的一个农场。他的父亲是个勤俭诚实的农夫，有8个孩子，弗莱明是最小的一个。他的哥哥是个医生，受他哥哥的影响，弗莱明从小爱好自然科学和医学，从小便立志从医。由于家道中落，他不能完成高等教育，16岁便出来谋生。

在20岁那年，弗莱明接受了姑母的一笔遗产，才可以继续学业。

1914年，已经是优秀的细菌学家的弗莱明自愿来到战争前线，服兵役并从事创伤病的研究。在战场医护所中，到处是伤口发炎的恶臭和伤员的哀嚎声，大批官兵因此而丧命。弗莱明对自己的无能为力感到十分伤心。

战后，弗莱明于1919年又回到了圣玛丽医学院，重新开始了他的细菌研究工作。鉴于自己在战争中的所见所闻，他渴望能够发明一种威力强大的药物，能够杀死细菌，以拯救那些因为细菌感染而死亡的人们。

当时，弗莱明和他的助手们将研究目标定为葡萄球菌，这是一种分布广泛、危害非常大的病原菌。1922年，弗莱明迈出了奔向目标的第一步。当时，患了感冒的弗莱明无意中发现青霉素的弗莱明爵士。

对着培养细菌的器皿打了个喷嚏。半天后，他注意到，在这个培养皿中，凡沾有喷嚏黏液的地方没有一个细菌生成。弗莱明还发现，当他把自己的眼泪滴到培养器皿中时，那里的细菌很快就分解了。

弗莱明对此发现感到非常高兴。随着研究的进一步发展，弗莱明很快就发现自己还需要走很长的路：试验表明，这种溶菌酶只能对无害的细菌起到分解作用，而对有害的细菌则毫无办法。

1928年，幸运之神再次降临到弗莱明身上。当年的夏天，英国伦敦的天气格外闷热，弗莱明所在的赖特研究中心破例放假以避暑。弗莱明也由于自6年前发现"溶菌酶"以后就再也没有突破性进展而感到心烦气躁。所以，弗莱明放下手中的实验，没有来得及整理实验台上的器皿就去了海滨。

9月的一天，在外面休假了两个星期的弗莱明来到实验室，当他正准备用显微镜观察培养皿中的葡萄球菌时，他发现一只未经刷洗的废弃的培养皿中长出了一种绿色的霉菌。开始时，弗莱明认为这是因为空气中含有的霉孢子在水蒸气的作用下而繁殖起来了。但是很快，他就推翻了这个假设，因为在绿色霉菌的周围，原来生长的葡萄球菌全部消失了。

仔细观察后，弗莱明发现葡萄球菌其实并没有消失，而是由原来的不透明块状变成了透明的露珠状。他把这一奇怪现象记录下来，并小心地将这种霉菌培养起来。这时，他又一次观察到霉菌的抗菌作用：细菌覆盖了器皿中没有沾染这种霉菌的所有部位。弗莱明认为，肯定是霉块里存在的某种酸，才导致葡萄球菌的变化。

1926年6月，弗莱明在英国发表了他第一篇有关青霉素的论文。

为了验证这种霉菌是否对人体本身产生危害，弗莱明采取了各种方法。有一次，他将大半杯霉菌都喝了进去，然后坐在那里等待身体的反应。最后发现，自己并没有什么不良反应。

那以后，他又和助手们进行了更广泛的试验，获得了令人振奋的结果。有一天，弗莱明的一个助手因为手在做实验时划伤了，疼得厉害。他看到后，取出一根玻璃棒，蘸了一些这种霉菌的培养液，涂在了助手的手上，并对他说：过几天就好了。几天后，助手跑过来说他的手真的好了。

弗莱明认为这种霉菌是一种青霉菌，所以给它取了一个名字——青霉素。但是进一步的试验表明，这种抗菌素对细菌的作用缓慢，而且很难大量生产。弗莱明对这种抗菌素的研究热情也随之凉了下来。虽然如此，他还是在1929年在英国皇家《实验病理季刊》发表了一篇论文，在论文中提到青霉素可能是一种抗菌素。他在文章中说："事实表明，有一种霉菌能够分泌具有非常强大杀菌能力的物质，它不仅能够杀死葡萄球菌，而且还能够杀死链球状菌等其他多种病菌。"

1939年，在牛津大学主持病理研究工作的澳大利亚病理学家佛罗理也在寻找抗菌的新药，此时他看到了弗莱明关于青霉素的文章，并且马上对这个被称为"盘尼西林"的药物十分感兴趣。他决心联合其他科学家一起攻克弗莱明未能攻克的难关。

佛罗理邀请了包括德国生物化学家钱恩在内的一批生物学家、生物化学家和病理学家，组成了一个联合实验组。

1941年，经过细菌学家和生化学家的共同努力，高纯度的盘尼西林终于诞生了。首批制成的青霉素开始应用于临床。第一个采用此药的病人是个警察，他的头部、脸部和肺部都受到严重的细菌感染，接受治疗仅仅5天，病情就大为好转，康复速度之快令人惊异。不幸的是，由于没有足够的青霉素继续治疗，一个月后他还是死亡了。从此，这不起眼的青色霉菌变成了治病良药，轰动了全世界。

青霉素的发现与研制成功，成为医学史上的一个奇迹。1945年，弗莱明、佛罗里和钱恩一起分享了诺贝尔医学和生理学奖。在这以后的10年间，弗莱明在全世界赢得了25个名誉学位、15个城市的荣誉市民称号以及其他140多项荣誉。

▲ 青霉素的发现与研制成功,使人类的医学水平前进了一大步,让更多患病的人们有了康复的可能,在之后的战争中,青霉素挽救了许多伤病员的性命。

发生地点

美国等资本主义国家

发生时间

公元 1929 — 1933 年

推荐理由

世界历史上破坏力最强、持续时间最长、最为严重的经济危机，使得法西斯主义在德国、日本和意大利建立并得到巩固。

席卷全球的经济大萧条

事件介绍

从 19 世纪末到 20 世纪初，垄断成为主要资本主义国家全部经济生活的基础，各国也相继进入了帝国主义发展时期。从此，资本主义经济处于迅速发展时期，促使整个社会的生产盲目扩大。而社会财富则更加集中于几个大的财团中，洛克菲勒、卡内基、摩根等大家族的财富迅速增长。而在经济繁荣的背后，则是贫困人口的增长。1929 年，占美国人口数量 5% 的富人的收入几乎占全部个人收入的 1/3，全年收入低于 2000 美元的贫困家庭占了全部家庭的 60%。

此外，股票市场已经开始成为生活中的重要部分。由于经济发展势头非常猛，股票市场的投机非常严重，股票价格和公司价值之间的差距越来越大，很多股票的价格高出价值几十倍。整个资本主义世界都认为经济会朝着更好的方向发展，从不怀疑经济会崩溃。因此，他们还是大量买进各类股票，期望通过股票价格的再次提升而获得收益。

但是在 1929 年 10 月 24 日（星期四），发生了人们怎么都不会相信的事实。美国纽约证券交易所的开盘锣刚刚敲过,就有人大量抛售股票,一天之内转手的股票超过了1300万股,超过了平常的100万股。随着股票的大量抛出,股票的价格也迅速降低。整个交易所大厅内好像成了疯人院,一大批绝望的投资者在看到自己的财富一天之内化为乌有后发出了绝望的吼声。

股票市场的缩水,带来了整个经济领域的衰败,一场空前的资本主义经济危机开始了。股票市场的波动,动摇了企业界的信心,阻碍了工农业发展,缩小了海外购买和投资规模,使经济陷入停滞状态。

经济的萎缩,导致大量工人失业。到1933年3月,美国完全失业工人达1700万,失业率达到25%;约有101.93万农民破产,许多中产阶级也纷纷破产;1933年的商品消费额,下降到1929年的67%。

危机期间,出现了历史上从来没有过的一个经济现象:一方面,企业生产过剩,造成商品积压,最后不得不销毁大量农产品和牲畜;另一方面,广大劳动人民又缺少足够的食物和衣服。

下面一段描述当时美国煤矿工人生活的对话,展示了当时下层劳动人民在大萧条期间的贫困生活。

一个小女孩瑟瑟发抖地问她的妈妈:"妈妈,天气这么冷,咱们为什么不生起火炉呢?"

妈妈叹了口气说:"因为我们家里没有煤。你爸爸失业了,我们家没有钱买煤。"

小女孩又问:"那爸爸为什么会失业呢?"

妈妈无奈地说:"因为煤太多了。"

这就是当时工人的生活状况。

和工人没有足够的食物和生活来源形成对比的是,农场主们把一桶桶的牛奶倒入河

中，把一车车的大肥猪倒进河中。仅1933年，就有640万头猪被活活扔到河里淹死，有5万多亩棉花被点火烧光。此外，整箱的桔子、整船的鱼、整袋的咖啡豆被倒进大海。从北卡罗莱纳州到新墨西哥州，地里的棉花没有人摘，而果园里则是挂在枝头、没有采摘而烂掉的葡萄、苹果。那些没有东西吃的贫苦群众，并不能进去吃这些东西。

从美国开始的经济危机很快就波及了世界其他各国。

伴随着经济危机的出现，整个资本主义世界出现了混乱，社会主义思潮迅速在各个国家兴起，大规模的工人运动此起彼伏，各国面临着严重的经济危机和政治危机。

经济危机还带来了法西斯在各个国家的兴起，以德、意、日尤为明显。在日本，军国主义者发动"二·二六事变"，建立了法西斯政权；并于1931年9月18日发动"九·一八事变"，在亚洲形成了第二次世界大战的战争策源地。在德国，以希特勒为首的纳粹分子于1933年控制了政府，并逐步建立法西斯专政，最终走上了发动第二次世界大战的道路。在法国，火十字团、法兰西行动等法西斯右翼极端团体在1934年发动武装示威游行，妄图发动武装政变，实行法西斯专政。

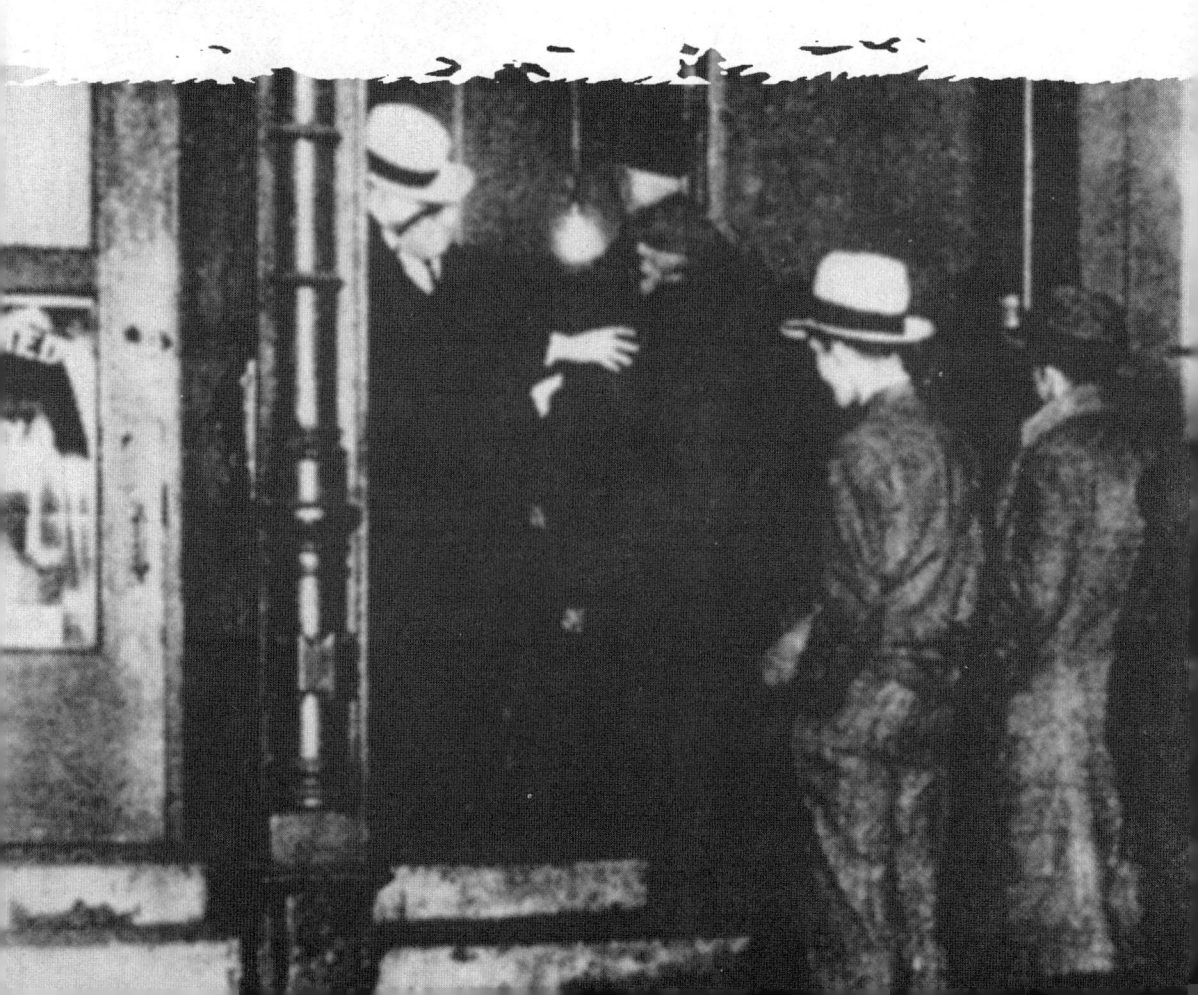

与此同时，美国垄断资本家企图利用组建法西斯政权来遏制工人斗争，以挽救经济危机带来的后果。美国当局还建立了"非美活动调查委员会"，以迫害共产党和进步力量。因此，美国的法西斯势力开始抬头，出现了大批法西斯团体。美国黑色军团、三K党、德美联盟等法西斯团体经常出来鼓吹战争，破坏工人运动，屠杀工人领袖。

此外，1929年至1933年经济大萧条还使得各国为裁减军备所做的种种尝试逐渐停止，取而代之的，是各国大规模重整军备的计划。1932年8月，几个军事大国召开了裁军会议，但是这个会议断断续续开了20个月，最后以没有产生任何结果而结束。

事实上，各国将扩张军备作为解决经济衰退和降低失业率的重要措施。德国的希特勒正是因为实行了庞大的重整军备计划，才迅速解决了德国所面临的前所未有的失业问题，同时使得希特勒获得了德国民众前所未有的爱戴。原因很简单，经济衰退造成很多工人没有活路，因此，各地民众都欢迎新的工作，哪怕是军工厂里的工作。

▼ 大萧条时期，在美国芝加哥大街上，政府向失业者发放食品。

发生地点	发生时间	推荐理由
日本	公元 1936 年 2 月 26 日	建立了日本军事法西斯独裁统治体制，为后来大规模的军事扩张奠定了基础。

日本"二·二六事件"

事件介绍

　　1929年的资本主义经济危机迅速席卷了日本。由于日本是个岛国，资源贫乏，因此对外贸易对它来讲显得尤为重要。由于这次经济大萧条是世界性的，其他资本主义国家也都受到了影响，因此日本的出口受到了很大影响，经济发展水平下降非常快。1930年，日本的进出口数量分别比1929年下降了30%和32%，次年再次下降了57%和53%。

　　经济危机的出现，促使日本更多人倾向于法西斯主义。真正对日本的法西斯化起到作用的是日本军部。军部是一个独立于政党政治之外的特殊政治团体。军队中的年轻军官非常不满当时日本政党的腐败统治，对议会和民主政治感到厌倦和惊恐。趁着经济危机，法西斯分子提出"打倒财阀和政党"、"重点解决满蒙问题"等口号，鼓吹向国外转嫁经济危机。他们积极要求对日本进行"国家改造"，取消议会制，实行军事独裁统治，进行扩军备战以达到对外侵略的目的。

　　从20世纪20年代开始，在民间法西斯分子大川周明等人的影响下，军部内部形成了两个对立的派别，他们分别是"皇道派"和"统制派"。"皇道派"的代表人物包括荒木贞夫和岗村宁次等，以陆军中下层军官为主。这个派别形成于荒木贞夫出任陆军大臣之后，

由于他们经常口称"皇道"和"皇威"而得名。"统制派"的代表人物包括东条英机、宇恒一成等。这个派别以陆军中下级官员为骨干,主要是参谋本部和陆军省的一批上层军官和关东军的一些将领。

中国是日本法西斯分子对外扩张的首选目标。鉴于奉系军阀成为日本占领东三省的障碍,日本想方设法炸死了张作霖。

1931年9月18日,日本关东军按照计划炸毁了沈阳北部的柳条湖段铁路轨道,然后说是中国军队故意破坏。在此借口下,关东军向沈阳发动突然袭击。由于蒋介石政府采取"不抵抗"政策,关东军在3个月之内就占领了东北全境。1932年3月1日,日本在东北建立了以末代皇帝溥仪为首的"满洲国",实行傀儡式统治。

"二·二六事件"之后，日本军国主义影响大大增强，最终使日本走向侵略扩张之路。图为南京大屠杀中进行杀人比赛的日本军人。

"九·一八事变"之后，法西斯分子在日本的地位得到了很大的提升，同时也鼓舞了他们夺取国家政权的野心。1931年10月18日，"统制派"准备发动武装政变以建立军人政权，但是由于军部首脑开始对此次暴动举棋不定，导致阴谋破产，主谋分子被捕。

1931年冬天和1932年春天，日本著名法西斯团体"血盟团"的海军军官决定在此时采取行动，暗杀财团。从1932年2月开始，前藏相井上准之助、三井以及日本财阀首脑团琢磨等先后被暗杀。但是凶手也很快被捕，"血盟团"的阴谋败露。

1932年5月15日，在"血盟团"的领导下，"皇道派"再次发动武装暴乱。这次暴动的参与者包括海军军官、一些陆军士官和"血盟团"的成员。在这次行动中，法西斯分子分头袭击了三菱银行、警视厅、首相官邸等处，暗杀了首相犬养毅。在《告国民书》中，法西斯分子提出了"打倒政党和财阀"的口号，要求实行"昭和维新"。

由于参加暴动的人随后就向日本宪兵队自首，暴乱当晚就被平定了。5月26日，海军大将斋腾实组织了包括军部、官僚和政党代表在内的"举国一致内阁"。在这个内阁中，政党成员只占少量次要职务，军部的势力占了多数。至此，日本历史上短暂的政党政治正式结束。

"五·一五事变"发生后,以陆军省军务局局长永田少将为首的统制派核心人物在处理皇道派军官残余政变的事情上,极力打压皇道派,引起皇道派军官的不满。此后,皇道派和统制派的矛盾日益尖锐,经常排斥异己。

1936年2月26日凌晨,皇道派军官率领1400名士兵发动了政变。政变官兵占领了首相官邸、陆军大臣官邸、陆军省、警视厅、藏相府等地方,杀害了藏相高桥、教育总监渡边锭太郎、首相冈田的妹夫等人。

其实,在皇道派政变之前,就有一名少佐告了密,陆军省知道了这件事情。同时,第一师团的一个小分队竟然集体跑到东京警视厅的门前去撒尿。但是陆军省没有予以足够的重视,只是采取了几项很一般的措施,例如监视嫌疑分子、给政府要员加派应付紧急情况的保镖、用钢筋和铁条加固首相官邸和其他重要机构,在重要办公大楼里面安装直通警视厅的报警器等。

2月26日上午,政变官兵占领了东京市内一平方英里的地方。他们利用山王旅馆作为临时指挥部,在此发表他们的"宣言"。"宣言"声称,政变的目的,是要"清君侧,粉碎重臣集团",认为"元老、重臣、军阀、财阀、官僚、政党均为破坏团体的元凶"。此外,政变者还提出惩办统制派,任用皇道派军官,充实国防以扩大军备等要求。

由于海军担心军事政变会导致陆军独裁,天皇、财阀和一些官僚也反对皇道派的这次行动,使得政变者非常孤立。在天皇的支持下,首相冈田马上采取措施,于29日召集24000名政府士兵包围了政变者,不费一枪一弹镇压了政变。

"二·二六事件"之后,统制派在军部占了绝对优势,荒木贞夫、真崎甚三郎等皇道派军官被迫退出现役,参与政变的一些下级军官被处死。从此,皇道派一蹶不振,直到销声匿迹。

后来,以东条英机为首的统制派完全掌握了陆军的主导权。

随后,冈田内阁垮台,原外交大臣广田弘毅上台组阁,内阁官员全部都是能够听命于军部、忠实执行国家法西斯化和对外侵略政策的人。不久,广田弘毅恢复了军部大臣的现役武官制,使军人控制政府合法化,并废除了议会多数的政党内阁制,取消议会对内阁的监督权,修改选举法等。

此外,广田内阁还接受了陆、海军提出的扩大军队预算的要求,军费支出在国家预算中占了46.6%,而当时的"国民生活安定费"才占1.6%。到1937年初,日本陆军常备军已经达到了45万人,并且大搞军事演习,准备进行全面的侵华战争。

发生地点	发生时间	推荐理由
德国	公元 1934 年 1 月 30 日	德国开始建立法西斯专政,从此走上了扩军备战的道路。

希特勒建立纳粹政权

事件介绍

1889年,阿道夫·希特勒出生于德奥边境奥地利一侧的布劳瑙镇。18岁时,他到维也纳报考美术学院,但因成绩不理想而未被录取。

由于缺乏才能,希特勒靠从事各种卑贱的工作来糊口,过了5年悲惨的生活。

1913年,希特勒流浪到了慕尼黑,并于次年加入了巴伐利亚团服役。在第一次世界大战中,希特勒在西线待了4年。在战争期间,希特勒作战十分勇猛,曾3次负伤并荣获令人羡慕的铁十字勋章,但除此之外没有表现出特别的才能,直到1917年由最初的传令兵升为下士。

1919年1月5日,慕尼黑铁路工人安东·特莱克斯勒创建了具有复仇主义和反犹太主义的组织"德意志工人党"。9月,当时作为慕尼黑陆军政治部侦探的希特勒受命调查"德意志工人党"的一次集会。但是希特勒却在这次集会上发表了有关强大的德意志的言论。次日,该党给希特勒发出邀请信,要他加入该党。1920年,希特勒被任命为该党"宣传部长"。

1920年2月,希特勒在一个啤酒馆组织了一次大规模集会。在会上,希特勒把民族主义和欺骗广大工人的"社会主义"口号结合起来，期望能够实现他的政治梦想。

1920年4月1日，希特勒将"德国工人党"改名为"国家社会主义德国工人党"。由于该党的德文缩写音译为"纳粹"，因此简称"纳粹党"，并把《25点纲领》作为该党的正式纲领。1921年7月，希特勒迫使特莱克斯勒修改了党章，让他自己担任主席，宣布了"领袖原则"，从而当上了纳粹党的"元首"。

1921年10月，希特勒正式组建纳粹党的军事冲锋队，他把退伍军人拉拢在自己身边，组织成身穿褐色衬衫的"冲锋队"，"冲锋队队员"臂带"C"标志。希特勒密谋着要发动一次夺权政变。

1923年11月8日，巴伐利亚长官卡尔应邀在慕尼黑一家名叫格勃劳凯勒的大啤酒馆讲述施政纲领。希特勒率领一群纳粹冲锋队队员包围了该啤酒馆，把卡尔和另外两名巴伐利亚高级官员押到一间小屋里，要求他们和自己合作组成新政府，但是这3位官员死活不肯答应。这时，德国有名的鲁登道夫将军也来到了这里，一起劝说。

巴伐利亚官员不得不答应了希特勒的要求，但是马上趁机逃走了。希特勒知晓后马上带领纳粹分子向市政府进发，但是遭到早有准备的政府军的镇压。几天后，希特勒被捕，并被判处5年徒刑。

在关押期间，希特勒在狱中写下了《我的

奋斗》——一部夸张的长篇自传体回忆录。在书中，希特勒大肆宣扬日耳曼民族是主宰世界的优等民族，有权统治其他"低等"种族，而犹太人是最劣等的民族；此外，他还极力发泄了对共产主义的仇恨，叫嚣要对外扩张，以求得德国的生存空间；详细说明了战败的德国怎样才能成为"全人类的君主"。

1924年12月20日，希特勒出狱，这时离他入狱才9个月。此时，希特勒被禁止在公开场合发表演讲，其党徒也从原先的5万人减少到了1.5万人。

1929年，资本主义经济大萧条开始。在世界经济危机的冲击下，德国工业水平开始直线下降，其生产资料和消费品的生产指数分别倒退到19世纪末和20世纪初的水平。

经济危机给纳粹党提供了重整旗鼓、夺取政权的机会。希特勒趁机派出自己的党徒们到中小城市和农村进行宣传，到处散发传单、发表演讲、张贴广告。

在拉拢中下层民众的同时，希特勒又积极和垄断资产阶级相勾结，同时获得他们的大量资金支持。1931年8月，希特勒在垄断资本家的一个别墅向资本家发表演说，其后，希特勒在全国各地游说资本家。次年1月，希特勒在杜塞尔多夫工业家俱乐部向聚会的300名垄断资本家发表演说，向其保证绝不触犯私有财产，同时鼓吹日耳曼民族的优越性，攻击马克思主义思想，主张建立军事独裁统治，扩军备战。

布吕宁政府在执政期间，并没有得到国会的支持。因此，他经常利用魏玛宪法第48条所赋予的权利，依靠颁布"紧急条例"来管理国家。这种"紧急条例"在1930年颁发了5次，到1932年的时候达到了66次。

1932年春天，德国总统兴登堡任期届满。在3月举行的新任总统选举中，兴登堡作为总统候选人参加了竞选。最后，兴登堡再次以多数票当选。

在希特勒的策动下，兴登堡逼迫布吕宁递交了辞呈。希特勒以取消先前颁布的对纳粹党冲锋队的禁令和再次举行国会选举为先决条件，答应总统兴登堡自主决定人选组阁。

6月，兴登堡任命冯·巴布取代布吕宁上台组阁。由于得到德国年轻人、学生、一部分工人和垄断资本家的支持，希特勒在1932年7月的德国选举中获得了1300万选票，纳粹党获得了230个议会席位，成为德国第一大政党。

兴登堡知道巴布政府也同样得不到国会的绝大多数支持。于是，兴登堡解除了巴布的总理职务。由于国防军将领施莱彻尔向兴登堡保证能得到国会绝大多数的支持，兴登堡于12月1日任命施莱彻尔担任新任总理。

1933年1月4日，巴布和希特勒在科隆举行秘密会谈，商定以"希特勒－巴布"内阁取代施莱彻尔内阁，希特勒为总理，巴布为副总理。同时，这个内阁还吸收其他各派政治力量的代表入阁，纳粹党人在内阁中只能占少数职位，不得担任外交、国防、经济等部门的部长之职。

1月23日，施莱彻尔会见兴登堡，承认自己也不能得到国会支持，希望总统支持他按照宪法第48条的规定发布"紧急条例"，要求解散国会。在这一要求遭到兴登堡拒绝之后，施莱彻尔递交了辞呈。

1月30日，兴登堡正式任命希特勒为德国总理，巴布为德国副总理。纳粹正式在德国获得了政权。

此后，希特勒加紧在德国建立法西斯专政。1933年2月1日，兴登堡宣布解散国会，并宣布在3月再次进行国会选举。2月27日，纳粹分子在戈林的策划下制造了"国会纵火案"，然后将之嫁祸给共产党。此后，纳粹党徒带领警察查封了共产党的机关，大肆逮捕共产党人和民主人士。28日，希特勒政府发布"保卫人民和国家令"，取消魏玛宪法中有关新闻自由、人身自由、言论自由和通信自由的条款。

3月5日，继前所未有的宣传和恐怖主义之后，德国新国会选举开始。但是纳粹党人仍然只占总票数的44%。当议员们聚会时，希特勒宣布共产党人的席位无效，然后，与天主教中央党做成一笔交易，由后者给予他足够的票数。

3月23日，国会在纳粹党的控制下通过了《授权法》，给了希特勒长达4年的以法令进行统治的权力。到1933年夏时，纳粹党实际上已经控制了德国的工会、学校、教会、政党、交流媒介、司法系统和联邦各州。此后，德国建立了法西斯专政政权。

1934年8月2日，兴登堡年老去世。此后，希特勒把总统和总理的职权合为一体。9月，纳粹党代表大会在纽伦堡召开，希特勒宣布："德国今后1000年的生活方式已被清楚地确定。"

1932年9月,法西斯独裁者希特勒向纳粹党徒挥手致礼。

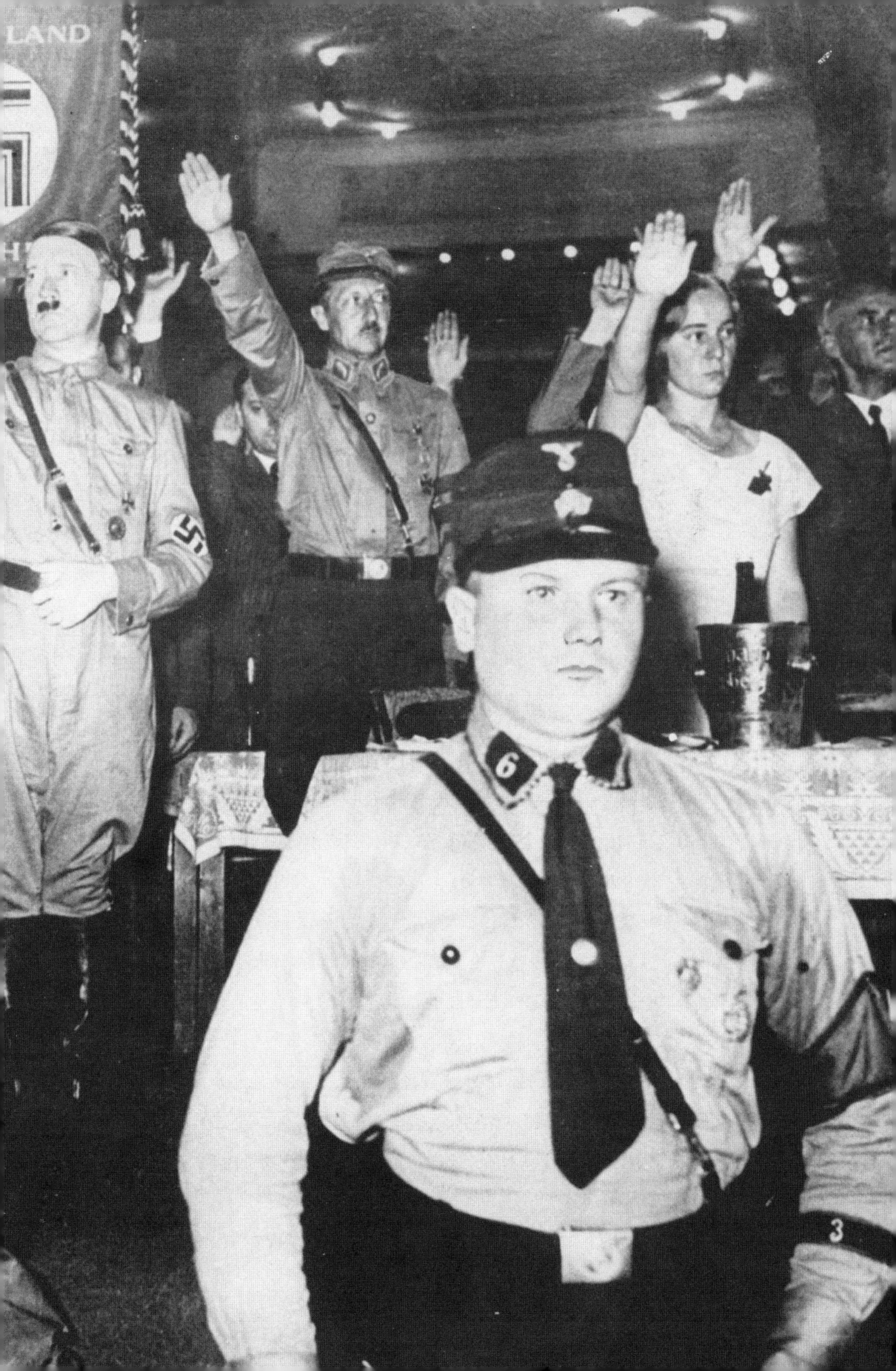
LAND
6
3

发生地点	发生时间	推荐理由
法国	公元1936年	存在主义主张存在先于本质，崇尚人的自我意识与自由，对后世哲学产生了极为深刻的影响。

法国存在主义的兴盛

事件介绍

20世纪初两次世界大战的的炮火摧毁了人们的信仰，消灭了人们的希望，整个社会到处充满绝望、苦恼和恐惧。而在二战中，法国被德国法西斯占领长达三年之久，社会陷入了不可解脱、无力自拔的民族和社会的双重矛盾之中。在这个价值、理念瓦解的国家里，人们渴望出现能给自己指明出路的精神力量。

让·保尔·萨特，法国著名的哲学家、文学家、政治评论家。

在萨特看来，在过去的哲学中，唯物主义是用意识以外的物质来解释意识；唯心主义是由纯粹抽象的精神去认识意识。这样就形成了客体与主体相对立的二元论。萨特则要提出"现象学一元论"，取代"使哲学感到困惑的二元论"。

萨特以现象作为自己学说的逻辑起点。他所说的现象，就是存在、本质的直接显现。现象显现什么，它就绝对是什么，并不存在什么抽象、超越现象的本质。现象就是对本质的启示、对本质的揭示，它本身就是本质。这样用现象作为"存在"的本质，自然就是现象一元论了。

萨特根据两种不同领域、不同类型把"存在"细分为"自在的存在"和"自我的存在"。

萨特认为,"自在的存在"虽然是"在",但是它的存在,是封闭的,没有意义,没有目,没有理由,无缘无故,杂乱无章,完全听凭偶然摆布;而"自我的存在"的"在"却不同,它是指意识的存在,人的存在,自我的存在。它本身具有主动性、活动性,属于本源的东西,它不断超越自己又否定自己。

尽管它们是有区别的,但它们也是互动的:"自为"是通过"自在"而在的,没有"自在"就没有"自为";另外,"自在"要有意义,又完全依赖于"自为"。这就是说,"自为"即人的意识,是外部世界意义的源泉。

萨特的现象学一元论为他解决人的本质问题铺平了道路,提供了有力的方法。

关于人的本质问题,萨特提出了一个有名的命题:存在先于本质。这与传统哲学的主张正好相反。

萨特只承认传统哲学的看法是适用于物的。例如一把剪纸的刀,制造者在制造它之前就先规定好了剪刀的性质、用途等,也就是先规定好了剪刀的本质,这就是"本质先于存在"。

不仅如此,萨特还把人的本性同人的自由等同起来,并赋予这种自由以本体论意义。

萨特认为,人就是自由,自由不是通过追求和选择得来的,而是人的存在本身就注定的,人必然所具有的。自由是人所不能逃脱的,人的自由是命定的。

虽然自由是人命定的,但要实现它,就必须进行自主的选择。所以,真正的自由的实质就是选择的自由。对现实中的人类来讲,存在就是选择。人的一生就是不断进行选择。这种选择是一种纯粹的自由,与任何他物、他人都无关。

不过,思想上有了选择的自由,如果不

把它变为行动，也不是真正的、有意义的自由。

萨特还提出把选择的自由变成选择的行动。这些主张是在二战期间提出来的，在当时的历史条件下，对于人们抵抗法西斯侵略，确实起到了一定的进步作用。但是，他的自由选择认为，选择完全不受现实条件的制约，把自由的选择仅仅当作个人的主观意向，这又是极端个人主义的。

为了避免利己主义，萨特把自由选择与道德责任联系起来。

由于人对自己的行为必须负责，这就必然会给人带来几种不可避免的情绪，即烦恼、孤寂、绝望。萨特把个人自由选择时所应负的责任和人的情绪联系起来，考察了人的生存状态。

所谓孤寂，是因为在选择时，无论选择什么还是怎样选择都是由自己独立做主，独立负责的。没有任何其他的人替你分担，这就使人不能不感到孤寂。

而人之所以感到绝望，是因为人只能信赖自己，无法信赖他人和社会，这个世界充满了不确定。

人虽然在自由地选择，但却没有什么指望。

这样，萨特就给出了当时社会上人们情绪的普遍低落和虚无一种新的解释，希望人们能够无畏进取，克服这样的苦闷。

站在自由的角度，萨特就人与人之间的关系又得出了这样的结论："他人就是地狱"。

在由个体的人构成的社会里，每个人都活在别人的注视里，个人的自由受到别人的限制，最终走向了个人的毁灭。这确实是对资本主义社会中尔虞我诈、你争我夺、钩心斗角的关系的真实写照，但作为一般的概括却有失偏颇。

与萨特自由理论联系的是他的"行为哲学"。萨特认为，存在主义崇尚人的自我意识、人的自由和自由选择，它绝不是清净无为的哲学，也不是悲观消极的人生观，因为他主张人的命运在自身，它是积极昂扬的，是一种行动的学说。

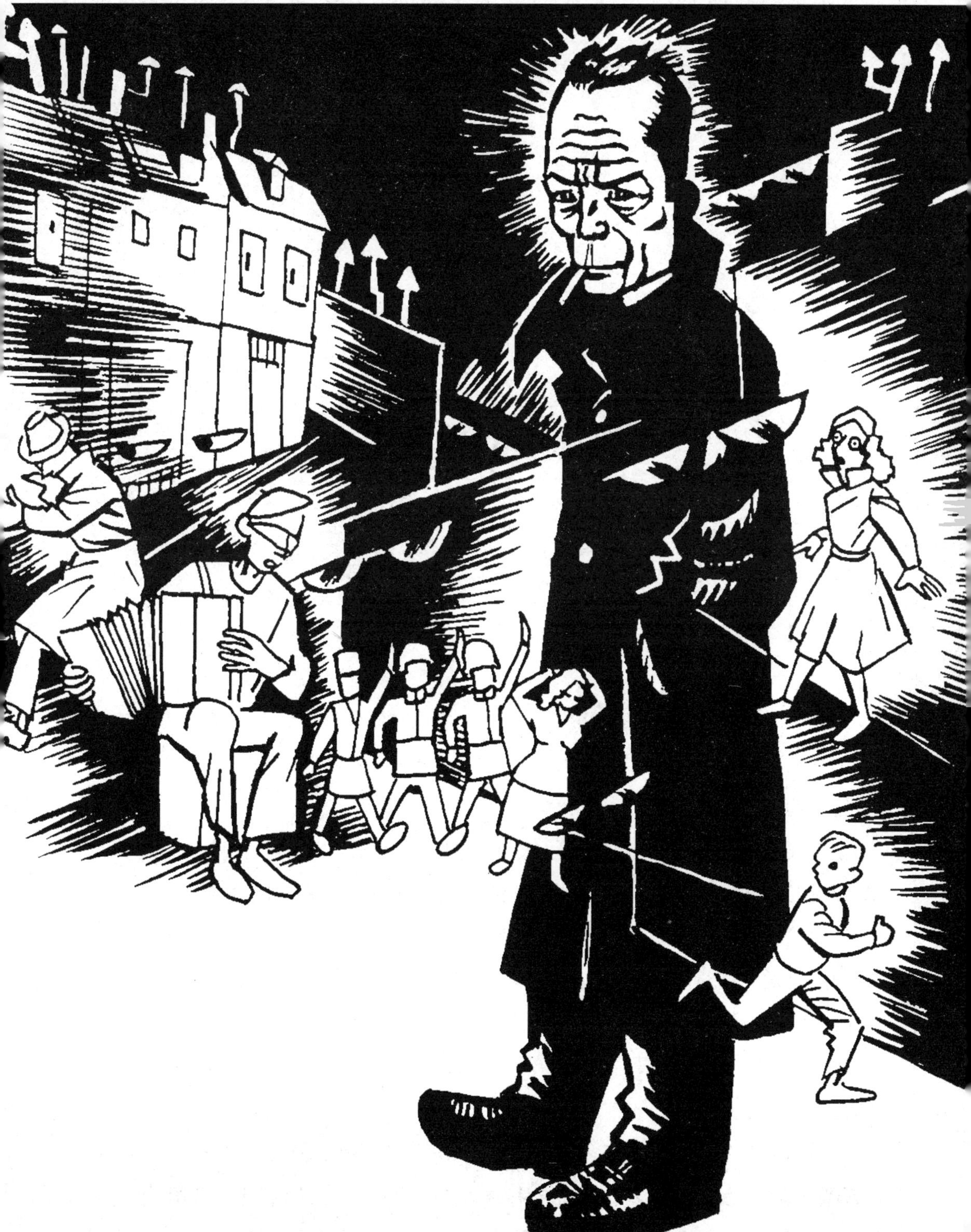

发生地点	发生时间	推荐理由
波兰	公元1939年9月1日	第二次世界大战全面爆发。

德国闪击波兰

事件介绍

1937年,战争的阴云已经笼罩在世界上空。日本在侵占了中国东北之后,又于该年7月7日发动了全面侵华战争;意大利侵占了埃塞俄比亚,并和德国一起干涉西班牙内战。至此,全世界已经有5亿人卷入了战争。

按照希特勒的计划,德国的侵略方案可以包括"先大陆、后海洋"的三部曲:首先建立一个包括中欧的"大德意志",包括捷克斯洛伐克、奥地利和波兰走廊;然后打败法国,消灭苏联,称霸欧洲大陆;最后向海外发展,打败英、美等世界强国,称霸世界。

由于英国一直采取对德国的绥靖政策,其战略地位已经大不如前。在英国,形成了以丘吉尔为首的对德强硬派和以张伯伦为首的绥靖派。强硬派主张对内迅速扩大武装力量,"以英法两国为核心,反对潜在的侵略者",同时调整和苏联的关系,与其缔结反纳粹的"大联盟"。

但是强硬派在国内被称为"战争贩子"、"不务正业",因此绥靖派占了上风。不久,绥靖派代表张伯伦上台组阁。在德国宣布对外扩军备战之后,张伯伦意识到了德国对英国和世界的威胁,但是他不希望出现英法共同抗德的局面,以免过分刺激德国,同时希望能够在经济上帮助德国,以消除希特勒的对外侵略目标。张伯伦自认为对欧洲局势和整个世界了如指掌,并认为自己完全有能力对付国内外的所有挑战。

英国的绥靖政策助长了德国的野心,希特勒决定提前实施原定的计划。根据奥地利国内形势的发展和意大利态度的变化,希特勒决定改变原定计划,首先侵占奥地利,然后解决捷克斯洛伐克问题。

德国侵占奥地利之后,就马上把心思用在了捷克斯洛伐克的苏台德区。捷克斯洛伐克是个多民族国家,德意志民族的人占其总人口的23%,主要居住在苏台德地区。本来,捷克国内的各个民族相安无事,过着和平的生活。1933年10月,在纳粹的影响下,苏台德的德意志人成立了"苏台德德意志人党",并且在此后接受了希特勒大量资金和武器上的帮助。

9月12日,希特勒在纳粹党代表的会议上发表演讲,公开宣布要援助苏台德地区的德意志人。苏台德德意志人党在当地发动武装骚乱,捷克斯洛伐克政府被迫实行军事管制,并宣布解散苏台德德意志人党,局势再次紧张。

由于捷克斯洛伐克是法国的盟国,因此法国政府对希特勒所采取的态度也十分犹豫。此后,法国政府向英国询问是否支持法国对德国作战。英国政府不同意法国的作战要求。

9月29日,希特勒、墨索里尼、张伯伦和达拉第等在慕尼黑进行会谈,继而签订了《慕尼黑协定》。协议规定:将捷克斯洛伐克的苏台德地区割让给

德国，捷克撤走上述地区的军事设施等，苏台德地区及其附属的一切设备无偿地交给德国。捷克的代表也在会谈前赶到了慕尼黑，但不许参加会谈，只能在会议室隔壁房间里等待4个大国的判决。30日，捷克政府不得不接受了《慕尼黑协定》。

协定签订之后，希特勒喜出望外。其实，他也正在为侵略捷克的事大伤脑筋。因为当时的德军实力有限，准备攻打捷克的只有12个师，而捷克斯洛伐克却有35个装备精良的师，因此德国的国防军参谋部反对希特勒冒险侵入捷克。另外，如果英法两国坚决站在捷克一边，希特勒的如意算盘就落空了。

侵占苏台德地区只是希特勒的第一个要求。1939年3月15日，希特勒兼并了整个捷克斯洛伐克。此后，德国对波兰形成了北、西、南三面包围。德国要想向东欧和东南欧国家扩张，必须首先攻占波兰。

其实，希特勒早先希望波兰能够加入《反共产国际协定》而成为德国的附庸国。1938年10月，德国外长会见波兰大使，要求但泽重新并入德国，并允许德国穿过波兰走廊，修建属于德国的公路和铁路，而德国则延长两国互不侵犯条约的有效期。但是波兰不愿意放弃但泽，拒绝了德国的要求。此后，德国又提出了一些妥协条件，但是波兰仍然不答应。

为避免两线作战，德国政府于8月23日和苏联签订了《苏德互不侵犯条约》，并达成了共同瓜分波兰的秘密议定书。在得到苏联的保证后，希特勒当即下令于26日凌晨4时30分对波兰发起突然袭击。但是，英波两国于25日正式签订了互助协定，意大利拒绝站在德国一边参加战争。因此到了25日夜间，攻击令突然被取消。

德国在发动对波兰的突袭之前，为了转移注意力，制造了代号为"罐头鹅肉"的行动。8月31日晚，一批身穿波兰军服的德国纳粹分子"袭击"了德波边境的德国城市格莱维茨，并占领了该市的德国电台，用波兰语辱骂德国，随后丢下了几具身穿波兰军服的尸体。

1939年9月1日凌晨4时45分，德国空军首先对波兰进行攻击。几分钟后，波兰人便第一次尝到了人类历史上规模最大的来自空中的突然死亡与毁灭的滋味。同时，德国陆军在德波边境上向波兰阵地开炮，炮弹如雨般倾泻到波军阵地上。约1小时后，德军地面部队从北、西、西南三面发起了全线进攻。

波兰军官向入侵的德军洽降。

面对德军的突袭，波军猝不及防。空军500架战机还没来得及起飞就被炸毁在机场，无数火炮、汽车来不及撤退即被摧毁，交通枢纽和军事指挥中心也遭到破坏，部队陷入一片混乱。

9月3日上午9时，英国政府向德国发出最后通牒，要求德军在上午11时之前停止对波兰的战争，否则英国即将向德国宣战。正午，法国也向德国发出了最后通牒，其期限为下午5时。希特勒对英法两国的最后通牒置之不理。于是，英法两国相继对德宣战，第二次世界大战全面爆发。

发生地点	发生时间	推荐理由
前苏联	公元 1942 年 7 月 17 日—1943 年 2 月 2 日	严重削弱了德军的力量，成为苏德战场和整个第二次世界大战的转折点。

斯大林格勒会战

事件介绍

自从德国突袭波兰之后，希特勒又以闪电式速度从欧洲的西、北、东南几个方向发动大规模进攻，并取得了胜利。

1940年9月，意大利占领了英属索马里、肯尼亚和埃及的部分地区，不过等意军入侵希腊时，受到了很大挫折，英国趁机占领了埃塞俄比亚首都。希特勒对此非常不安，派隆美尔在非洲重创英军，控制了整个北非。

法国投降后，希特勒签署了"海狮作战计划"，企图攻破英伦三岛。8月13日开始，德军出动近2000架次飞机对英国海军和空军基地进行狂轰滥炸。9月15日，德军对英国的轰炸达到了高潮，在这次轰炸中，德军损失了290架飞机，英国也损失惨重。但是德军始终不能夺得英国的制空权，因此希特勒无限期推迟了"海狮作战计划"，转而将攻击目标转向东边的苏联。

希特勒在东线聚集了190个师共550万人，近5000架飞机，4300辆坦克。1941年6月22日，德军在北起波罗的海、南至喀尔巴阡山的战线上开始突袭苏联，苏联被打得措手不及，德军迅速占领了拉脱维亚、立陶宛、白俄罗斯和乌克兰的大部分地区。到12月

▲ 入侵德军在斯大林格勒街头与苏军战斗。

1日，苏联损失了700万军队，此后德军发起了莫斯科大会战。

但是在莫斯科会战中，德军遭到了苏联红军的重创：苏联红军粉碎了包围莫斯科的德军突击集团，将德军向西击退100到250公里，使德军损失了将近50个师，约有30万人被击毙，并且还损失了1100架飞机和近3000辆坦克。应该说，莫斯科大会战是德军遭到的最大一次失败，使希特勒的"闪电战"计划彻底破产。

斯大林及苏军最高统帅部判断德军在1942年夏季很可能会向莫斯科方向和南方发动大规模的进攻，并以莫斯科为主要突击目标。因此，苏军最高统帅部决定将苏军的大部分兵力集中在莫斯科方向。苏军希望在短期先进行积极的战略防御，同时在克里米亚、斯摩棱斯克方向，列宁格勒和杰米扬斯克地域实施一系列进攻战役。

1942年5月8日，德国上将曼施泰因指挥第11集团军首先在克里米亚发起了春季攻势，一周后占领了刻赤半岛，苏军被俘17万人。7月4日，德军攻占了塞瓦斯托波尔要塞，再次俘虏苏军10万人，至此，整个克里米亚都被德军占领。

6月28日，德军两个集团军群从库尔斯克东北到斯大林格勒一带发动全面进攻，很快攻入了顿河河曲和高加索地区，苏军被迫后撤100到300公里。7月，德军越过顿河，南面的德A集团军群继续向高加索油田区推进，北面的B集团军群则以斯大林格勒为目标。

此时苏军才意识到德军的真正意图，苏军最高统帅部决心在斯大林格勒组织会战。

7月17日，德军和苏军在斯大林格勒附近展开了激烈的交战，斯大林格勒战役正式开始，希特勒甚至定下了7月25日以前攻占斯大林格勒的计划。从此到1943年2月2日，斯大林格勒会战历时六个半月。

斯大林对苏军的战绩非常失望，撤换了斯大林格勒集团军的原司令员，严厉要求苏军"绝对不许后退一步"。

7月25日，德军两个步兵师和一个装甲师对苏军第64集团军的右翼阵地发起攻击，企图在卡拉奇附近强渡顿河，从西面直扑斯大林格勒。苏军刚调来的坦克第1集团军和第4集团军起到了很大的作用，德第6集团军由于装甲兵力不够强大而被迫转入防御态势。

7月30日起，希特勒不断抽调兵力向斯大林格勒发动攻势。

22日，德第6集团军突破苏第62集团军在韦尔加奇和彼斯科瓦特卡地段的防线，强渡顿河，占领了卡拉奇。从此，苏军第62集团军和斯大林格勒集团军切断了联系。

29日，德军第4航空队出动了2000多架次的飞机对斯大林格勒进行了有史以来最为强烈的狂轰滥炸，斯大林格勒陷入一片火海之中。

斯大林对斯大林格勒的严峻形势非常愤怒，决定将一切能够动员的兵员物资，都派往斯大林格勒地区，并任命朱可夫为最高副统帅，坐镇斯大林格勒。

8月中旬，朱可夫飞到斯大林格勒，立即着手组织苏军从南北两面对德军发起几次反击。但是这些反击虽然减轻了斯大林格勒城区的压力，但还是没能歼灭伏尔加河的德军。而且苏军也损失惨重。

9月5日，朱可夫命令3个新锐集团军投入反击。但从早上到傍晚，苏第1集团军才向前推进了2到4公里。在斯大林强硬命令下，朱可夫命令苏军在次日再次发起冲击，但是这次冲击又一次被德军击退。10日，苏军试图通过突袭来恢复和第62集团军的联系，又遭到失败。到12日，苏军撤至城郭，外围防御地带已全部丧失，德军突击集团军从东北和西南方向直接指向斯大林格勒市区，斯大林格勒面临巨大威胁。

9月13日，部分德军进入市区，市区争夺战全面展开。苏军利用建筑物和各种路障对德军进行阻击，市区争夺战达到白热化程度。为了争夺火车站，德苏双方争夺激烈，一周内火车站13次易手。

从9月27日开始，德军开始往斯大林格勒增派军队，向苏联红军发起猛攻。11月初，苏联倒霉的冬天即将来临，但是德军始终未能完全占领斯大林格勒。由于没有多少越冬物资储备，希特勒命令德军在气候完全变冷之前发动最后一次大规模进攻。一天之内，双方为争夺每寸土地、每一座房屋，都进行了异常激烈的战斗。但是由于伤亡过于惨重，德军被迫于次日停止了进攻。

苏联最高统帅部决定发动全面反攻行动，围歼该地域的德国军队。最高统帅部也向战线两翼调集了西南方面军、顿河方面军和斯大林格勒方面军共110万兵力，准备从两翼向德军实施钳形突击，围歼斯大林格勒附近的德军主力。此后，苏联开始反攻。

到1943年1月初，德军到了弹尽粮绝的地步。1月8日，苏军向被围的德军发出最后通牒，逼其投降。德军司令鲍罗斯要求希特勒准予他见机行事的权力，但希特勒再次驳回了他的请求。23日，苏军向被围德军发起攻击行动，并占领了马马耶夫岗。此后，斯大林格勒方面军和守城的第62集团军胜利会师。

1月31日，包括鲍罗斯在内的德军高级将领被迫投降。两天后，斯大林格勒附近的所有德军全部投降，包括9万名士兵和几千名军官。至此，历时六个半月的斯大林格勒会战结束。

发生地点	发生时间	推荐理由
美国夏威夷	公元 1942 年 12 月 8 日	美国等国家参战，预示了反法西斯同盟的最终胜利。

日本偷袭珍珠港

事件介绍

　　日本是个岛国，本岛并没有战略资源。二战期间，美国等国对日本的经济、军事进行制裁，给日本带来了致命的打击。于是，日本决定孤注一掷，决定如果日美谈判不能顺利完成，就和美国交战。

　　军事强硬派东条英机内阁成立后，东条英机身兼首相、陆相和内相三职，不久又兼任了日军参谋总长，战争有再次扩大的可能。11 月 26 日，美国在谈判中，要求日本全面撤军、否认满洲国和汪精卫政权，这是美国至此最为强硬的态度。于是，日本决定对美开战，不过它仍然和美国继续谈判，以麻痹对方。

　　日本海军军官山本五十六知道，一旦日美开战，美国太平洋舰队主力必然会从珍珠港出击，从侧翼对日军的东南亚据点进行牵制，导致日本的南洋舰队不得不掉头和美国交战，这将延缓日本在东南亚地区的攻势。因此，日本首先必须先拔掉珍珠港这颗对日本造成重大障碍的牙齿。

　　1941 年 2 月，山本五十六把袭击珍珠港的想法告诉了海军省，指示第 11 航空舰队参谋长大西泷治郎海军少将秘密研究并制订出一个初步的作战计划。接受任务后，大西带领

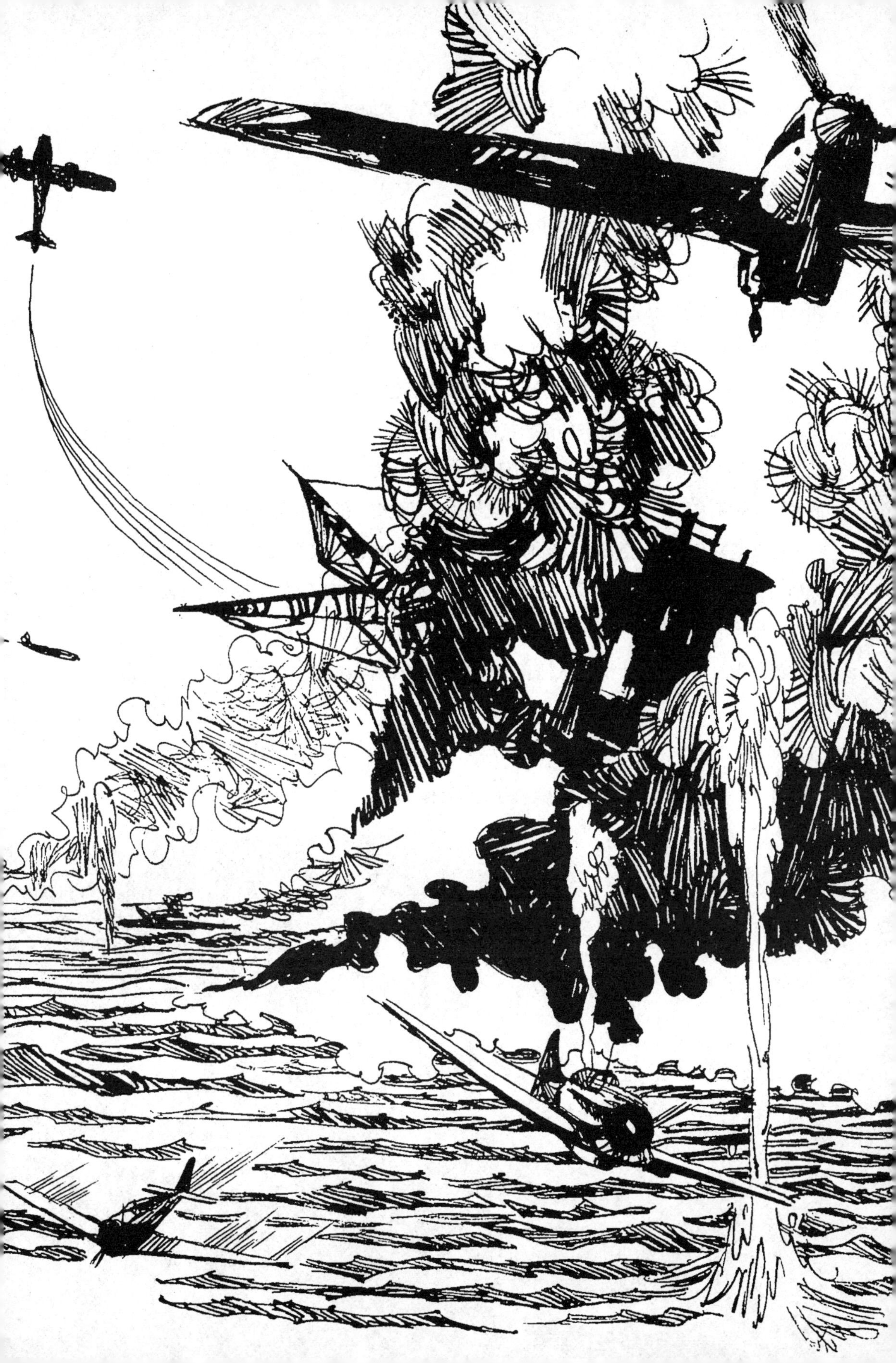

一个小组认真分析了珍珠港内的海情和地形,测算基地内美国海军的兵力。

不久,山本五十六收到了大西提交的秘密草案。山本对这个草案做了一定程度的修改,然后正式将其定名为"Z作战计划"。

为了保证这次奇袭行动的成功,日军进行了充分而周密的准备。在军事上,日军训练大量飞行员,并在南方鹿儿岛海湾上空,模拟珍珠港地形,进行攻击训练。由于珍珠港水深只有12米,日军改装了普通鱼雷,使之能用于浅水攻击。

与此同时,海军情报部门命令日本驻夏威夷总领事利用武官、领事、日侨及新派遣的间谍,利用各种侦察工具侦察瓦胡岛特别是珍珠港基地的地面、空中、海上、水下情况。

11月23日,担负奇袭任务的南云特混舰队诡秘地在千岛群岛南端、择捉岛的单冠湾集结。26日晨,南云特混舰队伪装日常巡逻,分别从佐伯湾和横须贺等地出发,悄悄消失在波涛汹涌的北太平洋上,沿中航线和南航线驶向夏威夷。航行中实行无线电静默。

这支舰队有6艘航空母舰(当时日本一共只有10艘),载着423架飞机,舰队由2艘战列舰、3艘巡洋舰、9艘驱逐舰和3艘潜艇护航。另外,日军的27艘潜艇(其中有5艘还带有袖珍潜艇)已经早先出发前往夏威夷。

美国当时在太平洋上的军队拥有相当大的实力,作战的舰船达102艘,其中三分之二

▼ 美军在珍珠港的基地遭到日军飞机偷袭的情形。

在珍珠港；此外还有飞机500架，对空火炮1000多门；陆军4万多人。不过，由于日本的保密行动和美国的绥靖政策，美军最终陷入了被动挨打的局面。

12月8日（夏威夷时间12月7日）黎明，南云机动部队到达珍珠港以北约230海里处。5时30分，机动部队出动两架水上飞机对瓦胡岛及其附近海面侦察，发现港内舰船密集，岛上各机场飞机成排，高炮阵地只有少数人值勤，舰艇没有防空准备。事实上，这一天刚好是当地时间的周末，大部分官兵们擅离战斗岗位，正准备度过一个有意思的周末，因此有的在吃早饭，有的已经上岸了。太平洋舰队司令海军上将金梅尔正换上运动服，准备到高尔夫球场去打球。

6时，日军担任第一波攻击任务的183架飞机，包括40架鱼雷机、51架俯冲轰炸机、49架水平轰炸机和43架战斗机，从航空母舰上起飞，从瓦胡岛西部进入，扑向珍珠港。7时后，美国雷达曾发现大批飞机抵临，但是执勤的官兵误认为是自己军队飞机而未予重视。7时15分，日军第二波飞机171架，包括54架水平轰炸机、81架俯冲轰炸机和36架战斗机，从航空母舰上起飞，从瓦胡岛东部进入珍珠港。

7时55分，日军第一波攻击开始。日军用俯冲轰炸机将成批炸弹暴雨般倾泻到美太平洋舰队基地四周的4个机场上，将那里成比翼排列的数百架美机炸成一堆废铁，并且摧毁了机库。5分钟之内，美军的空中力量和地面防空设施实际上已经全部瘫痪。突击队指挥官渊田在他的座机上看了美国人挨炸的情况后，向"赤城"号航空母舰上的南云拍发了袭击成功的信号："虎！虎！虎！"

5分钟之后，日本的大批鱼雷机也开始攻击，这次的目标是停泊在海港内的几百艘舰船。在鱼雷机和轰炸机的共同袭击下，这些舰船要么被彻底摧毁而沉入海底，要么被炸伤。由于舰船太多，海港内侧的战舰根本无法突围，无一幸免地沉入了海底。

8时40分，日军第一攻击波攻击结束，战机安然返航。8时46分，第二批攻击飞机从瓦胡岛东部进入，8时55分开始攻击，其中的俯冲轰炸机主要攻击剩下的美国舰船，水平轰炸机则继续攻击各机场，战斗机担任空中掩护。与此同时，日军潜艇也施放水雷和发射鱼雷，攻击外侧正要逃离的美舰，封锁港口。

整个袭击持续了95分钟。日军以损失29架飞机、1艘潜艇和5艘特种潜艇的微小代价，击毁击伤美国太平洋舰队停泊在港内的全部8艘战列舰、4艘主力舰和10余艘其他主要舰船，击毁美机232架，毙伤美军3681人。

这一事件后，美国正式对日宣战。

发生地点	发生时间	推荐理由
日本	公元1945年	人类唯一一次遭受原子弹轰炸，此后，发展和销毁核武器成为国际政治必须面对的重要问题。

美国核击日本

事件介绍

1942年珍珠港事件爆发后，美国派兵参加第二次世界大战，同盟国的力量再次得到加强。1945年1月初，美军在菲律宾吕宋岛大规模登陆，粉碎了日军大本营设计的菲律宾决战的计划。2月，盟军攻占了日本硫磺岛，4月攻占了冲绳岛。在欧洲战场上，意大利于4月宣布退出战争。5月8日，德国宣布无条件投降。

至此，第二次世界大战欧洲战场的战事以盟军的胜利而结束。于是世界人民关注的焦点转移到了亚洲的太平洋战场。

7月，美、英、苏三国首脑杜鲁门、丘吉尔、斯大林相聚德国的波茨坦，商议结束第二次世界大战的办法。26日，三国发表了《波茨坦公告》，向日军发出最后通牒，命其立即无条件投降，同时警告说：如果日军仍不放下武器，日本武装力量将不可避免地被彻底消灭，日本国土也不可避免地化为焦土。

日本政府对《波茨坦公告》并未认真对待。于是，美国决定对日本使用刚刚研制成功的两颗原子弹——"小男孩"和"胖子"。

早在1939年，美国就开始了原子弹的研究工作。当年8月，美、英、法等国的科学家在美国召开了一次研究原子理论方面的会议。

1941年12月6日，美国正式制定了代号为"曼哈顿"的原子弹研制计划。美国陆军工程兵建筑部副主任格罗夫斯将军坐镇华盛顿"曼哈顿"总部，原子能实验室的工作则由著名科学家罗伯特·奥本海默主持。

1942年6月，罗斯福和丘吉尔进行会晤，双方讨论了有关研制原子弹的工作进展，同时得到消息：德国的原子弹研制工作已经取得了相当的进展，按照当时德国的技术力量，很可能在美英之前就研制出原子弹。

两国领导人感到了问题的严重性，一方面决定由美英两国联手执行"曼哈顿"计划以加速研制工作，另一方面命令美英军队，一旦发现了研究机构和工厂，必须不惜一切代价予以摧毁。同时，美国还建立了"阿尔索斯"特别行动小组，专门在全世界收集德国科学家研制原子弹方面的情报，同时搜捕德国制造原子弹的科学家。

德国战败后，当这些被捕到美国的德国科学家听到美国在广岛投掷原子弹后，感慨地说："我们没有造出原子弹，是因为我们中的大部分人并不真正想造，倘若我们希望德国赢得战争，我们不会造不出来。"

1945年7月16日5时30分，世界上第一颗原子弹在美国新墨西哥州的阿拉莫戈多爆炸成功。

试验成功后的第二天，波茨坦会议召开。陆军部长专程飞到波茨坦，向杜鲁门总统详细汇报了实验的情况。

由于日本政府无视波茨坦公告的警告，杜鲁门最终决定对日本进行原子弹轰炸。当时，美国除了用于试验的那颗原子弹外，还拥有两颗。一颗叫"小男孩"，是用铀做裂变材料的；另一颗叫"胖子"，是以钚做裂变材料的。

通过多次侦察比较，美军把投掷第一颗原子弹的攻击目标定为广岛、小仓、新潟、长崎4个城市。

美国在日本长崎投掷的原子弹爆炸后腾起的巨大蘑菇云。

8月6日凌晨,美国太平洋舰队司令部向所属部队下达了特级命令:"所有部队不得干扰509轰炸混合大队的行动,所有飞机不得飞越九州或本州西部上空,以免影响混合大队的行动。"

1945年8月6日凌晨2时45分,B-29轰炸机开始从太平洋上的提尼安岛起飞,向3200千米远外的日本本土飞去,其中一架飞机里,乘坐着即将闻名世界的原子弹"小男孩"。"小男孩"全身黑色,状如大海里的鲸鱼,其长3.05米,直径0.711米,体重4.09吨,内装核原料铀235共60千克,爆炸当量约为2万吨。

当飞机飞临上述4个目标城市时,只有广岛上空的云层中露出空洞,因此,蒂贝茨上校决定将投弹地点选在广岛。7时零9分,3架B-29轰炸机飞临广岛的上空,一阵轰鸣过后,飞机并未投弹。同时,广岛响起了空袭警报,广岛市民对于这种习以为常的空袭警报似乎已无动于衷,因此很少有人进入防空洞隐蔽。

8时15分,美机第二次进入广岛上空,蒂贝茨上校和另外两名少校按下了电钮,从1万米高空用降落伞把"小男孩"投了下去。由于突然减轻了4吨多的重量,飞机猛然上升,接着飞机急转了一个大弯,加速离开目标区上空。

50秒后,原子弹在离地面666米的空中爆炸,随即发出令人目炫眼花的强烈闪光和震耳欲聋的巨响。数秒钟后,大火球消失,继而形成了一朵高45000英尺的紫色蘑菇云。继强光和蘑菇云消失后,广岛的天空越来越暗,广岛被黑烟和大火所吞没。几分钟前还是熙来攘往的城市突然变成一片废墟。到处是冒着浓烟的动物和人的尸体,建筑物在劈劈啪啪地燃烧,没有人救火,没有急救车辆……

据事后统计,广岛当日死亡7万多人,受伤和失踪者达到5万多人,而这个城市总共才24万人。市区76000多幢建筑物中的48000幢遭到完全毁坏,半毁的为22000幢。

16小时之后,杜鲁门总统向全世界发表声明:美国已对日本使用了原子弹,其爆炸威力相当于2万吨TNT炸药。由于美国政府担心广岛原子弹爆炸会激起日本人的抵抗意志,于是决定使用"胖子",目标定为小仓。

8月9日,B-29轰炸机载着"胖子"飞向日本,但是由于小仓上空阴云密布,飞机绕了三周仍找不到打击目标。于是,驾驶员便把"胖子"投到了长崎。同样,长崎也受到摧毁性打击,全城20多万人中,有近4万人死亡,6万人受伤。

发生地点	发生时间	推荐理由
美国	公元1945年10月24日	当代世界历史上极其重大的事件，此后联合国在维护国际和平和促进国际合作等各方面都做出了重要贡献。

和平堡垒联合国诞生

事件介绍

在同法西斯国家进行艰苦战斗的岁月中，以美、英、苏为代表的同盟国内部萌发出创建一个维护世界和平与安全的新国际组织的设想。1941年8月14日，丘吉尔和美国总统罗斯福在美国巡洋舰"奥古斯塔号"的甲板上共同签署了《大西洋宪章》。在这一宪章中，他们提道："待纳粹暴政被最后毁灭之后"，建立"广泛而永久的普遍安全制度"。

两个月后，在伦敦召开的会议上，苏联驻英大使宣布同意《大西洋宪章》的基本原则。1942年1月1日，美、苏、英、中等26个反法西斯国家的代表在华盛顿签署了《联合国家宣言》，宣布以《大西洋宪章》的宗旨和原则作为盟国的共同纲领，保证各国继续对德、意、日等轴心国协同作战，绝不单独停战或单独媾和。这是第一次使用"联合国家"一词。据说此词是罗斯福总统在散步时想出来的。但是此处的"联合国家"和后来成立的"联合国"有实质性的区别。

1943年10月19日，苏、美、英三国外长和中国驻苏大使在莫斯科举行会议，通过了《普遍安全宣言》，宣布"在尽速可行的日期……建立一个普遍性的国际组织……以维持国际和平与安全"。

1943年11月28日，苏、美、英三国首脑出席的德黑兰会议召开。会上，罗斯福强调未来的国际性组织是国际性的，而不是地区性的。同时，他提出了有关建立国际组织的具体计划，把这个未来的国际组织分为3个独立机构：一个大约由35个"联合国家"组成的庞大机构；一个由苏、美、英、中四大国和欧洲、南美洲、近东和英国自治领地各一个国家组成的执行委员会机构；一个由苏、美、英、中四国组成的"国际警察"机构。丘吉尔和斯大林对罗斯福的建议表示赞同。

　　1944年8月到10月，美国、苏联、英国和中国四国政府的代表聚集在美国华盛顿郊区的敦巴顿橡树园，讨论组织联合国的建议，拟定《联合国宪章》的最初草案。会后，四国通过了《关于建立普遍性国际组织的提案》，《提案》建议新的国际组织名为"联合国"，并且规定了联合国的宗旨和原则、联合国的主要机构和职权、会员国的资格等。至此，《联合国宪章》的基本轮廓已经形成。

苏联代表安德烈·葛罗米柯在签署联合国宪章。

在这次会议上,美国和苏联曾就投票程序和创始会员国资格问题产生矛盾。联合国安理会负有维护世界和平的责任,由5个常任理事国和其他6个非常任理事国组成。由于当时只有苏联一个社会主义国家,因此必须保证其无论何时都具有否决权。因此苏联认为,五大常任理事国都具有否决权,不管该国是否为争端的当事国。而美英代表认为,处于争端的当事常任理事国不应该享有否决权。

这一次,双方最后也没有达成统一,故最后的"提案"中只说安理会的投票程序仍在考虑之中。

关于联合国创始会员国,当时美国提出应该将另外8个亲美、未参加战争的国家(其

378

中6个是拉美国家）也列入创始会员国名单。但是苏联代表不同意，并说："假如乌克兰和白俄罗斯也被列入创始会员国之内，苏联就同意接纳这8个非宣战国。"罗斯福听后大吃一惊，认为苏联的要求就像美国要求接纳美国的48个州作为联合国创始会员国一样。之后，罗斯福和斯大林进行了紧急磋商，最后双方同意暂且将这个问题搁置。

1945年2月，美、苏、英三国首脑在雅尔塔举行会晤，就敦巴顿橡树园会议置留未决的两个问题进行新的讨论。

1945年4月至6月，50个国家的代表在美国旧金山召开"联合国家国际组织会议"。最后，50个国家的153名代表依次在中、英、俄、法、西5种文本的《联合国宪章》上签字。中国代表团第一个签字，随后是苏、英、法代表团，然后其他国家代表团按照本国英文字母顺序一一签字，作为东道国，美国最后一个签字。大约4个月后，波兰也签署了这一宪章，从而使得最初的创始会员国达到51个。

1946年1月1日，首届联大会议在英国伦敦举行。大会正式建立联合国组织机构，并将联合国永久性总部设在美国纽约。

联合国宪章规定，联合国的宗旨是：维护世界和平；促进各国之间以尊重人民平等权利和自决原则为基础的友好关系；促进国际间的经济、社会和文化方面的合作。

秘书长是联合国行政首长。联合国下设6个主要机构：联合国大会、安全理事会、经济及社会理事会、托管理事会、国际法院和秘书处。联合国大会由全体会员国组成，是联合国的主要审议机构。安全理事会主要负责维护世界和平的任务，它由11个理事国组成，其中包括5个常任理事国（美国、苏联、英国、法国和中国）和其他6个非常任理事国。这6个非常任理事国由理事会推荐，并由大会选出，任期两年。

安全理事会在进行实质性决议时必须采取"大国一致"原则，只有5个常任理事国和2个非常任理事国全都同意才能通过。为了实现维护世界和平的目标，安理会可以采用调解或仲裁的方式来解决问题，也可以对某些国家实施经济或政治制裁，甚至可以"通过海、陆、空部队来采取维护或恢复国际和平所必需的行动"。

发生地点	发生时间	推荐理由
美国	公元1946年	使世界的工业化和现代化发展到了第三次工业革命阶段，人类也由此进入信息时代。

电脑带来的信息时代

事件介绍

1945年6月，冯·诺依曼与戈德斯坦、勃克斯等人，联名发表了一篇长达101页的报告，即计算机史上著名的"101页报告"。冯·诺依曼也因此被称为"电子计算机之父"。在报告中，冯·诺依曼明确规定出计算机的五大部件，并用二进制替代十进制运算。

1946年2月14日，世界上第一台电子计算机研制成功。这台机器的名字叫埃历阿克（ENIAC），即"电子数值积分和计算机"的英文缩写。埃历阿克总重量达到30吨；它的耗电量超过174千瓦；平均每隔7分钟就要烧坏一只电子管。

埃历阿克诞生后，马上被运用于军事和社会服务方面，并且显示了十分强大的实力。

1947年，晶体三极管发明，催生了第二代电子计算机的诞生。电子管的使用，大大提高了计算机的运行速度，掀起了计算机发展的狂潮，但电子管耗能大、故障率高、体积庞大，因此急需找到一种能代替电子管的器件。

1947年，贝尔试验室研制成功了与电子管具有同样功能的晶体三极管，其体积小、功耗极低、可靠性更高，成为取代电子管的理想器件。从此计算机的体积大大缩小，而功能却大大改善。

1958年，美国人杰克（Jack Kilby）和罗伯特（Robert Noyce）（英特尔公司的创始人之一）几乎同时推出了各自的集成电路技术。这一技术引起了极大的轰动，引发了半导体技术的一场革命，人类开始大规模生产电路而不是生产晶体管，电子计算机技术也因而进入了集成电路时代。这时候的电子计算机，其体积更小、运行速度更快，更为关键的是，价格更低。此后，电子计算机进入飞速发展的时代。

　　1971年，英特尔公司在日本人一项计划的启发下，研制成功了4004微处理器，将计算机的主要部件都集成到一块硅片中，可以大大提高速度，缩小尺寸。4004微处理器包含2300个晶体管，每秒钟能执行6万条指令。因为人类第一个微处理器的发明，英特尔公司也从此走上了计算机领域的领导地位，此后，8088、8086、80286等微处理器相继出现。因此，微处理器的出现，是计算机发展史上又一划时代的事件。

　　1976年，著名的"苹果"电脑在硅谷的一个车库中诞生，其发明者是史蒂夫·乔布斯和史蒂夫·沃兹奈克。他们生产的第一款电脑诞生，被命名为"苹果Ⅰ"。4月1日，乔布斯、沃兹奈克等人签署了一份协议，共同创办一家新的苹果电脑公司，其标志是一个被咬了一口的苹果。那一年，乔布斯才20岁。

　　在获得大量社会资金后，苹果公司于1978年初又推出了最新一款电脑，即"苹果Ⅱ"。"苹果Ⅱ"在"苹果Ⅰ"的基础上增加了磁盘驱动器，主电路板用了62块集成电路芯片。该电脑在当时达到了微型电脑技术的最高水准。1977年4月，苹果Ⅱ微电脑在旧金山计算机交易会第一次公开露面，售价仅1298美元，给世界带来了惊喜。从此，微型电脑开始大量走进了学校、机关、企业、商店和家庭。

苹果公司获得了很大成功，1976年，公司营业额超过20万美元；5年之后，营业额跃升至10亿美元，跨进美国最大500家公司的行列。

在短短几年内，微型电脑成为发展的主流。这使得"蓝色巨人"万国商业机器公司，英文简称"IBM"，陷入十分尴尬的处境。迫于市场压力，IBM公司不得不改变原先的策略而改攻微型电脑。

1981年8月12日，万国商业机器公司宣布万国商业机器公司个人电脑出世，该电脑的主机板上配置着64KB的存储器，另有5个插槽供增加内存或连接其他外部设备，此外，它还装备有显示器、键盘和两个软磁盘驱动器。这台电脑和以前所有电脑的区别在于，万国商业机器公司个人电脑把过去一个大型电脑机房的全套装置统统搬到个人的书桌上。此后，个人电脑以前所未有的广度和速度面向大众普及。

由于个人电脑的巨大成功，万国商业机器公司公司的规模迅速扩大，1984年时的规模比小沃森接手时扩大了40倍，年销售额达到260亿美元，连续多年被《财富》杂志评为全美500家最大公司中最受好评的公司之一。

此后，全世界各地的电子、电脑厂商也争相转产个人电脑，仿造出来的产品就是IBM个人电脑兼容机。1984年，全美的个人电脑已经达到了1000万台，而1980年才100万台。

1997年，IBM公司生产的"深蓝"计算机在与国际象棋世界冠军卡斯帕罗夫较量时以3.5：2.5的比分获得了胜利。在这之前，计算机与人类之间已经有过多次较量，这还是头一次取得胜利，但却是一次划时代的胜利。这不仅仅是计算机对人类的挑战，也是人类对自我的挑战。

发明电脑的初衷，是为了帮助人们进行计算。但是随着电脑硬件、软件的发展，其使用的范围已经远远超出了这个初衷，一个最为典型的例子就是网络的诞生。

1991年，欧洲粒子物理试验室研究员、后来的"3W之父"提姆（Tim Bemerslee）博士提出了万维网计划（World Wide Web），后经多次修改后付诸实施，其超文本使得我们在网上浏览如同在花间漫步。

我们已无需再去强调或预测电脑对整个人类社会将产生何种影响，因为今天的现实已经向我们证明了许多，而且随着其发展将证明更多，正像人们所说的那样，所有大胆的预言都将被证明是保守的。

▲ 互联网的发展使人们的生活越来越依赖网络，网络改变了人们的生活方式。

发生地点	发生时间	推荐理由
美国	公元1948年	控制论充当了各种边缘学科、交叉学科的开路先锋，在科学探索史上具有深远的革命意义。

控制论的创立

事件介绍

20世纪以来，新技术革命迅速崛起，人类社会步入一个日新月异的全新时代。

现代化生产的发展，庞大复杂的机器设备和技术工程的出现，对原有的控制技术提出了挑战，控制技术革命势在必行。而且随着生产的飞跃，生活节奏的不断加快，信息在各个领域发挥着越来越大的作用，人们迫切需要高质量地处理和利用信息。

维纳正是顺应了时代发展的这一趋势，采取了灵敏的对策，果断地推出自己的控制论填补了历史的这项空白，在科学的无人区开垦着这片美丽的处女地。

维纳，美国著名数学家，控制论的奠基人。他从小对数学、物理等许多学科都有兴趣。在研究随机物理现象——布朗运动时，他逐步形成了统计理论思想。而控制论研究对象的特点恰恰在于根据随机的环境来决定和调整自己的行动。他在研究电滤波器的噪声与信息问题时，又启发了他对信息的认识，这也与他的控制论思想关系密切。

在第二次世界大战中，维纳参加了解决高射炮、雷达、飞机的联动和瞄准问题。他研究出用高射炮自动瞄准装置来代替人工操作。

1943年，维纳和罗森勃吕特、别格罗三人合写了"行为、目的和目的论"一文，从

"随意活动中的一个极端重要的因素是反馈作用"出发,用负反馈定义了目的行为,认为"一切有目的的行为,都可看作需要负反馈的行为",这样一切有目的的行为,都可借助负反馈不断调节来实现。这样就可以让机器模仿动物的行为了。

维纳的新思想一经传播,马上引起了神经生物学、心理学、通信工程、自动控制与计算机等学科许多专家的兴趣,他们也纷纷投入到这个新的研究中。1943年和1944年,维纳发起了多次探讨控制与通信问题的讨论会,专家们热情四溢,各抒己见。1946年,在纽约又举办了反馈问题的讨论会,以后都定期讨论。控制问题成了大家共同关心的话题。

后来,维纳又发表了《控制论与社会》、《控制论新章》等,他的控制论思想逐渐形成,并日渐成熟起来。

维纳的控制论是个很完整的学说,主要由系统观点、信息观点、反馈观点和调控观点四部分构成。

维纳的系统观点要求从整体上把握事物,他把事物看成是一个由若干部分组成的系统。对这个系统,一方面要弄清楚它自身内部各个组成部分的作用和相互之间的关系;另一方面也要弄清它与其他外部事物的联系,既要明白外界对它产生了什么影响,又要清楚它对外界发生了什么作用。

对于信息的观点,维纳认为对系统的控制必须占用大量信息,没有信息就没法认识事物,更谈不上对事物的控制了。信息论主要是对信息进行描述和度量,控制论主要是在信息论的基础上,对信息加以处理和控制。这样,信息的流通和信息的变换研究变得必不可少起来。信息的变换过程,可以简单地表述为:信息——输入——存贮——处理——输出——信息。而这个过程中又离不开反馈信息。

反馈的观点,在维纳看来,作为一种方法和原则,它被广泛地应用于控制论中,几乎一切控制都带有反馈。系统输送出的信息作用于被控制的对象,然后被控制对象又把自己的反应输送回来,又对以后信息的再输出发生影响。这个过程就叫反馈。

反馈存在着正反馈和负反馈两种。凡是反馈信息与原输入信息起到相同作用的,就叫正反馈;凡是反馈信息与原输入信息起到相反作用的就是负反馈。反馈的原理就是原因和结果不断相互作用,最后共同完成一个功能目的。这是控制论的核心。

调控的观点,维纳也给予了足够的重视。他认为控制论最终是为了要达到对系统的最优控制,这就需要根据反馈原理,调整各部分的功能,以达到系统的最佳状态、最佳效果。

发生地点	发生时间	推荐理由
美国	公元1948年	揭示宇宙起源的最大胆、最新奇、最具影响力的学术假说。

大爆炸宇宙假说的形成

事件介绍

1948年4月1日，美国核物理学家伽莫夫（George Gamow，1904—1968年）和他的学生阿尔法在美国《物理评论》杂志发表了一篇题为《化学元素的起源》的论文。他们认为：宇宙起源于一次大爆炸。地球上和宇宙中所能发现的原子，都是大爆炸的产物。伽莫夫等人的这个假说，即是后来在现代宇宙学中最有影响的大爆炸宇宙假说。伽莫夫也借这个假说的建立而闻名于世。

宇宙膨胀理论的建构来源于爱因斯坦的广义相对论。爱因斯坦是现代宇宙学的奠基人，1917年他发表的广义相对论被誉为"最伟大的科学发现"。爱因斯坦利用自己伟大的发现提出了一个假设：即宇宙中的物质在空间大尺度上的分布是均匀的和各向同性的。也就是说，在进行研究时，我们不但不用考虑构成天体的物质密度在不同地方的微小变化，并且可以假定宇宙在所有的方向上看起来都相同。

这个理论假设就是我们今天所说的宇宙学原理。这其实是一个在广义相对论基础上建构起来的一个全新的宇宙模型。我们根据这个模型，还可以得出：宇宙空间各点的曲率是处处相同的。

宇宙膨胀理论建立之后，又取得了天文科学观测的事实的支持，这就是星系谱红移的发现。这一发现是由美国天文学家哈勃在1929年完成的。哈勃通过观测发现，河外星系的光谱线都有向红端位移的现象，并且距离我们越远的星系，红移量就越大。河外星系的这一红移与距离的关系，被天文学家称为"哈勃定律"。

广义相对论的膨胀宇宙模型，是大爆炸宇宙论建立的理论基础。既然宇宙是不断膨胀的，那么早期的宇宙则可能是一种非常密集的状态。沿着这个思路走下去，必然就会涉及到宇宙的开端问题。1931年，比利时物理学家勒梅特（1894—1966年）从宇宙膨胀理论出发，提出了"原始原子爆炸"假说。但由于当时缺乏足够必要的物理证明，这个假说并没有引起当时人们的重视。不过，正是这个"原始原子爆炸"设想，成为后来伽莫夫创立真正的"大爆炸宇宙论"的思想渊源。

伽莫夫是弗里德曼的学生，而弗里德曼又是相对论宇宙膨胀理论的创立者之一。伽莫夫正是通过选修弗里德曼的"相对论的数学基础"，从而了解到了相对论的宇宙学说。

在1948年前后，伽莫夫和同事连续发表了《膨胀宇宙和元素》、《化学元素的起源》、《元素的起源和星系的分离》等文章。通过这一系列的基础研究，伽莫夫从中建构起了大爆炸宇宙论较完整的框架。这个理论认为：宇宙起源于一个高温度、高密度的"原始火球"，这个火球经历了一段从密到稀、从热到冷的演化史。在这个演化过程中，宇宙迅猛膨胀，开始时膨胀的速度极快，如同一次规模巨大的爆炸，也正是基于这种特点，伽莫夫等才称这个宇宙模型为大爆炸宇宙模型。

伽莫夫的这个大爆炸宇宙模型的建立，成为现代宇宙学中最有影响的学说。这个模型向我们提供了宇宙自大爆炸开始直至今天的演化过程。

伽莫夫还认为，如果宇宙是开始于过去遥远的某种又密又热的状态，那么就应该留下某种从这个爆发点开始的一些辐射。这种辐射虽然会随着宇宙的膨胀而不断减退，但它到今天为止应该是仍然存在的。

直到十几年以后,经过众多天文学家彭齐亚斯、威尔逊、皮尔斯等人的研究,观察到了宇宙背景辐射温度大约为 2.7 K,即人们常说的 3 K 微波背景辐射,这就与伽莫夫等人的预言非常接近。从而宇宙背景辐射的发现为伽莫夫的大爆炸宇宙假说提供了极为有利的证据。

宇宙微波背景辐射,是来自宇宙空间背景上的各向同性的微波辐射。美国射电天文学家彭齐亚斯与同事威尔逊,在1964年的一次天文试验中发现了一种无法消除的背景辐射,他们于次年把这一发现公布于世,即是宇宙背景辐射。宇宙背景辐射的发现确定了大爆炸宇宙模型的"正统"地位,从而被大多数的宇宙学家所接受,被称为是"标准宇宙模型"。大爆炸宇宙假说也成为20世纪最热门的一个科学假说。

发生地点	发生时间	推荐理由
美国	公元1948年4月3日—1952年6月30日	对战后西欧的经济、社会复苏起了决定性作用,并使西欧各国在"冷战"中成为美国遏制苏联的重要伙伴。

遏制苏联的马歇尔计划

事件介绍

欧洲,尤其英国、法国,是近代文明的摇篮,也是现代市场经济的发源地。在第二次世界大战前夕,西欧是当时世界上最发达的地区。然而,那场长达6年的大规模战争,使得欧洲的繁荣景象成了遥远的记忆。当时的欧洲,满目疮痍,城市一片废墟,人口大量减少,更严重的是物价上涨造成无法抑制的通货膨胀,导致任何商业活动都无法顺利进行。

这些西欧国家面临的是,如何从几乎崩溃的困境中摆脱出来,如何清除共产党势力在各国的抬头,如何共同遏制苏联在全世界的影响。

二战后,如果说还有一个国家日子过得还算可以的话,那就是美国。这个远离了二战战场的国家,虽然也参与了战争,但是本土城市和经济并没有受到摧毁,而且由于战争的关系,战前在伦敦的经济金融中心转移到了美国。大量富人、科学家和黄金等流落到美国,都给美国战后的恢复提供了基础。

虽然美国在战后一段时期内也遇到了安排退伍军人等问题,但是失业程度远远小于欧洲。经济体系也没有遭到战争的破坏。当然,美国也有苦恼。由于战争而形成的大量

时任美国国务卿的马歇尔。

生产能力在战后不得不闲置，欧洲在战前是美国的传统海外市场，如今却一贫如洗，根本无力支付来自美国的食品和工业品。况且，美国也不能让苏联控制欧洲，否则可能形成对自己的包围。

英国和美国都认识到，只有联合起来，才能对抗共产主义和苏联对欧洲大陆的威胁。

1946年3月5日，英国首相丘吉尔在杜鲁门的陪同下，在富尔顿的威斯敏斯特学院发表了题为"和平砥柱"的演说。在这次演说中，丘吉尔说："从波罗的海的斯德丁到亚得里亚海边的里亚斯特，一幅纵贯欧洲大陆的铁幕已经降落下来。"在演说的后半部分，丘吉尔提出，美国和英国应该结成军事同盟，用以反对"铁幕"后的苏联和东欧社会主义国家。

1947年3月，美国国务卿马歇尔前往莫斯科参加四国外长会议。在整个会议之前、之中和之后，马歇尔耳闻目睹了整个欧洲的民生艰难。由此他认为，美国必须援助欧洲复兴经济。但当时美国国内不少人不愿承担这种责任。为此，马歇尔进行了大量游说。

1947年6月5日下午，马歇尔借哈佛大学举行毕业典礼并授予他名誉学位的机会发表演说，正式提出了援助欧洲的计划。

演说发表后不久，这项援助欧洲的计划便被称为"欧洲复兴计划"，也叫"马歇尔计划"。为了防止美国国内一些势力反对该计划，美国国务院对国内和国外采取了两种不同的做法。在国内，就是马歇尔在哈佛大学提出的这个笼统性的计划。不过，马歇尔的演讲中就直接提出"欧洲复兴是欧洲人的事情，欧洲必须首先提出倡议"。在国外，美国首先专门约定三名英国著名记者将马歇尔的讲话内容传给了英国政府，再通过英国传递给法国和其他各国。然后，再由这些欧洲国家主动提出计划，这些计划反馈到美国后，就能够影响美国的舆论。

不过这项计划到了美国后，还是受到美国政府某些高官的反对。1947年12月19日，杜鲁门向美国国会提出了"美国支持欧洲复兴计划"的咨文，要求国会在1948年到1952年这4年内向该计划拨款107亿美元。经过美国政府的大力宣传和努力，国会最终通过了这项方案。1948年4月2日，杜鲁门签署了国会通过的"1948年对外援助法"，该法案于4月3日生效。

马歇尔计划的实施，给西欧各国带来了明显的经济复苏景象。西欧16个国家的国民生产总值在4年中增长了15%到25%。西欧各国的工业产值比战前提高了35%，

农业产量提高了10%。1948年年底的时候，西欧外贸的赤字总额达到了80亿美元，马歇尔计划第一年拨款中的2/3都用于弥补外贸赤字。

在美国提供了重新进行生产所必需的机床和设备后，德国的大众牌汽车、菲亚特汽车和法国的雷诺汽车都能很快恢复生产大批车辆。奥地利为旅游业添置的各种设施，也归功于马歇尔计划。在1952年的荷兰，一家面包店上贴了一张荷兰政府关于马歇尔计划的招贴画，上面写着："每天吃的面包有一半是靠马歇尔计划的援助烤出来的。"

不过，也有人对马歇尔计划的作用提出质疑，他们认为经济援助扭曲了资源的配置，降低了市场效率，同时也增加了政府干预经济的程度，在一定程度上扭曲了市场机制的正常运转。他们提供的一个例子就是，英国接受的援助比任何国家都多，但经济增长率却比别的国家都要低。相反，西德、法国和意大利在马歇尔计划开始以前，经济就已明显有了起色。

发生地点	发生时间	推荐理由
朝鲜半岛	公元 1950 年 6 月—1953 年 7 月	冷战时代，第一次国际性的地域冲突与局部热战，是美国自独立战争以来所遭受的一次最惨重的损失。

美军从朝鲜全面溃败

事件介绍

1948年8月15日，美国支持朝鲜南部独立，成立大韩民国，并将李承晚推上了总统的宝座。1948年9月8日，金日成在朝鲜北部成立朝鲜民主主义人民共和国，并被推选为内阁首相。不久，苏联和美国相继从朝鲜撤军。

从1949年开始，李承晚在美国的支持和策划下，鼓吹要用武力统一朝鲜半岛，并且当众宣称"我们能够在3天之内占领平壤"。北方的朝鲜也希望通过战争来统一朝鲜半岛，在朝鲜半岛成立一个统一的社会主义国家。因此，在三八线附近，南北之间不断发生小规模的武装冲突。仅1949年，双方的冲突达到1000次以上。

1950年6月25日早晨，韩国国防军向北纬38度以北地区发起突然袭击，突入海州西部、金川等地。金日成以南方军队侵犯三八线挑起军事进攻为由，当即下令北朝鲜人民军向三八线以南发起攻击。很快，北方人民军突破了南方国防军的防线，越过三八线，进入韩国。6月28日，朝鲜人民军攻占了韩国首都汉城（现改名"首尔"）。

当美国得知朝鲜战争爆发后，立即认为这是由苏联支持发动的，因此决定武力干涉。9月15日，麦克阿瑟指挥"联合国军"在仁川登陆，希望能将朝鲜人民军拦腰切断，以逆转战局，击败北朝鲜。在登陆之前，麦克阿瑟命令"联合国军"首先对仁川地区的屏障——面积仅0.6平方公里的月星岛进行攻击，扫清了登陆的障碍。

16日，近两万名美军成功登陆仁川，并攻占了仁川城。此后，朝鲜战场的局势急转直下。麦克阿瑟命令美军向汉城发起进攻，退守釜山的美韩军队也开始反攻。人民军抵挡不住美军的进攻，在付出惨重代价后，急速向三八线附近撤退。

27日，韩美联军先头部队抵达鸭绿江边的楚山镇，将战火烧到中国边界。此时，金日成致电毛泽东，请求出兵增援。中国共产党中央政治局扩大会议经过6天的争论，决定向朝鲜派遣中国人民志愿军，增援人民军。

1950年10月8日，中国将东北边防军改组为中国人民志愿军，彭德怀被任命为司令员兼政治委员。首批入朝志愿军辖第13兵团及所属的38军、39军、40军、42军以及边防炮兵司令部所属的炮兵第一师、第二师和第八师，共32万人。当时在朝鲜半岛的"联合国军"共42万人，其中越过三八线的部队约20万人。

10月25日，志愿军和韩国国防军进行了第一场战斗。当时，国防军的一个营闯进志愿军第40军埋伏的温井地区，遭到志愿军从两水洞的公路上发起的突袭，最后全部被歼灭。这一天后来被定为抗美援朝战争纪念日。

11月1日，志愿军和"联合国军"在云山首次交锋。在云山战役中，志愿军给美军以突然袭击，歼灭了美"王牌军"骑兵第一师第八团、第五团一部和韩国第一师第十二团一部，使之损失近2000人，其中美军损失1800多人。

云山战役后，志愿军迅速撤回至清川江以南严密隐蔽起来，沿途还丢弃了部分破旧的武器装备，以迷惑敌军。

志愿军采取"诱敌深入，寻机各个歼敌"的方针，给美军以出其不意的打击。志愿军于11月7日开始实施第二次战役，并在12月24日取得战役胜利，摧毁了麦克阿瑟的"圣诞"攻势。在这次战役中，志愿军和人民军一起歼敌3.6万余人，在12月6日收复了平壤，美军第8集团军司令沃克也在败逃中因车祸而死亡。不久，志愿军收复了三八线以北的广大地区和三八线以南的翁津、延安半岛，迫使美军和南方国防军转入战略防御，从而扭转了朝鲜战局。

1950年12月31日，志愿军突破临津江等地的防御阵地，经过七天七夜的战斗，歼灭敌军2万余名，并再次解放了汉城。这是志愿军发动的第三次战役。

1951年4月9日，美国总统再也不相信麦克阿瑟的战争狂言，免去了他"联合国军"

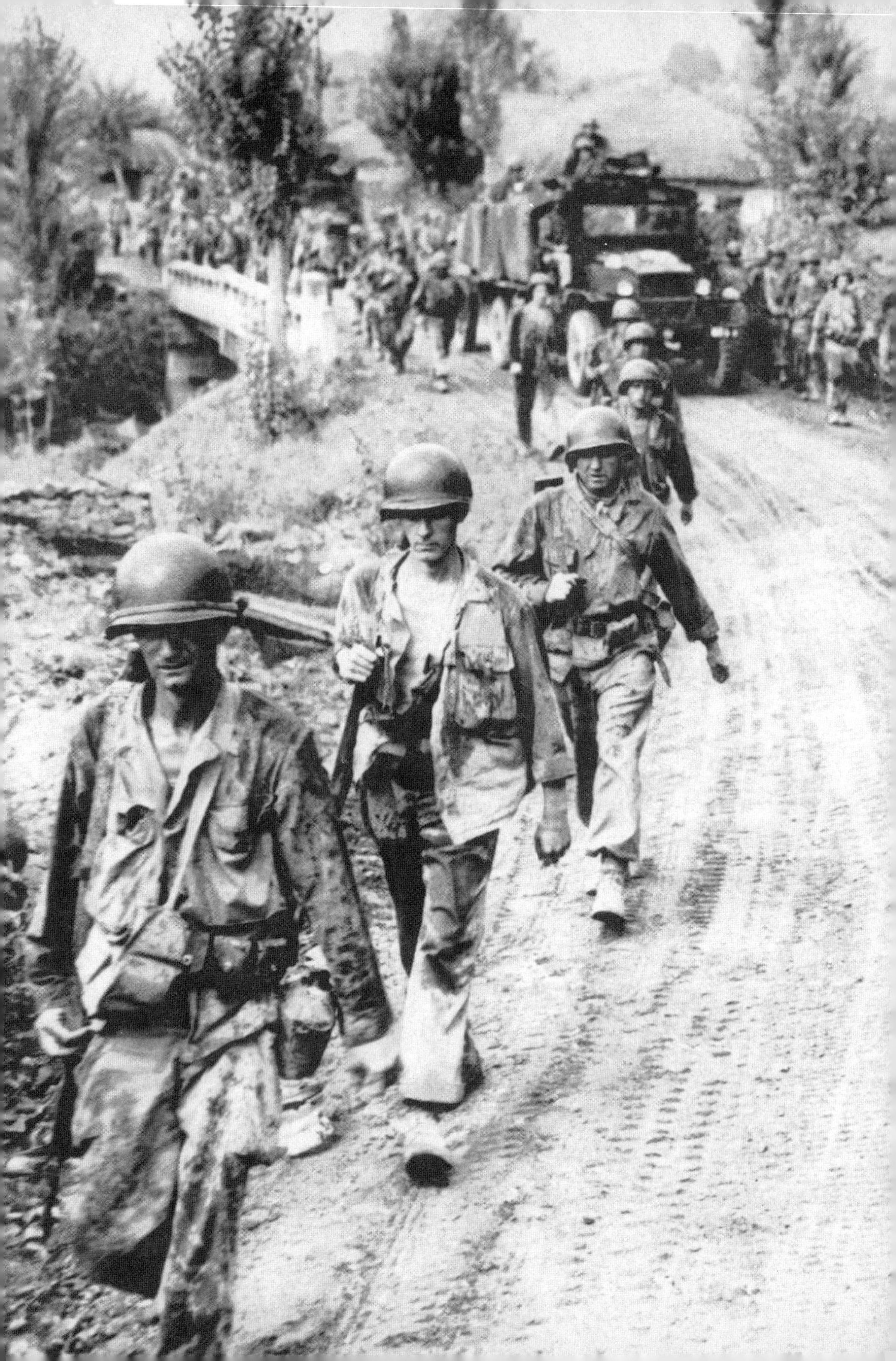

在朝鲜撤退的美国军队。

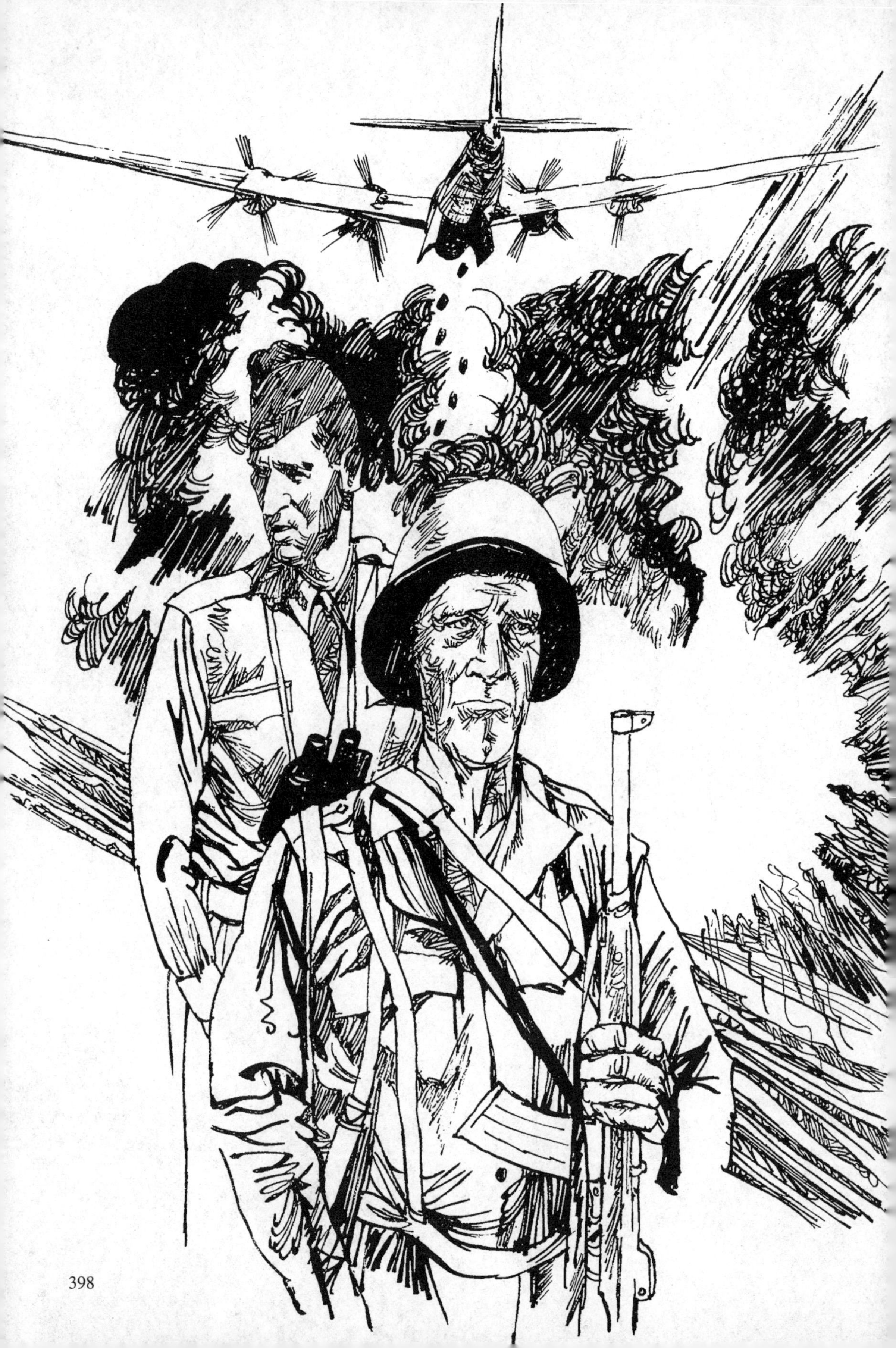

总司令的职务，并任命李奇微为其继任者。李奇微不像麦克阿瑟那样轻敌，是一个谨慎又深谙军事韬略的军官。上任之初，李奇微就从美国本土、欧洲等地调遣了大量原先参加过实战的官兵，然后突然向志愿军发动大规模进攻，志愿军被迫后撤。

1951年4月22日到5月21日，志愿军又相继进行了第四次和第五次战役，最终将战线稳定在三八线附近。

当被撤职的麦克阿瑟将军要求向朝鲜战场投入更多的兵力，并公开主张"把军事行动扩展到中国沿海地区和内地而不再仅把战场局限在朝鲜地区"的时候，总统杜鲁门却认为，美国的主要敌人是苏联而不是中国。他担心，美国如果全面介入朝鲜战争，"会让美国在次要目标上浪费过多的力量，从而使共产主义在欧洲发起新的攻势"。因此，杜鲁门发表声明，愿意和平解决朝鲜问题。

7月10日上午10时，朝鲜停战谈判第一次会议在开城近郊的一座别墅内举行。在谈判中，美方代表要求朝中方面的阵地后退至三八线以北36到68公里，以此作为他们目前海空优势的补偿，此要求遭到中朝代表的拒绝。

8月18日，李奇微发起"夏季攻势"，他以7.8万人的伤亡代价只前进了2到8公里。

在国际舆论的压力下，美国不得不于10月25日再次坐到谈判桌前，这次的谈判地点改在了板门店。但同开城谈判一样，这次谈判也没有结果。在谈判没有结果的同时，双方军队也在打打停停。最后，板门店谈判因战俘问题陷入僵局。1952年10月8日，美方代表单方面宣布无限期休会。

1952年10月14日，美军在金化以北的上甘岭地区发动强大的"金化攻势"（又称"摊牌行动"），攻击五圣山前志愿军两个连据守的两个高地。志愿军在缺粮、缺弹、缺水、缺氧等极端困难的条件下，坚守阵地达43天，歼敌2.5万余人，最终守住了上甘岭。当时美国国会议员惊呼："不管采取什么办法，美军的死亡名单必定会更长。"

1953年4月26日，美国再次回到谈判桌边前。为了积极配合停战谈判，志愿军从1953年5月中旬开始举行"战役性反击作战"，先后对敌实施了3次进攻，歼敌4万多人。7月，志愿军发起朝鲜战争中的最后一次战役，即金城战役，使敌军伤亡达7.8万人。

鉴于战场的局势，美国不得不在战俘等方面做出让步。1953年7月27日上午，中国、朝鲜、美国、韩国等代表在板门店签署了停战协议以及临时补充协议。当时代表美国签字的，是"联合国军"的第三任总司令克拉克将军。他在后来的回忆录中说："我成了历史上签署'停战'而没有取得胜利的第一个美国陆军司令官。"

发生地点	发生时间	推荐理由
印度尼西亚	公元1955年4月18日—24日	亚非国家开始作为一支新兴的政治力量登上世界政治舞台，促使国际政治力量向着多元化方向发展。

"求同存异"的万隆会议

事件介绍

中华人民共和国自诞生之日起，毛泽东就在一系列文章中反复论述了新中国同各国建交的原则。1953年9月开始，中国和印度两国总理开始通过外交途径，就解决中国西藏地方同印度的关系问题进行会谈。12月31日，周恩来在中南海接见了印度政府代表团。

在总结新中国建国后的外交实践和国际关系史经验之后，周恩来对印度代表团说："中印两国……某些成熟的悬而未决的问题一定会顺利解决的。新中国成立后就确定了处理中印两国关系的原则，那就是互相尊重领土主权，互不侵犯，互不干涉内政，平等互惠和和平共处的原则。"这是周恩来第一次在公开场合提出和平共处五项原则，印度代表团团长当即表示完全同意这五项原则。

1954年4月29日，双方签订了《中印关于中国西藏地方和印度之间的通商和交通协定》。周恩来提出的五项原则写进了该协定的序言，成为指导两国关系的准则。

同年6月24日至28日，周恩来访问印度，和印度总理尼赫鲁进行了多次正式会谈。不久，周恩来还访问了缅甸。在中印两国总理和中缅两国总理分别发表的《联合

声明》中，再次确认了和平共处五项原则。同时，三国总理都表达了支持召开亚非会议的声明。

1954年12月底，南亚五国总理在印尼茂物举行会议，专门研究亚非会议问题。会议决定联合发起召开亚非会议，邀请25个亚非国家和地区参加，并定于1955年4月在印尼万隆举行第一次会议。

1955年4月18日至24日，来自中国、缅甸、印尼、印度在内的亚非两大洲的29个国家和地区的代表，在没有任何一个西方国家参加的情况下，在印度尼西亚的万隆召开了举世瞩目的亚非会议。

这次会议的规格前所未有。各国代表团团长中有多位是总理或相当于总理一级的国家领导人，有3位副总理和4位外交部长。另外，一些正在争取民族独立的亚非国家民族主义政党也派代表参加了会议，例如阿尔及利亚民族解放阵线、南非联邦非洲人国民大会、南非印度人大会等。这些代表分别以观察员身份列席了会议。

中国政府对这次会议十分重视，派出了以国务院总理兼外交部长周恩来为团长，副总理陈毅、外贸部长叶季壮、外交部副部长章汉夫、中国驻印尼大使黄镇为代表,廖承志、杨奇清、乔冠华、黄华等为顾问,王卓如为秘书长的代表团参加会议。

为送中国代表团去印尼参加亚非会议,中国政府包租了印度航空公司的"克什米尔公主号"星座式客机。台湾情报人员获悉,周恩来将率中国代表团包租克什米尔公主号飞往雅加达开会,由于专机会在香港短暂停留加油,他们决定趁此机会炸毁飞机,暗杀周恩来。

在台湾情报人员安排下,香港启德机场的一个年轻清洁工小郑负责安放炸弹,他收到了50万港币。4月11日,小郑带着美国中情局提供给台湾情报网使用的炸药,跟往常一样来上班。由于炸弹被做成了牙膏模样,小郑平安通过了例行检查,并神不知鬼不觉地将炸弹放到了飞机上。

▽ 中国政府总理周恩来在万隆会议上发言。

但"克什米尔公主号"并没有按原定计划从香港起飞，因为周恩来接到缅甸及印尼总理的邀约，准备先赴仰光，然后再转赴万隆开会。4月11日，"克什米尔公主号"载着参加亚非会议的中国政府代表团工作人员3人、越南民主共和国代表团工作人员1人、中国记者5人、奥地利和波兰记者各1人，从香港起飞，前往印尼首都雅加达。

下午6时30分，"克什米尔公主号"在飞越北婆罗洲沙捞越西北的海面时，突然从行李舱中传来一声巨响，飞机爆炸起火，机身坠入海中。机上除副驾驶员等3人幸免于难外，其余16人全部遇难。这就是震惊中外的"克什米尔公主号"事件。

4月16日，以周总理为首的中国代表团按时飞抵雅加达。4月18日，亚非会议在万隆如期开幕。

中国是参加亚非会议的两个社会主义国家之一，也是最大的社会主义国家，因此成为会议的焦点。由于参加会议的某些国家受殖民主义影响太深，西方国家还对这些国家有着深远的影响。特别是经过朝鲜战争，某些亲美国家对社会主义存在很大的对立情绪，因此中国的言论受到这些国家的反对。

当周恩来在会议上提出和平共处五项原则时，这些国家提出既要反对殖民主义，也要反对共产主义，他们认为"和平共处"这个词是共产党的谎言，因此怀疑中国的政策，甚至散布中国对邻国在搞"渗入和颠覆活动"的谣言。会议的气氛曾一度紧张起来。

在这种情况下，周恩来机智果断地决定，将原先准备的讲稿发给各国代表，并当即草拟了一个补充发言。周恩来的发言被安排在19日下午全体会议接近结束之前进行。当时会场上座无虚席，包括苏联大使、美国大使、荷兰高级专员等在内的许多国家的外交官都来列席会议。

周恩来说："中国代表团是来求团结而不是来吵架的……我们的会议应该是求同而存异。"同时，他号召亚非国家团结起来，争取万隆会议取得最终胜利。周恩来的发言赢得了赞同，从而避免了会议的失败。大会主席沙斯特罗阿米佐约等人指出这个发言是使会议走向成功的转折点。

4月24日晚上，万隆会议举行最后一次全体会议。与会国家的代表一致通过会议决议，通过了《亚非会议最后公报》。包括中国在内的19个国家的代表先后在闭幕式上发言，盛赞会议取得了重大成就，对促进世界和平和合作做出了重大贡献。

《亚非会议最后公报》内容包括经济合作、文化合作、人权和附属地人民问题、其他问题、促进世界和平和合作、关于促进世界和平和合作的宣言等7项。

4月24日，万隆会议圆满结束。

发生地点	发生时间	推荐理由
伊拉克	公元 1960 年 9 月 14 日	领导发动了令西方国家大为震惊的第一次、第二次石油危机，对世界经济和政治产生了重大影响。

石油联盟欧佩克成立

事件介绍

100多年前，特雷尔上校在美国宾夕法尼亚挖出了世界上第一口油井。此后，石油被广泛用于人类的生产和生活。除了作为飞机、汽车等机器的燃料外，石油还被用作医药用品、制造武器、生产生活必需品等。因此，石油除了是人类的主要能源外，还是无数工业产品的原料和现代科学技术突飞猛进的最重要的推动因素之一。所以，石油被称为"黑色的金子"、"工业的血液"。

1895年左右，人类发明了第一台内燃机，这种新的动力以汽油作为动力来源。这种内燃机被应用于汽车上后，人类对汽油的需求量突然增加。虽然当时的汽车比较简陋，但是在世界上已经非常流行。例如，美国福特汽车公司生产的"T"型汽车，到第一次世界大战之前已经达到了200万辆。此外，无论是原先的螺旋式飞机还是后来的喷气式飞机，也都以汽油为燃料。所以，人类对石油的需求量随着交通工具的改进而迅速增加。

第二次世界大战后，美国等发达国家进行了"动力革命"，工业生产流程中用煤的许多地方也都改为汽油，导致石油在世界能源消费中的比重急剧上升：1950年才占29%，到了1972年就已经上升到了46%，跃居各种能源的首位。

更为重要的是，随着武器的发展，石油成为现代军队的生命线。坦克、飞机、舰船、卫星、导弹、火箭等武器的使用，都离不开石油。第一次世界大战以前，战争中主要使用战马作为"动力"，因此基本没有油料消耗。第一次世界大战中，飞机、坦克、战车开始使用，光每辆战车每天油料消耗量就达到了10升。

到了第二次世界大战中，一架英国"喷火"式战斗机每小时飞行耗油就达到了205升。到20世纪90年代，一架F16战斗机飞行一小时需要耗油4550升。随着石油在战争中的运用，油料的消耗在作战物资保障中所占比例不断增加。例如，美军油料消耗占物资消耗总量的比例在二次大战时为38%，越南战争为65%，海湾战争地面部队为70%，空军为75%，海军约为90%。

从一定程度上来说，石油左右了现代社会的发展。如果没有石油，或者石油不足，任何国家的发展都会受到阻碍。

地球上的石油主要分布在第三世界国家，集中于中东波斯湾周围、北非撒哈拉沙漠和西非的几内亚湾附近以及拉美的墨西哥湾、加勒比海等地区。而美国、英国等发达国家却是动力大国，每年要消费的石油占了全世界消费量的绝大部分，因此这些国家的石油需要大量进口。

在第二次世界大战之前，地球上石油集中的地区基本上是发达国家的殖民地或者自治领地。所以长期以来，美国埃克森、英荷壳牌等七大石油公司几乎控制了这些地区全部石油的勘探、开采、运输、炼制等。这些公司通过对油井的控制，来决定原油的开采数量，由此来控制世界石油市场的价格，为公司带来超额利润，为他们的国家提供工业发展所需要的石油。

▲ 妇女们举着政治领导人的头像，表达自己对海湾战争的态度。

1959年2月和1960年8月，七大石油公司两次单方面降低石油价格，使产油国损失了上百亿美元的收入。

据介绍，在1860年首次为石油定价时，其价格约为9美元一桶。但是后来持续走低，第一次世界大战结束时油价降到2美元一桶，到第二次世界大战结束时降到1.8美元一桶。廉价而源源不断的石油供应，成为美国、英国等完成工业革命后的国家经济发展和居民生活改善的强大动力和不可短缺的资源。

第二次世界大战之后，这些产油大国纷纷独立，摆脱了西方国家的殖民统治。为了维护主权和自身的利益，这些国家坚决反对国际石油垄断集团对他们的非法剥削，并对他们的行动予以抵制。例如，二战结束后不久，墨西哥和伊朗就宣布将石油收归国有，禁止西

▲ 1990年，这一地区爆发了二战后最大的一场局部战争——海湾战争。

方石油公司对这两国石油的非法开采和销售。

1960年8月9日，美国大石油公司之一的新泽西标准石油公司没有直接向石油输出国提出任何警告就宣布中东原油的牌价每桶削减7%，约14美分，其他公司也相继削减。

中东的产油大国对此政策非常气愤。他们国家收入的相当一部分突然被新泽西标准石油公司拿走了。再者，削价决定对他们国家的财政地位和国家身份影响很大，而美国却是单方面予以执行的，事前未经任何商量。

就在新泽西标准石油公司发布限价消息后的几个小时，几个中东石油输出国的首脑就互通了电话。不久，伊拉克向这些国家发出了到其首都巴格达开会的邀请。

1960年9月10日，中东的伊拉克、伊朗、科威特、沙特阿拉伯和拉美的委内瑞拉5个国家的代表到达巴格达，卡塔尔的代表作为观察员列席会议。14日，5国在巴格达宣布成立石油输出国组织（简称OPEC，即"欧佩克"）。1962年11月6日，欧佩克在联合国秘书处备案，成为正式的国际组织。

根据欧佩克成立时的宣言，欧佩克是一个自愿结成的政府间组织，目的在于协调和统一成员国的石油政策，"通过消除有害的、不必要的价格波动，确保国际石油市场上石油价格的稳定，保证各成员国在任何情况下都能获得稳定的石油收入，并为石油消费国提供足够、经济、长期的石油供应"。

欧佩克大会是欧佩克组织的最高权力机构，会议的参与者是各成员国向大会派出以石油、矿产和能源部长（大臣）为首的代表团。大会每年召开两次，如有需要还可召开特别会议。大会奉行全体成员国一致原则，每个成员国均为一票，负责制定该组织的大政方针，并决定以何种适当方式加以执行。

欧佩克在建立时声明，自己"致力于石油市场的稳定与繁荣"。因此，为保证石油生产者与消费者的利益，欧佩克实行石油生产配额制。欧佩克成员国会根据世界石油市场走势和国际局势对石油需求量加以分析预测，明确经济增长速率和石油供求状况等多项基本因素，然后据此磋商在其石油政策中进行何种调整。如果世界石油需求量上升，或者某些产油国减少了石油产量，欧佩克将增加其石油产量，以防止石油价格的飚升；反之则降低产量。

欧佩克组织条例规定："在根本利益上与各成员国相一致、确实可实现原油净出口的任何国家，在为全权成员国的三分之二多数接纳，并为所有创始成员国一致接纳后，可成为本组织的全权成员国。"随着时间的推移，目前欧佩克共有11个成员国。后来加入的6个国家分别是：阿尔及利亚、印度尼西亚、利比亚、尼日利亚、卡塔尔、阿拉伯联合酋长国。

就其占有的能源总量来讲，欧佩克并不能控制国际石油市场，因其成员国的石油、天然气产量分别只占世界总产量的40%和14%。但是，欧佩克成员国出口的石油占世界石油贸易量的60%，因此当欧佩克决定减少或增加石油产量时，世界石油市场的价格就会受到巨大影响。

欧佩克成立后，这些石油国家利用集体的力量来和发达国家相抗衡。但是欧佩克本身在"整个60年代里仍然是一个插曲"，"石油世界的现实是美国的进口限额、俄国的石油出口以及竞争。这就是充塞在行业性报纸专栏里的内容，也是充塞在石油公司总裁的脑海里和政府决策者的备忘录中的东西。这一切是石油工业的重要的根本性事物"。欧佩克成员国的限产和限价，与美国等国家似乎并没有关系，他们在非洲的撒哈拉沙漠等地方找到了新的石油。

但是不久，美国等发达的资本主义国家就尝到了欧佩克给他们设计的"菜品"，震惊世界的第一次和第二次石油危机给了他们无尽的痛楚。

第一次石油危机发生于1973年到1974年。1973年10月6日，第四次中东战争爆发，交战的双方分别是阿拉伯联盟和以色列。为打击以色列及其支持者，捍卫阿拉伯国家的利益，叙利亚和黎巴嫩在战争爆发当日就切断了两条输油管。次日，伊拉克宣布把埃克森和另外一个国际石油公司在伊拉克石油公司的股份收归国有。

欧佩克的其他国家也纷纷响应。各国纷纷减产和禁运石油。12月，欧佩克宣布收回原油标价权，并将其基准原油价格从每桶3.011美元提高到10.651美元。

油价的猛然上涨，直接导致了资本主义世界第二次世界大战之后最严重的经济危机。

第二次石油危机发生于1979年到1980年。1978年底，世界第二大石油出口国、欧佩克成员国之一——伊朗爆发革命，石油产量受到影响，从每天580万桶骤降到100万桶以下，当时全球原油市场的供求关系马上因此受到影响。一些国家由于害怕石油供应中断而大量囤积，引发第二次石油危机。

油价过高造成普遍节省燃料，世界石油供过于求，达到饱和状态。因此在油价短暂大幅上扬后，回落至欧佩克确定的每桶32美元。由于主要资本主义国家的经济衰退，欧佩克为防止世界油价猛跌，又于1981年将每桶原油定为34美元，不久又降到29美元。

发生地点	发生时间	推荐理由
美国	公元 1969 年 7 月 16 日	人类第一次成功登上月球，是人类探索太空的转折点。

阿波罗登月计划

事件介绍

二战结束之后，以苏联和美国为首的两大军事集团马上进行了军备竞赛。从 20 世纪 50 年代末开始，苏联相继成功发射了人类第一颗人造卫星和第一艘载人飞船，使美国非常恼怒。

在听见苏联宇航员加加林登上了太空之后，美国总统肯尼迪非常震惊。在一次会议上，曾经设计了著名 V－2 火箭的美籍德国人冯·布劳恩对肯尼迪提议："我们不能跟在苏联人身后走，我们应该走自己的路。我建议立即制定一个载人登月计划，抢在苏联人之前把人送上月球。"

布劳恩的建议得到了肯尼迪的赞同，会议决定立即拟定一项庞大的空间研究计划，并取名为"阿波罗计划"。阿波罗是古代希腊神话传说中掌管诗歌、音乐的太阳神，他的同胞姐姐是掌管月亮的神，因此美国宇航局以双胞胎会面为寓意。

在阿波罗计划中，布劳恩亲自设计登月用的"土星 5 号"火箭。完成后的"土星 5 号"火箭直径约 10.6 米，包括阿波罗飞船在内的高度约 110 米，成为当时世界上最大、最先进的三级串联火箭。火箭由 3 组组成，起飞时重约 3000 吨，光第一级就装有 2075 吨燃料推进剂。

在阿波罗飞船升空之前，美国宇航局进行了多次地面模拟试验和不载人试飞。从1961年到1969年，美国宇航员为登月计划进行了20多次试验性的预备飞行。第一次用小型宇宙飞船"水星号"，"水星号"飞船共飞行了几次，取得了振奋人心的结果。

正当美国人信心十足的时候，却发生了一件不幸的事故。1967年1月27日，宇航员怀特、格理索姆和查费在"阿波罗1号"进行模拟发射试验时，模拟舱内的纯氧座舱突然起火，熊熊烈火马上就吞没了狭小的指令舱。只有3分钟的时间，等地面人员赶来救援时，这三位宇航员已经遇难身亡了。于是，"阿波罗计划"被迫推迟。

1968年10月，宇航员希勒、艾西尔和坎宁安驾驶飞船绕地球飞行了163圈，在太空中度过了将近11天，最后安全着陆。两个月后，宇航员博尔曼、洛费尔和安德森乘坐"阿波罗8号"飞船进行了第一次绕月飞行，在这一次，宇航员们在月亮上空看到了被命名为莫斯科海的巨大环形山口。"阿波罗8号"在离月球表面100公里的轨道上飞行了10圈之后安全返回地球，历时6天3小时。

1969年10月，"阿波罗10号"飞船在月球轨道上试验了登月舱和母船的脱离。当飞船围绕月球飞行时，两个宇航员进入登月舱后降到了离月球仅有15公里的地方，并多次以每小时

6000公里的速度掠过月球。虽然登月舱第二次掠过月面时发生了一个小事故，但是最后登月舱还是飞了回来，再次与母船对接。

至此，美国的宇航专家们已经收集了有关月面的必要的资料，并测试了月面的强度。他们认为月球的表面足以承受登月舱着陆系统的重量。他们确信，阿波罗登月计划中最为关键的行动时机已经来临。

1969年7月16日早晨，在美国佛罗里达州的肯尼迪航天中心，巨大的"土星5号"火箭矗立在发射塔上，在火箭顶部的"阿波罗11号"飞船中，躺着3名宇航员，他们是尼尔·阿姆斯特朗、麦克尔·柯林斯和爱德文·奥尔德林。其中，阿姆斯特朗为飞船指令长，柯林斯为指令舱驾驶员，奥尔德林为登月舱驾驶员。

从地球到月球，宇航员们要在飞船中待上4到5天的时间。

1969年7月20日下午1时21分50秒，飞船进入月球轨道，成为月球的卫星，并以两小时一圈的速度运行。这时距离飞船离开地球刚好75小时50分。此时，宇航员们透过舷窗看见了窗外的月球景色：比月光还亮的地球挂在天边，其大小跟在地球上看见的月亮差不多，同时一座座带着阴影的环形山从飞船的舷窗下闪过。

按照计划，阿姆斯特朗和奥尔德林穿好登月服，戴上头盔，通过对接口进入"鹰"登月舱。柯林斯留在"哥伦比亚"母船内接应。下午1点47分，登月舱的火箭启动，缓缓远离指令舱向外飘去。

登月舱从离开"哥伦比亚"到着陆静海需要10分钟左右的时间。据说登月舱在登陆的过程中还出现了一个小事故。阿姆斯特朗看到登月舱内红色的故障警报器亮了起来，慌忙之中急忙向休斯敦控制中心发出紧急电码。地球上的工作人员马上查找故障原因，并且很快查明是奥尔德林向计算机中输入了过多的指令而导致计算机超负荷运转。在奥尔德林减轻计算机的运转负荷之后，红色警报器才熄灭。

登月舱继续缓慢下降，很快脚掌上的探针接触到月球表面。美国东部时间1969年7月20日16点11分40秒，登月舱稳稳当当地降落在预定落地点"静海"上。地球上的控制中心和电视机前的观众都长长地舒了口气。

经过两个多小时的准备，阿姆斯特朗在奥尔德林的帮助下倒退着钻出了登月舱门，站在扶梯上。从扶梯最上端的平台到最下面一级，阿姆斯特朗用了3分钟。

阿姆斯特朗和奥尔德林对月球上的景色非常迷恋，但是他们首先还必须工作，因为根据计划，他们在月球上面待的时间不能超过22个小时。在阿姆斯特朗对登月舱的4支登

▲ 图为美国宇航员奥尔德林在月球上行走。为他拍照的是阿姆斯特朗。

陆脚进行了检查之后，他们在登月舱周围25米范围里，安放了一个月震仪、一个激光反射器和一个测量太阳的仪器，同时采集了23公斤土壤和岩石标本。他们还在月球上插了一个金属制的美国国旗。

1969年7月24日清晨，经历8天3小时17分登月飞行的"阿波罗11号"飞船溅落在太平洋波涛汹涌的水面上。总统尼克松亲自到"大黄蜂号"航空母舰上迎接成功归来的3名宇航员。

不久，"阿波罗12、14、15、16、17号"宇宙飞船相继成功登陆月球。"阿波罗13号"飞船在途中由于服务舱氧气箱爆炸遇险，但是宇航员依靠登月舱的动力装置而得以逃生，因此也被认为是成功的失败。

发生地点	发生时间	推荐理由
美国	公元1970年	以科学的目光远眺未来，迎接挑战的智慧之举。

未来学说的产生

事件介绍

在20世纪初，英国学者H·威尔斯主张系统地研究未来，1943年，在美国任教的德国政治学家和社会学家O·弗勒希特海姆首先提出并使用了"未来学"一词。从西方开始的未来学经历了三个主要发展阶段：萌芽阶段、形成阶段和发展阶段。

到上世纪80年代后期，未来学已经发展成覆盖六大未来研究领域（社会、经济、科学、技术、军事、全球），拥有十大重点课题（粮食和人口、资源和能源、自动化、城市和交通运输、情报资料和信息化、教育、环境、空间开发、科学技术影响、全球问题）的一门综合性科学。

而未来学的代表人物就是美国的未来学家、社会学家、经济学家托夫勒。他的主要作品有《未来冲击》、《第三次浪潮》、《权力的转移》等。

阿夫温·托夫勒于1928年10月4日出生在美国布鲁克林，其祖先是波兰犹太移民，其家庭出身是资本家。托夫勒的父亲是一个经营皮货的商人，虽然没有念完高中，但是他求知好学，喜欢思考，这对托夫勒产生了很大的影响。

从小，父亲和叔叔就教托夫勒踢足球、干木工活，还教他如何分析报上的消息，他的姑姑则使小托夫勒从小对文学与艺术产生了浓厚的兴趣。托夫勒上学期间，正值世界人民

紫蓝绿黄橙红

和美国人民为反对法西斯而浴血奋战的时期。他也曾要求入伍，但因年龄不够而未能如愿。

战后，他和成千上万的退伍军人一道上了大学。1949年，托夫勒在纽约大学取得了艺术学士学位。大学时期，他除了喜欢文艺作品外，还读过较多的科技和社会学方面的书籍，包括一些马克思主义的经典作品。

托夫勒长期生活在科学技术发达的美国，他思想敏锐，看到了科学技术的新发展将引起社会的大变化，由此，他从多方面预测未来的发展趋势，从家庭到社会，从物质到精神，从人际关系到国际关系，在一定程度上反映了现代科学技术发展在社会生活各方面所引起的后果和发展变化的趋势，并提出对付来日的挑战所应采取的战略和策略。他的这些看法带给我们大量新的信息，开阔了我们的思路，促使我们去研讨很多新的问题。

托夫勒认为，人类迄今为止，依次经历了农业文明和工业文明，现在正经受着第三次浪潮的冲击，而每种文明取代前一种文明，都要经过一番斗争。第一次浪潮是历时数千年的农业革命,第二次浪潮是工业文明的兴起,第三次浪潮的变革可能只要几十年就能完成,而我们正生活在这急剧变化的时刻,正经受着第三次浪潮的全面冲击。

第一次浪潮虽然在17世纪末尚未完全完成,但工业革命在欧洲爆发,激起了全球性变革的第二次浪潮,迅猛异常,遍及各国和各大洲。这样两个不同变革的进程以不同的速度同时在全球发展起来。

当第二次浪潮在欧洲、北美以及其他一些国家仍极具活力的时候,第三次浪潮已经波涛汹涌而来,因此,许多国家同时受到两个浪潮,甚至三个浪潮的冲击,完全不同的变革浪潮,以不同的速度和不同程度的能量,冲击和影响着这些国家的发展。

今天所有技术水平高的工业国家,都被第三次浪潮与第二次浪潮陈旧的经济和制度之间的冲突搞得头晕眼花,在这种文明与文明的碰撞中,人类将会进入一个什么样的阶段呢?

对于未来的前景,托夫勒认为,我们正在经历的第三次浪潮,有着高度的科学技术,它将带给我们真正的新型的生活方式,是有史以来第一次具有人性的文明。

第三次浪潮的能源基础将不再是第二次的不可再生资源,它将大部分采用再生的,而不是消耗性的物质,这种变化有利于减少浪费。同时新兴的工业将取代老式的、耗能量大的传统工业,并迅速在量子电子学、信息论、分子生物学的综合科学理论上发展起来,这

些新的科学使得我们能够超越时间和空间的概念，进而熟练地解决问题。

第三次浪潮正急剧向非群体化和多样化转变。有线电视迅猛发展，这种传播工具的非群体化将使我们的思想非群体化，人们对瞬息万变的文化袭击泰然自若。

计算机正逐渐渗透到经济领域，它的智慧正在以极高的速度扩散着，使得我们的工作环境越来越"精明"，而我们也注定要改变自己的思想，我们甚至会改变自己大脑的物质组织和化学性质，面临记忆力的革命，这样就出现了一个史无前例的现象，即社会记忆变得既丰富又活泼，这二者结合在一起，共同推动社会的前进。

在未来工厂里工作的，大多数是工程师、程序编译员和技术员，雇佣工人的比例将不断下降，越来越多的一般性制造业将转移到发展中国家去。在生产过程中，将出现完全定制化的产品，顾客将越来越多地加入生产过程，以至于人们很难分清，谁是顾客，谁是生产者。

而未来的家庭也将进行一场革命。在第三次浪潮的冲击下，家庭将变成工作的地点，未来就是以家庭为中心的社会，人口中的任何一部分转移到家庭中工作，都可能意味着更大的稳定。

而未来也不是完美的，人们将随时随地受到来自各方面的冲击。在书中，托夫勒指出在未来可能出现的一些问题，也是很值得人们深思的。

发生地点	发生时间	推荐理由
欧洲	公元1993年11月1日	欧盟各国的经济获得了迅速发展，在世界政治舞台上也成为最有影响力的集团之一。

欧盟的成立与扩张

事件介绍

　　二战后，欧洲各国越来越觉得自己在世界事务中的地位越来越低。当时，美国和苏联成为世界上的两个超级大国，原先领导世界的西欧各国反而成为美国的"附庸国"。为了提高自身的地位，西欧各国决定从具体经济领域的合作入手，从而开始了欧洲一体化的进程。

　　1950年5月9日，法国外长罗伯特·舒曼提出了舒曼计划，从此欧洲一体化进程开始真正起步。舒曼计划的原意在于促进欧洲经济的发展，同时防止德国因为重工业的复兴而再次成为军事强国。

　　1955年6月，欧洲煤钢共同体成员国外长会议宣布，将成立共同市场的筹备委员会。1957年3月25日，欧洲煤钢共同体的6个成员国在罗马正式签署了《欧洲经济共同体条约》和《欧洲原子能共同体条约》，这两个条约合称"罗马条约"。

　　《欧洲经济共同体条约》的核心内容是：建立关税同盟和农业共同市场，成员国之间取消商品进出口关税和定额限制，建立共同的关税和贸易政策以对付第三国；逐步协调经济、社会政策，逐步实现商品、人员、劳务和资本的四大流通；建立农业、运输业、社会保险业各方面的共同政策。而建立欧洲原子能共同体的目的在于：消除欧洲同美苏两个核大国之间的能源差距，共同进行原子能研究、自由交换原子能情报、建立原子能装备及物质的交易市场，等等。

1958年1月1日，"罗马条约"正式生效，欧洲原子能共同体和欧洲经济共同体启动。

这3个共同体建立之后，成员国的经济稳步发展，在欧洲和整个世界成为一个令人刮目相看的整体。为了扩大经济领域的联合，1967年执行机构"合并"，3个共同体合起来，称为欧洲共同体，简称欧共体。1965年4月8日，6国签订的《布鲁塞尔条约》决定将3个共同体的机构合并，统称欧洲共同体。但3个组织仍各自存在，具有独立的法人资格。

各国代表签署欧共体协议。欧盟就是在欧共体的基础上产生的。

1967年7月1日，《布鲁塞尔条约》正式生效，西欧6国宣布建成共同市场。

欧洲经济共同体的建立，吸引了英国等欧洲国家。1973年欧共体接纳英国、爱尔兰和丹麦为正式成员，欧共体由6国扩大为9国。这9国的人口达到2.56亿，出口贸易额为2100亿美元，黄金储备也超过了美国。怪不得当时的美国总统尼克松惊呼："美国遇到了我们做梦也想不到的那种挑战……这种变化意味着由美国担任保护者的情况宣告结束。"此后，欧洲共同体就被国际上视为西欧的代言人。

此后，欧共体对外实施了共同的外贸政策、共同的渔业政策以及创建洲货币体系。除此之外，这几个国家试图在政治上也联合。1970年，欧洲共同体六国外长会议讨论并通过了"卢森堡报告",决定建立外交事务的磋商制度。不久,欧共体对外发表声明,在国际事务中,欧共体将用"一个声音说话",以体现"欧洲的同一性"。

进入20世纪80年代,欧共体进行了一次扩大。1975年6月5日,希腊申请加入欧共体。1977年,葡萄牙和西班牙也分别申请加入欧共体。1979年5月,欧共体和希腊在希腊雅典举行仪式,宣布希腊正式加入欧共体,并于1981年1月1日起正式成为欧共体会员国。1984年10月22日,欧共体10国举行卢森堡会议,同意西班牙加入欧共体,并于1986年正式宣布其加入共同体。

由于希腊和西班牙的加入,欧共体的国民生产总值占了全世界的1/4,外贸总额占了全世界的2/5。

1985年,欧共体首脑会议在卢森堡举行,会议最后通过了《欧洲政治合作草案》,并对"罗马条约"的修改意见达成了一致,写成了《欧洲统一文件》。此后,欧洲一体化的进程明显加快:欧共体实现了第三次扩大。1986年1月1日,西班牙和葡萄牙正式参加欧共体,使欧共体扩大到12国,人口增加到3.2亿,贸易额占世界总额的40%。

1991年12月11日,欧共体第46次首脑会议在荷兰小城马斯特里赫特举行。在这次会议上,通过了建立欧洲经济联盟和欧洲政治联盟的《欧洲联盟条约》(俗称"马约")。根据"马约",欧盟的宗旨是"通过建立无内部边界的空间,加强经济、社会的协调发展和建立最终实现统一货币的经济货币联盟";欧共体今后的任务是实现经济联盟和政治联盟,将欧共体由一个经贸集团建设成为一个具有强大经济实力并执行共同外交和安全政策的政治实体,实现一次大的质的飞跃。

"马约"规定,欧盟要在2000年前实现政治、经济和货币联盟,最迟于1999年1月1日起,欧洲将实行单一货币。

1995年1月,奥地利、芬兰和瑞典也加入了欧洲联盟,使欧盟成员国达到了15个。

1999年1月1日,欧洲统一货币欧元正式启用,欧盟各国中除英国、希腊、瑞典和丹麦外,其余11个国家都成为首批欧元国。2000年6月,欧盟在葡萄牙费拉举行的首脑会议上批准希腊加入欧元区。此外,会议还决定在2003年以前组建一支5000人的联合警察部队，以处理发生在欧洲的危机和冲突。

2000年12月7日，欧盟在法国尼斯举行首脑会议，会上通过了《尼斯条约》，主要内容为改革欧盟机构、为欧盟东扩铺平道路。此外，尼斯会议还通过了《欧洲安全和政治报告》等文件，决定将该年5月成立的欧盟政治和安全委员会、军事委员会和军事总参谋部等3个政治军事临时机构转为常设机构，负责监管食品安全的欧盟食品安全署也定于2002年年初开始运转。

2002年7月23日，欧盟在布鲁塞尔总部大厦前举行仪式，降下象征欧洲煤钢共同体的蓝黑星旗，升起代表欧盟的12颗金星旗帜。此举标志着有着50年历史的欧洲煤钢共同体结束了其历史使命。

2002年11月18日，欧盟15国外长会议在布鲁塞尔举行，会议决定邀请塞浦路斯、匈牙利、捷克、爱沙尼亚、拉脱维亚、立陶宛、马耳他、波兰、斯洛伐克和斯洛文尼亚等10个国家加入欧盟。12月12日，欧盟首脑会议决定，欧盟将于2003年4月16日在雅典签署这10个国家的入盟协议。

2003年4月16日，欧盟在希腊首都雅典与捷克等10个完成入盟谈判的候选国签署入盟协议。2004年5月1日，这10个入盟协议签署国成为欧盟的正式成员国。这意味着，欧盟成员国将扩大到25个。

发生地点	发生时间	推荐理由
南非	公元 1994 年 5 月 9 日	宣告了南非和世界历史上种族隔离制度的最终结束。

新南非终结种族隔离制度

事件介绍

南非位于非洲大陆最南端，东、南、西三面濒临大西洋和印度洋，北与纳米比亚、津巴布韦等5个非洲国家接壤。早在1000多年前，霍屯督人、布须曼人和班图人就在这块土地上生活。

1652年，荷兰人开始从南非的南部沿海登陆，并不断向南非腹地挺进。1795年，英国人开始在开普敦登陆，1806年占领开普敦殖民地。经过布尔战争，英国人最终在20世纪初取得了在南非的主宰权。1910年，英国将开普省、纳塔尔省、德兰士瓦省和奥兰治自由邦合并为"南非联邦"，作为英国的自治领地，同时联邦法案规定南非的居民分为四等。此后，种族隔离政策成为南非白人当局对绝大多数有色人种，特别是黑人所实行的特殊政策。

南非是世界唯一一个用法律来推行和保护种族歧视的国家。虽然这些种族隔离政策令人啼笑皆非，同时使人感到愤怒、悲伤和震惊，但是白人统治者认为这些都是理所当然的。没有一个有色人种能逃出这种歧视，包括黑人、混血儿和亚裔移民。

1912年，南非土著人国民大会在南非成立，当时成立的目的是为了申诉苦难并清除那些南非国民大会在皮·赛米尔的指导下成立。图为他在美国哥伦比亚大学的毕业照。

导致贫穷、偏见和有歧视意味的立法障碍，同时也期望争取白人的同情心以改变现状。

1925年，南非土著人国民大会改组为非洲人国民大会。由于这个组织并不是一个民族主义组织，随着斗争形势的蓬勃发展，它越来越不适应时代的要求。这时候，坦博、西苏鲁等新一代领袖开始冒出来。在这批青年领袖中，最著名和最有影响力的当首推纳尔逊·罗利赫·拉赫拉·曼德拉。

1918年7月18日，曼德拉出生于特兰斯凯的姆维估村，他的父亲是当地部落的一个贵族。在9岁那年，曼德拉的父亲得了重病并很快逝世。在临终前，他父亲将曼德拉托付给了大酋长荣欣塔巴。

荣欣塔巴和他的妻子对待曼德拉就像对待自己的亲生儿子一样。不久，荣欣塔巴就带着小曼德拉来到姆克凯芝万尼读书。中学毕业后，曼德拉顺利考入了黑尔堡大学。在大学期间，曼德拉积极参加各种社会活动。当时的黑尔堡大学是南非为数不多的能够接纳黑人学生的大学之一，因而南非甚至非洲各地的有志黑人学生都聚集在这里，曼德拉在这里感受到一种强烈的民族主义情绪。不久，他成为大学学生代表委员会的成员，直接参与管理工作。

1944年，曼德拉和伊弗林相恋并很快结婚。就在这一年，曼德拉参加了非洲人国民大

南非首位黑人总统曼德拉。曼德拉深受被称为非国大精神领袖的伦贝迪的影响。

会。在参加非国大的初期,曼德拉深受被称为非国大精神领袖的伦贝迪的影响。伦贝迪主张非洲人的自尊和非洲大陆的统一,他对非洲的过去和未来有一种深深的热爱。

20世纪40年代中后期,非国大在原保守领导人的领导下,已经失去了原先的斗志。此时,一批年轻人于1944年在非国大内部组织青年联盟。青年联盟成立之初,伦贝迪作为领袖,领导黑人斗争。4年后,曼德拉当选为青年联盟书记。就在这一年,马兰政府上台。面对马兰政府对南非实行的最黑暗、最惨无人道的统治,曼德拉领导发起了一个反对政府的运动——蔑视运动。

在运动过程中,曼德拉遭到了南非当局的逮捕,但是很快就被释放。这场为期半年的蔑视运动最重要的意义是教育了广大黑人群众,使他们认识到自己的力量。非洲人国民大会的地位在这次运动中得到了很大提升,其正式成员人数从运动前的7000人猛增到10万人。

1952年12月,非洲人国民大会全体会议选举卢图利为全国主席,曼德拉被选为副主席。但是就在这次会议后不久,包括曼德拉在内的52名非国大领导人被禁止在12个月内参加公众集会,并不准他们访问约翰内斯堡、开普敦等中心地区。

不久，在青年领袖们的提议下，非国大通过了"自由宪章"，宣告要建立民主的南非共和国。自由宪章使非国大领导人分裂为"宪章派"和"非洲主义者"派，这使得非国大的斗争力量锐减。曼德拉倾向于宪章派。

1960年，南非发生了"沙佩韦尔惨案"：政府向5000多名示威群众公然开枪，打死69名示威者，其中大部分是妇女和儿童，另外有将近200人受伤。

"沙佩韦尔惨案"发生后，世界各地都予以了严厉谴责，联合国安理会也通过决议，谴责南非政府的行为。但是南非政府并没有因此而有所收敛，反而变本加厉地宣布全国进入紧急状态，并且逮捕了包括曼德拉在内的民主人士。不过曼德拉随后被判无罪并被释放。

面对政府的高压政策，非国大被迫转入地下。此时，曼德拉已经认识到，要取消南非的种族隔离制度，光靠非暴力运动是不可能取得胜利的，必须依赖于武力。为此，曼德拉组建了"民族之矛"军事组织。到1964年3月10日，"民族之矛"共进行了200多起破坏事件。

1962年8月5日，曼德拉因为内奸的出卖而被捕，被判处5年的监禁和苦役。

在他被捕之后，"民族之矛"的活动更加频繁。但是，政府很快从"民族之矛"的指挥部里查获了很多材料证明曼德拉是这个组织的重要成员。1964年6月12日，南非政府判处曼德拉终身监禁。

1989年2月，开明的政治家德克勒克出任国民党主席，并于当年9月当选为南非总统。

一个月后，南非政府无条件释放了8名非国大领袖，陆续废除一系列种族隔离政策。

1994年4月26日23时59分，象征旧南非种族主义的国旗缓缓降下；4月27日零时1分，象征新南非的国旗缓缓升起。几个小时后，南非开始举行历史上首次不分种族的大选。

在这个有27个政党参加的选举中，非国大获得了62.65%的票数，成为南非第一大党。5月9日，曼德拉宣誓就职南非第一任黑人总统，这一年他75岁。在这之前的一年，他获得了诺贝尔和平奖，而在这之前的4年，他还在牢狱中。他在其就职演说中说，今天庆祝的不是一个党的胜利，而是南非全体人民的胜利。

发生地点	发生时间	推荐理由
英国	公元1996年	完全打破了人类只能通过两性的遗传物质才能生殖的规律，给人类自身带来了挑战。

完美复制的克隆羊多利

事件介绍

近些年来，"克隆"成了妇孺皆知的一个时髦名词。

哺乳类动物的卵细胞是不可能发育成为一个新个体的，它必须与精子结合（即受精）成为受精卵，才能继续发育下去，形成一个新生命。因此哺乳类的这种繁殖方式称为有性繁殖。而无性生殖则是指不经过生殖细胞的结合，由母体直接产生出新个体的生殖方式。

克隆是英文"clone"的译音，一般是指生物的无性繁殖系，即由一母体经无性生殖而繁衍的一群生物。

克隆的对象可以是脱氧核糖核酸（DNA）片段，它是染色体的主要成分，是所有生物的遗传物质基础，也可以是细胞、病毒、细菌，还可以是动物、植物。在自然界，有不少植物具有先天的克隆本能，如番薯、马铃薯、玫瑰等插枝繁殖的植物。"克隆"一词于1903年被引入园艺学，以后逐渐应用于植物学、动物学和医学等方面。

克隆技术在现代生物学中被称为"生物放大技术"，它已经历了下述3个发展时期：第一个时期是微生物克隆，即用一个细菌很快复制出成千上万个和它一模一样的

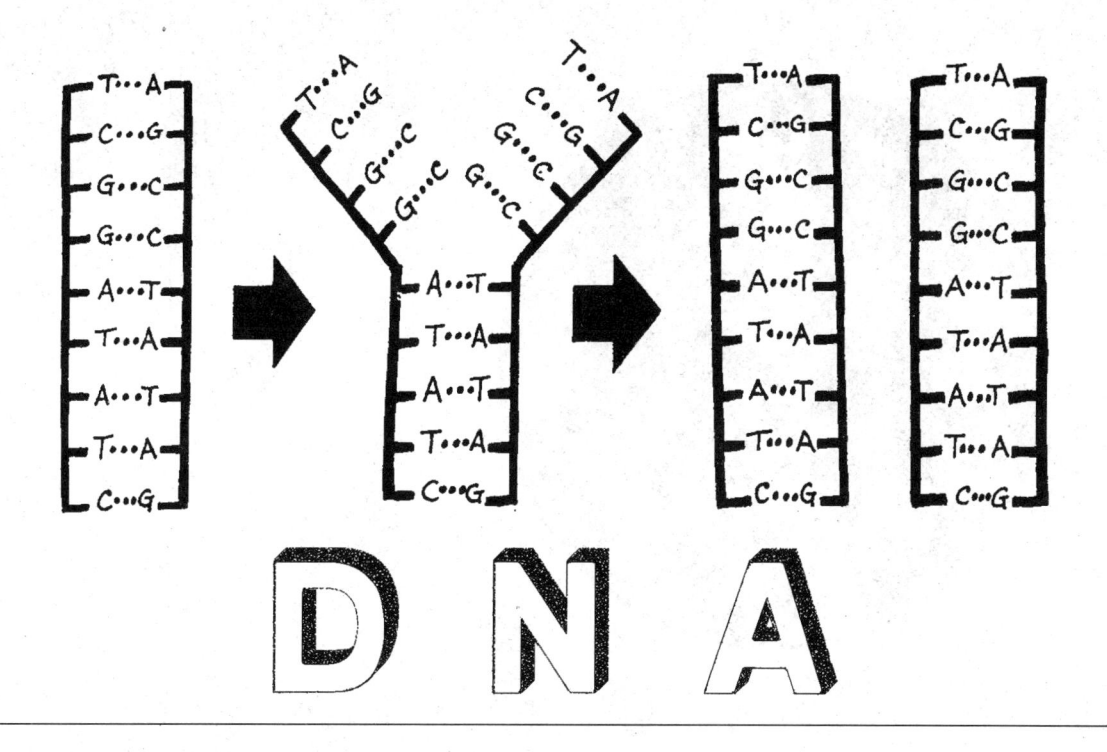

细菌，而变成一个细菌群，这些细菌群其实就是细菌的克隆；第二个时期是生物技术克隆，比如用遗传基因（DNA）克隆；第三个时期是动物克隆，即由一个细胞克隆成一个动物。

1997年2月27日，英国科学杂志《自然》上刊登了一篇有关人类首例用成年动物细胞克隆出的绵羊"多利"的文章，并宣布早在1996年7月，多利就已经诞生。克隆绵羊"多利"由一头母羊的体细胞克隆而来，使用的便是动物克隆技术。这个消息震惊了全世界，被认为是"打破了生物界中的自然规律"，标志着人类在生物工程领域取得了划时代的进步。

那为什么之前克隆动物的出现并没有引起世界的震惊，而多利却受到这么大的关注呢？原因就在于，上述克隆动物都是用胚胎细胞作为供体细胞进行细胞核移植而获得成功的，胚胎细胞本身是通过有性繁殖产生的，该细胞核中的基因组，一半来自母体，一半来自父体。而克隆羊"多利"则是用乳腺上皮细胞（体细胞）作为供体细胞进行细胞核移植的，多利的基因组，全部都来自单亲。

"多利"出生于英国，是英国的科学家威尔穆特博士领导的科研小组创造出来的"杰作"。

显微镜下的遗传因子排成一行，像项链一样。

克隆绵羊"多利"没有父亲，却有 3 位母亲。这 3 位母亲和多利的关系如下：

科学家首先从一只 6 岁的多塞特母绵羊 A 的乳腺中取出一个本身并没有繁殖能力的普通细胞，将这个细胞的基因分离出来备用。因此，母羊 A 是"多利"的亲生母亲。

科学家然后取出另一只母绵羊 B 的未受精的卵细胞，将母绵羊 A 的乳腺细胞核植入这个卵细胞原先的细胞核。因此，母羊 B 是"多利"的借卵母亲。

最后，科学家将生长到一定程度的胚胎植入第三只母绵羊 C 的子宫中，最终经过正常的妊娠产下"多利"。所以，母羊 C 是"多利"的代孕母亲。

经过测试，多利全部继承了其亲生母亲——母羊 A 的全部基因特征，是母羊 A 百分之百的"复制品"。

1998 年 4 月 13 日，多利用正常的妊娠方式生产出一头取名叫波聂的小羊羔。2003 年 2 月 14 日，苏格兰罗斯林研究所宣布，因患有进行性肺病，身体状况不断恶化，世界上第一头体细胞克隆动物——多利已被实施"安乐死"。多利的尸体后来被制成标本，存放在苏格兰国家博物馆。

继多利诞生后，世界各国生物学家相续研究出克隆的各种新方法。1998年，美国夏威夷大学的科学家用成年细胞克隆出50多只老鼠，并接着培育出3代遗传特征完全一致的克隆鼠，实现了克隆的批量化。此外，日本科学家用一个成年母牛的细胞培育出8只遗传特征完全一样的小牛，成功率高达80%。

2000年，美国科学家用与克隆多利截然不同的方法克隆出猴子。科学家将一个仅包含8个细胞的早期胚胎分裂为4份，然后将它们分别培育出新胚胎，但是最后只有一个成功地活了下来。与多利不同的是，这只猴子既有母亲也有父亲，但它只是人工四胞胎中的一个。

自克隆小羊多利成功后，世界各国发出强烈的反响，有的将其看作"福音"，有的则视其为"祸水"。

对克隆技术持乐观态度的科学家们认为，克隆技术是"一座挖掘不尽的金矿"，它在生产实践上具有重要的意义，潜在的经济价值十分巨大。

反对克隆技术应用的科学家认为，如果克隆动物受到特定病毒或其他疾病的感染，将会带来灾难。另外，克隆技术还会扰乱物种的进化规律，导致性别比例失调等后果，给人类带来许多意想不到的危害。有性繁殖是形成生物多样性的重要基础，"克隆动物"会导致生物品系减少，个体生存能力下降。

最为重要的是，如果出现克隆人，对人类本身的伦理、发展都将带来不可避免的危害。

多利问世后，世界卫生组织、罗马教廷等宗教组织以及世界各国的要人、名人纷纷表示，应该制定法律来禁止"克隆人"的诞生。从属于罗马教廷的《罗马观察家》发表文章说："人类以人类的方式出生，而不是在实验室。任何一种反人类的方式都是令人难以接受的。任何性以外的生殖努力都将被视为违反道德、人类生育和夫妻关系尊严的行为。"

但是世界上某些科学家和研究机构自多利诞生之日起，就从没有放弃对克隆人的研究。

2002年12月25日，法国科学家布里吉特·布瓦瑟利耶通过电话告诉法新社，世界上第一个克隆婴儿已经降生。这位科学家并没有告诉法新社这个克隆女婴的出生地点，只透露她是通过剖腹产出生的。但是世界其他科学家认为，布里吉特·布瓦瑟利耶的话并不能证实这个女婴确实是一个克隆人。